近代中日關係研究 第二輯 7

近代日本的作家與作品

陳鵬仁 著

蘭臺出版社

譯者的話（一）

這一年多，我利用公餘時間，陸續介紹日本的作家和作品，並發表於『青年戰士報』（『青年日報』）、『中華日報』、『臺灣日報』、『臺灣時報』、『台灣新生報』、『中央日報』、『自立晚報』、『國語日報』和『聯合報』，似受到了國內文藝界的歡迎。

我是文學的門外漢，但對於文學評論卻蠻有興趣。在本書，我介紹了二十位近代日本的作家；他（她）們的著作仍然為今日日本人所最欣賞。日本的初中、高中，甚至於大專院校日文教科書，許多是採自他們的作品。

我用於翻譯的是柏楊社和偕成社所出版，年輕人文學名作選的「解說」。而寫這些「解說」的，都是今日日本馳名的大學教授和文藝評論家。由於他們以年輕人為對象寫「解說」，所以我覺得它非常適合於外國人的閱讀。

在上述二十位作家當中，除井伏鱒二、井上靖、田宮虎彥和石森延男外，都已不在人間了。今年三月二十八日，我特地去拜訪井伏鱒二先生，跟他閒聊了一個多小時，並承蒙井伏倇儷招待午餐，其盛情實在令我難忘。

作家在日本社會地崇高，是人人皆知的事實。日本政府決定自明年秋季開始，以夏目漱石來發行一千日圓紙幣可以為證。這是有史以來，第二個作家在日本紙幣上「上榜」。

本書的問世，除上述各報的副刊編輯胡秀、蔡文甫、陳篤弘、吳春貴諸位先生外，黎明文化事業公司的田源先生和編譯部李牧、施良貴先生出力最多；小女慧美幫我搜集附錄二的資料，特為一併誌謝。

陳鵬仁

一九八三、四、廿一　於東京

譯者的話（二）

本書原為黎明文化事業股份有限公司大約於二十年前所出版。因該公司已經不再發行，譯者經其同意收回版權，今日由致良出版社出版增訂本，並將書名定為『近代日本的作家與作品』。

本書除原有文章外，加了譯者所寫有關日本文壇的短文二十篇作為附錄。文中作家的名字，有一部分用其名，其乃按照日本人行文習慣，這是要特別說明的一點。

關於日本作家的作品，譯者曾譯過『菊池寬之文學世界』（中日文對照，旺文社）、『日本的作家與作品』（中日文對照，水牛出版社）、『芥川獎與芥川龍之介』（水牛出版社）、『父親的道歉信』（向田邦子著，水牛出版社）和犬養道子著『千金流浪記』（香港旅行雜誌社，早已絕版），請能參考。

要瞭解一個國家的傳統和文化，看其文學作品是很好而很有效的一個途徑。我希望並相信這本書能幫助各位讀者理解日本和日本人的生活、思想、傳統及文化。

最後我要由衷感謝致良出版社社長艾天喜先生幫我出版這本極富意義的書，並請各位讀者不吝指正。

陳鵬仁

二〇〇五、元、十二

目次

夏目漱石及其作品

三好行雄

夏目漱石　1867–1916

夏目漱石於一八六七年一月五日，出生於當時還叫做江戶的東京牛込馬場下橫町（現今的新宿區喜久井町）。翌年亦即一八六八年，江戶（德川）幕府垮臺，年號改爲明治，出現新的日本。從所謂的明治維新，迄今已歷一百年的時光，而於一九一六年，以虛歲五十去世的漱石，算是生活於其前半。這等於說，夏目的一生，與近代日本的苦難共存。因此，對於日本建設近代社會的種種，他都經常很關心。

夏目漱石的本名叫做金之助。父親夏目直克，母親名千枝，漱石是其五男三女的末子。父親是町的官吏，所以家境還算不錯，惟兄姊多，因此好像未能受到特別疼愛。他一生下就被寄養，三歲成爲鹽原昌之助的養子。（不過五年左右以後，因爲繼父母家的事由，又回到夏目家。）

據說，他被寄養的家是貧窮的古道具店，嬰孩的漱石，每天晚上被放在小竹簍，跟舊道具類，擺在馬路的夜市。有一晚，他的姊姊偶然走過這裡，看見他，覺得可憐，乃把他帶回家。這是漱石自己在其隨筆「玻璃門之中」所寫的故事。漱石的這種回憶，使他成爲對旁人的愛情非常敏感的人，同時也成爲日後的漱石文學之著重刻畫人的各種恩愛的遠因。

大部分的小說家，大多從很年輕的時候就開始寫作，可是，漱石卻到快四十歲時纔搖起撰寫小說的筆桿。這也是漱石文學上的一個特色，而其作品之所以含羞成熟而豐富的人生觀，理由在此。

一八九三年，他畢業於東京帝國大學（今日的東京大學—譯者）的英文系。他雖然很早就讀漢詩，受學生時代所認識正岡子規的影響而也作俳句（譯註一），但他卻選擇了研究英國文學爲他的終身職業，從沒想過要做個小說家。

大學畢業後，他曾任東京高等師範學校和第五高等學校的講師，並於一九〇〇年被派往英國研究英語。一八九四年到九五年，他曾任四國松山中學的教員，而將此時的經驗寫成的小說就是『少爺』（一九〇六年）。

一九〇三年，留英三年後回到日本，遂出任第一高等學校教授，並兼任東京大學講師，講授英國文學。他在東大所準備的講義『文學論』和『文學評論』，是此道的極好研究，曾受到各方面很高的評價。

如此這般，英國文學家漱石的名字遂逐漸爲人們所熟悉，可是他本身卻從大學畢業以後不久，便覺得日本人研究英國文學的不安和空虛。迨到英國留學，親身感覺產生英國文學的基礎，同時更覺空虛和不安，從而討厭教師生活。

夏目漱石的作品所表現，他是個很富於正義感的人，所以對於他人的不法和不正，非常不能諒解，因而常常動肝火。他的家庭，問題也多，加上作爲英國文學家的根本煩惱增加他的痛苦，因此曾患重神經衰弱。

夏目正在心情這樣悶鬱的時候，受高濱虛子（譯註二）慫恿所寫的，就是『我是貓』（一九〇五—一〇六年）這部小說。它談笑中批評包括他自己之現實的醜惡和矛盾，作者的意圖是想拂拭這種受不了的心情（情緒）。鋒利的諷刺和機智、幽默、獨特的文體，在在受到廣大讀者的歡迎，由此，夏目奠定了他作爲小說家的基礎。

夏目繼而發表『草枕』和『少爺』（一九〇六年），並於一九〇七年辭去教職，進朝日新聞社，決心專走小說家這條路。『虞美人草』（一九〇七年）、『三四郎』、『從此以後』（一九〇九年）、『春分以前』（一九一二年）、『心』（一九一四年）、『明暗』（一九一六年）等等，日後的長篇小說，都在『朝日新聞』連載。

夏目漱石的小說，篇篇都具有文學的精采。它們不但情節和結構好，而且窺探人生的機微，更描繪人性的秘密。『草枕』等初期的作品，有從高處來看現實，以漫遊藝術世界的心境，但進朝日新聞社以後的作品，便更從正面來討論現實和人生。與此同時，其作品不祇描寫個人的經驗和人生，而且擁有很深的思想，這是夏目文學的另外一個特色。而如前面所說，他的作品也批評當前的時代和社會。

夏目終生的主題是，摒棄西方外表的模倣，努力於確立眞正的個人主義，和如何克服附帶於個人主義之醜惡一面的利己主義；迨至其晚年，他似以捨去「我」（私），俾達到更高境地爲目標。要之，把很有個性的人刻畫得有聲有色，而且對於時代和人生涵蓋誠實之思索的夏目文學，可以說是近代日本文學所產生的最偉大文學。

『三四郎』是夏目進朝日新聞社以後的第二篇作品，從一九〇八年九月一日到十二月二十九日，分成一百十七回，在『朝日新聞』連載。我認爲，這是夏目的小說脫離閒遊的境地，轉而認眞探求人生的開端。

它很成功地刻畫了一個純眞和純情的青年與許多經驗而成長的過程。在這裡夏目所要強調的是，青春固然美好，但當事者如果太自我中心的話，反而會有互相傷害的一面。而這，更是以後夏目文學一貫的大主題。（譯註三）

（譯註一） 俳句是由五、七、五，一共十七個字組成的日本短詩，亦稱俳諧或發句。又，正岡子規

（一八六七——一九〇二），原名常規，現今愛媛縣人。東京大學肄業，俳人、歌人、寫生文家，著有『寒山落山』、『子規全集』等。

（譯註二）高濱虛子（一八七四——一九五九），原名清，俳人、小說家、愛媛縣人。曾為藝術院會員，並得文化勳章。著有『雞頭』、『俳諧師』、『兩個柿子』、『虹』、『俳句五十年』、『虛子俳話』等許多書，為斯界的重要人物。

（譯註三）本文作者三好行雄，現任東京大學教授；本文譯自夏目漱石著『三四郎』一書的「解說」。

（原載一九八二年二月十八日『聯合報』）

夏目漱石 年譜

一八六七年 一月五日，出生於牛込馬場下（今日的東京都新宿區牛込喜久井町），爲里正夏目小兵衛直克與後妻千枝的五男，本名金之助。生後沒多久，就被寄養於四谷的舊道具店。

一八六八年 一歲。爲新宿二丁目的名君塩原昌之助的養子，改姓塩原。

一八七四年 七歲。入淺草壽町戶田小學。

一八七六年　九歲。夏天，由過繼的家回到老家，轉學到市谷小學。

一八七九年　十二歲。進神田一橋尋常中學（日後的東京府立第一中學，今日的日比谷高校）。

一八八一年　十四歲。母親千枝去世。從第一中學轉到三島中洲執教中的二松學舍學漢學。

一八八三年　十六歲。由二松學舍轉入成立學舍，爲進大學預科，學習英文。

一八八四年　十七歲。九月，進大學預科（日後的第一高等學校）。租屋自炊。

一八八六年　十九歲。與中村是公（校友）擔任本所（地名）江東義熟的教員，在學校宿舍獨自生活。當時月薪爲五日圓。

一八八八年　二十一歲。恢復夏目姓氏。

一八八九年　二十二歲。與正岡子規成爲好朋友。九月，撰寫旅行漢詩文集「本屑錄」，並寄給正岡。

一八九〇年　二十三歲。七月，畢業一高；九月，進帝國大學（現在的東京大學）英國文學系。爲文部省公費生。

一八九一年　二十四歲。七月，成爲特待生。受逖克遜教授之托，把『方丈記』譯成英文。

一八九三年　二十六歲。七月，畢業東京帝大，進研究院。在『哲學雜誌』發表「英國詩人對天地山川的觀念」。前一年，曾寫「老子的哲學」爲東大文科大學東洋哲學科的論文。

一八九五年　二十八歲。四月，赴任松山中學。秋季以後，受子規的影響，開始熱中於俳句。

一八九六年　二十九歲。四月，由松山中學轉任熊本第五高等學校的英文講師。六月，與中根鏡子結婚。七月，升任教授。

一八九七年　三十歲。『杜鵑』創刊。在俳壇與高濱虛子齊名。六月，生父直克去世。

一九〇〇年　三十三歲。奉命留學英國研究英語，九月由橫濱港動身。

一九〇一年　三十四歲。五月，與由德國準備回國的科學家池田菊苗同住兩個月，因爲受其影響後來撰寫『文學論』。

一九〇三年　三十六歲。一月，由英倫回國。三月，搬在本鄉千駄木町。四月，出任第一高等學校教授和東京帝國大學英國文學系講師。七月，患強度的神經衰弱，盛傳漱石發瘋。十月，旅行蘇格蘭。

一九〇五年　三十八歲。一月，在『杜鵑』發表「我是貓」，繼而刊出「倫敦塔」、「卡萊爾博物館」、「幻影之盾」、「一夜」和「薤露行」。

一九〇六年　三十九歲。推出「少爺」、「草枕」、「二百十日」。遷居本鄉西片町。

一九〇七年　四十歲。刊載「野分」。四月，辭去教職，進朝日新聞社，專心於筆耕工作。從六月份，在『朝日新聞』連載『虞草美人』。十月，遷往早稻田南町七番地。鬧胃病。

一九〇八年　四十一歲。從一月、七月和九月在『朝日新聞』，六月在『大阪朝日新聞』，分別連載「坑夫」、「夢十夜」、「三四郎」和「文鳥」。

一九〇九年　四十二歲。從一月和六月，在『朝日新聞』連載「永日小品」的一部分和「從那時起」。九月，接受滿鐵招待，旅行滿洲、朝鮮。十月，在『朝日新聞』連載「滿韓所見所聞」。

一九一〇年　四十三歲。從三月份，在『朝日新聞』連載「門」。六月，因爲胃潰瘍住院，轉往修善寺溫泉療養。

一九一一年　四十四歲。二月，謝絕文學博士學位。七月，發表「格伯爾先生」於『朝日新聞』。

一九一二年　四十五歲。從一月和十二月，在『朝日新聞』連載「春分以前」和「行人」。

一九一三年　四十六歲。神經衰弱、胃潰瘍復發，臥在床上到五月底。十二月，發表「從漱石山房」。

一九一四年　四十七歲。從四月份，在『朝日新聞』連載「心」。

一九一五年　四十八歲。從一月和六月，在『朝日新聞』各連載「玻璃門之中」和「閒逛」。

一九一六年　四十九歲。從五月份，在『朝日新聞』連載「明暗」。十一月二十二日，胃潰瘍惡化，十二月九日與世長辭。葬於雜司谷墓地。「明暗」祇刊到一八八回，成爲漱石的絕作。

森鷗外及其作品

塩田良平

森鷗外　1862–1922

撰寫歷史小說以前

如果有人問：近代日本所產生的卓越文學家是誰？首先，我將毫不躊躇地答說是鷗外森林太郎（譯註一）。在近代日本文學史上，堪稱爲文豪者實不出五個人，而森鷗外就是其中的一位。所謂文豪，不但意味著他是個天才作家，而且他的文學經歷必須很長，擁有能代表一世的許多出色作品，作者本身是個偉大人物，並具備豐富的教養和高超的見識。森鷗外實具有這些條件而且名實相符的文豪。

森鷗外於一八六二年，在島根縣津和野出生，其祖先代代業醫。他自幼就非常聰穎，一八七四年十二歲時進東京醫學校預料。該校的入學資格本爲十四歲，惟他這時已有足夠的學力，所以他假報出生年月日，提早兩年入學。在正式的履歷表上，他比實際年齡要多兩歲，就是由於這種原因。這明明是虛報出生年月日，惟在當時無從查起，因此沒有發生問題。由此可見其爲英才的一斑。

一八八一年，森鷗外以十九歲畢業東京大學醫學部，遂做軍醫。二十二歲時，被派往德國研究軍醫學，留德前後五年，二十六歲時回到日本，出任陸軍醫學校的教官。在德國留學期間，他不僅研究其專門的醫學，並且對於文學、哲學、美學和戲劇也下過一番功夫，而爲回國後的文學創作打定了基礎。

回國後沒多久，森鷗外曾有譯文發表於『讀賣新聞』，但使他成名文壇的還是在『國民之友』雜誌刊出翻譯詩集「背影」（一八八二年八月），和翌年刊登「舞姬」和「泡沫記」以後的事。後兩篇與下一年一月發表的「文使」同爲浪漫的中篇小說，以德國的三個都市爲背景，皆以日本青年爲主角，其中「舞姬」是他自己青春的紀錄。發表「文使」的一八九一年，森鷗外在文壇非常活躍，這時他曾與支配著當日新文學界的坪內逍遙（譯註二），就文學的理想問題展開筆戰。這場筆戰的戰場是坪內逍遙所主持的『早稻田文學』和森鷗外所主辦的『柵草紙』（刊物名——譯者）。此時森鷗外以哈爾特曼的美學爲其理論根據，而使對方啞口無言，作爲批評家之森鷗外的聲望，由之更高了一層。

在另一方面，森鷗外對於醫學的研究也有很大的成就，並於同一（一八九一）年獲得醫學博士學位，兩年後，更出任陸軍軍醫學校的校長。甲午戰爭時，他以軍醫部長的身分前往第一線，回國後又擔任陸軍軍醫學校校長和陸軍大學校的教官；一八九六年一月，創辦『醒草』雜誌，在翻譯、批評和研究方面留下輝煌的成績。

從一八九九年做小倉第十二師團軍醫部長，到一九〇二年出任東京第一師團軍醫部長的期間，日本文壇屬於沉滯時期，所以森鷗外也沒有太多的文壇活動，但他卻也出版過那著名的專書『即興詩人』，和創辦『萬年草』雜誌。一九〇四年，俄日戰爭爆發，他又上戰場，輾轉於滿洲各地。一九〇六年一月回國。此後，他在文壇又開始活躍起來。是時他正當壯年（四十五歲）。他很出色的歷史小說和現代小說，大多發表於自明治末年到大正中期期間（亦即自俄日戰爭後到一九一八年左右——譯者），而本書所收的作品，也都撰寫於這個時代。

現在，我按照這些作品的發表年代順序來敘述。

「雞」與「蛇」

森鷗外於一九〇九年一月創辦『昴』雜誌，以刊登戲劇和小說，「雞」這篇作品則刊載於『昴』

八月號。它寫於小倉時代，主角石田少佐赴任小倉師團後，因爲每天騎馬到司令部上班，所以另外雇用了馬夫虎吉。

有一天石田從前的部下送他一隻公雞，爲了搭配，他遂買來了一隻母雞，虎吉說希望一起養而也買了一隻母雞來。每次母雞下蛋，虎吉便說，這是他的母雞下的。

到月底，米糧消耗得特別多，於是問下女爲什麼，下女答說，虎吉把他的米放進石田的米囤，味噌、醬油、醬瓜也都這樣做。石田這樣一聽，便把原來的米囤和其他容器加上雞統統送給虎吉。透過這篇作品，我們能夠了解森鷗外在小倉的生活情形，故事中的人物也刻畫得清清楚楚，由此我們更可以看出森鷗外冷靜而從容的態度。

同樣描寫小倉生活之片斷的就是「蛇」。在被縣政府指定爲宿處的穗積家，客人的理學博士感覺其住家妻子的舉動失常。穗積家的太太與其先生結婚後，一直跟婆婆處不好，婆婆死後第七天晚上，她到佛龕去燒香的時候，看見一條很大的蛇在那裡盤繞，因而神經突然變成不正常；這條蛇雖然曾經一度被丟在外頭，但又跑回來，仍然在盤繞，因此這位理學博士決定把這條蛇放在籠中帶走，並吩咐太太給專門的醫生看，而告別了穗積家。其情節如上，而根據森鷗外的見解，人如果把他（她）擺在一邊不管，將是無知而束手無策的存在，所以要令他（她）像個人，唯有依靠理性的幫助。又，這篇作品發表於一九一一年一月號的『中央公論』。

歷史小說

鷗外的現代小說中，著名者有『青年』、『雁』等等，但就其整個作品來說，最出色的還是他的歷史小說。根據森鷗外的說法，歷史小說有兩種形態：「離開歷史」與「歷史本身」。前者在原則上雖然也借用史實，但其解釋則一任作者爲之，他不一定去做精細的歷史考證；後者則完全忠於史實，盡量沿著歷史事實，在這個史實範圍內展開其情節，把作者本身的解釋降到最低限度。

森鷗外雖然把他的歷史小說這樣分別，但科學家的森鷗外在事實上不可能撰寫空想的歷史小說，因而大多變成摻雜兩者的作品。身居陸軍軍醫總監的最高位子，並與政府大員有許多交際的森鷗外，著實不方便以現代小說很露骨地表達他的人性，和批評社會。所以，他也就祇有假托歷史上過去人物的心境，來發表他的人生觀和社會觀，以發洩他的不滿。

在這種意義上，森鷗外的歷史小說無異是其人生觀和社會觀的流露，同時又是人本主義者森鷗外的主張；因此他的歷史小說比較接近「離開歷史」型。加以森鷗外的性格非常嚴謹而客觀，爲描寫一件事實，他都得要詳細調查清楚，故讀者便會在不知不覺之中被引進歷史的世界，並會覺得一個人如果在這種環境之下，就會這樣思考和行動。不過在實際上，故事中的人物，往往是森鷗外的化身。由於森鷗外的歷史小說遠比以往的歷史小說生動而有力，因此森鷗外以後的歷史小說，或多或少地都受著他的影響而成長。

「阿部一族」

「阿部一族」發表於一九一三年一月號的『中央公論』，前一年亦即一九一二年，明治天皇與世長辭，乃木（希典）大將跟著殉死。森鷗外似爲此感動而執筆。他認爲，殉死有時候是善，有時候是不善，其差異實來自人世的感情和社會習慣的不同。這篇作品的文章非常簡潔，算是森鷗外的傑作之一。它的故事是「肥後」（地名）的藩主細川忠利去世時，大家都以爲從小就服侍細川的阿部彌一右衛門一定會殉死，惟因細川不喜歡他，因而不許他這樣做。但他的家人卻都責難他，說他怕死；受不了這種侮辱的他，終於違反其主子意思而自絕。繼承他的權兵衛，在細川一周忌席上，自剪其髮髻以表示覺悟，可是，他的行動卻被解釋爲對其主子的諷刺而白晝被砍頭。於是次男彌五兵衛以下的一族，遂以其住宅爲據點，與來征討者作生死搏鬥，而統歸於盡。

「山椒大夫」

這篇作品發表於一九一五年一月號的『中央公論』。它取材於山椒大夫的傳說，而很受讀者的歡迎。陸奧（地名——譯者）椽（地方官名——譯者）正氏之妻與子女安壽、廚子王和乳母四人，爲尋找一去築紫（今日的北九州——譯者）不返的正氏而出發，但在路上爲人販子所騙，母親和乳母被帶到佐渡，年幼的姊姊和弟弟則被賣給山椒大夫。安壽犧牲她自己，讓其弟弟逃走，廚子王在京城受到關白（輔佐天皇的大臣，位在太政大臣之上——譯音）的賞識而出任丹後（今日的京都北部——譯者）的地方長官。他在任地禁止人身買賣，解放奴隸，並到佐渡去找到他的母親，這是這篇作品的梗概。

它以沒有力量的人，被奪去力量的人，對於有力量者的搏鬥，並終於獲得最後勝利爲其主題。森鷗外透過年幼的姊姊，呼籲人們不要對人生絕望，強調無論在任何黑暗社會，人都能夠贏得光明。尤其值得我們注意的是，姊姊的安壽相信命運的善意，幾乎達於宗教的信仰。由於姊姊堅強的性格，使她的弟弟決心逃脫，這跟森鷗外日後的作品「最後一句話」裡頭的少女「依跡」（音譯）是相通的。

但安壽的堅強，並不像依跡那種有如刺人的堅強，而是莊嚴的堅強。總之，森鷗外所想告訴我們的是，不管在任何痛苦的現實，祗要有堅忍不拔的信念，人必定能夠生存下去。

「大鹽平八郎」與「安井夫人」

「大鹽平八郎」與「安井夫人」，分別刊登於一九一四年一月號的『中央公論』和同年四月號的『太陽』。

大鹽平八郎，在江戶時代，被以為是在天保（一八三三－一八三六——譯音）饑饉之際，煽動老百姓反抗政府的造反者。森鷗外曾就大鹽為什麼非站出來不可，而詳細調查當時的社會情勢，以說明其反抗的動機，認為就是目的正確，在當日的政治情勢之下還是不能成功。正因為森鷗外本身具有大鹽般的心情，並理解大鹽，所以他一方面寫大鹽叛亂的失敗，同時透過大鹽最後的心境，意圖說明人生究竟是什麼。如果「大鹽平八郎」是部指出社會之不均衡的社會小說：「安井夫人」便是想從不均衡的人群中找出勻整的人亦即理想中人的小說。「安井夫人」描繪獨眼、像猴子的醜人安井仲平與絕世美人佐代的夫婦生活，佐代看中努力於學問的仲平，而忘記她自己的美貌，一心一意幫助夫君。這是一部刻畫默默為丈夫，一點也不求報應之傑出女性的動人小說，作者本身對於仲平夫婦的生活很有同感，因此讀來令人心平氣和。它告訴我們：外表不足重視，互信纔是最高的人生。

「最後一句話」

相對於「安井夫人」描繪圓滿而能幹的女性，「最後一句話」是描寫為某件事她能不顧一切，惟其意志過於堅強，而失去勻整人像的小說。名叫依跡的十六歲少女，為將被處死刑的父親，向有關機關陳情說，她們兄妹願以一死，以為其父請命。法官嘉許兒女們的孝心，決定赦免她們的父親，但最後詢問她們一句話說：「妳們將被殺頭，有沒有異議？」對此，依跡反而叮囑「沒有異議，因為法官所做的事是不會錯的」。法官對於依跡的這種態度，覺得非常恐怖。總之這篇作品所要刻畫的是，勤懇而可愛，但卻欠缺人情味之少女的形象。它發表於一九一五年十月號的『中央公論』。

高瀨船

被判決送往遠島之罪的，要押上高瀨船送到大阪。有一次，在高瀨船上擔任監視的公安人員羽田庄兵衛發現了一個很奇怪的罪犯。這個被認為殺死其弟的名叫喜助的人，跟其他的罪人完全不同，非常心情愉快的樣子。庄兵衛問其究竟，喜助答說，在京城苦得要命的他，現在將被送去遠島，不但有飯吃，而且還領了二百文的錢（即兩毛錢），所以很高興。庄兵衛很佩服喜助的知足之心。庄兵衛又問喜助為什麼殺其弟弟，喜助答道，他的弟弟病久，覺得不能再拖累哥哥，便以剃頭刀割喉嚨，想自殺，這時喜助趕到，其弟弟感覺太痛，要他把剃頭刀拔掉，喜助正在替他弟弟拔剃頭刀時給人家看到，而被認為他殺了弟弟。庄兵衛認為，喜助為幫助其弟弟而拔掉剃頭刀不應該有罪；雖然他的上司下了這樣的判斷，但庄兵衛還是不服氣。

這部小說有兩個主題。一個是，一個人對於自己生活的滿足，完全在於他是否能滿足於他自己；換句話說，不管在怎樣悲慘環境，祇要他能安於理性和感情的調和，他便會覺得滿足和幸福。另外一個是，就是善意而行的，也可能會犯罪這個矛盾，亦即人所制訂的法律未必盡善這個主題。這也可以視為對於幕府時代的法律和現行法律的抗議。「高瀨船」刊登於一九一六年一月號的『中央公論』。

「寒山拾得」

如上所述，「高瀨船」描寫庄兵衛對於喜助心境的種種疑問；反此「寒山拾得」則刻畫光明磊落之心境的作品。唐朝貞觀時代，有個名叫閭丘胤的官吏。當閭丘胤要到臺州就任主簿的時候，忽然頭痛得很厲害，一個名為豐干者，唸些符咒即時把他醫好。於是閭丘胤問豐干他到臺州後有沒有能助他的人，豐干答說是寒山和拾得。

閭丘胤抵達臺州後與寒山、拾得見面，但這兩個人的衣著卻都很差，長得既瘦又小，毫無份量。閭丘胤對他倆仍然恭恭敬敬地行個禮自報名字，可是他倆見到閭丘胤這樣卻同時洪聲大笑而站起來跑掉了。以上是這部小說的情節，它發表於一九一六年一月的『新小說』。

在這裡，森鷗外想描繪的是，乞丐的文洙和普賢這種人的最高境地。寒山和拾得都是悟道的高僧，普通人尊敬他們時，用的祇是普通的方法。但閭丘胤卻要以地位、權力等這種外表的東西來看人。他對寒山和拾得用於表達敬意的是，其做為臺州主簿的正襟危坐。因此，眼看這樣一副認眞自報其地位和榮譽的閭丘胤，對於無慾的這兩位高僧來講，簡直是滑稽到極點。

換句話說，透過描繪不爲任何事體所惑的兩個人，森鷗外揭櫫其所不及的更高理想的人像。「寒山拾得」和「高瀨船」都是同一個時期的作品，而前者則有些近乎寓言亦即「離開歷史」；但森鷗外的歷史小說，從這個時候開始，便捨棄小說的結構，而著手於近似學問之研究的細密考證的史傳。

「史傳」

森鷗外於一九一六年四月，結束其長年的陸軍軍人生活，而被列爲預備役。至此，他始得自由閱讀自己喜歡的書刊，專心研讀文獻和資料。由此他發表了『澁江抽齋』（一九一六年）、『伊澤蘭軒』（一九一六－一七年）、『細木香以』（一九一七年）、『北條霞亭』（同前）等燦爛的長篇小說。

這些雖然都是非文學的文學，充滿考證的傳記，但對於活生生的人卻都有很精細的刻畫。與此同時，這時候森鷗外出任帝室博物館長、帝國美術院長和臨時國語調查會會長，對於日本的藝術、學術、文化有過很大的貢獻。惟迨至一九二一年年底，因爲健康大損，翌年七月，遂與世長辭，享年六十。（譯註三）

（譯註一）　森鷗外，原名林太郎，別號觀潮樓主人、千朵山房主人、鷗外漁史、侗然居士、牽舟居士、小林紺珠、鐘禮舍、歸休庵、隱流、妄人等等。他是小說家、劇作家、翻譯家、評論家和軍醫，擁有醫學博士和文學博士學位。

（譯註二）　坪內逍遙（一八五九——一九三五），原名勇藏，後來改為維藏（勇藏與雄藏在日語是同音）。小說家、評論家、戲評家、劇作家、英國文學家、翻譯家、教育家、岐阜縣人，東京大學畢業，被公認為日本近代文學的創建人之一。

（譯註三）本文作者塩田良平，曾任東京立教大學教授，文學博士，對於明治文學的研究很有貢獻；本文譯自森鷗外著『山椒大夫、高瀨船』一書的「解說」。

（原載一九八二年三月十三日『中華日報』）

森鷗外 年譜

一八六二年　二月十七日，出生於島根縣鹿足郡津和野町字橫堀，是靜男和峰子的長子。原名林太郎，森家代代爲侍奉津和野藩主龜井家的大夫。

一八六六年　四歲。跟藩儒米原綱善學習讀漢字。

一八六七年　五歲。入藩校養老館習漢字。

一八七〇年　八歲。跟其父親和室良悅學蘭學。

一八七二年　十歲。隨乃父到東京，寄居神田小川町的西周邸。在本鄉的進文學舍學習德文。

一八七四年　十二歲。進東京醫學校預科。

一八七七年　十五歲。四月，東京醫學校與東京開成學校合併，成爲東京大學，鷗外變成東京大學

一八八一年　學醫學部本科學生。
十九歲。七月，畢業東大醫學部。十二月，被任命爲陸軍軍醫副。

一八八四年　二十二歲。六月，陸軍派他留學德國，八月動身。十月抵達柏林，進來比錫大學，跟荷霍曼教授從事研究。

一八八六年　二十四歲。三月，進慕尼黑大學，跟隨別京哥灰爾教授。

一八八七年　二十五歲。四月，轉到柏林大學。與北里柴三郎跟羅伯。哥荷（細菌學之父）。

一八八八年　二十六歲。九月，回國。出任陸軍軍醫學校教官。

一八八九年　二十七歲。秋天，因爲西周的作媒，與赤松登志子結婚。遷居上野花園町。
八月，在『國民之友』發表「背影」。十月，創辦『柵草紙』紙雜誌。

一八九〇年　二十八歲。一月，在『國民之友』和『柵草紙』，分別刊出「舞姬」和「泡沫記」。
九月，長子於菟出生。與登志子離婚。十月，搬往本鄉駒込千駄木町五十七番地號千朵山房主人。

一八九一年　二十九歲。一月，在『新著百種』發表「文使」。八月，獲得醫學博士學位。
九月，在『柵草紙』雜誌上，與坪內逍遙展開筆戰，以至翌年。

一八九二年　三十歲。一月，搬到本鄉駒込千駄木町二十一番地。翌年號觀潮樓主人。七月，由春陽堂出版搜集其小說和譯詩的『美奈和集』。十一月，在『柵草紙』發表安達生的「即興詩人」。

一八九四年　三十二歲。八月，發生中日戰爭。『柵草紙』停刊。十一月，上戰場。

一八九五年　三十三歲。五月，中日媾和。八月，就任臺灣總督府陸軍局軍醫部長。九月，回國。

十月，出任軍醫學校校長。

一八九六年　三十四歲。一月，創辦『醒草』雜誌。擔任陸軍大學教官。四月，父親去世。

一八九八年　三十六歲。二月，在『醒草』發表「審美親說」。十一，撰成「西周傳」。

一八九九年　三十七歲。六月，由春陽堂出版『審美綱領』。同月，升任陸軍軍醫監，以第十二師團軍醫部長，赴任福岡縣小倉。

一九〇〇年　三十八歲。二月，在『二六新報』發表日本「心頭語」。乃弟篤次郎創辦『歌舞伎』雜誌。

一九〇一年　三十九歲。二月，在『醒草』發表「審美極致論」。

一九〇二年　四十歲。一月，與荒木希加子(希加是平假名日音譯)結婚。與其夫人返小倉任所。二月，『醒草』停刊。三月，就任第一師團軍醫部長，回東京。

一九〇三年　四十一歲。一月，長女茉莉降生。

一九〇四年　四十二歲。二月，在『歌舞伎』發表「日蓮上人街頭講道」。同月，爆發俄日戰爭。四月，上滿洲戰場。

一九〇五年　四十三歲。三月，參加奉天會議。九日，俄日媾和。

一九〇六年　四十四歲。一月，回到東京。六月，與山縣有朋、佐佐木信綱等人創立歌會「常磐會」。

一九〇七年　四十五歲。三月，開始觀潮樓歌會。八月，次子不律誕生。十一月，升任陸軍軍醫總監、陸軍省醫務局長。

一九〇八年　四十六歲。二月，不律去世。六月，出任臨時假名調查委員會委員。

一九〇九年　四十七歲。一月，創辦『昴』雜誌。五月，次女杏奴降世。七月，獲得文學博士學位。同月，在『昴』發表「意達．洪克史亞利斯」，此期『昴』雜誌被查禁。八月，刊登「雞」於『昴』。

一九一〇年　四十八歲。從三月到翌年八月，在『昴』刊出「青年」；四月，在『中央公論』發表「生田川」。八月，在『三田文學』和『文藝俱樂部』，分別發表「遊戲」和玻之「游潮」的譯文。

一九一一年　四十九歲。一月，在『中央公論』發表「蛇」。三月，三男類出世。同月，在『讀賣新聞』發表浩布特曼之「寂寞的人們」的譯文。在九月號『中央公論』、十月號『昴』和十一號『三田文學』，分別發表「情死」、「雁」和「灰燼」（未完）。

一九一二年　五十歲。在二月號、九月號和十一月號『中央公論』，分別推出「那稱」、「羽鳥千尋」和「興津彌五右衛門的遺書」。七月三十日，明治天皇與世長辭。

一九一三年　五十一歲。一月，在『中央公論』刊載「阿部一族」；十月，發表「護持院平地的復仇」於『杜鵑』。十二月，『昴』停刊。

一九一四年　五十二歲。在二月號『中央公論』、三月號和四月號『新小說』，分別發表「大塩平八郎」、「堺事件」和劇本「曾我兄弟」。

一九一五年　五十三歲。在二月號『中央公論』和十月號『新小說』，分別刊載「山椒大夫」和「祖父祖母」。由阿蘭陀（荷蘭）書房出版詩集『沙羅木』；十月，在『中央公論』刊行「最後一句話」。

一九一六年　五十四歲。一月，在『中央公論』和『新小說』，刊登「高瀨舟」和「寒山拾得」在

『東京日日新聞』和『大阪每日新聞』連載「澁江抽齋」。同月，母親峰子去世。

一九一七年 五十五歲。九月和十月，在『東京日日新聞』和『大阪每日新聞』，連載「細木香以」和「北條霞亭」。十月，在『帝國文學』發表「觀潮樓閒話」。十二月，出任帝室博物館兼圖書頭（圖書館長）。

一九一八年 五十六歲。二月，在『帝國文學』發表「北條霞亭」續稿。由春陽堂出版『高瀨船』。

一九一九年 五十七歲。九月，出任帝國美術院院長。十二月，由春陽堂出版創作集『山房札記』。

一九二〇年 五十八歲。一月，『帝國文學』停刊。十月，在『阿拉拉基』發表「霞亭生涯的最後一年」。

一九二一年 五十九歲。一月，完成「帝謚考」。繼而撰寫「元號考」，但未能完稿。

一九二二年 六十歲。三月，到東京車站爲其長子於菟、長女茉莉前往歐洲送行，四月底，爲準備英國皇太子參觀正倉院，抱病到奈良，五月初回東京。病勢日非，六月底發覺是腎萎縮，於七月九日去世。十二月埋葬於向島弘福寺。一九三八年，重新移葬於東京都三鷹市禪林寺。

芥川龍之介及其作品

長野嘗一

芥川龍之介　1892–1927

東京人

芥川龍之介於一八九二年，出生於東京的工商業區（譯註一）。他的出生地，成為決定他的為人和文學風格的第一個因素。

同為東京，跟知識份子和白領階層的住區不一樣，工商業區還遺留著不少江戶（譯註二）的風氣——祭五谷神，信鬼魂，喜彈絃子等等。他們重義理、人情，愛面子。芥川很受這種影響。他雖然不相信幽魂，但對於妖怪卻很有興趣，也非常愛面子。

芥川的小說，譬如『羅生門』、『偷盜』、『地獄變』、『開化的殺人』、『妖婆』、『玄鶴山房』等等，都是會令人作嘔的作品。這些作品，很可能是他幼年時代所成長的東京工商業區的風氣，和對妖怪之興趣的產物。

而且，芥川的小說，篇篇工工整整，一點缺點也沒有。這個沒有什麼缺點，反而變成了它的缺點。「品學兼優」的學生，在班上雖然會受到尊敬，但卻不容易為同學們親近。同樣道理，人要有些缺點，纔會使人與他親近。小說要描寫人，這個人如果毫無缺點的話，就不可能為讀者帶來親切感，從而成為它的瑕疵。芥川的小說沒有這種瑕疵是它最大的特色，但這個長處卻同時也是它的短處。這個特色，係來自他的性格，而此種性格實以愛面子這種氣質為基礎。

東京人和鄉下人比起來，無論在措詞和衣著方面，都要時髦而漂亮，一點也不土裡土氣。所以成長於東京的作家，比鄉下出身的作家，文章老練，尤其會話寫得好。尾崎紅葉、夏目漱石、永井荷風、谷崎潤一郎等人（譯註三）皆出身東京的作家，因此他們的作品，都非常精練，當然芥川也屬於這一類。他的文章，係推敲再三的名文。他的文章，可以為人們撰文的模範。不過對他這種名文，也有人認爲呆板。

瘋人的兒子

芥川父親的名字叫做新原敏三，是個由山口縣來東京，經營牛奶店的人。今日雖然有許多牛奶店，但在一八七〇年代，這是一種新的行業。美國公使哈利斯抵達下田時，距離說洋人喝牛奶有牛臭味的（德川）幕府末年，在時間上還沒多久。在這種時代開設牛奶店，芥川的父親可以說是相當開明的人。日後芥川進東京大學英文系，廣讀西方文學，而他此種升學方向與其父親前進的氣質或許不無關係。

可是他母親的血統就不相同了。她的名字叫「福」（原爲片假名日音譯——譯者），來自芥川家。不幸的是，芥川出生後第九個月左右，他的母親突然發瘋。束手無策的龍之介父親，遂把龍之介送給芥川家做養子。於是「新原龍之介」遂變成「芥川龍之介」。

芥川長大以後知道他的母親發了瘋。不過沒好久他母親就死了。芥川始終在乎他是個瘋人的兒子。遠比人家神經質的他，因爲有母親的血統關係，以爲有一天他也會發瘋。對於愛體面的他，這是極其難堪的事情。這也許是他日後自殺的主要原因之一。芥川器量小，非常神經質，又愛面子，因此纔會那樣痛苦。

不獨此，芥川人瘦，身體差，後來又患上各種病症，覺得自己生命不會太長，所以曾經特別賣力寫文章。身體病弱，又日以繼夜地寫作，因而把身體搞得愈來糟。他之祇寫短篇，寫不出長篇小說，跟他這種病弱的身體，似有不可分割的關係。人們之說他的短篇很美，又工整，但不悠然，可能也是由於這種體質所導致。古人說；「文者人也」。芥川的文學，無論如何是他的人品和體質的反映。他可以說，是爲瘋人兒子之悲劇的典型。

秀才作家

芥川龍之介之養父母的家——芥川家，是從江戶時代就居住商業區，朝夕面對隅田川之流水過日子的家庭。養父是乃母的哥哥，芥川非常孝順他的養父母；他的養父母也以能夠得到這樣好的養子而高興，並寄予龍之介以很大的希望。從小學、中學以至高等學校，他的成績一直是超群出眾。

東京江東小學、府立第三中學、第一高等學校（譯註四）、東京帝大英文系，這是芥川的升學經過，亦即世人所謂的秀才學歷。而且，他在中學、高校、大學的成績始終都是第二名。雖然沒有得過第一名，但在集天下秀才於一堂的一高和東大，從頭到尾第二名，實在也不簡單。他是大眾所公認的偉大作家，當然不可能是個笨蛋。不過大部分的作家對於自己喜歡的科目，譬如日文或英文的成績大多特別好，但對於討厭的科目，則完全棄而不顧。可是，芥川卻什麼都行。這是很不容易的，而這也是爲什麼人們說他是「秀才作家」的主要原因。我認爲，不管令芥川做作家、學者或評論家，我相信他一定都會有很大的成就。

具有古今中外的知識，是芥川的最大本錢。這些知識來自讀書。他以這些知識爲武器寫了許多小說。他有很多作品取材於古典就是這個道理。詳而言之，『羅生門』、『鼻子』、『甘藷稀飯』、『偷盜』、『草叢中』、『六宮之姬』等等作品，係取材自『今昔物語』（譯註五）；『地獄變』、『龍』以『宇治拾遺物語』（譯註六）爲題材；「俊寬」和「袈裟與盛遠」來自『平家物語』（譯註七）和『源平盛衰記』（譯註八）；「素戔嗚尊」以『古事記』（譯註九）爲材料。除此而外，他也利用了許多西方的知識和觀念。

換句話說，芥川不是觀察路上的人以知人生的，而是得自書本。由讀書獲得知識，如果是學者還無所謂，但對於一個作家來講，這是他（她）的長處，同時也是他（她）的短處。讀他的小說，會覺得他是個才子，非常理智，從而會令讀者頓覺自己也變得聰明些，但在實際上，他並沒有寫出眞正的人生。這或許是秀才作家的一種宿命。

並且，芥川的一直爲優等學生，使他養父母寄予他太大的期望。因此跟他年齡相若的親戚孩子們，似多被要求以他爲他們的模範，這似乎給他心理上很大的壓力，更使他失去自由。

「他的弟弟，因爲他容易受到壓迫。但他因爲他弟弟而失去自由。他的親戚對他弟弟一天到晚說：『應向他看齊』。但這等於要綁他的手腳。」

這是芥川的自傳「一個呆子的一生」的一段，文中的所謂「他」就是芥川龍之介。這不是秀材的悲劇是什麼？

師與友

在一高、東大學生時代，芥川有不少好朋友。井川恭、久米正雄、菊池寬、松岡讓、成瀨正一、山本有三等人都是他的同班同學。井川恭是日後的法學家恆藤恭，是芥川最久的親友；久米、菊池是他在文學上朋友。這些文學青年一起創辦了同人雜誌第三次和第四次『新思潮』，並在這個刊物上發表譯文和小說，促成芥川走上作家的道路。如果沒有這些文學青年的朋友，芥川也許會變成英國文學家也說不定。

不過，就是有了這些朋友，如果沒有一個偉大的老師，芥川或許也不會去做作家。至少，他不會那麼快就成為作家。這個偉大的老師就是夏目漱石。芥川之往訪夏目家請教，祇不過是一年左右的時間，但他卻由夏目充分獲得了做為作家的營養。而「漱石山房之多」就是他回憶訪問夏目公館的隨筆。

由讀書而得的知識、好朋友、偉大的老師，這些因素使芥川的才華一下子開花。亦即他的最早期作品「鼻子」大受夏目的欣賞，以「甘藷稀飯」躍登文壇，因「戲作三昧」和「地獄變」而名副其實地成為名作家。

與世長辭

爾後大約十年，芥川一直是最受歡迎的作家。文名隆盛，文運大通；但與此同時，他的健康卻江河日下。當時他不過是三十多歲，可是他卻變成皮包骨頭的身體，而靠他的精神勉強繼續寫作。看他當日的照片，瘦得簡直不像個人，血管浮起來，細長的臉，兩隻眼睛顯得特別大。

一九二七年七月二十四日凌晨，他吃大量的安眠藥自殺。他枕頭旁邊有本聖經；睡衣口袋裡裝著給夫人和親友的幾封遺書，是年僅僅三十有五。

芥川為什麼自殺，至今還是個謎。他的身體如果好些，或者他如果「傻一點」，他也許不致於自殺。他的死，實有如刀斷箭盡而倒下的武將，悲壯至極。

芥川的作品，篇篇精采，所以很難說那一篇是最好的傑作。有的人喜歡以「王朝」為題材的『鼻子』、『甘藷稀飯』、『地獄變』和『六宮之姫君』等等；有的人推崇描寫現代的『秋』、『蜃氣樓』、『玄鶴山房』等作品；有的欣賞以日本開國時期爲舞臺的『舞踏會』；有的更偏愛描繪少年少女心情和風采的『手推車』、『橘子』等等。

總而言之，芥川龍之介是代表大正時代的出色作家。（譯註一〇）

一九八一、十二、四　於東京

（譯註一）　其原文為「下町」，住有許多商人的地方。在東京，通常指臺東、千代田、中央、港等四個區的地區而言。

（譯註二）　江户，係東京的舊名，通常意味著德川時代，亦即江户時代，指自一六〇三年至一八六八年而言。

（譯註三）　尾崎紅葉（一八六七——一九〇三），原名德太郎，以『金色夜叉』的著作馳名於世；夏目漱石（一八六七——一九一六），原名金之助，東京大學畢業，留學英國，被公認為日本第一位文豪，他的小說被譯成幾個國家的語文；永井荷風（一八七九——一九五九），原名壯吉，東京外語大學肄業，受過文化勳章；谷崎潤一郎（一八八六——一九六五），東京大學肄業，受過文化勳章，在日本，他的文名並不亞於諾貝爾文學獎得主川端康成。

（譯註四）　第一高等學校，簡稱一高，是戰前日本最好的高等學校，對於東京大學的升學率最高。

（譯註五）「今昔物語」，亦稱「今昔物語集」，是三十一卷的故事集，完成於十二世紀前葉，集錄中國、印度和日本古今佛教、世俗故事，是文學、歷史、民俗、社會史的重要資料。

（譯註六）「宇治拾遺物語」，十五卷，故事集，編者不詳，撰於十二世紀初，其中一部分內容與「今昔物語」相同。

（譯註七）「平家物語」，亦稱「治承物語」或「平語」，十二卷，是日本戰爭小說的代表作品，作者不詳。

（譯註八）「源平盛衰記」，四十八卷，軍事小說，著者不詳，大約寫於一二四七年至一二四九年之間，描寫源氏與平氏爭天下的經過。

（譯註九）「古事記」，三卷，史書，完成於西曆七一二年，其目的在於宏揚日本皇統，是非常富於政治性的，現存日本最古老的史籍。

（譯註一〇）本文作者是長野嘗一，曾任東京立教大學教授。本文譯自芥川龍之介著『羅生門・地獄變』一書的「解說」。

（原載一九八一年十二月二十日『青年戰士報』）

芥川龍之介 年譜

一八九二年 三月一日，出生在東京市京橋區入船町，爲父親新原敏三與母親福（福是平假名的日音譯）的長子。由於降生於辰年辰月辰日辰刻，所以被命名爲龍之介。他有兩個姐姐。出生後八個月左右，因爲生母發瘋，遂被其位於本所區小泉町的母親娘家領爲養子，由大姨母富喜（平假名的日音譯）撫養。

一八九八年 六歲。四月，入江東小學，成績非常良好，喜歡看書。

一九〇二年 十歲。十一月，生母死去。

一九〇五年 十三歲。三月，讀完江東小學高等科三年；四月，進東京府立第三中學（今日的兩國高校）。從這時開始，濫讀內外的文學書。

一九一〇年 十八歲。三月，畢業府立三中。九月，因爲成績優秀，被保送升入第一高等學校（簡稱一高，今日的東京大學教養學部）一部乙班（文科）。同班裡有久米正雄、菊池寬、松岡讓、成瀨正一、山本有三、恆藤恭等人。秋季，租住位於新宿二丁目生父敏三的房子。

一九一一年 十九歲。住進一高的宿舍。這時很熱衷於外國文學，對基督教也頗有興趣，常上教會。

一九一三年 二十一歲。七月，以很優秀的成績畢業一高；九月，進東京帝國大學（今日的東京大學）英國文學系。

一九一四年 二十二歲。二月，與久米正雄、菊池寬、松岡讓、成瀨正一、山本有三、豐島與志雄等發行第三次『新思潮』。以柳川龍之介的筆名，翻譯法蘭西的「巴爾達札」（音譯）和雅茲之「春天的心臟」，刊於『新思潮』創刊號。五月與九月，分別發表「老年」和「青年與死」。十月，第三次『新思潮』停刊。全家搬到東京府下北豐島郡瀧野川町字田端。

一九一五年　二十三歲。四月與十月，在『帝國文學』分別發表「醜八怪」和「羅生門」；十二月，出席漱石山房的「星期四會」，成爲夏目漱石的門徒。

一九一六年　二十四歲。二月，跟久米正雄、菊池寬、松岡讓和成瀨正一，出版第四次『新思潮』；在其創刊發表「鼻子」，備受漱石的稱讚，再將它發表於五月號的『新小說』，而走上文壇。五月，刊登「父親」於『新思潮』。七月，畢業東京帝國大學英國文學系。九月，在『新小說』發表「甘藷稀飯」。十月，刊載「手巾」於『中央公論』。十二月，出任橫須賀海軍機關學校的囑託教官，住鎌倉町和田塚。九月，其師夏目漱石去世。

一九一七年　二十五歲。二月，第四次『新思潮』停刊。九月，在『中央公論』發表「某日的大石內藏助」。遷往橫須賀市汐入居住。十一月，在『大阪每日新聞』發表「戲作三昧」。

一九一八年　二十六歲。一月，在『新潮』發表「頭掉下來的故事」。二月，與塚本文結婚，搬住鎌倉町大町。三月，成爲大阪每日新聞社社友。五月，刊登「蜘蛛絲」於『赤鳥』；在『大阪每日新聞』和『東京日日新聞』發表「地獄變」。拜高濱虛子爲師，學習作俳句。九月和十月，在『三田文學』和『新小說』，發表「奉教人之死」與「枯野抄」。在『東京日日新聞』連載「邪宗門」，十二月結束。

一九一九年　二十七歲。一月，在『新潮』發表「毛利先生」。三月，爲專心於寫作，辭去海軍機關學校工作，做大阪每日新聞社社員。（以不必上班，一年寫幾篇小說，月薪一百三十日圓，不另付稿費爲條件）三月和五月，在『新小說』發表「基督上人傳」。四月，由鎌倉搬回田端的住宅，與養父母一起生活。生父敏三去世。五月，發表「我的經驗」（原題「橘子」、「沼澤地」）於『新潮』。這時，時或陷於神經衰弱。

一九二〇年　二十八歲。一月，在『新潮』發表「舞會」。三月，長子比呂志降生。四月，在『中央公論』推出「秋」；七月，分別刊載「杜子春」和「南京的基督」於『赤鳥』和『中央公論』。

一九二一年　二十九歲。一月，刊登「山鴫」於『中央公論』，「秋山圖」於『改造』；在『赤鳥』發表「阿格尼之神」（一、二月）。

一九二二年　三十歲。一月，在『中央公論』、『新潮』和『改造』，分別發表「俊寛」、「樹機中」和「將軍」。三月，刊載「手推車」於『大觀』；四月，發表「報恩記」於『中央公論』；八月，在『表現』刊出「六宮之姬君」。十一月，次子多加志誕生。從這前後，神經衰弱加劇，日損健康。

一九二三年　三十一歲。一月，『文藝春秋』創刊，從其創刊號，每期撰寫「侏儒的話」。三月，發表「雛」於『中央公論』；八月，刊登「白」於『女性改造』，「小孩的病」於『局外』，「芭蕉雜記」於『新潮』；十二月，在『中央公論』發表「阿吧吧吧」。

一九二四年　三十二歲。一月，在『中央公論』和『新潮』發表「絲女覺書」和「一塊土」。七月，初次避暑於輕井澤，呆了一個月，讀了不少有關社會思想的書。十二月，叔父過世；很受照顧的內弟（其夫人文的胞弟）塚本八州吐血。他自己的健康也江河日下，困於神經衰弱。

一九二五年

三十三歲。一月，在『東京日日新聞』發表「早春」。四月，發表「春」於『新潮』。新潮社以『現代小說全集』第一卷，出版『芥川龍之介集』。七月，三子也寸志出生。九月，在『中央公論』和『改造』發表「海邊」和「死後」。十月，完成自二月間就著手的『近代日本文藝讀本』（興文社）五卷的編輯。無論在作品的收錄，和版稅的分配都做得很公平，但還是受到德田秋聲等人的抗議，在精神上受到很大的打擊。因之神經衰弱更加厲害，健康日益惡化。

一九二六年

三十四歲。一月，在『中央公論』和『新潮』發表「湖南扇」和「年底的一日」。從一月中旬，在湯河原療養一個月左右。從四月到六月，遷居鵠沼。但因爲神經衰弱，不眠症日趨嚴重。七月，在『文藝春秋』發表「卡門」。從此時到年底，與文夫人、三子也寸志三個人在鵠沼生活。日漸有分裂病症，自夏天以後，曾企圖自殺數次。身體極端衰弱，完全依靠醫藥過活。

一九二七年

三十五歲。一月，發表「玄鶴山房」於『中央公論』；一、二月，在『婦人公論』刊出「蜃氣樓」。由鵠沼搬回田端的家。內兄（二姐久子的丈夫）西川豐的房子失火全燒，這座房子，不久以前才投保很大的金額，因此，犯刑事上之罪正在緩刑中的豐被懷疑放火。旋即豐由火車跳下自殺。西川死後，發現他由高利貸借很多錢，龍之介爲處理其善後，抱病東奔西走。三月，在『改造』發表「河童」。莫斯科的出版社出版『世界文學叢書第四編芥川龍之介』。四月，在『中央公論』連載「文藝、過於文藝的」，並與在該刊連載「饒舌錄」的谷崎潤一郎展開文學上的筆戰。七月二十四日凌晨，在田端自宅的寢室，吃多量的安眠藥自殺。枕頭邊有一本聖經。寫給文夫人、姨母富喜和菊池寬等遺書，還有「給某舊友的手記」一篇文章。同一天，在谷中齋場舉行葬禮。納骨於染井的法華宗慈眼寺。其遺稿「西方人」和「續西方人」刊於八月號和九月號的『改造』；「闇中問答」發表於九月號的『文藝春秋』；十月號『文藝春秋』刊出「齒輪」，「一個呆子的一生」於『改造』。十一月，依其遺志，由岩波書店出版『芥川龍之介全集』八卷，一九二九年二月出版完畢。文藝春秋社社長菊池寬，創設芥川龍之介獎，自一九三五年以後，贈給新進作家。

志賀直哉及其作品

高田瑞穗

志賀直哉　1883–1971

一

志賀直哉現在（一九七一年）已經八十九歲了，但還是很健康。志賀直哉的文學，是很健康的文學。志賀作品之所以在今日仍能予許多讀者以興趣和感動，其理由在此。今日日本的社會，無論如何不能說是很健康的社會，因爲她繼續不斷地產生著各種各樣的不健全的問題。想在這樣不健康的社會裡生存，最需要的是健康的身體和精神。在這一點，我深信志賀的文學具有不可磨滅的價值。它將予讀者的心靈以健康的新鮮空氣。因此我尤其要向年輕的一代，推薦志賀直哉的文學。

二

志賀直哉於一九一二年九月，在『中央公論』發表「大津順吉」而建立了他作爲作家的地位。從那時候算起，到現在，志賀已經過了五十五年的作家生活。不過，「大津順吉」並非直哉最早的作品。他的最早作品應該算是「青菜花與小姑娘」。這篇作品寫於一九〇四年，他在學習院高等科二年級的時候。二十二歲的直哉，從這時就開始立志要做小說家。如果從一九〇四年算起，直哉的作家生活，已達六十三年之久。在這長久的作家生活期間，曾經有過許許多多的事情和變化。日本也變了。直哉也老了。現在，我想把志賀的作家生活，暫時分成四個階段來敘述。

第一個時期是自創辦同人雜誌『白樺』的一九一〇年到一九一四年。這大約五年是直哉反省自己，確定作爲作家的方向，和確立作爲作家之方法的時期。而代表這個時期的作品是「大津順吉」、「克羅迪亞斯的日記」、「清兵衛與葫蘆」和「偷小孩的故事」等等。

第二個時期是經過自一九一四年以後三年左右的第一個空白的一九一七年到一九二八年。這大約十二年，是作家直哉的成熟時期，而代表直哉文學的重要作品開始產生於此時，「在城崎」、「和解」、「學徒的神」、「灶火」、「濠邊的住家」、「山科的回憶」、「邦子」等便是；又跟這些作品對稱的，直哉的唯一長篇小說『暗夜行路』也是寫於這個時期。

第三個時期是相隔自一九二九年以後五年左右的第二個空白的一九三三年到一九四五年。這個時期是，直哉完成了人生的戰鬥，並能冷靜觀察事物，比諸第二時期，作品也減少了。寫了「萬曆赤繪」、「星期日」、「早春的旅行」等和「暗夜行路」的最後部分，說明了這個時期的性格。

第四個期時是戰後到現在。在這個時期，他寫了「灰色的月亮」、「被侵蝕的友情」、「山鳩」、「牽牛花」、「白線」等等，但這時，他已經是離開文壇的歷史中人物。

關於這四個時期的各種性格，以及它們對於作品的影響，下面我將另行簡述，現在我所要說的是，直哉的作家生涯的變遷，是極其自然的經過這件事。換句話說，第一個時期的直哉是「戰鬥者」；第二個時期為「和解者」；第三個時期是幽靜的「觀察者」；第四個時期為老年人的「回想者」。

三

下面，我就來簡述這四個時期的性格，以及其作品的特色。

第一個時期相當於直哉從二十八歲到三十二歲的青春時期。把它叫做青春時期是有些年紀大，而實際上直哉自己在其「創作餘談」裡也說「現在回想起來的確很晚」。這個時期的特徵是，直哉跟他父親的對立。為了要做作家而退學大學的直哉，與討厭作家，但其本身卻是勤奮的實業家之直哉父親的不和，從直哉在十幾歲的時候就很明顯，而一直繼續到撰寫「和解」的一九一七年。一九二七年時，直哉是三十五歲。這等於說，直哉與其父親的對立。前後達十七年。

父子不和這樁事，不祇限於日本，更不限於現代，不過像直哉這樣澈底反抗父親，一步也不讓，結果很美滿地和解的卻是很少。這是由於志賀家父子的想法雖然不同，但在各忠於自己這一點非常類似所導致。自己認爲正確的事，不管誰怎麼說都不肯妥協，雙方都這樣主張，因此，隨直哉年齡的增長，其對立便愈來愈激烈。惟父子都非常正直而認眞，忠於自己，所以纔有和解的餘地。

第一個時期的直哉，在這樣與他父親對立、搏鬥的過程中，確立了其做爲作家的地位。對於當時的直哉來講，寫小說就是對他父親的反抗。因此第一個時期的許多作品，可以說是青年直哉之反抗精神的產物。而「大津順吉」、「清兵衛與葫蘆」、「偷小孩的故事」，充分顯示出這個時期的性格。

不過在這裡，我想強調一點，那就是對其父親他雖然這樣頑強抵抗，但直哉卻並沒有因爲這樣生氣而自損其人格。對立固然必須戰勝，但他卻絕不作弊，是即直哉實具有運動家風度。因此，第一個時期的作品，纔能奠定其做爲作家的基礎。而直哉之所以採取這種態度，可以有各種原因。從十八歲起，大約七年，受教於內村鑑三(譯註一)的影響，可能是很大的原因，但我卻認爲，直哉本身的精神力量的作用更大。

換言之，這就是直哉的健康性。如果從直哉的個性這種立場來看，即是直哉眼光的透澈。作家志賀直哉，無論何時，都能很正確地認識對象。縱令很討厭的人，如果他(她)長得好，在直哉心目中，他(她)是長得好。不感情用事，不隨便捏造形象，不自欺，是直哉能成爲作家的主要原因。而這在「到網走」已經發揮無遺。直哉的寫實主義，產生於此時。

四

從第一個時期的作品，我們選了下面的七篇。我覺得，各位尤其是年輕的讀者，會喜歡這些作品。現在，我就這些作品一一敘述其特色。

「青菜花與小姑娘」是直哉最早的作品，寫於一九〇四年，他二十二歲的時候，但經過很久以後纔發表，亦即刊登於一九二〇年一月號的童話雜誌『金船』。當然這是練習作品，但從它我們可以看出直哉文學的兩種特徵。一種是發揮他自己的熱情；另一種是他清澈的眼光，也就是自我主義和寫實主義。欲發揮他自己這種願望，在這作品中，以「小青菜花」說「很寂寞」，由之泛青菜花於河流中，自己也一起跟到村莊之「小姑娘」美麗的結合來暗示。直哉清澈的眼光，產生自然、正確而流利的表達。它這樣寫道：「『一被用熱熱的手拿著，我的脖子就覺得懶倦，而不能肅立』，並以與小姑娘的同一個步調，無力地搖著低下的頭」。

「到網走」是刊載於直哉與學習院的朋友武者小路實篤和有島武郎（譯註二）等所創辦同人雜誌『白樺』創刊號的作品。直哉的寫實主義，在這篇作品尤其明顯。

「母親之死對新母親」是一九一二年二月，發表於雜誌『詹波亞』（平假名的日音譯——譯者）的作品，而其所寫的，全是事實。他母親（叫做銀）死於他十三歲的時候。這篇作品告訴我們：他非常堅強，不爲感情所誤。

「大津順吉」是發表於一九一二年九月號『中央公論』的直哉成名之作。其所寫的也是事實。「戰鬥者」直哉，以直哉自己的筆，刻畫得有聲有色。

「清兵衛與葫蘆」刊登於一九一三年元旦的『讀賣新聞』。我們應該留意清兵衛的「這樣的好」

這句話。清兵衛發現美於自然。是即直哉不祗是「戰鬥者」，而且是喜愛「美」的人。

「變故」和「偷小孩的故事」，分別發表於一九一三年九月和一九一四年四月號的『白樺』；而後者是直哉在尾道（地名——譯者）生活時的產物。

從第一個時期到第二個時期，是由反抗到協調。亦即第二個時期的特徵是，直哉認爲，理解對方，照拂對方，互相協調，遠比堅持己見，與人對立，因而產生悲劇更好，更有意義，所以他便這樣做。而表現這種轉變最顯著的就是「和解」。這時，直哉已經是大人了，並且是文壇的重要作家之一。

五

從這個時期的作品當中，我們選了五篇，這些可以說都是直哉的代表作。

「在城崎」刊載於一九一七年五月號的『白樺』；是直哉清徹眼光之表達的典型。「和解」發表於一九一七年十月號的『黑潮』。它把與其父親長年的對立，自然「和解」的經過，全盤托出。他在其第二章這樣寫著：「我不希望在自己工作上，對我父親報私怨」。

「學徒的上學」刊登於一九二〇年一月號的『白樺』，是非常精采的短篇小說；從此以後，直哉就被喻爲「小說之神」。「灶火」起初以「山上的生活」的題目，發表於一九二〇年四月號的『改造』；「濠邊的住家」出現於一九二一月的『不二』雜誌。「灶火」是赤城山的生活寫照；「濠邊的住家」是在松江的生活狀況。「灶火」裡頭的「K氏和母親」的風采，以及「濠邊的住家」裡「貓」被宰的叫聲，都非常有吸引力。

六

第三個時期是，第一個時期到第二個時期之轉變的自然延續。我說「觀察」，乃是指直哉已由「戰鬥者」，而成爲冷靜地觀察人生之戰（奮）鬥的態度而言。此時，文壇是自所謂普羅文學的全盛，經過「轉向」（離開左翼陣營的意思——譯者）的文學，而進入戰時的文學這種特殊狀況。對這種文壇，直哉是個「觀察者」。

七

日本戰敗那一年，直哉已經六十三歲了。以這年爲轉捩點，日本走上了跟明治以來日本所走的不同道路。對於生活過明治、大正、昭和三代的直哉來講，自不無感慨。這種感慨，自然而然地使他成爲回想過去的「回想者」。但他「回想」的表達，還是非常正確而美麗。就是帶上了老花眼鏡，直哉的眼光仍然能夠看得很清楚。

八

「灰色的月亮」發表於一九四六年一月的「世界」雜誌創刊號。用年輕工人自言自語連自己生命也不要，以描繪戰後日本的面目。以小小的光景，能這樣暗示戰後日本荒廢的現實，實在很不容易。「白線」是刊登於一九五六年三月號『世界』的作品。這個時期，他寫了「被侵蝕的友情」、「奇人脫哉」、「祖父」等回想作品，而「白線」也是其中的一篇。七十四歲回顧他二十九歲時所寫「母親之死與新母親」，而「感覺還不大懂得事實就把它寫成小說」的直哉，在「白線」纔眞正就其母親之死寫了「事實」。他說：「現在，我還記得很清楚的，就是我母親腳腓有白色粗線這件事」。要之，「白線」不外乎是其母親死後五十二年，而仍然生存於直哉之心田的，其母親之肉體的線條。（譯註三）

（譯註一）內村鑑三（一八六一——一九三〇），宗教家、評論家。東京人。札幌農學校（今日的北海道大學農學部）畢業，留學美國，研究神學，主張無教會的基督教，作家志賀直哉、有島武郎及小山內薰等人是他的徒弟，有『內村鑑三全集』二十卷（岩波書店）的著作等。

（譯註二）武者小路實篤（一八八五——一九七六），小說家、劇作家、詩人。東京人。戰前的貴族，東京大學肄業，與里見弴、有島武郎、志賀直哉等創辦『白樺』雜誌，而成為日本文學上的一大派。後來到九州宮崎縣，購地建設理想鄉，並出版『新村』雜誌。有『友情』、『眞理先生』、『我也不知道』等名作。

有島武郎（一八七八——一九二三），小說家。東京人。札幌農學校畢業，留學美國，與有夫之婦波多野秋子情死。

（譯註三）本文作者高田瑞穗是成城大學教授，本文譯自志賀直哉著柏楊社出版『學徒的上帝』一書的「解說」。

（原載一九八二年五月十八日『青年戰士報』）

志賀直哉 年譜

一八八三年　二月十日，以直溫和銀的次子，出生在宮城縣石卷町。

一八八五年　二歲。跟父母到東京，與其在麴町區內幸町的祖父母同住。

一八八六年　三歲。上芝幼稚園。

一八八九年　六歲。入學習院初等科。

一八九五年　十二歲。進學習院中等科。八月三十日，生母(三十三歲)去世；秋季，得繼母浩。

一八九八年　十五歲。學習院中等科三年級時留級。

一九〇二年　十九歲。中等科畢業留級，而與武者小路實篤、木下利玄等同班。

一九〇三年　二十歲。進學習院高等科。

一九〇六年　二十三歲。高等科畢業，進東京帝國大學文學部英國文學系。翌年轉學國文系。

一九一〇年　二十七歲。武者小路實篤、里見弴、木下利玄、有島武郎等創辦『白樺』雜誌。發表「到網走」、「箱根山」等。退學東京帝大。

一九一二年　二十九歲。推出「母親之死與新母親」、「大津順吉」等。秋天，與父親不睦，獨往尾道。

一九一三年　三十歲。刊出「清兵衛與瓢簞」、「事件」。

一九一四年　三十一歲。發表「偷小孩的故事」。十二月，與勘解由小路康子結婚。

一九一七年　三十四歲。刊載「在城崎」、「和解」。與乃父恢復和好。

一九二〇年　三十七歲。發表「學徒的上帝」、「菜花與姑娘」和「山中生活」（日後改題爲「篝火」）。
一九二一年　三十八歲。在『改造』連載並刊完「暗夜行路」前篇。
一九二三年　三十九歲。在『改造』開始連載「暗夜行路」後篇。
一九二四年　四十一歲。發表「雨蛙」、「偶感」、「轉生」、「探望震災」。
一九二五年　四十二歲。刊登「濠邊的住家」、「黑犬」。
一九二六年　四十三歲。發表「弟弟的回京」、「不二」、「精神戀愛」。又開始在『改造』連載停刊中的「暗夜行路」。
一九二七年　四十四歲。發表「山形」、「親友」、「陰天」、「於沓掛」。
一九二九年　四十六歲。與里見弴旅行東北和華北。從此大約五年，停止創作。
一九三四年　五十一歲。發表「星期天」、「早上中午晚上」和「颱風」。
一九三七年　五十四歲。發表最後部分的「暗夜行路」於『改造』。
一九三九年　五十六歲。膽石重發，受苦半載。宣稱不再寫小說。
一九四一年　五十八歲。刊登「早春之旅」、「寂寞的生涯」。被推選爲日本藝術院會員。
一九四三年　六十歲。出版「暗夜行路」。
一九四六年　六十三歲。發表「灰色之月」、「銅像」和「鈴木先生」。
一九四七年　六十四歲。刊出「被侵蝕的友情」、「三浦環之死」和「內行人與外行」。
一九四八年　六十五歲。發表「奈良日記」、「菊池寬的印象」和「太宰治之死」。

一九四九年　六十六歲。發表「母親的書信」、「老夫老妻」和「動物小品」。獲得文化勳章。

一九五〇年　六十七歲。推出「老么」、「山鳩」、「昨天晚上的夢」。

一九五二年　六十八歲。發表「奇怪的夢」、「早晨的試映」和「腳踏實」。

一九五二年　六十九歲。從五月到八月，與梅原龍三郎等旅遊歐洲。

一九五四年　七十一歲。發表「牽牛花」、「淘氣」和「小烏鴉」。

一九五六年　七十三歲。刊載「白線」。

一九五七年　七十四歲。刊出「八手花」。

一九五九年　七十六歲。發表「麻雀的故事」、「少年時的回憶」。出版「樹下美人」。

一九六二年　七十九歲。在『婦人公論』發表「女文學獎的網野菊女士」和「東宮御所的山菜」。

一九六三年　八十歲。發表「盲龜浮木」。

一九六四年　八十一歲。廣津和郎、尾崎一雄等在志賀邸慶賀他的金婚。發表「麻雀與貓」。

一九七一年　八十八歲時去世。

菊池寬及其作品

小松伸六

菊池寬　1888–1948

菊池寬到底是個怎樣的人，留了些什麼作品，在文學上人家對他如何評價？各位或許已經知道，他是『超越恩讐』的小說家，是『父歸』的劇作家。

但是，菊池寬的偉大，其作品暫且不談，實在於他提高了文學家的地位，在這一點，菊池寬對日本文壇眞有不可磨滅的貢獻。因爲在以往，作家窮得有三文文士的別名，並且生活散漫，所以房東一聽是作家，便不租房子給他（她）們。

可是在今日，芥川獎作家石原愼太郎、大江健三郎等人（譯註一）之有如「現代的英雄」，他們的物質生活又那麼富裕，因此我這樣說也許沒人相信，不過這的確是事實，連『金色夜叉』的流行作家尾崎紅葉（譯註二），也沒有電話呢！由於他提高了作家在社會上的地位，自己又創辦文藝春秋社，所以迨至其晚年，菊池寬便被譽爲日本文壇的泰斗。

前面我談到芥川獎，這是跟直木獎，爲日本文壇最著名的新人文藝獎，而創設這兩個文學獎的，就是菊池寬。這是菊池寬，爲悼念他早逝親友，作家芥川龍之介和直木三十五（譯註三），並令其名流傳萬世，同時以培養新作家爲目的，於一九三五年創設的。

芥川獎以純文學的新人爲對象，直木獎專給大眾文學的作家。獲得芥川獎者有石川達三、井上靖、松本清張（譯註四）等人；從直木獎出了川口松太郎，源氏雞太、水上勉（譯註五）等作家。一般來說，芥川獎是步進文壇的護照。一九三九年，又成立了菊池寬獎，這是給對文學有功勞的人，二次大戰後，其授獎的對象更擴大到對於文化有過功勞者。

現在，我想來談談菊池寬的文學。在日本文學史上，他被列爲新現實主義和新理知主義的作家，一言以蔽之，他提倡確立人性的尊嚴和個人主義，他的作品擁有鋒利而理知的閃耀。所以，他的作品很容易懂，亦即他的寫作大多是意圖清楚的「主題小說」。而這也是爲什麼菊池寬說「小說是作家如何處世的報告書，和應該怎樣處世的意見書」的主要原因。

在生活態度上，菊池寛是「人生第一，藝術第二」。因此，他不贊成爲藝術糟蹋人生，犧牲家族，找朋友麻煩（借錢），更反對芥川龍之介和太宰治（譯註六）的自殺。或許有人會覺得，把菊池寛的文學當做「人生的嚮導書」，沒有太大意義，但我自己在原則上，卻很贊成菊池寛這種現實而合理的想法。

菊池寛之所以具有這樣健康的人生觀，是因爲他出生於貧窮家庭，苦讀，力拼踏進文壇這種人生經驗的結果。以下，我準備就他出生、學生時代、作家時及其作品，依次說明。

出生

菊池寛於一八八八年十二月二十六日，出生在香川縣高松市七番町。菊池寛家代代爲高松藩的儒學者，明治維新時沒落，家貧如洗，其父武修當時任小學總務。十一歲進高等小學，沒錢買教科本，所以祇有借朋友的書來抄。從小喜歡讀書，愛讀尾崎紅葉、幸田露伴、泉鏡花（譯註七）等人的著作；十五歲左右開始練習寫作，可見其爲早熟的文學少年。

高松中學（今日的高松高等學校）三年級的時候，高松市開設圖書館，於是他買了一個月的門票，每天到圖書館，據說將館裡頭兩萬本書當中，中學生能讀的都把它讀完。日後他回憶說，他大半的青春過於圖書館；而其愛寫歷史小說，可能來自他在圖書館用功的博學。

中學四年級（十九歲）時，他入選『日本』新聞的有獎徵文，因而首次遊覽東京。他以第一名的成績升入五年級；他在其『半自傳』這樣寫著：「我覺得，在中學時代如果能有好的成績，於自己既能培養自信，對於我的一生也一定會有幫助」。包括功利的一面，我也認為在中學、高校時代（譯註八）用功是需要的。

學生時代

一九〇八年，菊池畢業高松中學。他被保送進東京師範學校（日後的東京教育大學，現今的筑波大學），是因為高師不但不必繳學費，而且有零用錢可以領的緣故。但是，在學一年多，由於吊兒郎當，和在班上集會演講「個人主義」而被開除，於是想作律師，而轉學明治大學法科，然後又改進早稻田大學文科，一九一〇年九月，他二十二歲時進第一高等學校（簡稱一高，今日的東京大學教養學部）決心要做一個作家。

他在一高的同班同學有芥川龍之介、久米正雄、山本有三、土屋文明（譯註九）等人。他跟芥川後來雖然成為好朋友，但在一高時代，有官僚氣息的秀才芥川與以野黨秀才自居的菊池並不大合得來。這時，菊池對蕭伯納特別感興趣，惟在畢業前三個月，因替其朋友佐野文夫（註譯一〇）挑起竊盜罪而被勒令退學。關於它的來龍去脈，他的小說『青木的晉京』和『半自傳』有詳細的描寫。佐野雖然腦筋不錯，但卻不認眞，後來他雖也做了日本共產黨的中央委員，但是個問題纍多的人。

退學一高以後，他進了京都大學英文科，翌年改進本科。當日的京大文科，有以翻譯『海潮音』而馳名的英國文學家上田敏（譯註一一），和以『近代的戀愛觀』而予年輕一代以很大影響的廚川白村（譯註一二）。但菊池寬對於他們的課既不感動，對其周圍的同學們也不感覺有文學熱情，因而非常失望。他的小說「一個無名作家的日記」，就是描繪此時孤苦的學生生活。在這部小說，他對將來要做作家的自己才華產生不安而說：「我是不是錯估了自己的天分？在一個光輝的莎士比亞背後，有多少群小劇作家在繼續寫著毫無價值的一定消失的劇本」。又，「我不參加葬禮的理由」的京大文科學生雄吉是菊池寬的分身，不給雄吉看其作品之S博士的模特兒則為上田敏。

作家時代

一九一六年，菊池寬畢業京大英文科，他跟芥川、久米、成瀨正一和松岡讓（譯註一三）創辦同人雜誌第四次『新思潮』，並發表劇本「屋頂的瘋子」、小說「投水救助業」、劇本「父歸」（一九一七年），惟因芥川的「鼻子」和久米的「牛奶店的兄弟」風評太好，所以沒有受到人們的重視。

到達東京以後，菊池寬寄食於成瀨家，並由他們介紹進入時事新報社，擔任社會部記者。他把感謝成瀨家對他的照顧，寫成小說「大島所能做的事」。同年，他與其同鄉奧村包子結婚。他在其「半自傳」說：「我的結婚，是我終身成功的一項」，我更記得他好像這樣寫過或談過：「如果我再出生，而且必須結婚的話，我仍將以現在的妻子為妻」。很是難得。

一九一八年，菊池發表「惡魔的徒弟」、「瞿拉爾中尉」，並在當時躍登文壇之跳板的綜合性雜誌『中央公論』的七月號和九月號，分別發表「一個無名作家的日記」和「忠直卿行狀記」而確立了他做為新進作家的地位。

翌年，發表其代表作之一的「超越恩讐」；離開時事新報社，與芥川龍之介同為大阪每日新聞社的特約作家。一九二〇年，在『每日新聞』連載其第一部長篇小說『眞珠夫人』，成為流行作家。爾後撰寫『慈悲心鳥』、『第二個接吻』、『貞操問答』等大眾小說，被譽為斯界的王者，而遠離純文學。

一九二三年一月，創刊『文藝春秋』，與橫光利一、川端康成（譯註一四）等努力於年輕後進作家的培養，刊載「座談會」方式的文章，創辦文士劇（由作家們自己演戲——譯者），眞是多彩多姿。與此同時，他結集專業作家們的力量，成立「小說家協會」（今日的文藝家協會）。一九二八年，由社會民主黨提名，從東京第一選區，出馬競選眾議員，但沒有成功；迨至一九三七年，以改革腐敗的東京市政爲口號，當選市議員。二次大戰期間，代表報刊界，發起文藝後方運動，奔走全國，並就任大映電影公司社長；一九四八年，因狹心症，與世長辭，享年六十。

從以上大致的年譜，我們可以知道，菊池寬不僅是書齋裡的作家，而且是（好壞暫時不談）富於衝力的人，而過了以往所沒有過之形態的文學家生涯。二葉亭四迷（譯註一五）雖也曾經參與政治，並說：「文學決非男子漢一生的工作」，但他失敗了。

可是，菊池寬卻爲在其他方面也獲得成功的世人。關於菊池寬有趣的插曲很多，譬如毫不在乎地送錢給朋友；不小心皮帶鬆下來還在走路，被朋友提醒時，他卻說他走得很愉快，不要多嘴；他認爲，萬一不要女朋友時，衹要不使對方陷於不幸，這是沒關係的等等。總而言之，我覺得，菊池寬很能觀察人，了解實際社會，他眞是個「萬事通」。

菊池寬的作品

『父歸』（一九一七年）和『屋頂的瘋子』（一九一六年）是劇本。前者是二十年前，不要妻兒，與愛人出走的父親，落魄回來。長子的賢一郎，以他們並沒有父親，其一家人的生存，完全靠自己的力量而曾一度拒絕，但最後還是耽心老父親的健康，因此叫其弟弟去找，故事至此結束。長子的拒絕，有新時代的個人主義和合理主義精神的味道，但最後還是不敵血濃於水的親情。這是順應時代的人情劇，令人身感溫暖的作品，所以成爲一幕劇的經典，而在今日仍然一再地上演。

『屋頂的瘋子』是父親想把老想往高處爬的神經病兒子義太郎醫好，而請來巫女。正當這個巫女在燒松樹葉子，準備趕走攀在義太郎身上狐狸的時候，他弟弟同時是中學生的末次郎，一回來就把巫女推倒，並對他父親說，他要爲他哥哥建造一座高塔，而很認眞地聽著他哥哥的話。這實在也是部使人感動的家庭劇。神經病的哥哥與巫女幽默的會話，令人不由得笑出來；狐狸攀人身這種迷信的舞臺，很像高松附近的小島。而非常理智的弟弟對其哥哥充滿感情的最後場面，更令讀者銘感肺腑。

這本選集所收錄的歷史小說有「形」等四篇；此外還有「藤十郎的愛情」、「添牌子」、「蘭學事始」、「俊寛」等等，但讀了前面四篇，便可以瞭解菊池寛之所謂歷史小說的全貌。

「報恩」是受到壞蛋惣八郎的恩，而一輩子對惣八郎抱有自卑感之甚兵衛的故事。這如果從反面來看，也可以是現代的心理劇。「形」是強調內容固然重要，但形式也是很重要這種諷刺的教訓故事。

「忠直卿行狀記」是菊池寛確立其文名的佳作。這篇作品的原型是「暴君的心理」，其故事爲：以武勇馳名的越前宰相忠直，有個晚上，在院子前面盜聽了家臣的私語，得知他贏是其部下故意輸給他的，因此不再信任別人，從而開始亂來。史傳的暴君忠直，究竟是何種性格的人，雖不得而知，但意圖從封建的主僕關係，指出絕對的權力者忠直不相信人的觀念，並予以人本主義之解釋的菊池寛的想法，今日讀來，還是非常新穎。

「超越恩讐」是假託耶馬溪的傳說，以否定報仇的主題小說。與主子的寵妾阿弓私通的市九郎（後來的了海），殺死其主子後與阿弓逃亡，到信州鳥居峠開茶店，在這裡市九郎也殺人做強盜，惟因目睹阿弓太貪婪，而恢復其人性，這一前半寫得很出色，阿弓之為壞人也刻畫得很成功。最後完成洞門的了海和實之助，超越恩讐，互相握手，實在很令人感動。

「大島所能做的事」和「我不參加葬禮的理由」，是質樸的私小說作品，從這兩篇小說，我們可以窺悉成名前菊池寬的小市民生活和他的意見。尤其是送不起奠儀，又未能去參加老師葬禮的後一篇作品中，對於雄吉利己主義的態度，我覺得蠻有意思。

如前面所說，「半自傳」是菊池寬就其半生隨便寫的，所以不像旁人的回憶錄，往往有些甜言蜜語式的教養主義，浪漫的美化作用，和吹牛因素。可是，它卻顯示出菊池寬的魅力無遺，更令我們瞭解明治末年，大正初期的大學生活和志願作家者的形象。在考英國文學史時，偷偷溜出來，到研究室去查閱辭典的插曲，是不是也為「好的舊時代」？

總之，我這次重讀菊池寬集後覺得，他是日本最早引進文學上的實用主義，並實踐它的一個文學家。（譯註一六）

（譯註一一）石原慎太郎，小說家。神户人。一橋大學畢業。一九五五年，以「太陽的季節」獲得第三十四屆芥川獎，曾任參議員和國務大臣，現任東京都知事，但時或還在寫小說。大江健三郎，小說家。愛媛縣人。東京大學畢業。一九五八年，以「飼養」得到第三十九屆芥川獎，政治與性是他的小說主題。

（譯註二）尾崎紅葉（一八六七——一九〇三），小說家、俳人。東京人。原名德太郎，東京大學肄業，與山田美妙創設硯友社，其代表作為『多情多恨』、『金色夜叉』等。

（譯註三）芥川龍之介（一八九二——一九二七），小說家，東京大學畢業，代表作有『羅生門』、『地獄變』、『河童』等。直木三十五（一八九——一九三四），小說家，原名植村宗一，大阪人。早稻田大學肄業。代表作有『南國太平記』、『楠木正成』等。

（譯註四）石川達三，小說家。秋田縣人。早稻田大學肄業。一九三五年，以「蒼氓」獲得第一屆芥川獎，代表作有『活著的士兵』、『結婚的生態』等等。井上靖，小說家。出生北海道。京都大學畢業。一九五〇年，以「鬥牛」獲得第三十二屆芥川獎，有『獵槍』、『冰壁』、『天平的甍』、『白輓馬』、『敦煌』等名作。松本清張，小說家。福岡縣人。一九五二年，以「某『小倉日記』傳」獲得第二十八屆芥川獎。他專門寫曝露日本政府黑暗面的推理小說，在日本作家當中，他的所得最高，代表作有『點與線』、『零的焦點』等等。

（譯註五）川口松太郎，小說家、劇作家。東京人。一九三五年，以「風流深川歌」、「鶴八鶴次郎」和「明治一代女人」獲得首屆直木獎，他的許多作品曾被拍成電影。源氏雞太，小說家。原名田中富雄，富山人。他專寫薪水階級的幽默小說，得過第二十五屆直木獎。水上勉，小說家。福井縣人。立命館大學肄業。一九六一年，以「雁寺」獲得第四十五屆直木獎。

（譯註六）太宰治（一九〇九——一九四八），小說家。青森縣人。原名津島修治。東京大學肄業，有『晚年』、『東京八景』、『斜陽』等代表作。在生活上歷盡滄桑，於一九四八年六月自殺。最近他的著作又在開始流行。

（譯註七）幸田露伴（一八六七——一九四七），小說家、隨筆家、考證家。原名成行，通稱鐵四郎。東京人。青山大學的前身東京英學校肄業，有『五重塔』、『命運』等名作。泉鏡花（一八七三——一九三九），小說家。原名鏡太郎。金澤人。尾崎紅葉徒弟。有『夜行警員』、『外科室』等三百多篇作品。

（譯註八）日本現今的中學等於我國的初中，高等學校（簡稱高校）就是我國的高中。不過，戰前日本的高等學校是大學預科，國立者有一高到八高。

（譯註九）久米正雄（一八九一——一九五二），小說家、劇作家、俳人。長野縣人。東京大學畢業。代表作有『牛奶店的兄弟』、『投考生手記』、『破船』等。山本有三（一八八七——一九七四），小說家、劇作家。原名勇造。枥木縣人。東京大學畢業。曾任明治大學教授。著有『女人的一生』、『路邊的石頭』等。戰後曾當選參議員。土屋文明，歌人。群馬縣人。東京大學畢業。曾任明治大學教授。有『萬葉集入門』、『日本紀行』等著作，在培養新歌人方面，有很大貢獻。

（譯註一〇）佐野文夫（一八九二——一九三〇），譯過『費爾巴哈論』等書。

（譯註一一）上田敏（一八七四——一九一六），歐洲文學家、評論家、翻譯家、詩人、小說家。東京人。東京大學畢業。文學博士。曾任東京大學、京都大學講師，東京高師教授，有『冷笑』、『現代的藝術』等著作。

（譯註一二）廚川白村（一八八〇——一九二三），英國文學家、文藝評論家。東京大學畢業。曾任五高、三高和京都大學教授。文學博士。有『近代文學十講』、『文藝思潮論』、『出了象牙之塔』等著作。

（譯註一三）成瀨正一（一八九二——一九三六），小說家、法國文學家。橫濱人。東京大學畢業。與芥川龍之介、久米正雄等創辦第四次『新思潮』，有『法國文學研究』等書。松岡讓（一八九一——一九六九），小說家。新潟縣人。東京大學畢業。夏目漱石的大女婿。著『夏目漱石』、『漱石的漢詩』等書。

（譯註一四）橫光利一（一八九八——一九四七），小說家。福島縣人。早稻田大學肄業。有『上海』、『機械』、『純粹小說論』、『旅愁』等代表作，並以跟所謂普羅文學論爭馳名。川端康成（一八九九——一九七二），小說家。大阪人。東京大學畢業。有『伊豆的舞孃』、『雪國』、『千隻鶴』、『禽獸』等代表作品，曾得諾貝爾文學獎。

（譯註一五）二葉亭四迷（一八六四——一九〇九），小說家、翻譯家。本名長谷川辰之助。出生東京（江戶）。東京商業學校（今日的一橋大學）肄業，曾任東京外國語學校（今日的東京外語大學）教授，以日本第一本寫實主義小說『浮雲』的作者馳名，另外還有『其背影』、『平凡』、『小說總論』等著作。

（譯註一六）本文作者小松伸六是文藝評論家；本文譯自菊池寬著『超感恩讐』一書的「解說」。

一九八二年一月十九日夜於東京

（原載一九八二年三月廿五日『青年戰士報』）

（補註）譯者有菊池寬中日文對照的小說集，題名『菊池寬之文學世界』，由旺文社出版。

菊池寬 年譜

一八八八年　十二月二十六日，出生於香川縣高松市七番町，父親名武脩。母親爲加慈（片假名的日音譯——譯音）寬是三男。菊池家代代爲高松藩的儒學者，乃父當時在小學辦總務。

一八九五年　七歲。進高松市四番町小學。愛讀『少國民』、『少年世界』等雜誌。

一八九九年　十一歲。進高等小學。

一九〇三年　十五歲。進高松中學。

一九〇八年　二十歲。高松中學畢業。被保送進東京高等師範學校。

一九〇九年　二十一歲。以行爲不檢的理由，在暑假期間被校方開除學籍。

一九一〇年　二十二歲。晚間在正則英學校學英文，以備升學，白天到上野圖書館看書。暫時進早稻田大學。九月，進第一高等學校文科。

一九一三年　二十五歲。四月，替朋友頂罪，被第一高等學校退學。九月，改進京都帝國大學英文科選科，翌年轉本科。十月，以「禁果」入選『萬朝報』的懸賞小說。

一九一四年　二十六歲。二月，與山本有三、芥川龍之介、久米正雄等爲第三次『新思潮』的同人。五月，在該雜誌發表劇本「玉村彌吉之死」。

一九一六年　二十八歲。四月，作第四次『新思潮』的同人。五月，在該刊發表劇本「屋頂的瘋子」。七月，畢業京都帝國大學英文系。十月，進時事新報社社會部工作。發表「海洋的勇士」、「投水救助業」等作品。

一九一七年　二十九歲。一月，在『新思潮』發表劇本「父歸」；四月，與其同鄉奧村包子結婚。

一九一八年　三十歲。一月，發表「瞿拉爾中尉」於『新公論』，三月，在『文章世界』刊出「受動的故事」。六月，刊載「大島所能做的事」於『新潮』；七月和九月，分別發表一個「無名作家的日記」和「忠直卿行狀記」於『中央公論』，因而確立了他做爲作家的地位。

一九一九年　三十一歲。一月，在『中央公論』發表「超越恩讐」；二月，離開時事新報社，爲大阪每日新聞社的特約作者。同月，在『新潮』發表「我不參加葬禮的理由」；四月，於『大阪每日新聞』刊登小說「藤十郎的愛情」。

一九二〇年　三十二歲。一月，在『新潮』發表「出人頭地」；十一月，於『大阪每日新聞』和『東京日日新聞』連載其第一部長篇小說「眞珠夫人」。

一九二一年　三十三歲。一月和二月，在『中央公論』分別發表「蘭學事始」和「投標」；十月，發表「俊寬」於『改造』。

一九二三年　三十五歲。一月，母親加慈去世。同月，創刊『文藝春秋』雜誌。

一九二五年　三十七歲。十一月，發表劇本「投標」於『中央公論』。

一九二七年　三十九歲。因爲芥川龍之介的自殺而非常悲傷。九月，在『文藝春秋』發表「芥川的孩子們」。

一九二八年　四十歲。二月，出馬角逐眾議院議員落選。五月，在『文藝春秋』開始連載「半自傳」。七月，就任文藝春秋社社長。

一九三一年　四十三歲。閱讀四谷旭町小學分校窮苦學童的文集，極其感動，從此以後，每月捐款五十日圓給該校。

一九三四年　四十六歲。一月，與直木三十五、山本有三、長谷川伸、吉川英治等人，組織文藝座談會。

一九三五年　四十七歲。創設芥川、直木兩獎。

一九三六年　四十八歲。五月，就任文藝家協會首任會長。八月，爲紀念故澤田正二郎七週忌，給新國劇撰寫「復仇禁止令」。

一九三八年　五十歲。從一月份起在『少女俱樂部』開始連載「心靈的王冠」。跟佐藤春夫、吉川英治、吉屋信子、小島政二郎等旅行中國大陸。

一九三九年　五十一歲。創設菊池寬獎。

一九四〇年　五十二歲。四月，代表報界以「國民使節」身分前往中國大陸。從七月到八月中旬，到朝鮮、滿洲演講；十二月，到臺灣演講旅行九天。

一九四一年　五十三歲。三月，與岸田國士等創立電影明星學校。七月，到庫頁島演講。

一九四二年　五十四歲。五月，就任日本文學報國會成立大會議長。同月，決議解散文藝家協會。

一九四三年　五十五歲。三月，就任大映（電影）株式會社社長。

一九四七年　五十九歲。從五月，在『新潮』連載「半自傳」。

一九四八年　六十歲。三月六日，因爲心絞症而與世長辭。

武者小路實篤及其作品

中川孝

武者小路實篤　1885–1976

一

武者小路實篤先生出生於一八八五年五月十二日，是父親武者小路實世（三十四歲），母親勘解由小路秋子（三十二歲）的第八個小孩，也是最小的兒子。

武者小路家的祖先是，以藤原公季爲祖的三條家的一族，而第一代武者小路公種是三條西家的出身。亦即公種是三條西實條的次子，由於其公館位於京都武者小路，遂取之爲其姓而成一家。公種之所由出的三條西家，係以權大納言公時爲祖，而公時又是由藤原氏北家分出來的三條內大臣實繼的次子，因此，武者小路家是正統的藤原家的一種。（譯註一）

武者小路家的第二代實陰是，被當時的靈元天皇稱讚爲「自古至今，堪稱爲歌人者，祇有人麿、貫之、定家、逍遙院和朕的徒弟實陰」，而以和歌被任命爲準大臣。有家集『芳雲集』，和『初學考鑑』等著作，而『芳雲集』的題目，乃櫻町天皇之所賜。又，實陰的孩子實；也有其家集『武者小路實岳集』，實岳的孫子實純也有『武者小路實純御詠』的家集。是即武者小路家在日本近世和歌史上遺留下來很大的事功，其筆墨血統，實爲一脈相承。

二

武者小路先生的父親實世是子爵，二十二歲，由公卿華族（譯註二）的同族中被遴選，與岩倉具視（譯註三）留學德國五年。這時日本還沒有議會政治，可能他曾就外國的議會作了研究，因此出版過議會政治的翻譯書。這是早於日本開設國會的一八八五年幾年的事情。他在德國留學期間，主要學習法律。但他所遺留下來的藏書裡頭，除古色古香的法律書外，還有歌德、席勒，和沙米索的著作，費希特的初版書，歐西安的書，和那西邁亞的百科全書。由於乃父遺留下來的德文書影響，後來在學院（譯註四），武者小路先生便選修了德文。

武者小路先生對他父親最難忘的是，他父親對他們兄弟抱著很大的期望這件事。詳而言之，他父親去世的前夕，曾就他哥哥公共（譯註五）說：「這個小孩，最差也能做到公使」；而就他則說：「如果有人能好好養他，他會成為世界無雙的人」。這些話是他十六、七歲的時候，他祖母常講給他們聽的話，也是日後一再地由其母親嘴裡說出來的話。

乃兄公共以駐德大使為最後職務，而結束他的外交官生活；回國以後，曾歷任宗秩寮（譯註六）總裁等，於一九六二年與世長辭。

武者小路先生小時候，亦即從三歲到九歲，全家人每年夏天都到鎌倉去避暑。他回憶這段時間的文章，有這樣的一段：「有一天，哥哥能潛水了。哥哥很得意地潛入水裡，吐著氣泡，母親和姊姊都覺得這很好玩。因此我央求哥哥表演給我看。哥哥說淺的地方不行，而把我帶到水深的地方。我儘量往水深處走去。哥哥潛水了，並吐氣泡給我看。我因為一心一意地看著，所以海浪來的時候忘記跳起來，而被海浪沖走，並在稍微水深的地方停下來。於是姊姊趕緊把我抱到水淺的地方。據說，這時母親以為我會游泳了。我每想到這件事，就覺得姊姊是我救命的恩人。」

武者小路先生於一八九一年，六歲時進學習院初等科。入學當時，他連父親的意思都弄不清楚，他以為人祇有母親。不過那時母親卻常對他們說：「父親很快就會帶一匹馬回來。」他也常問：「父親什麼時候會帶馬回來？」據說，他那時很希望有一匹馬。

他在學習院的成績算是中上，亦即在三十個同學當中，他總是在十名以內，所以有時候也能得些獎品，惟因他哥哥在學習院的成績最好，因此他母親常說他是個懶鬼。

三

回憶他初等科時代，武者小路先生有篇題名「祖母的眼鏡」的文章。它這樣寫著：

「『祖母非常容易生活，而爲母親和下女所害怕。因此大家都敬而遠之。她最喜歡我，但她有時候也會罵我，所以我也怕她。』」

這是我在學校，讀了「華盛頓的父親給他斧子，由於太高興而砍斷了他父親最喜愛的櫻樹，父親怒問說是誰砍的，我坦誠地答說是我砍的，因而受到父親的稱讚」的故事以後發生的事情。

因爲不小心，我打破了祖母的眼鏡。我很害怕被祖母責罵而發抖。祖母發現她的眼鏡被打破後，如所逆料，大發雷霆問：「誰打破的？」沒人說話。祖母愈來愈怒髮衝天。這時我想起了華盛頓的那個故事，以爲坦承說出，祖母不但會原諒我，而且還會稱讚我。於是邊發抖說「是我打破的」。可是，祖母不僅沒寬恕我，更沒有稱讚我，並且大罵我。最後由母親向她陪罪才了事。

有一陣子，我一直對於爲此而被責罵覺得奇怪。後來我才發覺，在佩服華盛頓之誠實以前，我有如果誠實的話會受到稱讚，所以誠實比較佔便宜這種想法。因此認爲，華盛頓這個故事是，「誠實將佔便宜，所以人應該誠實」這種說法的壞故事。

現在，我還很清楚地記著當時的疑問。

一八九七年，武者小路先生畢業學習院初等科，而進入中等科。不行的課目是作文、體育、音樂和畫圖。

從十歲以後，每年的暑假改往金田。這是靠近三浦半島的南端，面向金田灣，正前方可以望見房州鋸山的小村莊。他母親的弟弟勘解由小路資承住在這裡。這個舅舅在此地過著半農的生活，種田、挑糞，統統自己動手。從小就目睹舅舅這種生活，而且自己又幫忙過搬泥濘，乃是日後使他開始新村生活時不覺得不安的主要原因。但這個舅舅給他的最大影響，還是教他閱讀托爾斯泰的著作，這是他十八、十九歲左右的事情。

這時，武者小路先生曾經夢想過要做「阿富汗國王」。就此，他這樣寫著：

「我在地理的課堂上，由老師得知有關阿富汗的事。當時（一八九八年左右），崇拜豐臣秀吉（譯註七）、成吉思汗、亞歷山大王和拿破崙的我，夢想做阿富汗國王，然後從亞洲趕走俄國人和英國人，並與日本結爲盟國，攻陷中國，從而把整個亞洲獻給日本天皇。

那個時候想，如果沒有洋鎗大砲的話多好。若是，我將跟牛若丸（譯註八）一樣，入山練劍，練成劍王，用日本刀大幹一番。我每天很早起來，投石，揮棒，晚間偷偷地坐禪。更說是哥哥托他，買來孫子吳子的書擺在抽屜裡而挨罵過。

現在回想起來，眞是荒唐，不過在當時，我的確拚命努力於想做阿富汗國王。

這個夢想，雖然在我熱中托爾斯泰很早以前就放棄，但夢想大事的根性，則仍然存在。

當時，我們在夏天已經不到鎌倉，而全家人前往三浦的金田，舅舅的家。

有一天，算命的來給我們看相。算命的說，如果我當陸軍，可以晉升到大將；而對我堂弟則說，他祇能做到少佐。由於這時我想做阿富汗國王，所以對於能做大將並不覺得怎麼樣。不過聽來還是很高興。因此甚至於想，做了大將以後再做阿富汗國王也不錯。」

四

『友情』是從一九一九年十月十六日，到十二月十日，在『大阪每日新聞』的晚報連載的作品。（當時星期天沒有晚報，現在又跟當時一樣，沒有晚報。）

這時，武者小路先生是三十四歲，在九州建設新村的第二年，他撰寫了這個中篇小說。同年六月，在『白樺』連載完畢長篇「幸福者」；從八月份開始在『新村』雜誌連載「耶穌」的傳記。在這期間，自八月到九月，一下子寫完了『友情』。

當時，他曾在『白樺』第六期雜記（九月十九）中，就『友情』說，這是他很久沒寫過的輕鬆小說。這個長篇，本來是應『福岡日日新聞』之邀請執筆的，惟超過對方所要求的字數太多，雖然曾縮短了些，但還是沒為『福岡日日新聞』所接受，而被『大阪每日新聞』拿去連載。

關於武者小路先生當日在新村的生活，上述第六期『白樺』有這樣的一段：

「現在，我能早晨寫一千五、六百字以後，到田地工作三個小時，下午耕田五個小時左右，回來後跟人家談話，看書，寫兩三張明信片。還在我孫子（地名—譯者）的時候（一九一六年到一九一八年），祇要耕田一個小時，就覺得很累，但現在就是繼續工作三、四個小時，也不覺得怎麼樣。昨天上午，中耕大豆約四個小時，下午割麥五個小時左右，晚間跟人家談到將近十點鐘，然後寫了兩千字的文章。我深深感覺自己身體健康，習慣於此地的生活而愉快……。現在我能邊作工，邊思考。如果一天不作工，反而會覺得不安。」

在這樣的環境下，武者小路先生寫成了『友情』，並在其初版的序文裡這樣說：「對於一個人，結婚的確是一件很重要的事，但不是唯一的事。我認為，結婚也好，不結婚也好，都好；也許都不好。我對結婚，抱著很樂觀的態度。眞正相互喜歡的，應該結婚。不過愛也有幾種，不能一概而論。……現在，我想學惠特曼，說失戀者萬歲，結婚者萬歲。」

武者小路先生在其再版序文又這樣說：「新村的年輕人，今後總會結婚或失戀，我爲祝福和鼓勵他（她）們，而寫成它。我本來希望三個人和好，惟自然而然地變成這個樣子。由於這些主角，都還沒完全變成新村的人，所以這是不得已的。在新村如果發生這樣的事，將會怎麼樣，我不知道。但我相信，不管如何，自強者，還是能站起來。」

武者小路先生此時的感想，有這樣的一話：「總之，最重要的是每個人要做個頂天立地的人。我祝福肯站起來的人，我讚美想做個頂天立地的人！」

五

「芳子」，是武者小路先生自稱爲其處女作。寫這篇小說時，他是二十二歲。他自己認爲，在這以前的作品是練習，「芳子」纔是他作小說家的開端。他自己又說，早其半年，他首次出版單行本『荒野』；眞正開始寫文章是他十九歲、二十歲的時候。又據說，這篇小說曾給志賀直哉氏（譯註九）看過，並得到其稱讚。

「初戀」作於一九一四年二月，原題「第二母親」，第一次大戰後改題爲「初戀」，理由是，當時母親這兩個字對他非常尊貴，所以不喜歡使用母親兩個字。

「小小的世界」，寫於一九一四年十一月，志賀等當時的朋友是作品中的人物。「做爲母親的我母親」，撰於一九一七年十月，「土地」，一九二〇年二月；「某日的一休」，一九一三年四月完成。（譯註一〇）

（譯註一）藤原氏，為源、平、藤、橘四姓之一，起初掌管大和朝廷神事，稱為中臣氏，因對大化革新有功的鎌足承天智天皇賜予藤原朝臣之姓，繼而於西曆六九八年，文武天皇特賜鎌足次子不比等後裔稱藤原姓。爾後，藤原氏在日本歷史上佔盡政治權勢，幾達一千年以上，而近衛也是它的後裔。

（譯註二）公卿，亦稱上達部或月卿，太政大臣，左右大臣為公，大中納言，參議，三位以上的朝官為卿，合這兩者稱為公卿。華族，係指具有公、侯、伯、子、男五爵位的家族。

（譯註三）岩倉具視（一八二五——一八八三），京都人。公卿、政治家。號對岳，為創建明治日本的大功勞者之一。

（譯註四）學習院，於一八八七年，華族會館開設的華族學校，官立，二次大戰後改為私立。

（譯註五）武者小路公共（一八八二——一九六二），東京大學畢業。曾任駐土耳其、德國大使，著有『留歐八千〇一夜』、『閒逛十萬里』等書。

（譯註六）宗秩寮，係以往宮內省的一個寮，掌管有關皇族、皇族會議、王族、公族、華族、貴族、爵位、有位者的事務。

（譯註七）豐臣秀吉（一五三六——一五九八），現今愛知縣人。安土桃山時代的武將。日本幕藩體制的功勞者。

（譯註八）牛若丸，係源義經（一一五九——一一八九）幼年時的名字，亦稱九郎，號源九郎。

（譯註九）志賀直哉（一八八三——一九七一），宮城縣人。東京大學肄業。小說家，曾獲文化勳章，有『暗夜行路』、『和解』等名作。

（譯註一〇）本文作者中川孝，服務於實篤文庫；本文譯自武者小路實篤著『友情』一書的「解說」。

一九八二年三月三十日於東京

（原載一九八二年四月十七日『臺灣日報』）

武者小路實篤 年譜

一八八五年 五月十二日，出生於東京市麴町區元園町一之三八（今日的東京都千代田區麴町二番町六）。父親是子爵武者小路實世（三十四歲），母親叫做秋子，爲八個兒女中的老么，上面五個兄姊此時已去世，祇剩七歲的姊姊伊嘉子和四歲的哥哥公共。

一八八七年 二歲。十月，父親過世。乃父二十二歲時，被派到德國留學五年。其父親死前曾就其哥哥公共說：「這個孩子最低限度也能做到公使」；對實篤則謂：「如果有人好好教養這個小孩，可爲世上無雙」。實篤說，如果沒有他父親這種期望的話，他或許不會做今天的工作。

一八九〇年 五歲。上東京半藏門的幼稚園。當時很愛生氣，因而令其母親非常辛勞。

一八九一年 六歲。入學院初等科。

一八九七年 十二歲。畢業學習院初等科。進學習院中等科。

一八九九年　十四歲。十二月，姊姊過世。日後把它寫成短篇小說『死』。

一九〇〇年　十五歲。中等科三年級。四月，與「初戀」的主角御貞（日語音譯）認識。

一九〇三年　十八歲。御貞畢業回其故鄉。這個失戀成爲實篤搞文學的遠因。從前一年，開始閱讀聖經和托爾斯泰的著作。

一九〇六年　二十一歲。畢業學習院。進東京帝大文科社會科。與學習院時代的親友志賀直哉、正親町公和、木下利玄，決心從事文學的工作。

一九〇七年　二十二歲。四月，與上述三個人，組織「十四日會」。七月，退學東京帝大。十月，他們四個人計畫出版『白樺』雜誌，但沒有實現。

一九〇八年　二十三歲。四月，自費出版其第一本書『荒野』。秋季，乃兄長女芳子去世。九月，撰寫其處女小說「芳子」。

一九一〇年　二十五歲。二月，殺青「幸運者」。四月，創刊『白樺』。十月，寫成「空想」。

一九一一年　二十六歲。五月，往訪有島武郎於北海道札幌。七月，撰寫「四個平凡人的會話」和「比舞」；八月，完成「兩個悠閒女人的會話」。

一九一二年　二十七歲。四月，寫作「一個年輕的女性」。十一月，與房子結婚。

一九一三年　二十八歲。二月和四月，在『白樺』發表「第二母親」（後來改題「初戀」）和「某日的一休」。九月，撰寫「簡單」。

一九一四年　二十九歲。一月，在『中央公論』推出劇本「我也不知道」。二月，在『白樺』刊出獨幕劇「二十八歲的耶穌」。此年春天，由元園町哥哥家搬出，租屋於下二番町。十一月，撰成「小小的世界」。

一九一五年　三十歲。一月，遷居神奈川縣鵠沼。一月和三月，在『新小說』和『白樺』，分別發表「小小的世界」和劇本「他妹妹」。九月，搬往千駄谷。

一九一六年　三十一歲。二月，撰寫短篇小說「姊姊」和獨幕劇「某日的變故」。三月，在『白樺』發表「一個青年的夢想」。夏季，搬往小石川區小日向臺町，年底，自蓋房子並搬到千葉縣我孫子町。

一九一七年　三十二歲。七月，在『白樺』刊登童話劇「開花老人」、「咯嗒咯嗒山」。十月和十二月，撰寫「做爲母親的我母親」和「一個父親的書信」。

一九一八年　三十三歲。八月，爲著手新村的工作，與同志們前往日向。十一月十四日，在宮崎縣兒湯郡木城村字城決定新村的土地，與十九個同志開始建設第一個村莊。

一九一九年　三十四歲。一月，在『白樺』連載長篇小說「幸福者」。八月，在新村的機關報『新村』連載「耶穌」。十月，在『大阪每日新聞』連載「友情」。

一九二〇年　三十五歲。三月，與志賀直哉往訪新村。四月在『解放』連載短篇小說「土地」。這年，在其附近的川南村開闢了第二個新村。

一九二三年　三十八歲。一月，在『中央公論』發表「秀吉與曾呂利」。寫作劇本「父親與女兒」。六月，由藝術社開始出版『武者小路實篤全集』（十二卷）。九月，因爲關東大地震到東京。刊登「在桃源」於『改造』。此年與房子離婚，與飯河安子結婚。十二月，長女新子誕生。

一九二四年　三十九歲。一月，在『中央公論』推出「不倒翁」。四月，跟白樺同人創辦『不二』雜誌。

一九二五年　四十歲。次女妙子降世。

一九二六年　四十一歲。一月，搬到奈良市水門町五二番地，成爲村外會員。在『改造』刊載劇本「愛慾」。十二月，遷往和歌山。

一九二七年　四十二歲。二月，搬到東京府下南葛飾郡小岩村小岩。十年來首次居住東京。從二月到八月，在『朝日新聞』連載「母親與兒子」。六月，在新宿紀伊國屋舉辦第一屆「新村展」。又搬家到牛幡八幡附近。

一九二八年　四十三歲。一月，遷移麴町。十一月，母親過世。三女辰子出生。由春秋社創刊其個人雜誌『獨立人』。十二月，在『獨立人』發表獨幕劇「信長與秀吉」。

一九二九年　四十四歲。二月，在『改造』刊載論文「二宮尊德」。四月，移居下落合。九月，慶祝新村誕生十年出版『十年』。十一月，搬往祖師谷。十二月，在神田猿樂町開設美術店「日向堂」，並發行『日向堂通信』月刊。

一九三二年　四十七歲。十一月，與長與善郎創辦『重光』雜誌。

一九三四年　四十九歲。三月，遷到吉祥寺鶴山小路。四月和八月，在『國王』（片假名意譯）刊出「宮本武藏」和「西行與天龍的渡船場」。

一九三六年　五十一歲。四月二十七日，從橫濱乘白山丸旅行歐洲。十二月十二日，回國。

一九三七年　五十二歲。此年被推選爲藝術院會員。六月，遷到三鷹村牟禮三五九番地。

一九三八年　五十三歲。二月，在『少年俱樂部』發表「塙保己一」。十一月，從岩波書店出版『人生論』。

一九三九年　五十四歲。七月，在『日本評論』發表「愛與死」。九月，選定埼玉縣入間郡毛呂山町爲關東的新村之地。

一九四〇年　五十五歲。一月，在『婦人公論』開始連載長篇小說「幸福的家族」。三月，以「愛與死」獲得菊池寛獎。九月，買房子並移居三鷹村牟禮四九〇番地。

一九四一年　五十六歲。三月，出版『無車詩集』。五月，創刊新村機關雜誌『馬鈴薯』。

一九四二年　五十七歲。三月，出版『畫集與畫論』。從四月到八月，在『婦人朝日』連載「曉」。五月，就任日本文學報國會劇文學部長。

一九四三年　五十八歲。四月，爲出席中日文化協會大會，前往中國大陸。

一九四五年　六十歲。三月開始撰寫「年輕時候的回憶」，八月脫稿。六月，疏散到靠近秋田的稻住溫泉，八月回到東京。

一九四六年　六十一歲。二月，在『人間』刊載「瞎子與聾子」。三月被日皇指定爲貴族院議員。出版『新日本的建設』。七月，適用GHK指令，被褫奪公職。辭去貴族院議員和藝術院會員。八月，出版長篇小說『虹』和詩集『歡喜』。十一月，出版『我們應該如何過活』。

一九四八年　六十三歲。在二月號『光』刊出「仙崖和尙」。三月，新村成爲財團法人。七月，創辦『心』月刊。

一九四九年　六十四歲。一月，在『心』開始連載長篇小說『眞理先生』。翌年十二月結束。

一九五一年　六十六歲。八月六日，解除褫奪公職。十一月，獲得文化勳章。被推選爲三鷹市榮譽市民。

一九五二年　六十七歲。四月，再次被選爲藝術院會員。五月至十二月，由創元社出版『武者小路實爲作品集』（六卷）。

一九五三年　六十八歲。一月和十一月，分別出版『糊塗一』和『空想先生』。十一月十四日，在埼玉縣的新村慶祝創建新村滿三十五周年紀念。

一九五四年　六十九歲。五月，在東京會館慶祝其古稀。出版『花是盛開』。八月，出版『徒然草私感』。十一月，由新潮社開始出版『武者小路實篤全集』（二十五卷），翌年四月出全。

一九五六年　七十一歲。三月，出版長篇小說『山谷五兵衛』。

一九五七年　七十二歲。三月，出版『畫畫的喜悅』。五月，ＮＨＫ播出其電視劇『幸福的傻瓜』。十一月，慶祝新村三十九周年。

一九五八年　七十三歲。四月，在『新潟日報星期日版』連載「夕開帳」。十一月，撰寫「祝皇太子訂婚」。

一九五九年　七十四歲。一月，在『婦人公論』連載長篇童話「日本太郎」。三月，以二十一回完結「白雲先生」。「日活」把「愛與死」拍成電影。

一九六一年　七十六歲。二月，在『朝日索諾拉馬』發表朗誦「友情」。五月，受到日本兒童文藝家協會表彰。在椿山莊慶祝其喜壽。此年曾出版『某人的雜感』、『畫與文』、『道德論』、新潮社版『武者小路實篤集』等等。

一九六二年　七十七歲。四月，乃兄公共去世。六月，與志賀直哉和里見弴，承皇太子伉儷邀請暢談。此年著作有『珍客來』、『我的貝殼』、『兩個人的會話』、『人生的名言』和

『一老人大談』。

一九六三年
七十八歲。一月，在內外情勢研究會演講「做爲一個日本人」。四月，ＮＨＫ連播其電視小說『曉』一年。在二越舉行油畫展。八月，「日向新村」成爲財團法人。十一月，慶祝新村四十五周年紀念。這年著有『畫冊』、『現代的六個畫家』等書。

一九六四年
七十九歲。一月，撰寫『相信人』，舉行日本畫個人展。二月，寫作『日本的理想』等。五月，在山上飯店舉行七十九歲誕生慶賀會；在東京和大阪舉辦紀念會。八月，『朝日索諾拉馬』收入「幸運者」和「友情」的朗誦。九月，發表短篇小說『生與死』。十一月，刊出長詩「悠哉者碰見悠哉的造物者」。此年出版『曉』、『武者小路實篤集』（筑摩書房版）、『糊塗的一生』（眞筆版）、『人生隨想』和『選集』（青銅社版全十二卷）中的六卷。

一九六五年
八十歲。一月，發表短篇小說「山谷五兵衛大敗」。二月，由ＮＨＫ廣播「身體雜記」兩次。五月，文畫壇文士九十名發起並舉辦其「滿八十歲祝賀會」；對五百多名參加者贈送『私家版詩集・悠哉人與悠哉的造物者』。在『東京新聞』連載「我所不能忘懷的人們」，於七月間，以四十一回結束。被推選爲東京都榮譽都民。六月，孫女有紀子（屬於牧阿佐美芭蕾舞團）的後援會（會長志賀直哉）問世。八月，擔任『讀賣新聞』的星期日評論。九月，發表「我的本願」、「最近我所想的」等。十月，推出「發呆舒適」、「關於畢加索」等。此年出版青銅社版選集六卷，以及中央公論社版、河出書房版的『武者小路實篤集』、『年輕人』、『釋迦』、『基督』、『人生的天天』、『美與自然的日日』等，一共十九本。

一九六六年　八十一歲。一月，由東方社出版『愚者之夢』。二月，在日本橋三越舉行「我所喜愛的書畫展」，並展出其所藏書畫的一部分。由角川書店出版詩集『惑者與造物者』的限定版和普及版。四月，爲荻江露友的獨唱會，作詞「吹笛者」。五月，在東京都教育會館舉行滿八十一歲慶賀會。

一九七六年　工作到一月底；四月九日與世長辭。享年九十又十一個月。

小泉八雲及其作品

平井呈一

小泉八雲　1850–1904

出生

一九〇四年，小泉八雲出任早稻田大學文學部講師時，向該大學所提出的履歷書曾經這樣寫著：「小泉八雲(Lafcadio Hearn)，原爲英國臣民。一八五〇年，出生於愛奧尼亞列島劉加笛亞（散達茅斯），長在愛爾蘭、英格蘭、威爾斯。一八六九年前往美國，做過印刷工和新聞記者，在紐奧爾良擔任過報館文藝欄主筆。在紐奧連斯當時所舉辦的世界博覽會，跟日本事務官服部一三氏認識。從一八八七年到一八八九年，旅居法屬西印度的馬地尼克。一八九〇年，由哈巴書店派到日本。承蒙當時文部次官服部一三氏的好意，獲得島根縣松江的縣立中學英文教師的工作。一八九一年秋季，移居熊本，就任第五高等學校教師。一八九四年，遷往神戶，暫爲『神戶新聞』(The Kobe Chronicle)記者。一八九五年，歸化爲日本臣民。一八九六年，應邀出任東京帝國大學講師，以至一九〇三年，講授英國文學，凡六年七個月。出版十一本有關日本的專書。」

由這份履歷書，我們可以知道小泉八雲是世界文豪中，經歷很特別的一個人。第一個特別是他的出生。他父親是愛爾蘭人，母親爲希臘人，他一降世就具有這兩種不同的血流。我認爲，八雲的性情，其作品的傾向與特質，都跟這個因素有不可分割的關係。

另外一個影響八雲生涯的因素是，他的家庭問題。愛爾蘭的杭家是個世家，因此，出生希臘之八雲的母親，嫁到在生活習慣不同，擁有嚴格傳統的家庭以後，似歷盡了滄桑。

所以，八雲六歲的時候，父母離婚，父親又結婚，可是八雲對其生母的愛慕和同情，一輩子一直不變。日後，他很讚揚古代日本女性的貞淑，實根源於這種心情。

跟母親離別後的少年八雲，遂由其富裕的大姨媽領養，而過了很自由的少年時代。可是欠缺父母愛情的他，加以他一生下來就眼睛不好，因此常常作夢。惟其做爲文學家的素質，則似已開始萌芽於此時。

可是，在大姨媽處的和平生活，迨至八雲稍懂事的前後，卻因爲意外事件的發生而終焉。亦即八雲十六歲時，由於受到親戚破產的連累，其姨媽竟變成身無分文。因此到十九歲那年西渡美國以前，他便不得不寄居親戚家，唸法國學校，但還是維持不下去。於是決心自立更生，而要些旅費，隻身前去美國大陸。

在新大陸，過著不知東西南北，無依無靠的他面臨的是貧窮、饑餓和寂寞。在不知道將於何時死在何地的異邦天空之下，年輕的八雲，換了三十幾種職業。

在美國的時代

歷盡各種各樣的折磨後，八雲告別了紐約，搬到俄亥俄州的辛西那底。在那裡起初幹印刷工人，爾後又換幾個工作，最後就業於「印乖雅拉」報館。

這是他以筆桿謀生的開端。他進報館以後沒多久，就發生震撼辛西那底市民的殺人事件（製皮工廠事件）。因爲這個報導一舉成名的他，遂正式成爲該報社會部記者，邊在社會版寫些雜文，同時發表文學性很高的隨筆、小品和評論，而逐漸爲報館所器重。

這些初期的文章，迨至八雲去世以後，其一部分曾在美國出版，現在讀來，其年輕的浪漫主義者面目，躍然紙上，雖然都是短文，但卻有如寶石，非常精采。

我們一談到小泉八雲，往往會即時聯想「日本」，和他的「鬼怪故事」。但我們如果心平氣和地回想這個與眾不同的作家，八雲在其初期就發揮之絢爛而稀奇的才華，實在很值得我們重視。

如此這般，來到日本以前的大約二十年，他在美國這樣過日子。在這期間，他的文學上成績是，介紹（翻譯）當時歐洲的新文學（特別是自然主義時代的法國作家）的作品。他有關戈替耶（T. Gautier）、比耳．羅蒂(Pierve Loti）、莫巴桑(H.R.A. guy de Moupassant）、福羅貝爾(G. Flaubert）、佐拉(E.E.C.A. Zola)等人作品的翻譯，受到有許多亂譯的當時美國文壇很大的稱讚。其譯作，將近有一百篇。

他尤其傾倒於比耳．羅蒂，並受其影響而寫了兩篇小說，「紀達」和「猶瑪」就是。而羅蒂以日本爲題材的小說「阿菊」，更堅定了他要到嚮往已久之日本的決心。這是値得我們大書而特書的。討厭文明的八雲，又由辛西那底遷往南部的紐奧爾良，然後更搬到法屬西印度的馬地尼克島。在這裡，自覺逐漸衰老的他，愈感覺自己力量的有限，而深思其今後的前途。這時，他突然奉派到日本工作。這眞是千載一遇的好機會，因而一口答應。

到日本之後

以哈吧書店駐日特派員身分，於一八九〇年四月，抵達日本國土的八雲（三十九歲），本來祇預定呆一、兩個月而已。可是來到日本以後，一切的一切對他極其稀奇，覺得一兩個月時間，不可能獲得有關日本的知識和研究，因此即時變更預定，準備暫時要待在日本。

但這個暫時，竟變成十四年。在這期間，他討了日本老婆，歸化日本，並落葉歸根於此地（一九〇四年九月二十六日去世，時爲五十四歲），這些事實使我們驚愕命運的奇緣，同時令我們深知八雲如何地喜愛日本這個國家。

在這十四年，八雲寫了十二本有關日本的專書，『日本瞥見記』、『東方國家』、『心』、『佛祖田地的落穗』、『異國風物的回顧』、『靈魂的日本』、『明暗』、『日本雜記』、『古董』、『怪談』、『日本』和『銀河綺譚』等是。

這些書，都是爲美國人和英國人，用英文寫的，但從日本人的立場來讀，則自有其特別的風趣。換句話說，西歐人心目中的日本，可以爲日本人反省的借鏡。

自古以來，訪問日本，並寫過有關日本專書的外國人，不算少，但小泉八雲的東西，的確高別人者一等。這是由於他對日本具有很深的愛情和理解所致。在這種意義上，我們可以說在八雲之前沒有八雲，在八雲之後也沒有八雲。

八雲所滯留的當時日本是，明治維新之後不久，正在全力增強其國力的時代。她跟外國打過兩次大戰。八雲處於這樣激變的時代，在人民生活中，摸索還沒受過新文明之洗禮的日本古老傳統和習俗，俾尋求日本人的本質。（譯註）

（譯註）　本文作者平井呈一是英國文學的翻譯家，本文譯自小泉八雲著『怪談』一書的「解說」。

（原載一九八二年二月十七日『臺灣日報』）

小泉八雲 年譜

一八五〇年　六月二十七日，降生於希臘的劉加笛亞島，爲查理．韓和羅札．得希瑪的長子。英文名叫做Lafcadio Hearn，父親是駐紮該島的英國海軍軍醫，母親爲島裡姑娘。

一八五一年　一歲。七月，因爲乃父轉職到西印度，所以跟其母親搬到其父親的故鄉愛爾蘭達布林市。

一八五六年　六歲。由於其父母離婚，而爲其大姨媽布勒念夫人所領養。

一八六三年　十三歲。九月，入天主教的亞雪學校。在學期間，因爲受傷左眼失明。

一八六六年　十六歲。因爲布勒念夫人破產，而中途退學。

一八六七年　十七歲。留學法國伊布多學校，由於管教過嚴，而生氣退學。

一八六九年　十九歲。爲自立更生，前往美國。爾後，因爲布勒念夫人去世，無人接濟，轉職再三，備嘗艱辛。

一八七四年　二十四歲。擔任俄亥俄州辛西那底印乖雅拉報記者，表現出其才華。

一八八一年　三十一歲。出任路易西安那州紐奧爾良『民主時報』文學部長，在該報發表隨筆和翻譯文章。

一八八二年　三十二歲。一月，翻譯戈替耶（法國作家）的『克利奧佩特拉的一夜及其他』出版，一舉而成名。

一八八四年　三十四歲。在紐奧爾良市紀念百年博覽會上，與日本的事務官服部一三認識。這年，出版集傳說和故事的『異文學遺聞』。

一八八七年　三十七歲。出版中國的怪語集『中國的怪談』。前往法屬西印度群島的馬地尼克島，在那裡待了兩年。

一八八八年　三十八歲。在雜誌上發表其第一部創作集『紀達——拉斯特島的故事』。

一八八九年　三十九歲。遷居紐約。在這前後開始關心日本的種種。

一八九〇年　四十歲。出版『猶瑪』、『在法屬西印度的兩年』。四月四日，以要給『哈肥月刊』撰寫日本印象記爲條件來日。九月，因爲服部一三的介紹，擔任松江中學（島根縣）的英文教師。十二月，與舊松江藩士的女兒小泉節子結婚。

一八九一年　四十一歲。十一月，轉職熊本第五高等學校（今日的熊本大學）。

一八九三年　四十三歲。十一月，長子一雄誕生。

一八九四年　四十四歲。出版第一本有關日本的書『不爲人們所知的日本面貌』。十一月，辭去第五高等學校教職，出任神戶的英文報記者。

一八九五年　四十五歲。秋季，歸化日本國籍，稱爲小泉八雲。出版『從東方的國家』。

一八九六年　四十六歲。秋季，就任東京帝國大學（今日的東大）英國文學系講師。出版『心』。

一八九七年　四十七歲。二月，次子巖降世。出版『佛田落穗』。

一八九八年　四十八歲。出版『異國情趣與回顧』。

一八九九年　四十九歲。出版『靈魂的日本』。

一九〇〇年　五十歲。十二月，三男清出生。出版『影子』。

一九〇一年　五十一歲。出版『日本雜錄』。

一九〇二年　五十二歲。三月，在新宿區西大久保購買房子，並由市谷搬到此地。此年出版『古董』和四本『日本的故事』。

一九〇三年 五十三歲。三月，辭掉東京大學講師。從此以後開始撰寫研究日本的集大成『神國日本』。九月，長女鈴子（鈴是平假名日音譯）誕生。

一九〇四年 五十四歲。四月，在早稻田大學文學部開課。同月，出版『怪談』。九月二十六日，因爲心臟病與世長辭。過世不久，『神國日本』問世。

山本有三及其作品

越智治雄

山本有三　1887–1974

一

山本有三先生出生於一八八七年，因此現在已經快八十歲了，各位讀者一定會覺得他年紀很大。可是，前幾天我跟他見面的時候，他還說很想去看看由蘇聯來的大馬戲團表演呢！那時，我正在向他請教有關他的劇本。他說，最近劇本的寫法與我所想的有了距離，不過這或許是由於我對於劇本的想法太陳舊所導致的也說不定。

我說這不是；但他卻又說，想法舊沒關係，如果有錯誤，他願意隨意修改。對於大馬戲團的好奇心也好，以及他對劇本想法的誠實，在在顯示他的爲人（人品）並不頑固。而由這一點來說，我覺得『路邊的石頭』的吾一少年，似是作者人品的寫照。

『路邊的石頭』，的確有山本先生的自傳因素。他父親出身武士階級，明治維新時沒落，因此在法院工作；爲了適應新時代的要求，他父親尊敬福澤諭吉（譯註一），並要其兒子勇造（有三是筆名）讀福澤的著作。愛讀書的他，高小畢業後，就被送到東京淺草的綢緞莊去當學徒。就當時的情形，山本先生曾說：

「我父親並不大談過去的事。他好像是在法院跟人吵架而改行做生意的。父親所開的綢緞莊，價錢貴，式樣好，它的對象是重質不重量，所以顧客是固定的。我雖然很想去讀書，但不敢給父親講。後來請母親轉告，但父親不理，因此母親說，你還是去當學徒。當時我滿十五歲。淺草的那家店很大。當然，有時候要跑外邊；而在管倉庫時，我利用時間看書，被發現挨罵，書被沒收了。」

由此可見，『路邊的石頭』有山本先生的自傳因素。不過，吾一並不在東京當學徒，所以『路邊的石頭』當不是山本先生的自傳。但山本先生少年時代的各種回憶，卻充滿於這篇作品。譬如吾一非常愛讀書，無異是作者體驗的投影。

吾一辭掉學徒到了東京；但實際上，山本先生當了一年左右的學徒以後回到故里，想作學問，但未能獲得父親的同意。他父親以爲商人不必有學問。他跟他父親爲此再三衝突，經其母親關說，迨至十八歲時，才達到再度讀書的願望。山本先生的第一部小說「眾生」，寫降生爲窮煤礦夫之兒子的周作，滿十一歲時開始做工，十七歲時，因爲一個偶然的契機，而繼續做學問。這跟作者的經也有些類似。

山本先生對我曾經說過，由於他很晚讀書，所以很著急。他在他的劇本「坂崎出羽守」就其主人公也這樣寫著：「我自己知道著急不好，但一到時候，還是會著急。坂崎似乎就是這種人。反觀我過去，我一年到頭著急，因而常常失敗。」吾一不也是一樣嗎？說實在話，我們每個人的心中，都有各種各樣的著急。

不過，他也不是一天到晚在著急。山本先生是位非常沉著鎮定的人。他有一篇題名「座定」的文章。在這篇文章裡，他說陀螺轉得好像不動的當兒，小時候的他們把它叫做「陀螺座定」。

「座定」不是不動。看來好像沒動，其實是動得最起勁的時候。由於動得最厲害，所以陀螺才會座定，是即「座定」是活動的頂峰。

如前面所說，山本先生的心中也有吾一少年的那種著急。但在活動中，他卻也一直尋求著「鎮定者澄」的境地。這一點點引述，或許不容易瞭解「鎮定」的意義。我們可以想像吾一對京造的態度。亦即山本先生心中的著急與鎮定，在『路邊的石頭』表現得很清楚，而這個作品中的人物，個個都予讀者以深刻印象，可能就是由於這種原因所致。在這裡，我特別要說明的是，二次大戰期間，他因爲愛好和平，而被好戰份子所憎恨。換句話說，在大變化時代，人們往往會失去理性的戰爭時期，他仍能一本鎮定，把握歷史的正確方向。

從以上所述，我們當可知道，『路邊的石頭』反應著山本先生的實際經驗、性格和想法。但這個作品之所以那麼令人難忘，實還有其他的原因。那就是在困苦的環境之中，仍然堅忍不拔的少年吾一的靈魂。而吾一這種生活態度，與山本先生的人生觀是一致的。他在「雪」這個作品裡，這樣寫著：「你看，水溝裡的游絲也都朝向天空。」

生在水溝是件不幸的事。如其標題所示，吾一有如路邊的石頭。山本先生認爲，任何人都應該朝向天空，走向光明和幸福；而吾一就在各種人事和事件的際遇中，繼續其生長。

二

二次大戰後，山本先生曾經就「竹子」作過演講。據說，山本先生本來就很喜歡竹子；當我拜訪他家時，他家院子裡竹子的青翠、美觀，實在令人清爽極了。他爲什麼喜歡竹子？山本先生在這個演講，就其理由這樣說著：「竹子一點也不彎彎曲曲，一直朝天，這跟信仰專一，欲依這信仰生存下去的心是相通的。而且，竹子絕不孤行。它絕不獨個兒長胖或長高。它們都是一家一族，誠心誠意，同生共存，更在地下，緊緊地手攜著手。」人們之說山本先生的作風是理想主義，其作品之所以予讀者們以活力和鼓勵，誠非偶然。

『路邊的石頭』開始於一八九九年。我們固然可以從吾一身上看出跟今日的人共同的許多特徵，但作者所欲描繪的是，生存於特定時代的一個少年。這一方面是日本伸張其國力的時期，與此同時，正如其中的一章「物價上漲」所說，是社會不安，百姓生活困苦的時代。這種時代的氣氛，在稻葉屋的安吉和次野先生的會話，以及不能由武士氣質自拔，跟不上時代之父親庄吾的「變遷」，都有很好的描寫。

換句話說，作者所企圖的是，對於一個少年的成長，不僅從他（她）的心理變化來觀察，且想把與周圍的人，和社會的關係也一併刻畫出來。當然，早期時幼小的吾一祇知道實力是一切的小孩世界與大人的世界不同，但還不關心修改條約這種大的政治動態。可是，隨其成長，他便開始注目政治和社會。

『路邊的石頭』的底稿，本來有這樣的一段：在印刷廠工作的社會主義（在日本，這時的所謂社會主義實意味著共產主義——譯者）青年對吾一說，貧窮的「我們應該互相攜手，不要有人落伍」，對這吾一答說，不但是窮的，人「都應當和好」，表示不一定贊成對方的看法，惟在軍國主義的時代，因此祇以出現社會主義者為理由，而受到壓迫，從而更停止其連載。山本先生欲描寫關連時代之人的生活的意圖，因為在這樣不自由的時期，『路邊的石頭』竟未能完成是不得已的。而我認為，不妥協，不肯讓步顯示山本先生的堅強。

但是，我們卻並不因為如此而就說『路邊的石頭』是不完整的作品。在這裡，我特別要提出兩個問題。我相信這也是山本先生的見解。第一是吾一成長的契機問題。我們每個人，都在不知不覺之中，受著旁人所說話的影響而過日子。吾一也是一樣。吾一所碰到的，有次野先生那樣以後會再度出現於他面前的人，也有在印刷廠廚房工作的，彎著腰，在其面前祇出現過一次的老人。我們往往會以為，在一個人思索，單身過著日子，其實我們都是在跟許許多多人的關係中成長的。

第二是人的描寫方法的問題。『路邊的石頭』出現很多很多的人物，其五色十彩的形象，說明了人生的複雜。社會上有各種各樣的人固然算是複雜，但人本身就是極其複雜的存在。我們往往會把旁人看得「簡單」，但人絕不是那麼單純。譬如開頭，山本先生把父親庄吾寫得非常任意、令人討厭的人。但後來山本先生卻把他改頭換面，變成現在的相川庄吾。各位讀者心目中的庄吾，是個不講道理的父親，但與此同時，他卻是個有所尋求的人。

又，在「物價上漲」章的後頭，庄吾對狗抱著悲傷和寂寞的心情。我們應該特別留意山本先生描繪此種複雜心境之人物的眼神。他說：「一切的問題是觀察者的眼和神」。這是山本先生的信念，也是我們應有的態度（精神）。

在山本先生家，我跟他談到今日少年半工半讀的事情。他似邊回憶著他坎坷的往昔，邊很熱心地問這些年少者現在怎樣讀書。事實上，山本先生長久地爲少年和少女寫過很多好書，並指導孩子們如何用功。我自己，曾經很感動地拜讀過他題名「日本少年國民文庫」叢書裡頭的一冊，『心裡保持太陽』。

『路邊的石頭』有這樣一句話：「除非經過名叫人生這個磨刀石大事磨鍊，人是不會發亮的。」吾一不是已經完成的人。各位讀者對於他的想法，可有不少疑問。這是當然的，但他卻有他的未來。他將面對「人生這個磨刀石」的考驗，堅強而堂堂正正地活下去，在這個作品的結尾，吾一說：「我一定要加油，我一定要加油。」這可以說是山本先生對於每一個少年少女的期待。這個作品雖然沒有完成，但發誓說：「我一定要加油」的吾一，反而使山本先生變成永遠的少年，而銘記於讀者的內心。（譯註二）

（譯註一）福澤諭吉（一八三四——一九〇一），啓蒙思想家、評論家、教育家。出生於大阪。學漢學和蘭學，訪問過歐美，其所搜購回來的洋書，對日本的文明開化，貢獻很大。他是慶應大學的創辦者，著作等身，為近代日本最重要的人物之一。

（譯註二）本文作者越智治雄，執筆本文當時是共立女子大學副教授；本文譯自山本有三著『路邊的石頭』一書的「解説」。

一九八二年二月廿四日於東京

（原載一九八二年三月十八日『臺灣日報』）

山本有三 年譜

一八八七年　七月二十七日，誕生於栃木縣下都賀郡栃木町（今日的栃木市）；是元吉和那加（平假名日音譯）的長子，名叫勇三。當時乃父是宇都宮藩士。

一八九四年　七歲。四月，入栃木尋常小學。

一八九八年　十一歲。四月，進栃木高等小學。同時在漢學塾讀四書和日本外史。

一九〇二年　十五歲。三月，畢業高小後，到東京淺草駒形町的綢緞莊當學徒，翌年，逃回故里。

一九〇五年　十八歲。上神田的正則英語學校和補習班，學習英語和普通課目。

一九〇六年　十九歲。八月，應考東京中學的插班考試，九月，插班該校五年級。

一九〇七年　二十歲。三月，畢業東京中學。七月進第六高等學校。九月，父親（五十六歲）去世，因而退學回家。

一九〇九年　二十二歲。一月，進第一高等學校文科。

一九一〇年　二十三歲。八月，旅行足尾銅山，撰寫處女作「穴」。

一九一二年　二十五歲。六月，修了第一高等學校二年級。九月，進東京帝國大學德意志文科選科。

一九一三年　二十六歲。母親來東京，在本鄉駒込神明町同住。

一九一四年　二十七歲。二月，跟豐島與志雄、菊池寬等創刊同人雜誌第三次『新思潮』。九月，考取第二高等學校的檢定考試，成爲大學的本科學生。

一九一五年　二十八歲。大學畢業。做川上貞奴、喜多村綠郎劇團的專任作者；十二月，當武者小路實篤之「兩顆心」的舞臺導演。

一九一七年　三十歲。作舞臺協會的舞臺導演，並導演武者小路實篤的「他妹妹」。

一九一九年　三十二歲。三月，與英國文學家本田增次郎的長女，本田華子結婚。

一九二〇年　三十三歲。在一月號『人間』發表「生命之冠」。二月，明治座上演「生命之冠」因之建立了他做爲劇作家的地位。與久米正雄、菊池寬等創立劇作家協會。

一九二一年　三十四歲。在有樂座初次上演「殺嬰兒」。發表「坂崎出羽守」（守是行政區長官）。

一九二三年　三十六歲。發表「同志們」、「海神、山神」。九月，發生關東大地震。

一九二四年　三十七歲。一月，創刊『演劇新潮』，擔任總編輯。發表日本「熊谷蓮生坊」、「生生者」、「往還大磯」和「下女的病」。

一九二六年　三十九歲。發表「嘉門與七郎右衛門」。從九月，在東京和大阪的『朝日新聞』連載其第一部長篇小說『素戔嗚尊』。與菊池寬、芥川龍之介等創立文藝家協會。

一九二八年　四十一歲。在『朝日新聞』連載「波」。

一九三〇年　四十三歲。十月，撰寫「風」。

一九三二年　四十五歲。三月，出任明治大學文藝科科長。十月，在『朝日新聞』連載長篇小說「女人的一生」。

一九三四年　四十七歲。發表「不惜身命」、「瘤」。「生生者」在松竹拍成電影。

一九三五年　四十八歲。從新潮社出版「日本少年國民文庫」十六卷，第一本為『心裡保持太陽』。

一九三六年　四十九歲。四月，搬到三鷹。八月，「日本少年國民文庫」以第十六卷『你們要怎樣生存？』全部刊畢。

一九三七年　五十歲。因為眼疾辭去明治大學文藝科科長。從元旦到六月中旬，在『朝日新聞』連載『路邊的石頭』第一部。

一九三八年　五十一歲。從『主婦之友』十一月號開始連載「新編路邊的石頭」。合「害羞的克拉拉」與「斯多夫人」，題名『戰爭與兩個婦人』出版。八月，『路邊的石頭』拍成電影。

一九四一年　五十四歲。七月，被推薦為日本藝術院會員。七月，母親（八十三歲）過世。

一九四二年　五十五歲。五月，廣播「無名的先覺者小林虎三郎」。七月，在其住宅設立「三鷹少國民文庫」，每星期六和星期天開放給少年和少女。

一九四三年　五十六歲。一月，發表劇本「一百袋米」。六月，在東京劇場由井上正夫劇團上演它。

一九四五年　五十八歲。一月，與安倍能成、武者小路實篤等創立三年會。十二月，於其住宅創設三鷹國語研究所。

一九四六年　五十九歲。一月，創建國民的國語運動連盟，努力於憲法的國語化。五月，被日皇指定爲貴族院議員。

一九四七年　六十歲。四月，當選參議院議員。與佐藤尙武、田中耕太郎等人組織綠風會。以文化委員長身分，努力於國立國語研究所的設立，國民節日的制定和採用滿年令等等。

一九四九年　六十二歲。四月，在『新潮』發表小說「無事者」。

一九五一年　六十四歲。三月，編輯小學用國語教科書共十四卷。

一九五二年　六十五歲。四月，『波』被拍成電影。七月，被任命爲聯合國教育、科學及文化組織日本委員會委員。

一九五三年　六十六歲。三月，編好中學用國語教科書共六卷。五月，參議院議員任期屆滿，離開國會。十二月，遷至湯河原現在的家。

一九五六年　六十九歲。將三鷹的住宅捐給東京都。從十月到十二月，應密西根大學邀請，與其夫人訪問美國。

一九五七年　七十歲。在『朝日新聞』連載感想「美國與直線」。

一九五八年　七十一歲。一月，三鷹的住宅由東京都會名爲「有三青少年文庫」，正式開放。十一月，被推爲三鷹市的榮譽市民。

一九六〇年 七十三歲。五月，被選爲栃木市的名譽市民。十一月，發表「決定文化日的經過」於「朝日新聞」。德日協會出版『眞實一路』的德文版。

一九六一年 七十四歲。六月，在『每日新聞』發表關於「國語問題的種種」的談話。

一九六三年 七十六歲。三月，在栃木市大平山公園建立「山本有三文學碑」，山本夫婦出席了其落成典禮。

一九六四年 七十七歲。一月，筑摩書房出版『山本有三集』。二月，角川書店發行『山本有三』。四月，『路邊的石頭』第四次被拍成電影（東映）。

一九六五年 七十八歲。二月，在『朝日新聞』發表「紀元節（日本建國紀念日）與調和的精神」。三月，中央公論社出版『山本有三』（日本的文學）。六月，登臺ＮＨＫ電視「此人此道」。十一月三日，獲得文化勳章。

一九七四年 一月十一日去世，享年八十六。

佐藤春夫及其作品

吉田精一

佐藤春夫　1892–1964

詩人的童心

一九六四年五月，以七十二歲與世長辭的佐藤春夫，乃是昭和文壇上偉大的作家，這是大家都知道的。他是詩人、文學評論，又是作家，活動範圍很廣，但我認爲，在本質上他是個詩人。

許多詩人，具有童心亦即有若小孩心情的一面，與此同時，特別喜愛自然。佐藤春夫寫過很多有關自然的詩和文章；在另一方面，他很懷念少年時代，因此常以它做材料來寫小說，也寫過童話。而『淘氣時代』就是屬於這個範疇的最長篇傑作。

這個作品自一九五七年十月二十日，在『朝日新聞』晚刊連載一百四十四天。作爲新聞小說，它對於讀者並不奉承，也正因爲如此，所以它非常有氣派；又根據作者的說法，這篇作品很受廣大讀者的歡迎，並獲得很大的反應。

無需說，這部小說帶有自傳的性質。他從小學四年級寫起，至中學畢業（五年）前往東京以前爲中心。對於爾後的生活，爲著保持一開始就上場的朋友山崎榮及其姐姐御修（日音譯）的關係，雖然附帶地也寫了，但小學時代卻佔整個份量的一半以上，中學時代爲三分之一，進入大學以前衹佔一成，其所以命名『淘氣時代』，理由在此。

如果從趣味這個觀點來說，自寫得比較詳細的小學時代到中學時代最有趣；而作者似也寫得最起勁。

由於這是小說，所以不會全是事實。正如作者說：「這是具有自傳內容的虛構談。這部作品的目的是，以具體虛構的筆法描寫我的少年時代，我少年時代的故里及其時代，雖然其中有事實，但不要以爲都是事實。當然也不是胡說。我所求的是虛實參半，虛虛實實之文藝的眞趣，各位如能領略其中意義則很榮幸。」

但在大體上，譬如跟父母、朋友會話的氣氛，依者本身家庭的情形，雖然可能不全部那樣，但應該是非常接近事實。

現在我們來看看他的簡歷。

一八九二年四月九日出生。父親豐太郎，他是長男。祖先九代都是業醫，有一個姐姐兩個弟弟。

一九〇四年，進縣立新宮中學，被問其將來的志願時，答說想做文學家。

一九〇七年，中學要升四年級時，因爲數學成績不好，加以太愛文學方面的書而被認爲不良學生，爲懲罰他而令其留級。

一九〇九年，自前一年開始在東京文藝雜誌發表和歌，這年刊登得更多。暑假期間，社區人士主辦文藝演講會，跟與謝野寬、石井柏亭、生田長江（譯註一）等人出席。在這席上，其所發表有關自然主義新文學運動的解說，引起地方教育會爭議，而受到無期停學處分。以此爲開端，學生們發動罷課，他被懷疑爲其領袖。在這期間，他到東京，住生田長江家。

一九一〇年三月，中學畢業。四月前往東京，拜生田長江爲師，進與謝野寬的新詩社。與堀口大學（譯註二）成爲好朋友。九月，進慶應義塾大學預科文學部。

從以上簡歷，我們可以知道，作者是按照他的現實歷史寫成這部作品的。

作品的特色

當作家的人，遠比普通人更具有強烈的想像力，因此不必太努力於記憶，對於某些事體或風景，自然也會銘記五腑。所以拿起筆桿來，便若圖畫顯在眼前，變成活生生的描寫。它會使知道當時情形的人，吃驚他把那樣瑣碎的事記得那麼清楚。

在大體上，佐藤春夫不大創作非常空想或結構很大的故事，而順其自然，靠事實，以撰寫介於隨筆與小說之間的東西，尤其是這部作品，因以他自己少年時代爲藍本，所以寫得非常坦率而流利。雖然如此，它卻使我們深覺豐富的敘情味，而這應該是他的才華所使然。

這部作品的基本思想是，對於固守多一事不如少一事主義，意圖壓抑年輕人精神之自由發展的保守的地方人態度，和不尊重人命，爲政策寧肯犧牲人命之政治家的憤怒。基於這一點，作者所自稱的「彆扭脾氣」，自不祇是單純的「彆扭脾氣」，而是很有道理的批評精神。

據說，也可能因爲題材的關係，作者對這個作品特別偏愛。對於像佐藤春夫這樣的作家來講，作爲永遠爲其靈魂之故鄉的少年時代的紀錄，這是他的不二法寶。（譯註三）

（譯註一） 與謝野寬（一八七三——一九三五），京都人，歌人、詩人；石井柏亭（一八八二——一九五八），東京人，畫家、詩人；生田長江（一八八二——一九三六），鳥取縣人，評論家、小說家、劇作家、翻譯家。

（譯註二） 堀口大學（一八九二——）東京人，詩人。

（譯註三） 原作者吉田精一，曾任東京大學教授，現任埼玉大學教授，文學博士。本文譯自佐藤春夫著『淘氣時代』一書的「解說」。

（原載一九八三年二月十四日臺北『青年戰士報』）

佐藤春夫 年譜

一八九二年　四月九日，出生於和歌山縣東牟婁郡新宮町（現今的新宮市），爲佐藤豐太郎和政代的長子。有一個姐姐，兩個弟弟。

一九一〇年　十八歲。三月，由新宮中學畢業。四月，前往東京，拜生田長江爲師，並參加與謝野寬的新詩社。九月，與堀口大學一起進慶應大學預科文學部。在學中，曾在『三田文學』、『昴』發表詩和散文。

一九一三年　二十一歲。八月，在『昴』刊出論森鷗外的「意氣」的第一篇評論「Scarilege」。

一九一四年　二十二歲。自慶應大學退學。成爲雜誌『我等』的編輯同人，與森鷗外認識。

一九一六年　二十四歲。四月，搬到神奈川縣都築郡中里村字鐵（今日的橫濱市港北區鐵町）。十一月，在同人雜誌『星座』發表「西班牙狗的家」。十二月，認識芥川龍之介。

一九一七年　二十五歲。六月，跟谷崎潤一郎認識。在『黑潮』推出「患病的玫瑰」（「田園的憂鬱」第一稿）。

一九一八年　二十六歲。三月，發表「月影」於『帝國文學』。八月、九月、十一月，分別在『中外』和『中央公論』，刊出「指紋」、「田園的憂鬱」和「御絹及其弟兄」。

一九一九年　二十七歲。六月，由新潮社出版『田園的憂鬱』。八月，在『改造』刊載「美麗的城市」。

一九二一年　二十九歲。三月，與谷崎潤一郎絕交。同月，發表「星座」於『改造』。七月，由新潮社出版處女詩集『殉情詩集』。此年，另發表「蝗蟲的大旅行」和「我父親與狐狸搏鬥的故事」等。

一九二三年　三十歲。從一月到十二月，在『婦人公論』連載「都會的憂鬱」。四月，發表「寂寞極了」於『中央公論』。這年，還刊登過「給我杏果的姑娘」等作品。

一九二四年　三十一歲。六月，在『女性改善』推出「厭世家的生日」。

一九二五年　三十二歲。六月和十月，在『新潮』和『改造』，刊登「旅客」和「開窗」。

一九二六年　三十三歲。三月，遷到東京都小石川區(現在的文京區)關口町的新居。十月，發表「初秋」於『新潮』。

一九二七年　三十四歲。二月，由第一書房出版『佐藤春夫詩集』。四月，成爲報知新聞社客座社員。十一月，在『報知新聞』開始連載「警笛」，翌年三月刊畢。

一九二九年　三十五歲。自十二月至翌年五月，在『報知新聞』連載「神的玩耍」。同月，由南宋書院出版『佐藤春夫十年集』。

一九三〇年　三十七歲。五月至十月，在『福岡日日新聞』連載「更生記」。九月，從武藏野書院出版譯詩集『車塵集』。

一九三一年　三十八歲。八月，與小林千子結婚。

一九三二年　三十九歲。十一月，由以士帖社出版詩集『魔女』。

一九三三年　四十歲。二月，由新潮社推出『武藏野少女』。十月，得長子方哉。

一九三四年　四十一歲。十月，發表「老父親的故事」於『文藝春秋』。

　　　　　　四十二歲。五月，由昭和書房出版『陣中的豎琴』。七月，從白水社發行隨筆集『閒談半日』。

一九三五年　四十三歲。從六月到九月，在『東京日日新聞』連載「掬水譚」。七月，發表「鴨長明」於『中央公論』。

一九三六年　四十四歲。五月，在『中央公論』刊出「老家」。六月和十二月，由第一書房和野田書房，分別出版『散人偶記』和詩集『小園歌』。

一九三七年　四十五歲。十一月，山人文書院推出隨筆集『鼯鼠的冊子』。

一九三八年　四十六歲。九月，以隨筆記者身分前往中國大陸。十月，由中央公論社發行詩集『東天紅』。

一九三九年　四十七歲。二月，由新潮社出版『戰線詩集』。三月，發表「消耗品」於『改造』。

一九四一年　四十九歲。三月，由櫻井書店發行『我妹記』。

一九四二年　五十歲。五月，從櫻井書店出版詩集『日本頌歌』。九月至十一月，在『朝日新聞』連載「有馬晴信」。九月，由起山書房出版詩集『小杯餘瀝集』。

一九四四年　五十二歲。三月，從千歲書房發行詩集『奉公詩集』。

一九四五年　五十三歲。四月，遷居長野縣北佐久郡平根村（目前的佐久市），爾後五年，大多住在這裡。十一月，發表「泗水」於『文藝』。

一九四六年　五十四歲。六月，在『新小說』刊出「八日霜」。九月，由東京出版社推出詩集『佐久的草笛』。

一九四七年　五十五歲。六月，在『別冊文藝春秋』發表「斷雲」。

一九四八年　五十六歲。四月，由丹頂書房出版『自然的童話』。八月，由共立書房發行『青春的自畫像』。十月，在『別冊文藝春秋』發表「歌唱於田園」。此年，被推選為日本藝術院會員。

一九四九年 五十七歲。四月，朋友徒弟們為他祝壽。成立「春日會」。

一九五〇年 五十八歲。六月、十月和十一月，在『文學界』、『群像』和『文藝春秋』，分別刊出「閑居家中日記抄」、「觀潮樓附近」和「戰國佐久」。

一九五一年 五十九歲。二月，在『改造』和『文學界』，推出「焚死女人」和評論「與匿名月評家」。十月和十一月，發表「夏山之家」與「巴里島之旅」於『群像』與『三田文學』。

一九五二年 六十歲。一月，在『三田文學』刊登「廣島日記」。三月，由乾元社出版『近代神仙譚』。六月，與高村光太郎等旅行十和田湖。十月，從創元社推出『佐藤春夫全詩集』。

一九五三年 六十一歲。二月，因『佐藤春夫全詩集』而獲得第四屆讀賣文學詩歌俳句獎。八月，發表「火眼記」於『群像』。十月，在十和田湖奧入瀨川上游建立詩碑。

一九五四年 六十二歲。二月，在『群像』刊載「舊稿異聞」。三月至六月，連載「晶子曼陀羅」於『每日新聞』。十月，發表「佐久的皇居」於『群像』。

一九五五年 六十三歲。一月，因「晶子曼陀羅」而贏得第六屆讀賣文學獎小說獎。同月和六月，在『群像』和『世界』推出「畫筆」和「上人遠流」。

一九五六年 六十四歲。一月，發表「道灌山」和「月桂」於『群像』和『文藝』。十月至十二月，在『心』連載「釋迦堂故事」。七月，發表「小說高村光太郎」於『新潮』。十二月，由朝日新聞社出版『我的享樂論』。

一九五七年　六十五歲。七月，刊登「舊園的玫瑰」於『心』。自十月至翌年三月，在『朝日新聞』連載「淘氣時代」。十一月，由實業之日本社出版『小說智惠子抄』。

一九五八年　六十六歲。一月，刊載「友情」於『群像』。一月至十二月，在『心』發表「日本的風景」。六月，由講談社出版『淘氣時代』。

一九五九年　六十七歲。六月和九月，由講談社和有信堂，發行『讀亂頭髮』和『我的龍之介像』。

一九六〇年　六十八歲。一月，在『新潮』和『群像』，發表「小說永井荷風傳」與「無幽明界」。六月至十二月，在『朝日新聞』連載「來自天堂」。十一月，榮獲文化勳章。

一九六一年　六十九歲。三月至翌年六月，在『文藝』連載「美女日本史」。五月，每週在『朝日新聞宣傳版』連載隨筆「美的世界」。十月，在『新潮』發表評論「自負的鏡子」。

一九六三年　七十一歲。八月，由讀賣新聞社、河出書房和朝日新聞社，分別出版『詩文半世紀』、『美女日本史』與『愛的世界』。

一九六四年　七十二歲。五月六日，因心筋硬塞而與世長辭。葬於京都智恩院。

國木田獨步及其作品

山室靜

國木田獨步　1871–1908

一

國木田獨步於一八七一年七月十五日，出生於千葉縣銚子。父親名叫專八，是播磨(兵庫縣)龍野藩士。因乘藩船前往江戶途中，被暴風吹走，船隻在銚子海面失事，他獲救並被送到銚子的旅館靜養，據說此時與在該旅館幫忙的女性淡路曼（曼是日音譯）發生關係，而生了獨步（幼名龜吉，後改名哲夫）。

由於專八在其故鄉已經有妻室和子女，因此在獨步出生之前，他就回到龍野，而獨步則以乃母與其前夫雅次郎所生的小孩報戶口，由其母親在銚子養育。獨步四歲時，專八與其妻離婚前來東京，並由銚子接來獨步母子，一起生活。獨步父親服務於山口、廣島、岩國等法院，旋即他的弟弟收二世出世，獨步在這個父親膝下，還算過著相當幸福的少年時代；惟因他上述的出生經過，獨步似曾懷疑他是不是乃父的親生子，而使他形成暗淡的一面。

一般來說，獨步是脾氣大而個性爽朗的一個人。對於政治、事業有雄心，好社交，富於功名心；與此同時，愛孤獨，顯得寂寞，對於棄世者、落伍者非常同情，這似與他的出生有相當的關係。

二

由於獨步的小學和中學時代，主要的在岩國和山口度過，因其漂亮的自然環境，而培養了他的詩心；加以尊敬長州（山口）人所最敬重的吉田松陰（譯註一），和喜讀吉田的著作，而具有仁人志士的氣慨。獨步之退學中學到東京，進入東京專門學校（今日的早稻田大學），學習英語、政治，就是為了這種原因。

他的理想似乎是，希望能跟明治時代的元勳一樣，站上政治舞臺，出人頭地，但他這種理想卻受到挫折，因而逐漸領悟政治野心的空虛。這時他認識植村正久、德富蘇峰（譯註二）等人，因之共鳴基督教的信仰和人生觀，一八九一年春天，且由植村洗禮，正式爲基督教徒。不久，他與同學們因爲欲改革英語、政治科和反對校長，從事罷課，因而退學。

爾後，他雖也曾接近星亨、西園寺公望（譯註三）等，復燃其政治野心，但此時獨步所走的，已經告別了求取表面上發跡的方向，而走上純粹尋求理想、探求人生的眞實這種求道者文人的道理。

離開早稻田大學以後大約一年，他回到其雙親所居住的山口縣麻鄉村，模倣吉田松陰教育青少年的松下村塾，開設英學塾，並熱衷於卡萊爾、愛默生（譯註四）的著作。

一八九二年，他帶著乃弟收二，再度來到東京，開始欣賞英國湖畔詩人華茲華斯（譯註五）的作品。此外，他也喜歡歌德、朋斯、屠格渥夫、莫泊桑（譯註六）等作家和詩人，但爲他所最欽仰並受其重大影響的，還是卡萊爾、愛默生和華茲華斯三個人。

在日本文學史上，獨步通常與田山花袋、島崎藤村（譯註七）等被認爲是自然主義者，而由上述獨步所喜歡讀的書籍看來，他應屬於汎神論的理想主義者，與科學的唯物的自然主義者不同其立場。

獨步第二次到東京來，所待時間也不長。他令其弟進入學校之後，出入於德富蘇峰的民友社，參與有志文學之年輕人所組織的青年文學界，繼而擔任自由黨機關雜誌『自由』的記者；但於一八九三年九月，便前往大分縣佐伯的鶴谷學館出任教務主任，在這裡待了一年左右。從少年時代就尊敬吉田松陰，並傾倒於被譽爲湖畔詩人之華茲華斯的獨步，的確很嚮往大自然的人生，和對年輕人的教育。

他的名作「春鳥」，就是取材於在佐伯時代的回憶。又，前兩年在山口開辦英學塾時，他曾經往訪明治維新之元勳們的老師，但卻在其故里遇著落魄晚年的富永有鄰，而這個人，便是其作品「富岡先生」的主角。

由這些作品，我們可以知道，獨步已很清楚地揮別了出頭發跡主義，並對於無辜的白癡母子，因氣憤俗世飲酒解愁，而逐漸爲時代忘記的老學者寄予無限的同情。

三

但是，多感而抱有青雲之志的獨步，在鄉下還是無法長待。因而於一八九四年七月底，他辭掉鶴谷學館的工作，三次到東京，是時爆發中日戰爭，獨步遂以「國民新聞」從軍記者的身分，搭乘千代田軍艦動身。

此時，他因寫給乃弟的從軍記「愛弟通信」而獲得文名。翌年三月回國，開始爲報刊撰稿，但似還沒有決心要幹作家這一行。由於德富蘇峰、植村正久和卡萊爾著作的影響。他的目標似乎是想作基督教方面的著述者、史傳家，以指導一世。

可是，與佐佐城信子的戀愛。卻吹走了他的志願，而使他轉向詩人的道路。信子是日本橋馳名的佐佐城醫院的千金，其母親豐壽更是基督教社會的名人。所以無名的窮光蛋文人與名家千金的自由戀愛是問題很多的。遭遇到信子雙親之堅決反對的獨步，遂陷於苦境，日夜煩悶和焦躁。他突然到北海道，徘徊空知川河邊，爲的是想爲他們自己開闢新天地。而其作品「空知川河邊」就是它的紀念。

但這個計畫，又因爲信子母親的反對而沒實現。不過他倆卻獲得德富蘇峰和植村正久的盡力而結婚，但不出半年，信子竟乘獨步不在家時出走，一去不還。出生富裕家庭，虛榮心似很強的信子，畢竟不能與貧窮文人成家。有島武郎（譯註八）的名作「某女人」就是以信子爲主角。它描寫著信子心目中貧窮的獨步形象。至於獨步的當時心境，我們可以由其日記「不欺記」窺悉。

經過這番痛苦經驗的他，遂不得不反省其漂泊不定的生活，而跟他弟弟住在當時還是許多雜木的渋谷山坡上的小屋，過著孤獨與沈思的日子，並與田山花袋、松岡國男（日後的柳田國男）（譯註九）等來往，一步一步地走向文學的大道。次年，他與宮崎湖處子（譯註一〇）、花袋和國男一起出版詩集『抒情詩』，這是他作爲詩人的眞正起步。

四

獨步雖然是個詩人，但卻同時又是個知性的人，而且人生經驗非常豐富。因此，他究竟不能深沉於敍情的世界。於是他沈潛其詩心，往冷靜客觀地觀察和描繪自己與周圍的方向邁進。

從一八九七年四月到六月，他跟田山花袋住進日光的山寺，與朋友大談人生的意義和新文學的方向，日夜讀書與思索，無疑地對增加獨步的見識，實大有幫助。這時他創作了取材於佐伯時代所認識孤獨漁夫的「源伯伯」；回到東京以後，學屠格涅夫的筆法，以新的眼光撰寫其名著『武藏野』。由這名作，他發揮了散文詩人的本領。他繼而發表「不能忘記的人們」、「打鹿」等短篇佳作，再次結婚，開始其作爲作家的生活。他的前途似錦。

但事情卻並沒有那麼單純，亦即沒寫過太多作品，獨步便以三十八的年齡病倒。這是由於一方面他仍然不能忘情於政治，沒有專心去寫小說，一方面爲著生活，經營近事畫報社和獨步社過勞，而終於患肺病所致。

一九〇五年，他出版收其「富岡先生」、「牛肉與馬鈴薯」、「春鳥」等名作的第二本小說集『獨步集』；翌年，推出包括「命運論者」、「空知川河邊」、「非凡的平凡人」等篇的『命運』，而與同一年出版『破戒』的島崎藤村齊名。但迨至該年八月，他便不得不轉地療養；雖一時得小康，並寫作了愛憐之情凝視貧苦人民生活的「窮死」、「竹柵門」等巨篇，但最終的半年左右都無法執筆，更不能離床，而終於一九〇八年六月十三日，在神奈川縣崎的南湖院，結束了他不算長的一生。

不過，臨終前，他的聲譽卻日隆，他的病況的一進一退，天天見報，很受注目。他去世之後，而至今日，一直是最受人們歡迎的作家，尤其爲年輕人所愛戴。

五

關於獨步的作品，實在不必作什麼解說，因爲衹要讀它，它的詩情就湧現你心頭，而其筆法之簡潔、爽朗，的確令人驚訝「我的願望是，想盡辦法逃出古老習慣的壓力，以驚異的念頭俯仰介立於宇宙。」

這是「牛肉與馬鈴薯」的主角所說的話，而這也正是獨步的願望。他以少年的眼光觀察人生和自然，以領受神秘的驚奇。在這方面，他是最成功的一位，而這意味著他仍然保持著少年的心靈。「山峰的力量」裡兩個少年的純眞、健康和活力；「春鳥」裡白癡少年的天眞美；「非凡的平凡人」之主人公勇敢的俠義精神。這當是近代日本文學獨一無二的永恆的少年形象。

「富岡先生」和「牛肉與馬鈴薯」含有他尖銳但卻有心的人生批評和幽默；「竹柵門」雖然刻畫窮苦大眾之所以貧窮的悲劇，但卻一點也不令人覺得刻薄。無疑地，獨步始終是以慈愛面對人生的詩人。（譯註一一）

（譯註一）吉田松陰（一八三〇——一八五九），山口縣人，思想家，川幕末期的尊王論者。

（譯註二）植村正久（一八五七——一九二五），千葉縣人，宗教家、評論家；德富蘇峰（一八六三——一九五七），原名豬一郎，熊本縣人，評論家、政治評論家、史論家。

（譯註三）西園寺公望（一八四九——一九四〇），京都人，政治家、公爵，曾任首相，是日本最後的元老。

（譯註四）卡萊爾(T. Carlyle, 1795-1881)，英國的評論家、歷史學家；愛默生(R.W. Emerson, 1803-1882)，美國的思想家、詩人。

（譯註五）華茲華斯(W. Wordsworth, 1770-1850)，英國的詩人。

（譯註六）歌德(J.W. Von Goethe, 1749-1832)，德國的詩人、作家；朋斯(R. Burns, 1759-1796)，英國詩人；屠格涅夫(I.S. Turgenev, 1818-1883)，俄國作家；莫泊桑(H.R.A.G. de Maupassant, 1850-1893)，法國的小說家。

（譯註七）田山花袋（一八七一——一九三〇），群馬縣人，小說家；島崎藤村（一八七二——一九四三），本名春樹，長野縣人，小說家、詩人。

（譯註八）有島武郎（一八七八——一九二三），東京人，小說家。

（譯註九）　松岡國男（柳田國男，一八七五——一九六二），兵庫縣人，詩人。、民俗學者。

（譯註一〇）宮崎湖處子（一八六四——一九二二），本名八百吉，福岡縣人，詩人、小說家、評論家、牧師。

（譯註一一）原作者山室靜是文藝評論家，本文譯自國木田獨步著『武藏野』一書的「解說」。

（原載一九八三年二月廿八日、三月一日『中華日報』）

國木田獨步　年譜

一八七一年　七月十五日，出世於千葉縣銚子市。幼名龜吉，十八歲時改名哲夫。父親專八，是舊播磨（今日的兵庫縣）龍野藩士族。

一八七四年　三歲。隨父母遷居東京下谷徒士町的舊藩主脇坂侯邸內。

一八七六年　五歲。三月，乃父調職山口岩國國區法院，因此舉家搬到山口。

一八七七年　六歲。一月，父親調往廣島法院，因之搬到廣島。

一八七八年　七月。五月，其父再次調到岩國區法院工作。八月，上錦見村錦見小學。

一八八三年　十二歲。父親又調山口治安法院；十月，轉學到山口的今道小學。

一八八五年　十四歲。九月，進山口中學。

一八八七年　十六歲。三月，退學山口中學，前往東京，進神田的法律學校。

一八八八年　十七歲。五月，進東京專門學校（現在的早稻田大學）英語普通科。

一八九一年　二十歲。一月，受基督教洗禮。在這前後，認識德富蘇峰。三月，退學東京專門學校。五月，回到山口縣熊毛郡麻鄉村。八月，在鄰村的小學分校開設波野英（語）塾。

一八九二年　二十一歲。三月，波野英塾關閉。六月，到東京參與雜誌『青年文學』的編輯。

一八九三年　二十二歲。二月，開始撰寫「不欺記」。九月，得德富蘇峰之朋友的幫忙，前往九州佐伯町的鶴谷學院，接下教務主任。

一八九四年　二十三歲。七月，離開鶴谷學館。九月，前赴東京進國民新聞社工作。十月，以中日戰爭從軍記者身分，隨行軍艦千代田，在『國民新聞』連載「愛弟通信」，至翌年三月結束。

一八九五年　二十四歲。三月回國。四月，出任『國民新聞』編輯。九月，爲計畫其新生活，到北海道空知川去視察，但沒有實現。十一月，與佐佐城信子結婚。

一八九六年　二十五歲。四月，與信子離婚。

一八九七年　二十六歲。發表「獨步吟」（「山林有自由」等詩五篇）於『國民之友』；八月，在『文藝俱樂部』處女小說「源叔叔」。

一八九八年　二十七歲。一至二月，在『國民之友』發表「今日的武藏野」（後來改題「武藏野」）。四月，在『家庭雜誌』刊出「不能忘記的人們」；八月，分別發表「河霧」和「打鹿」於『國民之友』與『家庭雜誌』。八月，與榎本治結婚。

一八九九年　二十八歲。春季，進報知新聞社，擔任政治、外交方面的工作，大約一年。

一九〇〇年　二十九歲。十二月，發表「置禮品」於『太陽』；同時出任民聲新報社總編輯。

一九〇一年　三十歲。由民友社出版『武藏野』。七月，離開民聲新報社。十一月，在『小天地』推出「牛肉與馬鈴薯」。

一九〇二年　三十一歲。二月和七月，刊登「警員」和「富岡先生」於『小柴舟』和『教育界』。八月，發表「畫的悲哀」和「少年的悲哀」於『青年界』和『小天地』。十一月至十二月，在『青年界』刊載「空知川河邊」。十二月，進近事畫報社。

一九〇三年　三十二歲。一月、三月和五月，在『教育界』、『中學世界』和『青年界』，發表「日出」、「非凡的平凡人」和「馬上的朋友」。

一九〇四年　三十三歲。三月，發表「春鳥」和「女學世界」。

一九〇五年　三十四歲。七月，出版『獨步集』。

一九〇六年　三十五歲。三月，由佐久良書房推出『命運』。在文藝雜誌『新古文林』發表「帽子」。八月，設立獨步社。從這時候患上肺病，靜養於湯河原到九月底。

一九〇七年　三十六歲。四月，獨步社破產。五月，由彩雲閣發行『濤聲』。六月，病情惡化，在湯河原和朋友的別墅靜養。

一九〇八年　三十七歲。一月，在『中央公論』發表「竹柵門」。二月病情驟變，而住進神奈川縣茅崎的南湖院。連日吐血，終於六月二十三日，病逝醫院。

下村湖人及其作品

下村湖人　1884–1955

永杉善輔

『次郎物語』的模特兒

次郎出生的時候，他的嘴臉像隻猴子。這隻「猴子」的模特兒就是作者下村湖人本身。『次郎物語』幾乎可以說是下村的自傳。尤其是它的第一部，簡直是作者的童年時代。一九六四年，我出版了我花費七年工夫寫成的下村湖人傳記，爲此我曾屢次往訪下村的出生地佐賀縣，在那裡我發現了『次郎物語』書上的人物和風景，幾乎都有其模特兒而驚愕。

下村湖人對所有人都很謹愼，從來不跟人家說有關他的事，因此『次郎物語』所寫的，到底有多少成分是事實，完全沒人知道。

幾年前過逝的，下村的弟弟「俊三」還在佐賀時，我曾經跟他到湖人出生的鄉下去找他的家，這個家果然還是原封不動地存在。正如『次郎物語』的故事所說，湖人的家破產之後，其家族四散於各處，他這個弟弟也五十年來初次與我去看他的故里。

自發生了故事裡的「素盒餅」事件以後，其父親俊亮與次郎對面而坐的，那稍稍暗暗的二樓房間，仍然老樣子。破產之後買這座房屋的家族，現在已經是第二代了。

下村湖人於一八八四年十月三日，出生在九州佐賀縣神埼郡千歲村（今日的千代田村）大字埼村，父親內田郁二，母親爲慈琪（平假名的日音譯——譯者），屬於次男，名字叫做虎六郎。出生不久，便被寄養於神弋小學的員工之家。

由於母親身體病弱，所以長男的平四郎（在「物語」裡是恭一）也被寄養在同一個地方；迨至老二出生後，老大回家，老二被寄養。而『次郎物語』的故事則由此開始。第一部寫的雖然是中日戰爭（一八九四——九五年的戰爭——譯者）前後的事情，但現在讀來並不會令人覺得是那麼久以前的事。這是由於它幾乎沒寫時代背景，以及下村湖人的感覺非常新鮮，用其新鮮的感覺，把以主角之次郎爲中心的孩子們心理，刻畫得活生生所導致。

下村湖人於一九五五年去世，享年七十一歲。『次郎物語』於戰前的一九三六年，他五十二歲時開始撰寫，於一九四一年，他五十七歲時出版單行本。在這以前，他做學校老師，從事社會教育，指導青年。並不馳名。但一發表『次郎物語』，便一鳴驚人，讀者們以爲他是新進的年輕作家，稱讚的投書，源源而來，但他都一一予以回信。

『次郎物語』很快地獲得廣大的讀者群，隨則在電臺廣播，更被拍成電影。許多作家異口同聲地讚佩『次郎物語』的文章寫得好，並覺得爲什麼能寫這樣好的文章而驚奇。但這自有其道理。

詩人「內田夕闇」

起初，下村湖人叫做內田虎六郎。後來繼承下村家纔成爲下村虎六郎；而從開始撰寫『次郎物語』前後使用湖人這個筆名。

湖人自佐賀縣立佐賀中學（今日的佐賀高等學校），進熊本的第五高等學校，一九〇六年，就讀於東京帝國大學（今日的東京大學）英國文學系。這時夏目漱石正在東大教書，湖人也上過夏目的課。

在第三部，有次郎與恭一比賽作詩的場面；是即次郎在中學時代，就很擅長於和歌與詩作，他不但在學校的刊物，而且常常入選於東京的著名雜誌；在中學高年級（那時的中學應爲五年制——譯者）的時候，湖人的詩已經與當時的名詩人作品刊登在一起。此時，他用內田名闇這個筆名，這個名字廣汎地被宣傳，因此這位年輕的詩人遂為日本全國所熟知。由於北原白秋（譯註一）很欣賞湖人的詩，所以曾經把湖人一部分的詩引用於他的詩作裡頭。

在東大一年級時，湖人閉門其住處，撰寫「我的童年時代」，寫了一萬多字，因為不中意，把這些撕掉。而這就是『次郎物語』的前身。湖人自己說，是為了他不懂得怎樣寫小說，但我認為，要寫『次郎物語』這種家庭故事，那時的湖人實在太年輕了。在「我的童年時代」，他究竟寫了些什麼，他自己也不記得，似乎是「次郎」以第一人稱稱為「我」，內容也是很主觀（祇從小孩立場看的）的東西。

但他對這個題材，還是念念不忘，從此以後凡三十年，湖人一直抱住它，迨至五十二歲時，纔把它寫成『次郎物語』。湖人在『次郎物語』的「後記」說：「我雖然曾經寫過幾本書，但如果一個人一旦祇能寫一本書的話，我將選擇這本『次郎物語』。我如此愛寫這本書，覺得非把它寫下來不可。」

湖人在東大學生時代，已經是個文藝評論家，惟家庭沒落後得繼承為其負擔學費的下村家，加以下村家也破產，因此遂回到故鄉的佐賀，去擔任其母校佐賀中學的英文教師。

下村為人純眞，所以專心於中學生的教育，放棄寫作。爾後出任佐賀縣立鹿島中學（今日的鹿島高等學校）和唐津中學（現今的唐津高等學校）校長。在鹿島高校和唐津高校，現在還唱著當時湖人所作的校歌。幾年前，鹿島高校落成其歌碑時，當日的學生，現在禿著頭的老頭子們，都紛紛回校，去高聲大唱這曲校歌。

從唐津中學校長，他特別被選派到臺灣去做臺中一中的校長，然後，出任臺北高等學校（譯註二），以這個教職為最後，他告別了杏壇，回到東京，在日本青年館協助學生時代的親友田澤義鋪，從事社會青年的教育工作，爲青年發表隨筆和讀物，從而撰寫其愛寫的不得了的『次郎物語』。

由於這時詩人「內田夕闇」時代被人們忘得一乾二淨，所以『次郎物語』纔給予以突然的名著這種印象。是以『次郎物語』跟普通的所謂教育小說不同，而爲高尙的作品，實來自內田夕闇時代的詩。『次郎物語』之爲不朽之作，其最大理由在此。

『次郎物語』的讀者，幾乎都是中學生和高校的學生。在日本家庭生長的青少年，多多少少都具有「次郎」那樣的經驗。因此『次郎物語』無異是他們的寫照。這是爲什麼青少年那麼愛讀『次郎物語』的主要原因。它一再地被拍成電影，上電視，而給人們以無可限量的感動。作者不大出名，但作品卻橫行天下這種例子，『次郎物語』可以說是絕無僅有。

人人都是次郎

我的女兒上了大學，初次由大學宿舍生活，暑假回家的一天，晚飯後對我和內人說：「我在中學時，再三閱讀了『次郎物語』，每次讀到寫著我的事時我便邊流眼淚，邊讀它。」

這瞬間，我嚇了一跳。她上面有個男孩子。女孩子也是次郎。我的女兒回憶說，被父親或母親說這樣那樣時，她很乖僻；被這樣那樣作的時候，她很抱怨；她覺得父親和母親祇愛惜哥哥，因而非常悔恨等等。作父母親者，往往在不知不覺之中會有所偏愛。縱令不一定像次郎那樣被虐待，但老二以下的孩子們，卻都以次郎那種心情渡過其童年時代。

在另一方面，太被疼愛的恭一，卻變成很軟弱的小孩。亦即爲恭一之模特兒的平四郎，在熊本第五高等學校的學生時代，則患上神經症，並於十年左右後去世。這在下村湖人的另外一本名著

『年輕的建設者』也這樣寫。湖人本來無意撰寫『次郎物語』的續篇，而以『年輕的建設者』為其結束。在此書，次郎的名字叫做「簡次」。

可是，閱讀『次郎物語』的人卻愈來愈多，加以書店又極力慫恿他寫，因此他也就繼續寫作，不過他自己也不知道能寫到什麼地方，因而以『續次郎物語』、『青年次郎物語』等書名，準備告一個段落。而這就是今日『次郎物語』的第二部和第三部。二次大戰後，房屋、書刊都被燒得光光的湖人，自動繼續撰寫『次郎物語』，並寫成了第四部和第五部，而正在構想第六部的時候，他就與世長辭了。

如前面所說，『次郎物語』所寫的是個老時代。在這期間，日本的家庭有過很大的變化。但我認為變的祇是形式，其內容並沒有太多的改（譯註三）。祖父、祖母、父（母）子、兄弟、姐妹，同是人所演出的種種，今日還是在延續。『次郎物語』之所以有不斷的讀者，其理由在此。

我的女兒雖然也跟次郎一樣乖僻，但她究竟克服了這個缺點而成長，這應該歸功於『次郎物語』的鼓舞，而由此我們更可以窺見『次郎物語』影響之重大。

或許有人希望自己父親是像俊亮那樣的父親。但這種人一定會失望於自己的父親。因為這種希望是不近人情的，事實上，在這個世界上，像俊亮這樣理想的父親，實在太少了。

俊亮的模特兒是湖人的父親，不過特此，還加上了第五部裡頭的「田沼先生」（其模特兒為前述的田澤義鋪）的映象，而刻畫出湖人理想中的父親形象。所以我希望各位讀者，對自己父親不要有過高的期待，而應該感謝獨一無二的現在父親。

各位讀者之中，也許有人對自己境遇不滿。但祇鳴不平，人是不會幸福的。起初，次郎也很不滿，但他卻慢慢地領會了克服它的方法。不過在第一部，次郎年齡很小，還不懂得箇中道理，但從第二部，他開始體會了。看過第一部的人，務請看其第二部。這樣，他（她）便會懂得自己應該怎樣去因應。（譯註四）

（譯註一）北原白狄（一八八五——一九四二），詩人、歌人。原名隆吉，福岡縣人。早稻田大學肄業。著有歌集『雲母集』、『鳥蛋』，詩集『水墨集』等，為日本詩壇、歌壇的重要人物。

（譯註二）臺北高等學校原設在今日國立師範大學的校址；日本舊制高等學校，等於大學的預科。

（譯註三）隨工業化的進展，日本的家庭確在大變化。這種變化，還會繼續下去。

（譯註四）本文作者永杉善輔，執筆本文當時（一九六五年）是群馬大學名譽教授、女子聖學院短期大學（相當於我國專科學校）教授；譯自下村湖人著『次郎物語』第一部的「解説」。

一九八二年一月五日於東京

（原載一九八二年六月七日『青年戰士報』）

下村湖人 年譜

一八八四年　十月三日出生於佐賀縣神埼郡千歲村（今日的千代田村），爲內田郁二和慈琪的次子，被命名爲虎六郎。生後不久則寄養他人家。當時其家人，隨父母外還有祖父母和大他兩歲的哥哥。「下村」是日後爲他人養子家的姓氏。

一八八六年　二歲。其弟清治出世。

一八八八年　四歲。回到自己家裡。

一八八九年　五歲。家產開始沒落，乃父爲就職郡公所，與妻兒搬往神埼町。

一八九一年　七歲。入神埼小學。

一八九二年　八歲。祖父病逝。因之乃父遂令妻兒回千歲村，寄居神埼町。轉學到千歲村小學。

一八九四年　十歲。母親患肺病，在其娘家養病半年後去世。爆發中日戰爭。

一八九六年　十二歲。乃父再次結婚。哥哥進佐賀中學。

一八九八年　十四歲。前一年未能考上佐賀中學，此年考中該校。

一八九九年　十五歲。乃父破產。租屋於佐賀市精町，在稅務署工作。其弟弟也考進佐賀中學。

一九〇一年　十七歲。開始投稿詩歌於東京的『新聲』、『文庫』、『明星』等雜誌，使用「內田夕闇」這個筆名。乃兄考上熊本第五高等學校第一部。

一九〇二年　十八歲。擔任校友會雜誌『榮城』的編輯委員。乃父處分其在千歲村的家產，以它作資本在熊本開始做販賣酒類的生活。

一九〇三年　十九歲。三月，畢業佐賀中學。九月，進熊本第五高等學校第一部。

一九〇四年 二十歲。擔任五高校友會會刊『龍南』的編輯委員。逐漸對辯論發生興趣。對俄日戰爭頗為興趣。

一九〇六年 二十二歲。畢業五高。進東京帝國大學，專攻英國文學。

一九〇七年 二十三歲。開始撰寫「生長記」（日後的『次郎物語』），惟因寫作技巧還沒成熟，所以寫了一萬字左右就作罷。

一九〇八年 二十四歲。擔任『帝國文學』編輯委員。不滿於當時自然主義文學的主張，而發表「全自然文學論」。

一九〇九年 二十五歲。七月，畢業東京帝國大學文學科。十二月，志願入伍一年。

一九一一年 二十七歲。十二月，應邀出任其母校佐賀中學教員。

一九一三年 二十九歲。三月，做下村家的養子；十二月，與下村家的長女菊千代結婚。

一九一四年 三十歲。父親因為食道癌去世。暫時把繼母安頓於下村家。內田一家人離散。

一九一五年 三十一歲。一月，長女晴代誕生。

一九一六年 三十二歲。五月，長子辰彥降世。此年，乃弟在佐賀開業律師，並領養其繼母。

一九一八年 三十四歲。六月，長子辰彥死。七月，次子覺出生。十一月，轉任佐賀縣唐津中學教務主任。

一九一九年 三十五歲。十月，乃兄過世。

一九二〇年 三十六歲。出任佐賀縣鹿島中學校長。六月，次女滿代降生。

一九二五年 四十一歲。一月，三女照代出世。六月，出任臺灣總督府臺中一中學校長。

一九二九年 四十五歲。十一月，出任臺北高等學校校長。次年一月，三男徹出生。

一九三一年　四十七歲。九月，辭去臺北高等學校職務，定居東京都新宿區百人町。幫助自五高以來的朋友田澤義鋪，專心於社會政治。

一九三六年　五十二歲。著手撰著『次郎物語』，並連載於『青年』雜誌。十月出版『靈魂』。

一九四一年　五十七歲。二月，出版『次郎物語第一部』。十二月，『次郎物語』電影試映。

一九四二年　五十八歲。出版『次郎物語第二部』。

一九四四年　六十歲。出版『次郎物語第三部』。

一九四八年　六十四歲。創辦其個人雜誌『新風土』，並連載『次郎物語第四部』，翌年四月出版單行本。

一九五四年　七十歲。應邀出任日本青年館理事；出版『次郎物語第五部』。

一九五五年　七十一歲。一月，完成其親自設計的書籍。二月二日出院，在家療養。四月二十日下午十一時二分，因爲腦軟化症及衰老而與世長辭。埋葬於東京都板橋區下赤塚的松月院墓地。

川端康成及其作品

野上彰

川端康成　1899–1972

一

我跟川端先生初逢於一九三七年，距今已將近三十年了。根據年譜，當年他是三十八歲，比我現在的年齡還要年輕，眞不可思議。那時，鎌倉市還是個町（相當於我國的鎭——譯者），他搬往鎌倉二階堂三二五番地沒多久，我就常造訪川端先生於面向大塔宮附近小河的家，並住了好幾個晚上。

經過很久，我才得知他的長房是詩人蒲原有明。二次大戰逐漸激烈的某一天，從川端先生書房看過去，我在小院子的那邊屋子看見了一位老人，川端夫人告訴我他是房東蒲原有明。一九三七年，他的『雪國』和尾崎士郎（譯註一）的「人生劇場」，同時獲得文藝懇話會獎；據說川端先生用這筆獎金在輕井澤買了座別墅。這座別墅位於靠近輕井澤萬平飯店小山半山腰南幸谷斜坡上。

這個地方很適合於川端先生居住。其周圍全是雜樹，野鳥的叫聲，告訴他時間。二階堂的川端家，當時在走廊設有小舍，養著個子小小的雞。迨至一九四六年，搬到鎌倉市長谷最後的家以前，他一直住在二階堂，而我對這段時間的回憶，實在說不盡。

現在，我想透過我的回憶，來幫助各位讀者瞭解這位偉大的日本作家的種種。

某作家的小說曾經成爲熱門話題的時候，我對川端先生說，我並不欣賞正在報紙連載而頗獲好評的這部小說。對這他答說：「先來個結構，然後按照這個結構去寫，是不會精彩的」。我認爲：「問題在於出乎意外的枝葉末節」。

由於我自己幫忙這部選集（譯註二）的編輯，因此我又重讀一遍川端先生的一切作品。我向編輯部主張把「禽獸」和「地獄」這兩篇加上去，並徵得川端先生的同意。同時川端先生也給編輯部寫信說，對於年輕的讀者，這兩篇或許不大容易看得懂。

對於川端先生的作品，有的我甚至於可以背，但有時候它出乎意外的枝葉末節，竟使我會有新的發現；我覺得，這種細節的累積，是川端先生作品最大的特徵。

譬如無人不曉的『伊豆的舞孃』這部作品，在其開頭就出現的中風老頭子的小故事。它描繪著純粹的愛情，而與伊豆的舞孃和「我」的交流成爲對照；年老與年輕；人的生命與死亡。

以美文見稱的這部作品，其主題是個「死」；榮吉夫婦的嬰孩之死，在蓮臺寺銀山作工時因爲感冒而死的礦夫及其妹妹，以及帶著三個幼孫回到水戶之可憐的老太婆的故事。

『伊豆的舞孃』，其所以在今日不僅是抒情和感傷，而且爲永遠的古典，就是因爲它以「愛與死」來刻畫各種人生的主題。對於川端先生來講，「死」這個主題，似一直在其念頭中。

『十六歲的日記』是他熟識其祖父之死的作品，川端先生自稱其爲「寫生」。「我完全沒有想到十年後竟會把這個日記當做作品來發表。其所以成爲可讀的作品，乃由於它是寫生，而不是早成的文才。」川端先生自己雖然這麼說，但我卻認爲，這是寫生以上的文字，象徵的手法充滿全篇作品中，顯示其稀世的才華。

對於自幼就喪失雙親的川端先生來講，他感覺最切身的就是「死」。因而有以「死」爲主題，與「死」爲伍，描繪「死」的許多作品。而「油」也是其中的一篇。

根據中村眞一郎（譯註三）的說法，「作爲一個文學家的川端氏的根本主題是，幼時因爲親人的死而失去心靈的安定，在孤獨的自我還沒有完全成熟以前，就被放進社會而所導致的孤立感。這種人，爲從社會保衛手無寸鐵的自我，便要自己編造他（她）自己的夢衣。」「在這個夢衣裡邊，他

(她)是自由的。這個自由享受著沒有時間的自由。在夢衣裡，川端氏有如在其母胎中一般，作者沒有時間的幻夢。川端氏在其初期作品中，一再描繪的是，親人之死的情景，但這不是活生生的情景，而是記憶中的情景，所以它是沒有現實時間的。」「對於川端氏來說，世界是幻夢，是沒有時間的。」

中村眞一郎的這種解釋，眞是一針見血之論，不過我卻覺得，「這不是記憶中的情景，而是從現實時間中畫出來的眞實。」

川端先生的一切作品，看來似盡是抒情，全篇感傷，但如果反覆仔細閱讀的話，便會令人發覺它涵蓋強烈的人生之眞實，這是由於他不但憑其幻夢和記憶，而且具有能夠刻畫現實的對象這種尖銳的感受性所導致。這是川端先生天生的才華，不是所能學的。

二

我跟川端先生開始親近的時候，他常出去旅行。他的許多作品，都是他在旅行地的旅館寫成的，他這種習慣，至今不變。

當然，在鎌倉的書房，他也寫作，但最近，他常常說在福田家(譯註四)怎麼樣怎麼樣。爲什麼他那樣喜歡旅行呢？

他或許歡喜獨自關在屋子裡。我在旅行中，是寫不出東西來的。要寫文章，我一定在自己書房寫。我已經十幾年利用口述作文章了，但這個「解說」，我卻親自執筆。因爲如果口述有關川端先生的事，深怕有所失。

川端先生是位好心腸。其心地之好，不同凡響。他的態度和藹可親。他的心地爲什麼這樣好？

是不是因爲早就習慣於孤獨所造成？他的慈祥，有時候流露於他的作品中，成爲心儀的抒情詩調。而爲其代表作的就是「謝謝」。

在許多短篇小說中，有幾篇是這樣寫於柔和氣氛的作品，我自己尤其喜歡川端先生這種若無其事地寫成的作品。

根據我的記憶，「謝謝」這部作品曾經由松竹影片公司拍成電影，導演不是五所平之助，就是小津安二郎。

這個短篇小說，不像日本的作品，每讀它，我總要聯想法國和西班牙，它可以說是世界的作品。

川端先生以慢筆馳名。以前，我曾奉陪他到熱海等地的旅館，在那裡住上兩三天，竟沒寫成一張稿紙而回來，這種情形實在多的是。二次大戰後，我跟朋友們創辦過綜合性雜誌『曉鐘』，並曾商請川端先生賜稿。祇有兩千多字的這篇作品，雖然屬於「雪國」最後頭的重要部分，但他的筆桿卻遲遲不進，因此使編者的我寢食難安。

「禽獸」這部作品，也許有人不相信，是幾乎一氣呵成寫就的。川端先生告訴我說，最後的八千字，是從中午左右到翌晨寫出來的。

有人說，這部作品是川端文學的完成，因此在這以前的作品是這個作品的墊子。一部傑作一誕生，性情急的批評家往往喜歡這樣說，但我並不認爲，「禽獸」以前的一切作品，都是這個作品的墊子。不過在川端先生所喜愛的「死」這個主題，與對於生之諦念這個對位法的手法，很恰當地結了果這一點，這部作品的確是名副其實的傑作。

我之所以主張要把這篇作品收入這個選集，乃認爲，雖然有些難懂，但如果不讀這篇作品，則無從理解川端先生的文學。

它雖然有些情色的描寫，但這是種點綴，而不是這篇作品的主旨。對於相繼死去的小鳥帶著同情的目光，如果從反面來看，這是澈底的對人性溫暖的諦念和摯愛。

我認為，撰寫了「禽獸」的川端先生，由此登上一個高峰，從而領悟了藝術是什麼。這從我自己的體驗也能夠推測，而這種自覺，實根本地支撐著川端先生。

發表於一九三三年七月號『改造』的這篇作品，經過許多人的批評和解說，而確定其為川端先生的傑作。由一個形象而產生另一個形象，「死與生」的主題互為交織，留著餘韻而逐漸昇華的情況，眞是美麗的大合唱。

川端先生喜歡下圍棋。他是業餘的四段。使我與他接近的就是圍棋。他的作品和隨筆，常常出現圍棋的場面。其所以有以本因坊秀哉名人為主要的「名人」這個作品，理由在此。一九三八年，『東京日日新聞』和『大阪每日新聞』，曾經請他撰寫「名人引退棋」的觀戰記；而小說「名人」就是這個觀戰記的產物。

在「百日堂先生」的火車裡頭，也有與外國人下著圍棋的描寫；這位外國人雖然名叫詹森，但我覺得他應該是英國人的哈維蘭。他是約翰·馮登、奧利巴·特·哈維蘭的父親，似業會計師而愛下圍棋的人。其主角是誰，不是頂重要；而「百日堂先生」使我最驚愕的是，相簿中少女的幻影。初次讀它的時候，我非常耽心這部小說將如何結局。而當它在「生與死」的關聯中慢慢地結束時，我不禁一再地讚嘆。

「母親的初戀」、「晚間的骰子」、「燕子的童女」、「往者」、「年終」，都是於一九四〇年，在『婦人公論』幾乎每期刊載的短篇小說，這些全部是以「愛」為題材的變奏曲。

這一年，對我來講也是難忘的一個年頭。那時，我健康受損，閉居銚子（在千葉縣——譯者）海面的鹿島，對於志願要做詩人和作家的我，川端先生不斷地給我鼓勵，他的這些作品更爲我大打其氣。從這些作品，我發現一個形象，一個主題，在變成各種各樣形態的過程中，逐漸導進根本主題的手法。

「朝雲」是代表川端先生之一種嗜好的作品；而在描繪一個少女成長爲女人的某一時期女性精神之微妙的轉變這一點，他實在是天下無雙，天衣無縫。

以「死」的對白爲主題的「地獄」，是我所喜愛的一篇作品。它與「生」明確地對照，是川端文學這條巨河的一個支流，爲人們所不能忽視的作品；而幽玄的作品「瞬間」，可以是說川端文學的綠洲，心靈休息的場所。

跟它同一個標題的「瞬間」，目前正在NHK（譯註五）電視臺播映中，而爲人們所歡迎，這是很稀奇的一件事，因爲川端先生從沒寫過同一個標題的小說。（譯註六）

（譯註一）　尾崎士郎（一八九八——一九六四），小說家。愛知縣人。早稻田大學肄業。「人生劇場」是他的代表作品，從一九三三年寫到一九五九年，凡七大篇的長篇小說曾被拍成電影和電視劇。

（譯註二）　就是包括以下所提到十四篇的川端康成選集。

（譯註三）　中村真一郎（一九一八——），小說家、詩人、批評家、法國文學家。東京人。東京大學法文系畢業。著有『在死影之下』、『文學的創造』、『芥川龍之介』、『王朝的文

（譯註四）　學』、『大正作家論』等作品。

（譯註五）　這是東京的一家著名旅館，有些文人常利用此地從事寫作。

（譯註六）　NHK，是日本放送協會(Nihon Hoso Kyokai)的羅馬字簡稱。這家電視臺係由日本政府所經營，完全沒有廣告。

原作者野上彰是詩人，本文譯自白楊社出版，川端康成著『伊豆的舞孃』一書的「解說」。

一九八一年十二月廿七日於東京

（原載一九八二年一月十日『青年戰士報』）

川端康成　年譜

一八九九年　六月十一日，降生於大阪市北區此花町一町目七十九番地，爲榮吉（醫生）與格恩（片假名日音譯）的長子，有芳子姐姐。

一九〇一年　二歲。一月，父親去世。搬到母親娘家大阪府西成郡豐里村三番地居住。

一九〇二年　三歲。一月，母親過世。與祖父母搬回原籍地大阪府三島郡豐川村大字宿久庄字東村。姐姐芳子暫時寄居姨母家。

一九〇六年　七歲。入豐川村小學。九月，祖母逝世。三年後姐姐也過去。

一九一二年　十三歲。進大阪府立茨木中學。二年級時志願要做小說家。

一九一四年　十五歲。五月，祖父去世。因而成爲孤零，寄居豐里村的舅舅家。爆發第一次世界大戰。

一九一六年　十七歲。中學四年級時，爲茨木町的小報寫短篇小說。同時投稿石丸梧平的雜誌『團欒』以「倉木先生的葬禮」。

一九一七年　十八歲。三月，畢業茨木中學。到東京上補習班。九月，進第一高等學校一部乙班（英文）。過了三年的宿舍生活。

一九一八年　十九歲。秋季，旅行伊豆。將此時的事寫成「我在湯島的回憶」，並以它爲底子撰寫了『伊豆的舞孃』。第一次世界大戰結束。

一九二〇年　二十一歲。七月，畢業一高。同月進東京帝國大學文學部英國文學系。爲繼承和發行『新思潮』，並欲得其讓解而往訪菊池寬。以後，獲得菊池寬的照拂。

一九二一年　二十二歲。二月，與一高的同學石濱金作、鈴木彥次郎、酒井直人加上今東光一起發行第六次『新思潮』；在該刊發表「招魂祭一景」和「油」。由英國文學系轉到日本文學系。

一九二三年　二十四歲。一月，『文藝春秋』創刊。爲該刊撰寫「林金花的憂鬱」。從二月，與石濱、鈴木、酒井、今、橫光利一爲『文藝春秋』編輯同人。

一九二四年　二十五歲。三月，畢業東京帝大日本文學系。同月，在『新小說』發表「篝火」。九月，二十來位新進作家一起創刊『文藝時代』。由此開始新感覺派運動。同月，在

一九二五年　『文章俱樂部』刊出「蝗蟲與金琵琶」。

　　二十六歲。在『新潮』、『文藝春秋』和『新小說』，分別發表「落葉與父母」（後來改題爲「孤兒的感情」）、「十六歲的日記」和「白色的滿月」。此年，長日待在伊豆湯島。

一九二六年　二十七歲。在一、二月號『文藝時代』連載「伊豆的舞孃」。在三月號『文章往來』刊出「白色鞋子」（後來改名爲「夏天的鞋子」）。六月，由金星堂出版第一本作品集子『感情裝飾』。

一九二七年　二十八歲。三月，與二十來人的同人創刊一頁的隨筆雜誌『手帖』。四月，租房子於高圓寺。十二月，搬到熱海的別墅（租的）。這年，與岸田國士、片岡鐵兵、橫光利一，參加衣笠貞之助的新感覺派電影聯盟，撰寫電影劇本「瘋狂的一頁」。此年的作品有「柳樹綠花是紅」、「梅的雄蕊」（日後這兩篇作品改稿成爲「春天景色」）等。

一九二八年　二十九歲。五月，受尾崎士郎慫恿，由熱海遷居東京大森馬込東。

一九二九年　三十歲。分別發表「死體介紹人」和「溫泉旅館」，於四月號『文藝春秋』和十月號『改造』。十月，從大森搬到上野櫻木町。在淺草公園認識佛利舞蹈團的文藝部員和舞孃，寫成「淺草紅團」。從十二月份，在『朝日新聞』連載這部作品。

一九三〇年　三十一歲。出任文化學院講師。參加中村武羅夫等十三人俱樂部，成爲「近代生活」的同人。

一九三三年　三十四歲。在一月號和二月號和七月號『改造』，發表「女舞蹈演員記」、「二十歲」和「禽獸」。十月，與武田麟太郎、林房雄和小林秀雄等創辦『文學界』。刊載隨筆

一九三五年 「臨終的眼神」於十二月號『文藝』。這年，「伊豆的舞孃」拍成電影。

一九三六年 三十六歲。一月，發表「黃昏景色的鏡子」於『文藝春秋』、「白色早晨的鏡子」於『改造』（皆為『雪國』的一節）。在七月號『婦人公論』刊出隨筆「純粹聲音」。九月，文藝春秋社創設芥川龍之介獎和直木三十五獎，被推選為審查委員。

一九三七年 三十七歲。在『改造』推出「義大利之歌」和「花的華爾滋舞」。發表「萱草花」和「火枕」（均為『雪國』的續篇）於八月號『中央公論』和十月號的『文藝春秋』。受林房雄勸誘，搬到神奈川縣鎌倉町淨明寺宅間谷。出任新創設的新潮獎、池谷信三郎獎和文學界獎審查委員。這一年有「女性開眼」、「晚霞少女」等作品。

一九三八年 三十八歲。在五月號『改造』發表「毛毬歌」（『雪國』的續篇）。六月，由創元社出版『雪國』。七月，『雪國』獲得文藝懇話會獎。此年，遷居鎌倉町二階堂三二五番地。

一九三九年 三十九歲。從六月，為『東京日日新聞』和『大阪每日新聞』撰寫「名中引退圍棋觀戰記」。同月，擔任日本文學振興會理事。在十月號『文藝春秋』、十二月號『日本評論』和七月號『全讀物』，分別發表「百日堂先生」、「高原」和「愛」。

一九四〇年 四十歲。二月，出任菊池寬獎審查委員。同月，刊登「故人園」於『大陸』。

四十一歲。一月，在『婦人公論』發表「母親的初戀」，繼續為該刊寫作「女性的理想」（二月號）、「給壞老婆的書信」（後來改為「黑痣的書信」）（三月號）、「晚間的骰子」（五月號）、「燕子的童子」（六月號）、「夫唱婦和」（七月號）、「小孩一個人」（八月號）、「往者」（十一月號）、「年終」（十二月號）。十月，參與創立日本文學者會。

一九四一年　四十二歲。在二月號『新女苑』發表「朝雲」。從春天到初夏，旅行滿洲。八月，應關東軍邀請，與高田保、大宅壯一等再度前往滿洲。十二月回日本。同月，由新潮社出版『我所喜愛的人們』。爆發太平洋戰爭。

一九四四年　四十五歲。從去年斷斷續續地在『文藝』發表「故園」。三月，在『日本評論』刊出「夕陽」。因爲這兩篇作品等，四月，獲得第六屆菊池寬獎。

一九四五年　四十六歲。五月，與久米正雄、高見順、中山義秀等創設租書書店「鎌倉文庫」。八月，日本戰敗。同月，參加出版社「鎌倉文庫」的創立。

一九四六年　四十七歲。由二階堂搬到最後的住處長谷。擔任鎌倉文庫的編輯。

一九四七年　四十八歲。十月，在『社會』發表「哀愁」。重新成立日本筆會。

一九四八年　四十九歲。在一月創刊的『文藝往來』發表「時雨」。三月，菊池寬去世。五月，由新潮社出版『川端康成全集』(一共十六卷)。六月，繼志賀直哉出任日本筆會會長。十二月，從創元社出版『雪國』的完結篇。

一九四九年　五十歲。在五月號『時事讀物別冊』和『改造文藝』，分別發表「千隻鶴」和「山音」。秋季，應廣島市之邀，參觀遭受原子彈的災害。改造社創設橫光利一獎，川端出任審查委員。恢復芥川獎，又擔任審查委員。發表「撿骨頭」。

一九五〇年　五十一歲。春天，與廣島、長崎筆會會員參觀受原子彈之害。五月，在『別冊文藝春秋』發表「地獄」。從十二月到翌年三月，在『朝日新聞』連載「女舞蹈演員」。

一九五一年　五十二歲。五月，在『別冊文藝春秋』刊出「玉響」。發表「名人」於八月號『新潮』。

一九五二年　五十三歲。二月，因筑摩書房所出版『千隻鶴』，獲得一九五一年度藝術院獎。八月，新派在歌舞伎座演出這個作品。

一九五三年　五十四歲。通年在『婦人畫報』連載「河下游的故事」。六月，出版『小公子、小女公子』（與野上彰合譯）。被推選爲藝術院會員。「山音」、「千隻鶴」被拍成電影。

一九五四年　五十五歲。在『新潮』連載「湖」。發表「小陽春天」於一月號『文藝』。四月，完成「山音」的寫作，由筑摩書房出版單行本，因此書獲得野間文藝獎。從五月，在『西日本新聞』連載「東京人」。

一九五五年　五十六歲。在四月號『新潮』和『全讀物』，發表「故鄉」和「多年生」。六月，在『文藝』，與高見順就新感覺派時代對談。在英國，出版『伊豆的舞孃』英文版。

一九五六年　五十七歲。一月，在『新潮』和『中央公論』發表「雨滴」和「晚霞」。自三月份在『朝日新聞』連載「女人」。

一九五七年　五十八歲。三月，與松岡洋子一起前往英國，出席世界筆會執行委員會。四月，「雪國」拍成電影，導演是豐田四郎。九月，在東京召開第二十九屆世界筆會大會，以日本筆會會長身分主持大會。因爲其功勞，獲得該年度菊池寬獎。

一九五八年　五十九歲。六月，旅行琉球。從年底到翌年四月，因患膽石症住院。

一九五九年　六十歲。五月，在西德法蘭克福世界筆會大會席上，獲得哥德獎章。七月，由角川書店出版『有風的道路』。

一九六〇年　六十一歲。在一月號到六月號的『新潮』連載「睡著的美女」。五月，應美國國務院邀請，到美國訪問。七月，出席在巴西召開的世界筆會大會。在十一月號的『中央公論』刊出「甜蜜的姑娘」。這年，法國政府贈給他藝術文化勳章。

一九六一年 六十二歲。由新潮社出版『睡著的美女』。因爲此書，獲得一九六二年度每日出版文化獎。在『婦人公論』連載「美麗與悲哀」。從十月到翌年一月，在『朝日新聞』連載「古都」。十月，獲得第二十一屆文化勳章。

一九六二年 六十三歲。從十一月到十二月，在『朝日新聞』ＰＲ版連載掌篇小說。參加呼籲世界和平七人委員會。

一九六三年 六十四歲。在二月號『文藝春秋』發表「人際關係」。四月，財團法人近代日本文學館成立，擔任監事。在七月至八月的『朝日新聞』ＰＲ版撰寫掌篇小說。「古都」、「伊豆的舞孃」拍成電影。

一九六四年 六十五歲。一月，在『文藝』和『日本經濟新聞』，發表「某個人生」和「雪」。六月，出席奧斯洛的第三十二屆世界筆會大會。

一九六五年 六十六歲。「美麗與悲哀」和「雪國」被拍成電影。從四月份起，ＮＨＫ廣播其另行撰寫的電視小說「玉響」爲時一年。他自己也上演。在『新潮』發表「蒲公英」。

一九六八年 六十九歲。瑞典文學學院授與其諾貝爾文學獎。

一九七二年 四月十六日，用瓦斯自殺。享年七十有二。

林芙美子及其作品

板垣直子

林芙美子　1903–1951

一

如果讀她的『放浪記』，我們可以知道林芙美子曾經過跟普通少年少女不同的少女時代。

林芙美子於一九〇三年，出生在山口縣下關市。母親菊（片假名的音譯）是鹿兒島縣東櫻島古里溫泉自炊旅館的女兒，父親爲愛媛縣出身的行商人宮田麻太郎。其父親滿有商才，芙美子到七歲左右，一直過著很幸福的獨生女生活。迨至乃父在若松（今日的北九州市）發財，酒池肉林，大享其樂，其母親因此帶著她，與其父親分手。

帶著芙美子的菊，不久便與前夫店裡的掌櫃澤井喜三郎結婚。他也是行商人，但他既不會做生意，也沒有耐心，所以他家赤貧如洗，芙美子也隨之吃苦。如此這般，芙美子遂與其雙親，過著由九州的南端，到廣島縣的尾道市一帶，零售船來品、雜貨類的流浪生活。

芙美子在長崎初上小學，爾後四年之中，竟轉了七個學校，由於轉學太多，芙美子遂開始討厭上學，加以需要零用錢，因此常去工廠做工和行商。據說，一有二、三分錢，她便到出租書舖去借看通俗小說和說書故事。

芙美子一家人每次皆住小客棧，而住這種地方的，都是落魄的人。正如日後芙美子自己所說，跟這些潦倒者的交往，成爲她寶貴的人生經驗，並予她的作品以很大的影響。

雖然是窮苦的流浪生活，但少女芙美子卻有一種幸福。那就是父母對她的愛情。由於養父與其母親之間沒有小孩，所以她養父關愛她有如他自己的女兒。

芙美子在尾道住了七年。十二歲時，她插班尾道市土堂小學五年級，畢業後進縣立尾道高等女學校（簡稱高女——譯者）。她買不起教科書和日式裙子，而過著半工（做女工和下女）半讀的生活。

她朋友很少，因此一有時間就到圖書館，在那裡看森鷗外、有島武郎和倉田百三（譯註一）等人的著作。與此同時，向她級任導師森要人借閱海涅和惠特曼的詩集，因而對詩也發生興趣。這時，芙美子的作文成績，比諸其他學科，要好得多。

一九二二年，畢業高女後，即為依靠以前的男朋友明治大學學生而到東京。她想在東京找個工作，以謀獨立生計，但並沒想要搞文學。一年以後，為其男朋友遺棄，又沒找到適當職業，因而過著貧困的生活。

爾後，兩度結婚，皆失敗，為著生活，曾寫些詩和童話，但都沒人要。她做過幾次當時算是女性之新職業的酒吧女。一九二六年年底，與正在學畫的手塚綠敏結婚以後，纔有比較安定的生活。而其眞正認眞創作，實開始於此時。

芙美子自來東京以後就著手寫日記，她把它補充，並於一九二八年夏天，將其比較精采的部分挑選出來，以「放浪記」的題目，分刊於『女人藝術』。由於很獲好評，遂於一九三〇年六月，由改造社出版單行本，即刻成為最暢銷書。其日記所寫的，可能都是她的失戀和貧苦的生活，而她自己似不知道，但在其日記裡，她的文學才華應該已經可以看得出來纔對。

『放浪記』之後，她相繼出版『續放浪記』；日後，除有描繪放浪時代的『風琴與魚街』，和以結婚當時的身邊為題材的『清貧之書』等名作外，還發表「愛哭的小傢伙」等許多新聞小說，在文壇佔有其牢不可破的地位。

一九五一年六月二十九日，芙美子由於寫作的過度疲勞，導致心臟麻痺，而與世長辭，年僅四十七。從她插足文壇到其去世，芙美子一直是有如明星的女作家。但她的向上心特別強。她並不為其名聲所惑，而銳意努力於創作。事實上，她生活在努力於創作之中，而留下許多堪稱爲眞正的藝術作品的長、中、短篇小說。

除前述初期的名著之外，經過「閃電」、「牡蠣」、「魚介類」，太平洋戰爭後，她發表過馳名的「晚菊」、「茶色的眼睛」、「飯」等長篇，最後寫了晚年的代表作「浮雲」。在這期間，她的作品，實質上有很顯然的進步。

由於芙美子生長於不幸的境遇，因此她的作品大多以窮人和平民的家庭爲主題，尤其對於可憐的女性之命運和心理的描寫，她的確有一手。晚年，她大多撰寫戰敗後灰暗社會之男女間愛情的作品，而跟『放浪記』一樣，這些文章實充滿著她獨特的美麗詩情。這是芙美子文學的一個特色，也是爲什麼時至今日她還擁有這樣眾多讀者的主要原因。

二

當然，出版『放浪記』的當時與今日，其時代和社會，以至於人的想法，都非常不同。但是，人們對於『放浪記』的嚮往，仍如昔日，它特別爲年輕人所喜愛。其原因之一，我認爲實來自其全篇詩情，和清爽的「青春頌」（青春活力）。

我雖說其爲「青春頌」，但這並非意味著『放浪記』是甜蜜的愛情故事。一言以蔽之，它是一個孤獨的年輕女性之貧苦生活紀錄。它以誕生酒吧女這種新職業，滿街是失業者和流浪者之昭和初期的不景氣時代爲背景。但它卻有希望，作品的核心因而很光明。它充滿著在生活壓力下，仍一心一意努力於求生存之一個女性的堅忍感情。這種感情，超越時間和空間，吸住年輕人的心弦。

『放浪記』裡頭，有各種各樣的心情，首先是孤獨。主角年輕的姑娘，隻身踏進東京的嚴酷現實，日日與饑寒搏鬥。其次是強烈的向上心。她邊看攤子，照顧小孩，邊讀文藝書刊。再其次是對其母親的感情。它顯示著健康而美麗的母女關係；她的鄉愁，象徵她憧憬有固定工作和幸福的家庭。

這個作品雖然採取日記的形式，但從技巧來講，作者自曾下過文學上的工夫，因此全篇自然而然地成爲小說的體裁。其日日的敘述，爲引起讀者的興趣，她處處用心於文章上的推敲。所以，其天天的事體和感想，實摻雜有作者的創造和幻想。換句話說，在日記這種形式之中，作者自由自在地發揮其才華。而且，作品裡有不少詩，這些詩使整個作品帶著生氣勃勃的美麗情調，從而產生流浪的悲哀更大效果。

文藝作品的生命，在某種意義上，可以說是讀者最初所受的感動。亦即藝術的香味和感動，初讀時最容易直率地獲得。基於這種認識，我深信：『放浪記』將爲代代降生的年輕人之「青春書」，而永遠保持其生命。（譯註二）

（譯註一）森鷗外（一八六二——一九二三），小說家、劇作家、翻譯家、評論家、軍醫。原名林太郎。島根縣人，東京大學畢業，留學德國。曾任陸軍軍醫總監、醫務局長，有『舞姬』、『即興詩人』、『阿部一族』等許多著譯作。有島武郎（一八七八——一九二三），小說家。東京人。北海道大學的前身札幌農業學校畢業，留學美國。與有夫之婦自殺。著有『出生的煩惱』、『死及其前後』、『星座』等書。倉田百三（一八九一——一九四三），劇作家、評論家。廣島縣人。與內村鑑三為日本近代二大宗教學家。有『出家及其徒弟』、『愛與認識的出發』等名著。

（譯註二） 本文作者板垣直子是文藝評論家；本文譯自林芙美子著『放浪記』一書的「解說」。

一九八二、二、十九於東京

（原載一九八二年四月一日『青年戰士報』）

林芙美子 年譜

一九〇三年　十二月三十一日，出生於山口縣下關市，父親是宮田麻太郎，母親名叫林菊（菊是日音譯）。

一九一〇年　六歲。其父母離婚。

一九一一年　七歲。乃母與行商人澤井喜三郎結婚。從此以後，芙美子隨父母到處行商。

一九一五年　十一歲。隨其父母搬住行商之地廣島縣尾道市。

一九一六年　十二歲。轉學尾道市第二尋常小學五年級。

一九一八年　十四歲。三月，小學畢業。四月，進尾道市立高等女學校（今日的東高等學校），因爲貧窮而半工半讀。

一九二二年　十八歲。三月，畢業廣島縣立尾道高等女學校（此校由市立改爲縣立）。春天，前往東京，開始寫日後成爲『放浪記』之模子的日記。

一九二六年　二十二歲。十二月，與畫家手塚綠敏結婚。

一九二八年　二十四歲。八月，在『女人藝術』連載「放浪記」五、六次，頗獲好評。

一九二九年　二十五歲。六月，出版詩集『日見蒼馬』；十月，在『改造』發表「九州煤礦放浪記」。

一九三〇年　二十六歲。六月和十一月，由改造社分別出版『放浪記』和『續放浪記』。

一九三一年　二十七歲。在『改造』，三月推出「風琴與魚街」，十月，發表「清貧之書」。秋天，經由西伯利亞到法國旅行，翌年五月回國。

一九三四年　三十歲。三月，刊行隨筆集『廚女日記』。秋季，在『朝日新聞』連載「愛哭的小傢伙」。

一九三五年　三十一歲。五月，在『改造』發表「牝雞」；八月，刊登「文學的自傳」於『新潮』。

一九三六年　三十二歲。一月，在『文藝』開始連載「閃電」，九月刊畢。出版『晚菊』。

一九三七年　三十三歲。六月，由改造社出版『林芙美子選集』（一共七卷）。十二月，以每日新聞社特派員身分，前往中日戰爭下的南京。

一九三八年　三十四歲。三月，從竹村書房出版『冰河』；六月，在『中央公論』發表「杜鵑」；九月，以筆桿部隊的一員，前往中國大陸。

一九三九年　三十五歲。一月，在『朝日新聞』連載「波濤」，五月連載完畢。出版短篇小說集『蜜蜂』，並發表「明暗」等數篇作品。

一九四〇年　三十六歲。一月，在『婦人公論』連載「十年間」，十二月結束。四月和八月，從中央公論社和新潮社分別出版『困門』和『女明星記』。

一九四一年　三十七歲。一月，在『新女苑』連載「雨」，至翌年三月連載完畢。八月，搬往新宿區下落合的新居。十二月八日，勃發太平洋戰爭。出版短篇小說集『歷世』，以及兩本創作集子。

一九四二年　三十八歲。以報導班員身分，在越南、爪哇、婆羅州待了八個月。

一九四三年　三十九歲。與其母親，生後沒多久的養子泰，疏散到長野縣上林溫泉。

一九四五年　四十一歲。十月，從疏散地回東京住宅。

一九四六年　四十二歲。一月和二月，分別在『人間』和『新潮』發表「暴風雪」和「雨」。

一九四七年　四十三歲。八月，在『每日新聞』連載「漩潮」，十一月結束；出版『夜晚的洋傘』等六本短篇小說集。

一九四八年　四十四歲。十一月，在『別冊文藝春秋』發表「晚菊」，因爲這篇作品而獲得第三屆女文學獎。

一九四九年　四十五歲。一月，在『婦人朝日』連載「茶色的眼睛」，翌年九月，刊載完畢。十一月，在『風雪』連載「浮雲」，隔年八月，連刊完竣。此年，由新潮社出版『林芙美子文庫』（共十卷）。

一九五〇年　四十六歲。在『產業經濟聞』和『中外新聞』，分別連載「上田秋成」和「猿飛佐助」，並在『月刊讀賣』連載「新淀君」。年底，宿疴心臟病惡化。

一九五一年　四十七歲。三月，在『朝日新聞』連載「飯」，六月停頓；同時在『中央公論』和『婦人公論』分別連載「微波」和「女家族」。六月二十八日，因爲心臟病長逝。

吉川英治及其作品

尾崎秀樹

吉川英治　1892–1962

一

吉川英治於一八九二年八月，出生於今日包括在橫濱市中區的神奈川縣久良岐郡中村町。他原名英次。父親直廣是小田原藩下級武士的出身。乃父很早就到橫濱，從事牧場和酪農的經營，但都歸於失敗，英治出世時，開著古式幼稚園。母親依鼓（日音譯）是千葉縣佐倉舊藩士的女兒，在攻玉舍（具有有意志願海軍者之補習班色彩的學校，位於東京芝新錢座）擔任語學教師之姐夫處學習事事後，嫁到吉川家。

英治從乃父及乃母，各繼承了武士氣質和開明作風。他所出生的橫濱，是擁有自一八五九年開港以來，悠久歷史的港口；而隨日本的現代化，它很迅速地擁有作為國際港口的色彩。由於從小就生活於開港都市活潑和國際氣氛之中，所以他的文學便很開朗和帶有時事的感覺。

他懂事的時候，他們的家已不那麼貧窮了。他父親經營著橫濱碼頭合資公司，交際廣闊，生活浮華。但迨至他十歲左右時，因為其父訴訟敗訴，家運日衰，其父乃大喝悶酒。英治於是不得不中途退學。

他從事過印鋪學徒、少年排版工、稅務監督局工友、海軍御用店店員、營造廠日工、橫濱碼頭船具工人等等。十歲前後，他便漸顯文才，投稿『中學文林』、『秀才文壇』、『少年』等刊物，同時利用租書店，遍讀文學的古典。他且曾數次入選『橫濱貿易新報』的俳句（譯註一）欄。此時，他夙夜帶著「芭蕉句抄」過日子。

可是，英治卻並不以此為滿足。十九歲秋季，乘在橫濱碼頭受傷的機會，他前往東京，住進金銀象眼工藝品製造人家當學徒，日後並自立其門戶。爾後，他認識井上劍花坊、伊上凡骨、川上三太郎等人，以作川柳（譯註二）爲生，其青年時代學習川柳，對其後來的文學實具有深遠的影響。因爲，由於他接觸到近代的大眾文學，對於江戶市井的風物和人情，遂更具親切感。

作川柳時，他使用著「雉子郎」這個別號。

五十年能爬多少尺地。
想著其前程的豆蔓。（譯註三）

這是他那時候所作的句子，暗示著作者生活的不易。與川柳伙伴的交往，固然有其年輕奔放的一面，而在這期間，他逐漸摸出自己的方向。

二十二歲那年，他應徵講談社大眾雜誌的懸賞小說，幾年後，他同時入選了時代小說、幽默小說和童話。旋即進入每夕新聞社，擔任雜報記者，連載方塊文章，尤其「親鸞記」是他的第一部長篇新聞小說。大正中期(一九二〇年前後)以後，人們對於宗教小說開始有興趣，流行所謂人生論，而吉川英治的「親鸞記」，就是沿著這個方向寫的。

由於入選講談社雜誌的懸賞小說，而跟講談社發生深厚關係的他，乘關東大地震，辭去報館工作，使用幾個筆名，撰寫幽默奇談、古老故事、新作落語（譯註四）、新作講談（譯註五）、武勇談等等，往大眾作家的道路邁進。

但是，使他的名字銘刻一般人印象的，還是在一九二五年一月創刊的『國王』雜誌發表「劍難女難」以後。他以這部作品，建立了吉川英治這個筆名的聲譽。這是很豐富的想像力，刻畫美男劍士春日新九郎欲報乃兄之仇，所遭遇種種劍難女難的傳奇小說。由於這部作品，吉川英治確立了其作爲大眾作家的方向。在這以前，對於文學，他還是不知所措，他具有文學青年的一種幻想，不屑創作大眾小說。因爲當時，大眾小說在文學上的地位是非常低微的。但吉川英治卻認爲大眾纔是「大智識」，並爲其實踐而撰寫「劍難女難」；而『國王』雜誌正是接納他的用意最好的工具。

『國王』以從小孩到大人都可以看的國民雜誌爲前提創刊；而恰好與大正末期的大眾化時代配合，它推出了許多很好的大眾性作品；而其首要的，就是吉川英治的「劍難女難」。

二

一般認爲，吉川英治是大眾作家。不錯，他是從大眾文學出發的作家，但他卻並沒停留在通俗的作品。他是個始終尋求其可能性，意圖創造國民文學的作家。

繼「劍難女難」之後，寫了「坂東俠客陣」、「神變麝香貓」的他，即在大阪『每日新聞』連載「鳴門秘帖」，因之鞏固了他作爲大眾作家的地位。這是以內探阿波蜂須賀二十五萬石（譯註六）動靜之青年劍士法月弦之丞的種種爲經，許多人物同時上場的，極其錯綜複雜的長篇小說，正如作者自己所說，是「以後可能不會再像這種盡情驅使我自少年時代就有的空想習癖」的空想作品。

他同時發表「萬花地獄」、「貝殼一平」、「戀車」、「江戶城情死」、「牢獄的新娘」、「檜山兄弟」等，致力於少年少女讀物，並連載「神州天馬俠」、「龍虎八天狗」、「鵯草紙」、「月笛日笛」等，爲時人所歡迎。

但他並不以此爲自滿，而開始作新的摸索，並根據其少年時期的體驗，撰寫「鐵工人唱」、「阿爾卑斯頭子」、「松屋露八」等作品，他尤其關心青年運動，隨研究大眾文學的雜誌『眾文』的創刊，成立日本青年文化協會，發表機關刊物『青年太陽』，可以說都是吉川英治對時局的因應。

但吉川文學的特色，更明確地顯現於從一九三五年到一九三九年在『朝日新聞』連載的「宮本武藏」。吉川英治對於劍客宮本武藏曾經作過如下的評價。

「一直到他的死，他透過刀劍，注視人類的凡愚和菩提，觀察人們能如何應付人類的煩惱，和生存的鬥爭本能。在亂麻殺氣騰騰的風潮中，他把被認爲祇是殺人之工具的刀劍，當作佛光和愛的刀劍，以思索人生的阿修羅，和社會苦楚的好手性。」（「隨筆宮本武藏」）

吉川英治將從前的講談和武俠小說裡的武藏形象作了一百八十度轉變，而把他刻畫成劍的求道者。十七歲時與其童年朋友本位田又八，參加關原大戰（譯註七）的武藏，經驗敗仗，逃亡伊吹山中時，爲生實母女所窩藏，傷勢恢復，跟又八爲其俘虜不同，武藏走上了磨練自己的道路。

「宮本武藏」一書裡頭的武藏形象，應該是日本人的基本道德。憐憫之情、無常感、人倫道德的調和、克己精神、骨肉之愛、求道意識等是，由於這些因素，這篇作品在戰後仍爲人們所喜讀。

武藏說：「孤劍！我所能依靠的實唯有這把刀。我要以它爲生！這是我的靈魂，我經常要磨它，試試我能達到何種地步。」他一心一意往劍禪一如的境地邁進，而這也是作者本身的願望。「一輩子學生」的意識，與求道者武藏的形象合而爲一，獲得了衆人的共感。

繼「宮本武藏」之後，吉川英治創作了「新舊太閣記」、「三國志」等，擴大其寫作主題；一九四五年，日本戰敗，一時停止執筆，但不久又開始從事寫作，從一九五〇年到一九五七年，在『週刊朝日』連載「新平家物語」。

「新平家物語」是描寫源氏平氏動亂時代的歷史小說，是敘事詩的巨作。作者從平清盛（譯註八）鬱結的青年時期寫起，追求歷史的波動，展開多彩多姿的時代國畫。作者用意是欲撰成從平安末期到鎌倉初期的一種報紙縮印版。對於經驗過許多戰爭的日本國民來講。戰爭是什麼，和平之爲何物，當然是很痛切的問題。

吉川英治曾努力於解答這些問題。而麻鳥夫妻的立場，可以說是國民冀求和平的象徵。吉川英治這樣寫著：

「環顧我們的周圍，這十年來，世界和社會，曾經有過以往所沒有過的大變化。在這過程中，我們經驗著大而活的歷史。不特此，諸位的親人，都跟這個歷史有關聯，有的甚至於留下不可磨滅的創傷。由於經過這種深刻的經驗，每個國民便必然地對於歷史和古典的欣賞有其自己的一套。亦即鑒於自己的痛苦經驗，必然地以自己爲本位來看歷史。」（『新平家物語』與我」）

吉川英治的歷史文學觀亦即歷史觀，簡單來說，是藉過去的事象以敘述現代，以現代的眼光來描刻歷史。他把它叫做作爲「合鏡」的歷史文學，而「新平家物語」就是它的具象化。在「宮本武藏」，與現代的因應，比較著每個讀者的生死觀，並與其交流獲得人們的共感；但在「新平家物語」，則以「合鏡」的手法描寫對時代狀況的因應。「新平家物語」之被譽爲國民文學的創造，其理由在此。

「新平家物語」之後，他創作了「私本太平記」、「新水滸傳」等，但未寫完之前，就於一九六二年九月，與世長辭，享年七十。其一生，眞是「一輩子學生」。

三

「遺忘記」自一九五五年一月至翌年十月，連載於『文藝春秋』，並獲得一九五五年上半期的文藝春秋讀者獎，這是他回憶二十歲前後以前的「四半自傳」。

他從吉川家的血統說起，並以港都橫濱的開朗來描寫其雙親、弟兄的事，靠近他家的根岸賽馬場和植木商會、相澤村莊的光景等等，同時刻畫在生活浮沉中，日漸摸索出其方向的主角；這可以說是一種教養小說。

尤其令人深感興趣的是，與爲其中期作品「鐵工人唱」之背景部分的對照。他對其母親，遠比對其父親具有骨肉之情，作者之非常思慕母性，也是這個作品的特徵。但這並不意味著他怨恨其父親。反之，他很理解和同情，雖有抱負但卻一再挫折之乃父的孤單和悲哀。「遺忘記」告訴我們：骨肉之情的可貴，仍是吉川英治文學的最大特質。

爲撰寫吉川英治的傳記，我曾經以「遺忘記」爲線索，訪問過橫濱的各個地方。由此我窺悉：他的這個自傳，並非回憶錄，而是自傳小說。因爲在其細節，我發現有不少虛構。亦即在年代和當時的意識上雖然有些差異，無疑地，但其虛構是爲這個作品的內容添花，爲使它更加鮮明而有趣。在這種意義上，「遺忘記」表達了美麗的詩和眞實。

在另一方面，吉川英治復原了明治三十年（一八九〇年）代橫濱的人和自然。過去的街道和人的樣子迅速地消失，都市化的潮浪早及於其郊外。根岸一帶、赤門前的情形、橫濱碼頭的光景，都大異其面目。因此，如果有人想知道明治時代的橫濱，最好去看「遺忘記」。

植木商會後面的住所、蓮池，和東福寺的門前周圍，現在已經面目全非；祇有尾上町二丁目的日進堂，還能確認其遺跡，因爲它的附近有指路教會。

「遺忘記」給我們許多線索去瞭解吉川英治的爲人和人品。它暗示我們，爲其作品之基礎的庶民性和開朗性來自何處。但我認爲，我們最應該從這部自傳小說學得克服逆境的勇氣和毅力。（譯註九）

（譯註一）「俳句」：唸成Haiku，是由五、七、五共十七音組成的短詩。

（譯註二）川柳，唸為Senryu，是由五、七、五、七、七形式之歌獨立，以五、七、五三句十七音組成的詼諧、諷刺短詩。

（譯註三）這不是定譯文。

（譯註四）落語，有如中國的單口相聲，專講滑稽故事。

（譯註五）講談，係專講武勇、復仇、政治、裁判等故事的意思。

（譯註六）石係計算米糧的單位，一石三斗五升。以前日本諸侯地位的高低，乃以它來計算，當然石數愈多，其地位愈高。

（譯註七）這是一六〇〇年，德川滅亡豐臣取得天下的一次戰爭，關原係岐阜縣的地名，靠近名古屋。

（譯註八）平清盛（一一一八——一一八一），平安時代末期的武將。

（譯註九）本文作者尾崎秀樹是文藝評論家；譯自偕成社出版，吉川英治著『遺忘記』一書的「解說」。

（原載一九八三年二月四的『臺灣時報』）

吉川英治 年譜

一八九二年　八月十一日，出生於神奈川久良岐郡中村根岸（今日的橫濱市中區），父親直廣，母親依鼓（日音譯），老大，原名英次（英治與英次在日語爲同音）。

一八九六年　四歲。全家搬到山手町橫濱種樹商會的園內。

一八九七年　五歲。開始看巖谷小波之『世界的故事』。受乃母讀書經驗的感化。得悉異母兄政廣的存在。

一八九八年　六歲。進橫濱市千歲町山內高等小學。

一八九九年　七歲。開始單獨學英語；在岡鴻東私塾習漢學。遷居山手通遊行坡上，上教會聖經班。

一九〇一年　九歲。搬往南太田清水町。家運昌隆。乃父大喝其酒，好玩。

一九〇二年　十歲。與同學以謄寫版出版『詩文』雜誌；投稿時事新報社刊物『少年』刊登出來。以後頻向各雜誌投稿。

一九〇三年　十一歲。異母兄政廣，出走。其父訴訟敗訴，家運日暮途窮。十月，退學小學，前往川村圖章店當學徒。

一九〇五年　十三歲。離開川村圖章店，到南仲舍當少年活版工。後來經人介紹，當橫濱稅務監督局工友。喜讀「芭蕉句抄」，拼命背，並志願作俳句。

一九〇六年　十四歲。初次投稿小說（「浮寢鳥」）於高嶋米峰主持的『學生文壇』，獲刊用。上商業職業學校夜間部。時或入選『貿易新報』的俳壇。

一九〇七年　十五歲。對畫圖更加興趣。年底，住進海軍御用雜貨店續木商店作店員。

一九〇八年　十六歲。入選『橫須賀新聞』俳壇的秋季俳句大會，而獲得獎狀。十一月，辭去店員。當營造廠的水泥匠。

一九〇九年　十七歲。過著貧苦生活。三月，當橫濱船塢公司的船具工。

一九一〇年　十八歲。頻讀文學書，並熱中於看翻譯書。參加俳句會。十一月，在船腰工作中，掉下船塢底而住院。十二月出院，決心到東京半工半讀，在螺針工廠當工員。

一九一一年　十九歲。轉到附近的手提金庫製作所工作。在藏前工藝夜間學校圖案科上半年課。當會津（地名）泥金畫家塚原氏徒弟。

一九一二年　二十歲。隨「新川柳」的問世，成為柳樽寺同人，號雉子郎。舉家由橫濱搬到東京。

一九一三年　二十一歲。以泥金畫師自立。受徵兵體檢「丙種」。

一九一四年　二十二歲。一月，在『文藝的三越』入選川柳頭等。小說「江之島物語」在『講談俱樂部』刊出。

一九一八年　二十六歲。出版『筛』文藝雜誌。出四期就停刊。三月十五日，乃父直廣去世。

一九二〇年　二十八歲。旅行中國東北，在大連過冬。撰寫應徵稿子。

一九二一年　二十九歲。二月回國。六月二十九日，乃母依鼓逝世。應徵文章「繩帶平八」、「狐狸騎馬故事」、「凸凹花瓶」（童話）入選。七月，進山崎帝國堂擔任廣告文稿工作。十二月辭去。

一九二二年　三十歲。工作於東京每夕新聞家庭部。在每期的『星期日附錄』寫童話，在該報撰寫「新女人國記」。連載新聞小說「親鸞記」。

一九二三年　三十一歲。由每夕出版部出版處女作『親鸞記』。

一九二四年　三十二歲。在『滑稽俱樂部』刊出長篇「劍魔俠菩薩」。

一九二五年　三十三歲。從『國王』創刊號連載「劍難女難」，初次使用吉川英治這個筆名。在『滑稽俱樂部』和『少年俱樂部』，分別連載「坂東俠客陣」和「神州天馬俠」。

一九二六年　三十四歲。在『大阪每日新聞』撰寫「鳴門秘帖」。

一九二七年　三十五歲。發表「賣蜘蛛紅太郎」、「邯鄲隻手雙紙」等作品於『週刊朝日』；在『報知新聞』執筆「江戶三國志」。

一九二九年　三十七歲。在『富士』和『大阪朝日新聞』，分別推出「戀車」和「貝殼一平」。

一九三〇年　三十八歲。在『新愛知新聞』、『河北新報』和『北海時報』撰述「江戶城情死」一直到次年。

一九三一年　三十九歲。在『東京日日新聞』、『大阪每日新聞』，和『少年世界』，分別刊登「檜山兄弟」和「魔海的音樂師」。重逢行方不明的異母兄政廣。

一九三二年　四十歲。在『朝日新聞』、『少年世界』、『讀賣新聞』和『日乃出』，分別刊載「偵探七生記」、「風神門」、「紅騎兵」和「燃燒的富士」，以及在『中央公論』發表「函館醫院」和「無宿人國記」。發行研究大眾文學的刊物『眾文』，一年多以後停刊。

一九三三年　四十一歲。在『全讀物』、『週刊朝日』和『日乃出』，刊登「筑後川」、「雲霧生

一九三四年　死簿」和「阿爾卑斯頭目」。

一九三四年　四十二歲。發表「松屋露八」於『星期日每日』；設立「青年太陽」雜誌發行所，關心地方的文化。

一九三五年　四十三歲。在『週刊朝日』、『全讀物』和『日乃出』，分別發表「短夜山頂」、「御鷹」和「新編忠臣藏」。從八月份，在『東京朝日新聞』和『大阪朝日新聞』開始連載「宮本武藏」。『青年太陽』停刊。

一九三六年　四十四歲。在『週刊朝日』和『婦人俱樂部』，執筆「牡丹焚火」和「無明有明」。

一九三七年　四十五歲。在『少年俱樂部』、『全讀物』、『富士』、『週刊朝日』和『星期日每日』，各發表「天兵童子」、「鬼」、「春雨郵件」、「旗岡警員」和「悲願的旗子」。七月，以每日新聞社特派員身分前赴天津和北平，執筆「天津通訊」和「寄自北平」等。在『每日新聞』刊出「迷彩列車」。十二月，與其妻文子同居。

一九三八年　四十六歲。發表「交戰小屋爐話」於『全讀物』。從軍於南京、漢口方面。出版隨筆『窗邊雜草』。十月，長子英明出生。

一九三九年　四十七歲。發表「新書太閤記」於『讀賣新聞』。開始撰寫「三國志」。

一九四〇年　四十八歲。在『東京朝日新聞』和『大阪朝日新聞』，刊載「源賴朝」；發表「太閤夫人」、「細川加拉謝」等於『婦人公論』。次子英穗出生。

一九四二年　五十歲。一月，長女曙美出生。十月，出海軍軍令部戰史部囑託頭銜，繞南洋一圈，在『朝日新聞』撰寫「南方紀行」。

一九四四年　五十一歲。四月，因為急性肺炎病倒，一時相當嚴重。

一九四七年　五十五歲。發表「人間山水圖卷」等。
一九四八年　五十六歲。從九月，在『讀賣新聞』連載「高山右近」。
一九五〇年　五十八歲。在『小說公園』刊出「平將門」。從四月，著手撰寫「新平家物語」。六月，次女香屋子問世。
一九五三年　六十一歲。連載隨筆「時時之記」於『讀賣新聞』。
一九五五年　六十三歲。從一月份，在『文藝春秋』選述「遺忘記」。
一九五七年　六十五歲。二月，殺青「新平家物語」。從七月份，在『朝日新聞』連載「昨日今日」。
一九五八年　六十六歲。從元月，連載「新水滸傳」於『日本』。爲『每日新聞』創作「私本太平記」。出版『隨筆新平家』。
一九五九年　六十七歲。一月，參加讀賣新聞社所計畫「日本歷史」的監修。
一九六〇年　六十八歲。九月，「親鸞」拍成電影。十一月三日，獲得文化勳章。
一九六一年　六十九歲。九月，完成「私本太平記」。十月二日，因爲肺癌住院。十二月回家。
一九六二年　七十歲。繼續在家裡療養。七月，病重發。住院築地癌中心。九月七日，因併發腦軟化症而與世長辭。同日，被敘從三位勳一等，並獲瑞寶章勳章。

井伏鱒二及其作品

吉田精一

井伏鱒二　1898-1993

作者的經歷

井伏鱒二於一八九八年，出生在廣島縣，肄業於早稻田大學。從二十一歲左右開始寫小說，但迨至他三十歲前後，其文名纔爲人們所熟悉。具有非凡之才華的他，其所以遲遲未能出頭，是因爲他的作品的風格與時代潮流有所左。換句話說，他是個性很強，不爲流行所動，有自己見地的一個人。

『山椒魚』裡的主人公山椒魚哭說：「愈冷我愈覺得孤單」，而這不外乎是長期不得志的作者的心聲。

從大正末期到昭和初期（一九二〇年代），是左翼文學非常流行的時代。年輕的作家幾乎都是左傾。不左傾的青年，都被罵爲沒良心；讀兩三本這方面的書，昨天爲自由主義者或右翼青年的，明天就要變成左翼。

正如山椒魚所說，是「牠們之中的一隻失足蹣跚左邊，其他的多數者也要爭先恐後地一齊蹣跚」的時代。

在這樣的時代，要維持自己的素質和個性並抵抗周圍的流行，其困難在今日是無法想像的。

時代與流派

對抗左翼文學的新文學活動，在當時祇有力量薄弱，被稱爲新興藝術派的一群。正如它又被叫做「愛羅．格羅．難先斯」派，乃以色情、怪奇和無聊爲招牌，以描繪都市生活頹廢和享樂的一面。

由於這種時潮，亦即由於他不是左翼分子，井伏鱒二便被列爲這一派的人。但他的小說，卻一點也沒有愛羅和格羅的成分。對於他獨特、飄飄的風格，有的人或許覺得是「無聊」，但這萬萬不是。無論『鯉魚』、『山椒魚』，或者『屋頂上的沙汪』，都是非常認眞的作品。老實說，像這樣正面批評人生，深具思想性的創作，在當日是絕無僅有的。

而且，嘴巴上說是爲民眾和社會，但在實際上左翼文學的作者和文中人物，以及左翼運動的領導者，當然不是全部，大多好出風頭；能與民眾共甘苦者，眞是鳳毛麟角。

井伏文學的特色

從『多甚古村』、『約翰萬次郎漂流記』等作品看來，井伏文學既無英雄氣息，文中更沒有英雄式的領導者；他們與腳踏實地，流血流汗，生活於煩惱之中的民眾同在；但並不宣傳思想和革命。因此，在這樣激變的時代，它們的存在是不顯目的。

由於這種原因，所以井伏的文名並不轟轟烈烈，更沒有光輝的「井伏時代」。但對於有心人，他卻是個具有獨特風格，與眾不同的作家，而長期地受到他們非常的尊敬。

無論是從題材，還是從他的筆法來講，井伏文學在日本文學史上是一枝獨秀，不易摹倣的。他的作品很富幽默，讀來令人開心，因此或許使人覺得它祇看人生的表面；但在其深處，它卻具有刻畫社會的本質，歷盡滄桑的意義。亦即井伏文學的特色是，透視人類社會的實體，以模糊不清的描寫，和裝傻的筆法所創作。

俳聖芭蕉曾經就其所達到的最後(高)境地說，希望它「潺潺有若過淺河」。井伏文學是小說，其滋味自遠比俳句(日本短詩)濃郁，但其所尋求的境地，可謂很接近芭蕉的世界。

井伏對於寫作非常用心，其題材的調查既很周到，其文體的構成，又有如往昔的木匠，再三細心計畫，以臻於至善。非凡的素質和盡心，可以說是他的最大本錢。這種光彩，尤其戰後，一個作品比一個作品地令人驚嘆不已。

對於各種職業的人，諸如旅館的掌櫃、飯館的佣人、流浪者（不是國會議員、部長、董事長、富貴夫人）的氣質、風俗，沒人比他描繪更正確和生動。

因此我認爲，井伏纔是「小說的神仙」，現代日本文學的至寶。而其所以能夠達到此種境地，不外乎是他繼續不斷地自我鍛鍊其素質和才華，自強不息的結果。所以我說，他的作風應該爲我們的楷模。

關於『約翰萬次郎漂流記』等

『約翰萬次郎漂流記』（得直木獎）出版於一九三七年，是一種紀錄文學。關於萬次郎，有幾種資料，而他則以此爲前提，加上種種空想和幽默，寫成非常成功的小說。日後的『漂民宇三郎』是結構更大的漂流記傑作。

『山椒魚』寫於一九二三年；『鯉魚』作於一九二五年，都是他早期的名作；皆以作爲一個作家應有的態度和藝術觀、人生觀爲內容。前者充滿人欲忠於自己孤獨的悲哀；後者藉「鯉魚」，以表達藝術的本質和理想。在鯉魚棲身的水面，用竹竿繪畫的鯉魚和鯽魚，象徵著直往人生深處的眞實，發揮想像力以形成藝術的理念。

『屋頂上的沙汪』問世於一九二九年，是有若散文詩的作品；它透過「我」和雁的關係，以探討人際關係應該怎樣的問題。它也表露無法報答愛情的人的孤單無依。

『護城河的故事』發表於一九三九年。它把攻守一個城堡的戰爭，寫成一種悠閒的遊戲。井伏文學的一個特色是，擁有大人童話的味道，而『護城河的故事』就是它最好的例子。它幽默地描寫遭遇到空前的事件而不知所措的人們的心理，和謠傳像滾雪球般愈滾愈大的情節。用濕草蓆壓住舊式大砲子彈的情景既可笑；欲抓鯉魚而淹死的武士，算得上無賴之名叫「運字」的農民更是可親。這些都是可能發生，可能不會發生的事體。

『多甚古村』發表於一九三九年。它有十四節，（後來加上四節是成十八節），其中「關於私娼與侍應生」一節，應作者的要求，在本書予以割愛。貫串許多逸事以寫成小說，是井伏獨特的筆法，而這也是它的一個典型。他藉警察的眼睛，主要地描繪中日戰爭下日本農村的風俗，但他的用意卻在於剖析日本農村落後而黑暗的現實。在愚蠢人們的樸素生活猶若畫卷展開的背後，似寓有諷刺的苦笑。

『休息時間』見世於一九三〇年。這是以井伏的母校早稻田大學爲舞臺，描寫青年人儘量把握短時青春的學校生活。它洋溢著青年的純粹和直爽所醞釀的幽默氣氛。（譯註）

（譯註）　本文譯自偕成社出版，井伏鱒二著『約翰萬次郎漂流記』一書解說；作者吉田精一曾任東京大學教授，現任埼玉大學教授，文學博士。

（原載一九八三年二月廿二日『青年戰士報』）

井伏鱒二 年譜

一八九八年　二月十五日，出生於廣島縣深安郡加茂村（今日的加茂町）大字粟根，父親井伏郁太，母親美耶，次子，本名滿壽二（鱒二與滿壽二，在日語是同音）。

一九〇三年　五歲。父親郁太去世。

一九一三年　十五歲。立志作畫家，因此每星期天到郊外去畫寫生畫。

一九一七年　十九歲。三月，畢業福山中學（現在的誠之館高校）。八月，志願走文學的道路，到東京插班早稻田大學預科一年級。

一九一九年　二十一歲。四月，進早稻田大學文學部。開始寫作小說。

一九二二年　二十四歲。五月，退學早稻田大學。

一九二三年　二十五歲。七月，參加『世紀』同人雜誌，發表「幽禁」（日後改寫後換題爲「山椒魚」）。

一九二五年　二十七歲。在同人雜誌『鐵槌』刊出「夜更與梅花」。

一九二六年　二十八歲。九月，在隨筆雜誌『桂月』發表「鯉魚」。拜佐藤春夫爲師。

一九二七年　二十九歲。九月，定居東京府豐多摩郡井荻村一字下井草（目前的杉並區清水町二四—現住址）。十月，與秋元節代結婚。

一九二九年　三十一歲。三月，刊登「朽助在谿谷」於『創作月刊』。五月，改撰「幽禁」，並以「山椒魚」的題名，在『文藝都市』發表。十一月，在同人雜誌『文學』推出「屋頂上的沙汪」。

一九三〇年　三十二歲。一月，在『新青年』發表「休息時間」。六月，刊登「逃亡記」（後來成爲「細波戰記」的一部分）於『作品』同人雜誌。七月，發表「逃亡記其二」（『作品』）。

一九三一年　三十三歲。二月，在『改造』刊出「丹下氏邸」。八月、九月、十月和十二月，分別在『作品』、『文藝春秋』、『作品』和『中央公論』，發表「逃亡記其三」、「沿河的寫實風景」（日後爲『河川』的一部分）、「逃亡記其四」和「河川」。

一九三二年　三十四歲。一月和五月，在『新潮』刊載「洪水前後」和「那個地帶的外景」。十月，由江川書房出版『河川』單行本。

一九三五年　三十七歲。五月和七月，在『文藝春秋』各發表「收款旅行第一日」和「續收款旅行」。八月，在『文藝』推出「尾道」（『收款旅行』的一部分）。

一九三六年　三十八歲。九月，發表「從福山到加茂村」（『收款旅行』的一部分）於『新潮』。

一九三七年　三十九歲。四月，由版畫社出版『收款旅行』。六月，在『文藝』刊出「西海日記」。十一月，從河出書房出版長篇小說『約翰萬次郎漂流記』。

一九三八年　四十歲。一月，在『文學界』開始連載「早春日記」（四月結束）。四月，以『約翰萬次郎漂流記』獲得第六屆直木獎。同月，由河出書房出版『細波戰記』。

一九三九年　四十一歲。二月，在『改造』推出「多甚古村」。四月，發表「多甚古村的人們」於『文學界』。七月，在『文學界』刊出「多甚古村駐在記」。十一月，在『全讀物』刊載「護城河的故事」。

一九四〇年　四十二歲。一月和三月，在『近代日本』和『公論』，分別發表「關於救人命的故事」和「關於攜帶捐款潛逃的故事」。四月，刊登「簡易旅館」於『全讀物』。

一九四一年　四十三歲。十一月，爲陸軍徵用而入伍。十二月，被送到新加坡。起初在昭南時報社，後來在日本昭南學園工作。

一九四二年　四十四歲。八月，在新加坡撰寫「花都」，連載於『東京日日新聞』和『大阪每日新聞』（十月刊畢）。九月，由地平社出版詩集『仲秋明月』。十一月，因爲解除徵用而回國。

一九四三年　四十五歲。自六月至八月，在『週刊少國民』連載「御神火」。十月，發表「吹越城」於『文藝讀物』。

一九四四年　四十六歲。五月，疏散到山梨縣甲運村（今日的甲府市）。

一九四五年　四十七歲。七月，再次疏散到其故里廣島縣加茂村。

一九四六年　四十八歲。四月、五月和六月，在『展望』、『改造』和『人間』，分別發表「兩個故事」、「波高島」和「佑助」。十一月，分別發表「當村大字霞森」和「橋本屋」，於『中央公論』和『世界』。

一九四七年　四十九歲。一月，在『新潮』刊出「搬家累」（一部分）。七月，由疏散地回到東京。九月和十二月，在『展望』和『人間』，分別推出「牛込鶴卷町」和「鬼子母神內幕」。

一九四八年　五十歲。六月，由鎌倉書房出版長篇小說『出租房間』。九月，在『世界』發表「白髮」（後來改題「白毛」）。十二月，從小山書店出版童話『西比勒池塘的鴨子』。

一九四九年　五十一歲。八月和十月，在『別冊文藝春秋』和『群像』，分別推出「今天停診」（翌年三月和五月，分別其續篇於該雜誌）和「祖父祖母」。

一九五〇年　五十二歲。二月，在『展望』和『新潮』，發表「遙拜隊長」和「鳥巢」。同月，以

「今天停診」及其他作品而獲得第一屆讀賣文學獎。

一九五一年　五十三歲。一月、二月、十月，在『新潮』刊登「卜吉凶」；六月與八月，在『展望』和『世界』，各發表「植庄給我的狗」（日後改題「小狗」）和「犧牲」。

一九五二年　五十四歲。四月和五月，分別發表「公共汽車」和「藥師堂前」，於『別冊文藝春秋』和『全讀物』。

一九五三年　五十五歲。七月至十一月，在『每日新聞』連載「卡爾公館」。

一九五四年　五十六歲。自四月至翌年十二月，連載「漂民宇三郎」於『群像』。五月，在『文學界』發表「痴人」（後來改題爲「白鳥歌」）。

一九五五年　五十七歲。二月，在『週刊朝日』刊出「河童騷鬧」（日後改爲「河童騷動」）。此年，以「漂民宇三郎」和「白鳥歌」，獲得藝術院獎。

一九五六年　五十八歲。從九月份，在『新潮』開始連載「車站前旅館」，到翌年九月結束。

一九五八年　六十歲。一月，發表「隱居者」於『新潮』。

一九五九年　六十一歲。自一月至九月，在『中央公論』連載「珍品堂主人」。

一九六〇年　六十二歲。三月，被推選爲日本藝術院會員。此年，翻譯佛羅汀著『德利特爾先生的故事』，一共七冊，由岩波書店印行。

一九六一年　六十三歲。九月，在『小說新潮』推出「熱中狀態」。

一九六二年　六十四歲。十月，在『新潮』和『小說新潮』，分別發表「故篠原陸軍中尉」和「門牌」。

一九六三年　六十五歲。四月，發表「戰死、戰病死」於『小說中央公論』。五、六月，在『小說新潮』刊載「突如其來的事」。八月，刊登「破片草紙」於『新潮』。十一月，在『文藝朝日』推出「燻籠花」。

一九六四年　六十六歲。一月，在『新潮』和『小說新潮』，發表「胡同的故事」和「烏鴉」。

一九六五年　六十七歲。一月，發表「柴芽谷部落」於『展望』，和連載「姪女的結婚」（從八月份起改題爲「黑雨」）於『新潮』，翌年九月結束。同時自一月至十二月，在『全讀物』連載「胡桃小山」。

一九六六年　六十八歲。十一月，榮獲第二十六屆文化勳章。以「黑雨」獲得第十九屆野間文藝獎。

一九六七年　六十九歲。自七月至十二月，在『周刊新潮』連載「朋友座的人們」。

一九六八年　七十歲。一月和七月，在『新潮』和『文藝春秋』，分別發表「大樹」和「可怕又喜歡的富士山」。

一九六九年　七十一歲。三月，發表「搶金庫」於『中央公論』。

井上靖及其作品

高田瑞穗

井上靖　1907–1991

一

『白輓馬』正、續兩卷是伊豆天城山麓湯島小學的學生伊上洪作六年的生活紀錄。

這個長篇，這樣開始寫著：「那時候，亦即一九一五、六年左右，大約四十幾年前，一到黃昏，村裡的孩子們，便要嘴裡喊著白輓馬白輓馬，而在家裡前面街道，跑來跑去，追著有如屑棉浮遊於晚霞中的小白動物玩著。」

隨著晚霞逐漸濃郁，白輓馬開始帶些青藍色時，就會遙遠地響來「雪，吃飯了」，「熙卡，回來吃飯吧」的聲音，於是一個走，兩個去，每次留下來的祇有洪作。

洪作是小學一年級的學生。他跟他的祖母（後母的養母）阿內（日音譯）在宅邸後面的儲藏室一起生活。他們的宅邸租給一個醫生，而從高高的窗子可以看到富士山的儲藏室生活，對於洪作來說還是蠻快樂的，因爲，阿內祖母由衷地愛惜著他。

不過，洪作並非沒有父母兄弟姐妹的孤兒。他的父母和妹妹，都住在愛知縣的豐橋。他父親捷作是個軍醫，在豐橋師團工作。在五歲以前，洪作一直跟父母在一起，惟其母親七重懷妊他妹妹小夜子的時候，因爲人手不夠，他暫時給阿內祖母代養。從五歲到六歲，跟阿內祖母過活的洪作，在不知不覺之中，變成更喜歡阿內祖母，而不肯回到他父母家裡。

『白輓馬』的作者井上靖，係於一九〇七年五月六日，出生在北海道的旭川，父親隼雄，母親叫做八重，他是長子。當時，他父親是旭川第七師團軍醫部的陸軍二等軍醫。乃父的任地，由旭川而靜岡，從靜岡轉到豐橋，井上於一九一三年，七歲時在靜岡離開他父母，而回到他的故鄉靜岡縣田方郡上狩野村湯島。跟他的祖母加濃一起生活；次年，他進湯島小學，一直唸到快畢業。

由此，我們當可知道，『白輓馬』是井上靖回憶他小學時代的小說，而少年伊上洪作就是小學生井上靖自己。這部小說所寫的雖然不完全與事實相符，譬如開頭的「一九一五、六年左右」但是，洪作的生活明明是井上靖童年時代的生活。

「白輓馬」是自一九六〇年一月，到一九六二年十二月，在『主婦之友』月刊連載的作品，一九六〇年當時，井上是五十四歲。五十四歲的作者，回憶他八歲左右說「大約四十幾年前」。也與事實非常接近。不過在閱讀自傳小說『白輓馬』之前，我們得先弄清楚洪作少年的家族關係，因爲它極其複雜，而這又是瞭解這個作品的關鍵，因此，以下我想簡單地作個說明。

二

洪作的曾祖父辰之助是地方的名醫，惟與其妻子熙娜（日音譯）不睦，因而以其哥哥的兒子文太爲養子，令其繼承家產，他自己則在附近另覓房子，繼續業醫。這時，他由下田找來一個女人，名叫阿內。洪作所住的是這個房子的儲藏室，而把洪作叫作「坊」（這是對男孩子的愛稱——譯者），由洪作喊「祖母」的，就是一天到晚照顧洪作，彎著腰在那裡過日子的，那個從下田來的阿內的晚景。

文太的家是伊上家的大房，被稱爲「上府」。在那裡，等於被阿內奪去丈夫的曾祖母熙娜還活著。熙娜對於幾乎每天來玩的洪作說：「好可憐，給那賤人做人質，你變成奇奇怪怪。」反此，阿內祖母更不認輸，一年三百六十五天，天天罵上府，說：「你到上府，不會有什麼好處。大五這個小鬼眞是可惡，他在路上碰面也要裝不認識。密（日音譯）……不管什麼時候見面，都噘著嘴臉。一定是大人教他們的。」

密是洪作的姑母，但卻跟洪作同歲，都是小學一年級學生。所以洪作叫她「阿密」，甚至於直喊「密」。上府的孩子們當中，最討洪作喜歡的是正在沼津女中讀書的沙基子（沙基是日音譯）洪作在二年級的春天，沙基子由女中畢業，回到家裡。洪作因此特別高興，而每天要到上府幾趟。在伊豆深山村莊的沙基子顯得格外開朗而時髦。洪作跟沙基子天天到位於谿谷的西平溫泉。洪作的遊伴也隨之而增加。眼看洪作這樣的阿內祖母，遂討厭沙基子而說：「好裝模作樣的傢伙，非出事不可。」

不祇湯島，凡是鄉下的生活，都有極其嚴格的規定。時至今日，多少還是有這種傾向，在戰前，更是如此。而所謂規矩，就是各地各處自古留下來的風俗。這雖然因爲地方而不同，不過它的根本便是義理人情這種傳統的倫理。而且，鄉下的生活，一點也不可能有秘密。一個家庭的任何芝麻小事，馬上會從這張嘴傳到那張嘴，而爲大家所知道。

當然，上府與阿內的對立也不例外。上府的人認爲阿內不懂得義理；阿內則說上府的一夥不解人情，她們的對立，是村裡無人不曉的事實，因此它是無從解決的。而夾在這種對立中間的就是少年洪作。洪作雖然對於自己立場覺得很爲難，但他卻並不因爲這樣而傷心和難過。

洪作一直很活潑。他爲什麼有連大人都很難具有的這種態度呢？我認爲，作者在其長篇『白輓馬』想告訴讀者的事情很多。譬如伊豆湯島的自然風景，鄉村四季的各種活動，人們的交往等等，都是作者所關心的問題。但我相信，作者最想刻畫的還是，貫穿這一切的少年洪作之自然而純粹的心靈。

洪作的眼睛清麗，心地好，所以他祇接納他看得清，覺得好的東西。這是純眞的孩子心靈的可貴，也可以說是天眞的智慧。『白輓馬』之所以充滿靜而純潔的情趣，表達得恰到好處，就是因爲作者以洪作這種心腸來撰寫這個作品所導致。而這也就是井上靖對於文學共同的重要性格。

對於洪作來講，他覺得最親切的是「祖母」。所以不管誰怎麼說，他都不肯離開「祖母」身邊。到豐橋的時候，他母親七重和阿內祖母爭吵，說要把洪作留下來，但洪作還是堅持「要跟祖母回去」。在不懂東西南北的豐橋，晚間迷路時，洪作所叫喊的是「祖母、祖母」。

阿內祖母是個不幸的人，因此很頑固，但卻同時也是心腸很軟的人。每被洪作喊叫「祖母」她便覺得心滿意足。吸引洪作，因而討厭上府的沙基子，有一次說：「祖母，要注意飲食，俾多活幾年」以後，阿內祖母便不再討厭沙基子了。

沙基子的婚姻沒有為上府的人們所歡迎，而且不久她就患上肺病去世。洪作還不大懂得什麼是死，但卻牢牢地記著沙基子對他所說的話：「阿洪，……你要好好地用功，跟其他的小孩不同，你長大以後得上大學。」因此自沙基子過去的第二天，他便閉居儲藏室開始用功。這是洪作小學三年級夏天的事情。

以沙基子的死亡，結束『白輓馬』第一部；而『續白輓馬』則描寫自洪作五年級秋季到六年級的一月，他由湯島回到濱松之家以前的事。而在洪作回去濱松稍前，阿內則與世長辭。「十月中旬的一個晚上，洪作為阿內祖母作了蕎麵湯餅。……阿內祖母邊看著洪作的手，邊一再地叮嚀『要小心火』。阿內祖母興高采烈地吃了蕎麵湯餅。說完『我吃了阿洪作的蕎麵湯餅，我死也甘願』的她，把手移到全是皺紋的眼邊。阿內祖母的眼，流著眼淚。」

舉凡給天眞的少年心靈以溫暖的，洪作都認為是好的。是以深信洪作這種樸直的心，乃是人最高的智慧，可以說是這個作品成立的最大關鍵。這等於說，令洪作心靈覺得冷酷的，存心作對的都是壞的。洪作不能饒如人家的這種冷酷。這個人縱令是他母親。而且，洪作覺得冷酷的，並不包括形式上的東西，表面和粉飾。對於到豐橋的家時，有這樣的描寫：「母親說，『洪作，不可以一個人隨便走，這裡不是伊豆的鄉下。』洪作覺得這句話很陰險。對於洪作『哼』的回答，母親改正說『要說是』。又回答『哼』而發現它不對的洪作，急忙地抓著阿內祖母的袖子。」

不過小學生洪作並沒有意識這種智慧，靠它以生存；他祇是天眞地玩鬧，時或時吵，和用功而已。經常說對他好的唯有阿內祖母，旁的人則常常責罵他。他的老師石守森之進，是他父親的哥哥，對洪作尤其嚴格。但不管被捧也好，挨罵也罷，洪作還是洪作。

跟其他的小孩攀登院子樹上，想盜看上府的沙基子生嬰孩的場面，用石頭打了欺侮女孩的文太的天庭。伊豆的自然，圍繞著這樣的洪作，「正月」的慶祝，四月的「飛馬」，「暑假」，十一月的「運動會」，由春天而夏天，自夏天而秋天地過去。

六年的歲月，漸漸地，著實使洪作成長。洪作逐漸領略了人格的尊嚴，異性的可愛，和自我反省。這篇作品，寫到思春期的洪作開始擁有各種感情爲止。而阿內祖母的去世，無異是洪作走進新世界的信號。

三

因爲篇幅的關係，我不可能談到井上靖的整個人與文學。所以現在，我祇想進一步談談作家井上靖所一直保有著的固有性格。

井上靖之插足文壇，始自於一九五〇年以「鬥牛」獲得芥川獎，因此他應該算是戰後派的作家。透過『黯潮』、『羅漢柏物語』、『射程』、『冰壁』、『天平之甍』、『風濤』等名著，井上靖把自然描繪成人，將人刻畫成自然。

在戰後文學偏向暴露人性的瓦解，頹廢與絕望的表白，激烈破壞舊物的氣氛中，井上靖的文學始終充滿對於人性的確信。無論使用再黑暗的題材，它都帶著溫暖。這種作家的本質，自是少年洪作天眞的智慧的展布。關於井上靖，人們都說他具有以下三種特徵。第一是對於古代史的研究；第二是做爲新聞記者的熱情；第三是詩的敘情。河上徹太郎和神西清（譯註一）對這有很精采的論述。我也完全同感。

第一個特徵，譬如可以由『天平之甍』窺悉。這與井上靖在京都大學哲學系專攻美學有關係。

第二個特徵，顯現於『黯潮』。這是專心追究下山事件（譯註二）的作品。

第三個特徵，這是由於井上靖以詩作走向文學所使然，亦即與於一九六二年出版『白輓馬』的同時，他也推出了詩集『地中海』，可以爲證。

我更認爲，爲以上三個特徵之基礎的是『白輓馬』的少年洪作的心田。因此，理解了『白輓馬』，就可以瞭解井上靖的整個文學。

最後，我要奉勸各位讀者並看『羅漢柏物語』，因爲它是繼正、續『白輓馬』後，井上靖青春的回憶。青年鮎太，無疑地是成人後的洪作。（譯註三）

（譯註一）　河上徹太郎（一九〇二——一九八〇），文藝評論家。長崎人。東京大學畢業。有『我的詩與眞實』等著作。神西清（一九〇三——一九五七），小說家、翻譯家。東京人。

東京外語大學畢業，著有『神西清全集』八卷；並譯過法國季德和俄國屠格涅夫等人的作品。

（譯註二）一九四九年七月五日，日本國有鐵道總裁下山定則行方不明，翌日，在常盤線綾瀨附近以轢死體出現的事件。

（譯註三）高田瑞穗，執筆本文當時是東京成城大學教授；本文譯自井上靖著『白輓馬』一書的「解說」。

一九八二年一月十七日於東京

（原載一九八二年二月十三日『青年戰士報』）

井上靖 年譜

一九〇七年　五月六日，出生於北海道上川郡旭川町，爲隼雄和八重的長子。當時父親是陸軍二等軍醫，服務於第七師團軍醫部。

一九一三年　六歲。遠離父母，與在其故里靜岡縣田方郡上狩野村湯島的祖母加濃（加濃是平假名日音譯）。

一九一四年　七歲。四月，入湯島小學。

一九二〇年　十三歲。一月，祖母去世。回到正在濱松之父母的地方。

一九二一年　十四歲。進濱松中學。妹妹波滿子出世。

一九二三年　十五歲。四月，乃父出任臺北衛戍醫院院長，因此寄居靜岡縣三島町的親戚家，轉到沼津中學。

一九二六年　十九歲。三月，畢業沼津中學。父親被調任金澤衛戍病院院長。

一九二七年　二十歲。四月，進第四高等學校理科甲類。參加柔道部，到畢業一直是選手。

一九三〇年　二十三歲。三月，畢業四高。四月，進九州帝大法文學部。一時曾寄居福岡市唐人町，惟對九大不感興趣，便到東京，住駒込，濫讀文學書。

一九三一年　二十四歲。成爲福田正夫之詩雜誌『焰』的同人，專心於作詩。父親升任陸軍軍醫少將，同時退伍。

一九三二年　二十五歲。退學九州帝大，進京都帝大哲學系。跟植田壽藏博士專攻美學。

一九三五年　二十八歲。三月，放棄畢業考試。六月，在『新劇團』雜誌發表劇本「明治的月亮」。十二月，與足立富美（富美是平假名日音譯）結婚。

一九三六年　二十九歲。三月，京都帝大畢業。應徵每日新聞社『星期天每日』的懸獎小說。以「輪廻」獲得千葉龜雄獎。八月，進每日新聞社藝部工作。

一九三七年　三十歲。九月，因中日事變應徵入伍，駐屯華北方面各地。

一九三八年　三十一歲。一月，因爲生病，被遣返日本。四月，退伍。

一九四〇年　三十三歲。與野間宏開始來往。

一九四四年　三十七歲。任每日新聞社副參事。在社會部服務。

一九四五年　三十八歲。戰敗那一天，在社會欄撰寫戰敗文章。這是做爲新聞記者的他，銘感肺腑的工作。

一九四六年　三十九歲。升任學藝部副部長。

一九四七年　四十歲。從二月到三月，自千葉獎的「輪迴」以來，相隔十一年，始再寫作小說「鬥牛」。

一九四八年　四十一歲。十二月，轉任東京每日新聞社書籍部副部長。

一九四九年　四十二歲。十月，在『文學界』發表「獵鎗」。十二月，「鬥牛」和「守靈的客人」，分別刊於『文學界』和『別冊文藝春秋』。

一九五〇年　四十三歲。二月，因「鬥牛」獲得芥川獎。三月，在『文學界』推出「比良的石南」。由文藝春秋新社出版第一本作品集『鬥牛』。四月，刊登「漆胡樽」於『新潮』。六月，在『小說公園』發表「斷雲」。七月，刊登詩「那天那時」於『文學界』。九月，在『文學界』和『人間』，分別刊載「星星的碎片」和「早春的掃墓」。十月，由文藝春秋新社和新潮社，分頭出版『黯潮』和『不能說出他的名字』。十二月，在『別冊文藝春秋』發表「碧落」。由新潮社和養德社，各出版『雷雨』和『死亡、戀愛、波浪』。

一九五一年　四十四歲。一月，在『文學界』和『展望』，發表「鎗聲」和「舞臺」。三月，在『別冊文藝春秋』推出「表彰」。四月，刊登「利久之死」於『全讀物』。五月，辭去每日新聞社的工作，作該社社友。六月，在『文學界』發表「澄賢房覺書」。由新潮社出版『白牙』。七月，在『別冊文藝春秋』刊出「斜面」。八月，刊載「玉碗記」和

「三之宮失火」於『文藝春秋』和『小說新潮』。九月，在『別冊文藝春秋』推出「某人的自殺未遂」。十一月，發表「鶇」於『別冊文藝春秋』。十二月，由新潮社和創元社出版『傍觀者』和『一個僞作家的生涯』。

一九五二年

四十五歲。一月，在『新潮』和『文藝』，分別發表「薄冰」和「樓門」。二月，刊載「北驛路」於『中央公論』。三月，在『群像』、『文學界』和『小說公園』分頭推出「冰下」、「小旋風」和「橢圓形的月亮」。四月，從每日新聞社和新潮社出版『戰國無賴』和『春天暴風雨』。九月，在『文學界』和『別冊文藝春秋』，刊出「水塘中的瞳孔」和「落葉松」。十月，在『群像』刊出「有顱的房間」。從文藝春秋社和每日新聞社，出版新文學全集『小狗與香水瓶』和『綠色伙伴』。十一月，在『改造』發表「山裡的少女」；由新潮社出版『青衣人』。

一九五三年

四十六歲。五月和六月，在『藝術新潮』刊出「岡倉天心」和「橋本關雪」。由筑摩書房出版『黑暗的平原』。八月，在『別冊文藝春秋』發表「信康自殺」。十一月，在『文學界』和『群像』，刊出「漂流」和「大洗的月亮」。由新潮社出版『風、雲和城堡』。十二月，刊登「湖上的兔子」和「古特兒氏的手套」於『文藝春秋』和『別冊文藝春秋』。

一九五四年

四十七歲。一月，由講談社出版『花與波濤』。三月，在『群像』和『中央公論』推出「信松尼記」和「行賀和尙的眼淚」。從講談社出版『異域人』。四月，由朝日新聞社和新潮社出版『昨日與今日之間』和『羅漢柏物語』。五月，在『新潮』刊出「胡桃林」。七月，發表「花粉」於『文藝春秋』。九月，由現代社出版『風吹』。十月，

一九五五年

在『改造』和『別冊文藝春秋』刊載「夜晚的金魚」和「冠軍」。由山田書店和新潮社出版『藍色的照明』和『後裔』。十二月，由同和春秋社出版『星星亮亮』。

四十八歲。一月，在『新潮』刊出「匯合點」。二月，從朝日新聞社出版『明天要來的人』。三月，在『中央公論』和『文藝』，發表「失去的時間」和「湖中河川」。從光文社出版『美也與六個情人』。四月，刊登「湖岸」於『新潮』。五月，登載「俘囚」於『文藝春秋』。六月，『日本季刊』（英文）譯載「比良的石南」。七月，在『世界』發表「河川的故事」。八月，在『別冊文藝春秋』開始連載「淀殿日記」。由講談社出版『橄欖地帶』。九月，由新朝社出版第一部新寫的小說『黑色蝴蝶』。十月，在『新潮』刊出「夏雲」。由筑摩書房出版『騎手』。十二月，刊登「初代權兵衛」於『文藝春秋』。由新潮社出版『風林山火』。

一九五六年

四十九歲。二月，由東方社出版『那天那時』。三月，由三笠書房和角川文庫，分別出版『風吹』、『貧血、花、炸彈』。四月，在『群像』和河出書房的『日本國民文學全集』，刊載「蘆」和「更級日記」的現代語譯文。由創藝社、河出書房和每日新聞社，分頭出版『野風』、『輪迴』和『魔鬼的季節』。五月，發表「黑暗的舞會」於『文藝』。由三笠書房出版『藍色的照明』。六月，從新潮社出版『姨捨』和『滿潮』。七月，發表「檸檬與蜂蜜」於『知性』。八月，在『中央公論』刊出「夏草」。九月，從三笠書房出版『七個紳士』。十月，在『文藝春秋』發表「孤猿」。

一九五七年

五十歲。一月，在『文學界』和『群像』發表「某種關係」和「司戶若雄年譜」。二月，由新潮社出版『眞田軍記』。三月，由新潮社和角川書店，分別出版『白炎』和

『山湖』。四月，從文藝春秋新社和角川書店，各出版『下次輪到我』和『白風、紅雲』。五月，在『小說新潮』刊出「佐治與九郎覺書」。由新潮社出版『射程』。六月，發表「屋頂」於『文藝春秋』。十月，在『新潮』和『群像』發表「夏末」和「四個面具」。從新潮社出版『冰壁』。與山本健吉等訪問中國大陸一個月左右。十二月，從角川書店和中央公論社，各出版『少年』和『天平之甍』。

一九五八年

五十一歲。二月，因爲『天下之甍』，獲得藝術選獎文部大臣賞。三月，由創元社出版詩集『北國』。五月，由光文社出版『藍色的汽艇』。十一月，從角川書店和新潮社，分別出版『眞田軍記』以及『黑蝶』、『羅漢柏物語』。十二月，由新潮社和講談社出版『風林山火』和『搖擺的耳環』。

一九五九年

五十二歲。因爲『冰壁』一書，獲得一九五八年度的藝術院獎。四月，從角川書店出版『春天的暴風雨』、『守靈的客人』和『愛情』。五月，由講談社和角川書店出版『樓蘭』和『落日』。七月，由人文書院出版相片集『旅途』。八月，從講談社和角川書店出版『波濤』和『滿潮』。九月，由角川書店出版『孤猿』。十月，從角川書店和文藝春秋新社出版『滿月』和『朱門』。十一月，由講談社出版『敦煌』。

一九六〇年

五十三歲。一月，以『敦煌』和『樓蘭』，獲得每日（新聞）藝術大獎。二月，由角川書店出版『風、雲與城堡』、『潮光·藍色的照明』；二月和三月，由講談社各出版『搖擺的耳環』和『敦煌』。五月，在『日本』連載其自傳「我的自我形成史」。八月，從中央公論社和文藝春秋社分別出版『河口』和『蒼狼』。十一月，整理十年來的作品，由新潮社出版全集『井上靖文庫（一共二十六卷）』。

一九六一年　五十四歲。一月，在『東京新聞』連載「崖」。同月，因爲大岡昇平的文章「『蒼狼』是否歷史小說」，而與大岡展開筆戰。二月，在『群像』發表「關於我的作品『蒼狼』」。六月二十八日，應邀與龜井勝一郎等往訪中國大陸，七月十五日回國。八月，在『小說新潮』刊出「思考的人」。由講談社出版『井上靖．田宮虎彥集』。九月，在『中央公論文藝特集號』和『新潮』推出「羅馬的旅館」和「狼災記」。十月，在『群像』和『週刊朝日』分別發表「補陀落渡海記」和「憂愁平原」。從文藝春秋新社出版『淀殿日記』。十一月，刊載「小磐梯」於『新潮』。十二月，以『淀殿日記』獲第十四屆野間文藝獎。

一九六二年　五十五歲。四月，在『讀賣新聞』連載隨筆「我的青春流浪」。由新潮社出版『洪水』。七月，在『每日新聞』連載「城砦」。十月，從中央公論社出版『白輓馬』。十一月，「火山」獲得義大利廣播國際獎最高獎。由新潮社出版詩集『地中海』。

一九六三年　五十六歲。一月，在『文學界』發表「古文字」；由新潮社出版『憂愁平原』。二月，在『全讀物』刊出「明妃曲」；在『婦人公論』連載「楊貴妃傳」。四月，刊登「僧加羅國緣起」於『心』。五月，在『讀賣新聞』連載「盛裝」。由筑摩書房出版『西域』（與谷村忍合著）。六月，在『文藝』發表「宦官中行號」；由斯特克社出版『獵鎗』法文版本；中國大陸出版『天平之甍』的譯本。八月，在『群像』發表「風濤」（第一部）；十月，刊出其第二部。由講談社出版『風濤』。十一月，由中央公論社出版『續白輓馬』。同月，被推選爲藝術院會員。

一九六四年　五十七歲。一月，以「風暴」獲得讀賣文學獎。五月，由每日新聞社出版『城砦』。

一九六五年　五月二十五日，爲採訪日本人之移民美國，與其長子修一赴美，七月廿五日回國。六月和十月，在『群像』和『展望』，分別連載「在花下」和「後白河院」。

一九六六年　五十八歲。一月、八月、九月，由講談社、中央公論社和講談社，分別出版『西域』、『楊貴妃傳』和『燭臺』。

一九六七年　六十歲。六月，前往夏威夷大學，擔任夏季學期日本文學講師，待兩個月。

一九六八年　六十一歲。一月，在『星期天每日』連載「額田女王」。五月，與夫人、次女旅行蘇聯。由大和書房出版隨著『天城之雲』。

一九六九年　六十二歲。四月，以「大黑屋國醉夢譚」獲得新潮社第一屆日本文學大獎。六月，就任日本文藝家協會理事長。由講談社、朝日新聞社和每日新聞社，分別出版短篇小說集『月光』、『西域物語』和『額田女王』。

一九七〇年　六十三歲。一月，在『日本經濟新聞』連載「欅木」。六月和九月，從文藝春秋社和新潮社出版『崑崙玉』和『羅馬的旅館』。在『讀賣新聞』連載「四角船」。

一九七一年　六十四歲。三月，爲取材「龍王」到美國；九月，爲撰寫「星與祭」前往尼泊爾、喜馬拉雅。五月，在『朝日新聞』連載「星與祭」。六月，由集英社出版『欅木』。

一九七二年　六十五歲。五月，辭去日本文藝家協會理事長。六月、七月、十月和十一月，由筑摩書房、新潮社、朝日新聞社和集英社，分頭出版『後白河院』、『四角船』、『星與祭』和『土晝』。

一九七三年　六十六歲。五月，與平山郁夫、江上波夫等旅行阿富汗、伊朗和伊拉克。一月、二月、四月、六月、十一月，由講談社、集英社、河出書房新社、每日新聞社和新潮社，分別出版隨筆集『歷史小說的周圍』、短篇小說集『燒火的海』、作家論集『六位作家』、『回憶童年』和『茜雲』。

一九七四年 六十七歲。九月、十月、十二月，由新潮社、中央公論社和每日新聞社，各出版短篇小說集『桃李記』、美術論集『加爾羅斯四世的家族』，和相片集『沙漠之旅，草原之旅』。

一九七五年 六十八歲。三月，出席建立在金澤市郊外內灘海岸之井上靖文學碑的揭幕典禮。五月，與水上勉、庄野潤三、司馬遼太郎等往訪中國大陸。三月、十月、十一月，由講談社、每日新聞社和中央公論社，分別出版『念母親』、『邂逅』和『北海』。

一九七六年 六十九歲。二月，與五木寬之、尾崎秀樹旅行歐洲。四月、十月、十一月，由文藝春秋、角川書店和文藝春秋，各出版『亞力山大的道路』、『花壇』和『崖』。十一月，獲得文化勳章。十二月，與嚴谷大四、伊藤桂一、清岡卓行、辻邦生、大岡信和秦恒平訪問中國大陸，擔任團長。

一九七七年 七十歲。四月，與今里廣記、平山郁夫等旅行埃及、伊拉克、伊朗和阿富汗。五月六日，在帝國飯店舉行其古稀慶祝會。一月、二月、三月、四月、五月、六月、七月，由文藝春秋，九月由新潮社，十二月從岩波書店，分別出版『紅花』、『沒有地國的島』、『戰國城砦群』、『盛裝』、『兵鼓』、『年青的怒濤』、『月光．遠海』、『遺跡之旅．絲路』和『龍王』（第一、二、三部）。

一九七八年 七十一歲。五月，與其他作家前往中國大陸。十月，與松山善三夫妻旅行阿富汗和巴基斯坦。八月，由新潮出版社出版對談『到西域去』（與司馬遼太郎合著）。

一九七九年 七十二歲。七月，到中國大陸，參與其『天平之甍』之拍片子。爾後旅行西域。四月和八月，由講談社和日本書籍出版『歷史的光與影』和隨筆集『我所見的風景』。

一九八〇年 七十三歲。一月，在『文藝春秋』連載「續・我的西域紀行」。由集英社出版彩色版『天平之甍』。從四月到六月，與ＮＨＫ（日本放送協會）絲路採訪班，前往迪化與荷丹（日音譯）。六月、九月、十一月，由每日新聞社、創林社、中央公論社和集英社，分別出版『流砂』（上、下）、對談集『歷史之旅』、美術評論集『梵谷的星月夜』和隨筆集『美麗的空寂』。

一九八一年 七十四歲。二月，由講談社出版作家小說集『作家貞描』。三月，列席湯島小學之文學碑的揭幕典禮。從彌生書房出版隨筆集『井上靖集』（『現代的隨想』第一卷）。六月，當選日本筆會會長。從岩波書店出版『井上靖歷史小說集』一共十一卷。七月，由學習研究社出版『西行・山家集』（『現代譯日本的苦典』第九卷）。九月，前往北平列席魯迅百年誕辰祭。十一月，由講談社出版『本覺坊遺文』。

田宮虎彥及其作品

吉田精一

田宮虎彥　1911–1988

一

田宮虎彥是現代日本的主要作家之一，以踏實和誠實的筆法馳名。他寫作歷史小說和現代小說，他的作品既穩重，又細膩，篇篇皆精采。在創作的實力上，於戰後出名的作家中，他應佔第一、二位；因爲他的作品擁有燻銀的味道，而受到有心人的尊敬。

田宮虎彥於一九一一年八月，出生於東京。由於其父親爲船員，所以隨之遷移於各地，但兩歲時則定居神戶，畢業神戶一中（今日的神戶高等學校）後，進京都的第三高等學校（簡稱三高，今日的京都大學教養學部），於一九三六年，畢業東京大學的日本文學科。

他唸大學時，半工半讀，並寫小說，一九三五年，他二十四歲的時候，參加了『日曆』同人雜誌。高見順（譯註一）也是其中的一份子，他們據此凝視自己和社會，面對現實，並努力於把握現實。參加這個同人雜誌，對於他日後的風格和經歷具有很大的影響。

爾後，『日曆』與『人民文庫』合併，他東京大學畢業後，便成爲它的同人。這個刊物，在國家主義思想和軍部權勢壓迫自由的時代，邊抵抗它，邊探求著眞實。

他雖然發表過幾篇作品，但不能維持生活，因此自新聞記者而編輯，而女中教員，屢換職業，並於一九四〇年患上肺病，往後五年，他陷於窮苦悲慘境遇中。但他卻仍然抱病寫作，戰後翌（一九四六）年，他撰寫『紙牌的回憶』，東山再起，爾後便勢如破竹。

在歷史小說方面，他發表「霧中」（一九四七年）、「城池陷落」等（一九四九年）；現代小說方面推出「異母兄弟」（一九四九年）、「足摺岬」（同上）、「菊坡」（一九五〇年）、「畫本」（同上）等等，是即他作爲作家的地位，實與時日而穩定。

二

「畫本」似乎是描刻作者大學時代的作品。在黑暗社會過著黑暗生活的窮人，爲其中之一個分子的主人公的大學生，對於比他更窮苦的人具有同情之心。包飯公寓的主人夫妻雖然貧窮，但卻爲人很好。兩個寄居人雖然努力於尋求明天的光明（即畢業大學或中學），但社會的不合理，卻奪去其中一個人的生命。作者忍住對壞社會的憤怒，面對著悲慘的現實，因而更令讀者覺得無可奈何。

在「畫本」之前，他曾寫過三高時代之學生生活的作品「比叡山風」；「畫本」之後，他發表過另外一個公寓生活的作品「菊坡」。這三篇小說，乃屬於一連串的創作。

「幼女的聲音」（一九五〇年），是在長春迎接戰敗的家族，逃到韓國的平壤，歷盡滄桑，越過三十八度線的逃亡紀錄。由於它採取以小孩的眼睛觀察，和用小孩的手寫成的形式，因此可以說是一種童話，但大人讀來，也會很受感動。如果將這苦難的經驗，澈底地寫出，惟因其過於殘忍，可能使讀者讀不下去。而由於它寫得很淡，所以反而給人以適度的眞實感。

「柿子樹與蛇」（一九五四年），應該算是少年文學。不爲其父所愛，而衹懷念乃母之少年的心境，好像來自作者本身的經驗。此外，他還有許多刻畫被父親討厭之可憐小孩的作品。不過「柿子樹與蛇」寫的卻是，被其丈夫遺棄的太太，因爲疾病而留下獨生子死去的過程，和母子強烈的愛情；其文章，詩般地美麗。它對於不能眞正理解其母親病根之小孩的心情，描刻得非常生動。這一定是作者自己對他母親的愛情。作爲少年的讀物，它雖然有些暗澹，但正因爲透過小孩的心理和感情，因此它像是一張沖淡悲劇焦點的照片，而令讀者不會陷於傷感的深淵。

「小小的紅花」（一九六一年）的少年主人公，可以說是「柿子樹與蛇」之少年日後的形象。其母親去世以後，在不喜歡他，和乃父的情人或者繼室，臉上有痣的女人之間，他過著被虐待的生活。

他跟老女僕，和老女僕的孫女而瘸子的少女住在一起。這個殘廢的少女和少年之互相照顧的來往，乃是這個作品的特色。他倆在沒人的洋房走廊的交際，眞是童話裡的另外一個童話的世界。

「柿子樹與蛇」和「小小的紅花」的寫法，非常不同，亦即前者比較現實，後者比較象徵性，甚至於有些神秘。「小小的紅花」的色調雖然也很暗澹，但少年與少女分飯吃，把麗春花插於睡覺中的少女頭上等場面，實有若人生的小陽春。

「母女」（一九五三年）也是爲小孩而寫的。在這個作品，擁有壞丈夫和壞父親的母親和女兒，相依爲命，一起謀生和看家。其結構雖然有些簡單，但最後少女參加了學生生活中最愉快的畢業旅行，母親則以滿腔的希望等著其丈夫由監獄出來而結束。

「朝鮮大麗花」（一九五一年），很可能是根據作者的經驗而寫成的。這是描繪戰前日本人對韓國人的態度，和韓國人的卑屈等等的短篇小說。尤其提到同樣韓國人，而分成南北韓；對於韓國人必須問「你是北還是南」這種現代韓國人的悲哀，眞是令人深思和興嘆。

我認爲，「城池陷落」是日本歷史小說的名作之一。這是明治維新之際所產生的一個悲劇，作者把黑菅城陷落時，藩主以下所有家臣及其家族全殲的情形，刻繪得非常生動。其沒落爲必然的戰爭，將粉碎欲阻止它的個人的意志和努力，這有如一個大石頭，從山頂滾下來時，一定要滾到不能再滾的地點爲止，而這就是所謂歷史的自然。作者認清這種歷史的動向，凝視著一個集團一個集團消聲匿跡的情況。

不知道黑菅藩和這個戰爭爲作者之創作的讀者，也許會以爲這是基於眞正的紀錄。因爲，作者把它刻畫得太細膩、太井然和太客觀了。而且，他把集團裡頭個人的心境和行動，描寫得很正確，所以它可以說是把複雜的人生形象，放進於很短的時間和非常的場面。雖然看清大局，但還是被局勢拖住走著滅亡之路的家臣頭子山中陸奧，眼看城池將要陷落而害怕的藩主，由於被侮蔑而公然殺死其上司的步卒桐原某等等便是它的例子。武士以忠義為第一，認為為其君上捐軀是應該的，因此他們以為農民也會跟他們同其命運，可是農民卻竟通敵。這個作品所要托出的是看不清這種現實之藩主及其家臣的天眞，和社會生活的微妙。

說到歷史小說，森鷗外的創作是一種典型。我覺得，「城池陷落」是鷗外以後所出現，規模宏大的短篇歷史小說的傑作。

三

從以上所述，各位或許已能瞭解田宮虎彥這個作家的性格。作家往往有與普通人大異其趣的行動和性格，但田宮卻不是這種人。他為人非常認眞，每篇作品都不馬虎；他從不想充當所謂流行作家，而憑自己良心，做有節制的寫作活動。對社會的態度既有良心，也不喜歡危言聳聽；在作品裡，追求著什麼是恭謹而堂堂正正的生活。在這種意義上，他確是現代日本的良心。

可能由於田宮的經歷和環境，他的作品總令人覺得暗澹。其作品中人物之多為生活於逆境的不幸者，說明了這一點。因此，他所描繪的人生形象，也常常帶陰影。他的眼睛，一直注視著無法在這個社會能輕鬆而愉快地渡過淺河之人們的，與生俱來的心靈的病痛。（譯註二）

（譯註一） 高見順（一九〇七年——一九六五），原名高間芳雄，福井縣人。小說家、詩人、評論家。

（譯註二） 本文作者吉田精一，曾任東京大學教授，現任駒澤大學教授，文學博士；本文譯自田宮虎彥著『落城・小小的紅花』一書的解說。

（原載一九八三年九月十四、十五日『臺灣新生報』）

田宮虎彥 年譜

一九一一年　八月五日，出生於東京醫科大學（今日的東京大學醫學部），爲昂之和鹿衛的次子。十一月，回到高知市的祖父家。

一九一八年　七月。四月，進神戶市下山手小學。兩年後，轉到雲中小學。

一九二四年　十三歲。四月，進兵庫縣立第一中學。

一九二八年　十七歲。從這時候起，開始愛讀芥川龍之介的作品，並寫小說。

一九二九年　十八歲。三月，畢業神戶一中。

一九三〇年　十九歲。四月，進第三高等學校文科甲類（今日的京都大學教養學部）。

一九三三年　二十二歲。三月，第三高等學校畢業。四月，進東京帝國大學（現在的東京大學）文學部國文（日文）科。

一九三五年　二十四歲。參加同人雜誌『日曆』，並發表「無花果」、「風響」等作品。

一九三六年　二十五歲。三月，東大畢業。參加『人民文庫』的執筆。四月，就職於都新聞社社會部。十月，出席『人民文庫』的研究會，因該會未經政府許可召開，因而被逮捕，隨之離開都新聞社。

一九三八年　二十七歲。四月，出任私立京華高等女學校教員。六月，與平林千代結婚。迨至日本戰敗，換了好多職業。

一九四〇年　二十九歲。三月，在『三田文學』連載「須佐子與佐江子」（日後改題爲「早春的女性」），至十月結束。十一月，害肺結核病。

一九四一年　三十歲。從春季起，養了五年肺結核病。九月，出版『草木發芽』。

一九四五年　三十四歲。戰後不久便參加『文明』雜誌的創刊，並任總編輯。

一九四七年　三十六歲。七月和十一月，在『風雪』和『世界文化』，分別發表「江上的一族」和「霧中」。

一九四八年　三十七歲。三月，『文明』停刊；開始其作家生活。

一九四九年　三十八歲。發表「城池陷落」、「足摺岬」、「異母兄弟」等創作。

一九五〇年　三十九歲。一月、六月，在『新潮』和『中央公論』，發表「前夜」和「菊坡」；六月和八月，在『世界』和『文藝』，分別推出「畫本」和「幼女的聲音」。

一九五一年　四十歲。七月和十月，發表「鹿谷」和「朝鮮大麗花」於『文藝』和『群像』。十一月，以「畫本」獲得每日出版文化獎。

一九五二年　四十一歲。一月，發表「暗坡路」於『文藝』，二月，在『小說公園』推出「銀情死」。

一九五三年　四十二歲。發表「母女」這個作品。

一九五四年　四十三歲。一月和四月，在『改造』和『小說新潮』，分別刊出「柿子樹與蛇」和「大型烟斗」。

一九五五年　四十四歲。九月和十一月，由光文社出版『道子的結婚』和『找人』。

一九五六年　四十五歲。在『別冊文藝春秋』發表「花野」。十月，由光文社開始發行『田宮虎彥作品集』（一共六卷）。十一月，妻子去世。

一九五七年　四十六歲。四月，由光文社推出『愛的遺物』。

一九五八年　四十七歲。五月，從中外書房出版『神戶』。九月，發表「天邊街市的秋天」。

一九五九年　四十八歲。八月，由角川書店出版『生命』。十一月，發表「遠音」。

一九六一年　五十歲。六月和十一月，分別在『小說新潮』和『全讀物』刊登「小小的紅花」和「指」。

一九六二年　五十一歲。一月，在『週刊新潮』連載「木質之時」，十月刊畢。

一九六三年　五十二歲。二月，刊載「往昔的畫」於『小說新潮』；八月和十月，發表「貓」和「花」。

一九六四年　五十三歲。三月和六月，在『小說新潮』和『新潮』，推出「灶爐」和「牡丹」。

一九六六年　五十五歲。四月，在『週刊新潮』連載「深夜的歌」，十二月刊完。十一月，在『新潮』發表「與詩的遭遇和揮別」。

一九六七年　五十六歲。六月和七月，在『別冊文藝春秋』和『新潮』發表「貨馬車」和「三支樹葉」。

堀辰雄及其作品

山室靜

堀辰雄　1904–1953

一

堀辰雄於一九〇四年十二月二十八日，出生在東京麴町。父親叫做堀濱之助，是廣島士族的出身，當時任職於法院，蠻有權勢，但堀辰雄卻不是正室的兒子。據說，堀夫人身體病弱，沒有兒女，所以江戶商人的女兒來堀家幫忙家事時，因與其老闆發生關係而生產堀辰雄。堀辰雄的雙親雖然沒有正式結婚，但感情卻非常融洽。因此一降生，堀辰雄便成爲堀家的嗣子；其母親志氣雖然沒多久就不得不離開堀家，但她卻把堀辰雄當作寶貝兒子養育。

堀辰雄母親一段時間，在隅田川對岸的向島，與其祖父一起賣香煙，旋即跟彫金師上條松吉結婚，這似乎是爲著堀辰雄的前途纔這樣做。

堀辰雄在其作品「拿花的女人」，回憶他的母親這樣寫著：「不管是誰，衹要他愛惜我——這可以說是我母親最基本的觀念。所以這個人最好是：母親不必向他低頭，而他則始終沒有她不可這種不幸的人。——我母親終於找到了他。」

她跟工夫雖然不錯，但卻因爲不幸事件而身敗名裂的彫金師上條結婚，並全身全意幫助他，使他重整旗鼓，東山再起。她既堅強，其丈夫也很出色，他非常愛惜乃妻所帶來的小孩（他倆之間沒生孩子），猶如親生子。由於他獲得氣質超群，美麗過人的妻子，因之工作順利，生活大爲改善。反之，堀辰雄一直相信其養父爲他眞正的父親，直到他與世長辭，從沒懷疑過。母親、養父、堀辰雄三個人，都是誠懇、心腸軟的人物。

爲其父母鍾愛的堀辰雄，由牛島小學、府立第三中學（今日的兩國高校），而於一九二一年進第一高等校的理科。堀辰雄唸完中學四年（當時是五年制）就考上至今仍是集天下之精英的學府，第一高等學校顯示了他非凡的才華。他志願理科，尤其喜歡數學，所以那時他並不大關心文學。但自住進一高宿舍以後，也因爲受了同學神西清（譯註一）等的影響，而迅速地走上文學的道路。

起初，他喜讀屠格涅夫、霍卜特曼、舒尼茲勒等人（譯註二）的小說和劇本，後來逐漸轉向法國象徵派詩人的作品。他於一九二三年往訪詩人室生犀星（譯註三），而頗爲其所欣賞，更因爲室生的介紹，認識芥川龍之介，並爲芥川所疼愛。堀辰雄長得很帥，氣質又好，且天使般的天眞，加以具有非凡的知性和感覺，所以凡是跟他接觸過的人，都會喜歡他。此時，他讀萩原朔太郎（譯註四）的「青貓」而非常感動，因此他終生敬愛這位詩人。日後，萩原朔太郎就曾經這樣寫過他：「堀辰雄是個擁有一種特別氣氛的人。跟他聊天時，我總會覺得有些草花和乾麥的味道。但他並沒有用香水，而這實來自他的爲人。就是幾個人在一起，祇要他在座，便會有這種氣氛。每每他都是中心人物，但他卻並不說什麼，而在旁邊含笑聽著人家的話。雖然如此，他仍不失爲中心人物，而這應該歸功於他的爲人。由於這種原因，所以，幾次都以他爲中心創辦雜誌，而就是寫作作品，或因爲生病而不能執筆，他都身居文壇的中心。在昭和詩壇扮演重要角色的刊物『四季』，便是以他爲首而問世的。」

堀辰雄的這種人品，我認爲是以下三種因素所形成：第一，他本身很有節度，絕不推開別人以多嘴；第二，他具有決不被人們忽視的自我世界，並能安分地耕耘它；第三，他大開心胸，感動美而純潔的一切，他既自學，也培養後進，亦即他大公無私的純粹精神。

不錯，堀辰雄的世界並不廣（這與他病弱不無關係），作爲作家的本領也不算大。我敢說，他是個描刻小小世界的小作家。但我卻認爲，像他這個固守自己小天地，默默耕耘，並能百分之百地收穫的作家，實在不多見。表面上看來，有點像女性的他，卻非常固執於其所好，與此同時，很勤奮而認眞地一步一步加深其創作，而在這一點，他是具有純潔而強烈的作家精神的作家，堪爲作家的楷模。

因此，堀辰雄的作品，就是短如感想之類的文章，也沒有一篇是草率寫成的，篇篇充滿著作者的靈魂。這一讀他的作品一、二行，便可驗證。所以我說，堀辰雄不啻是小說家，而且是位名符其實的詩人。

二

堀辰雄之對文學漸抱雄心，並開始練習寫作，是他肄業一高時候的事。

在東京大學，他進日本文學科，立志作文學家，先欣賞史坦達爾、梅里美（譯註五）的作品，繼而愛好柯克多、亞柏利聶爾和拉地格（譯註六）等現代主義派作家和詩人的著作。並與跟室生犀星在一起的中野重治、窪川鶴次郎（譯註七）等創辦同人雜誌『驢馬』，和芥川龍之介、萩原朔太郎來往得更勤。

在這期間，亦即於一九二三年的關東大地震，堀辰雄母親喪生，堀辰雄本身雖然游泳過隅田川而倖免於難，但卻患上肺病，以後更病臥過數次，一九二七年，曾爲師傅的芥川自殺。

舉凡在最善感的青年初期，經驗過這樣痛切的死亡和疾病的人，無論對其作人和寫作，都會蒙受各種各樣的影響，而在堀辰雄，則顯而易見。

我以爲，由於這些經驗，堀辰雄似乎領會了人生的虛幻和無常。堀辰雄及其作品之所以令人覺得淒冷，固然與其不明朗的出生有關，但主要地恐怕來自這些因素。

但這一點並不頂重要。因爲，他愈瞭解人生的無常，他便愈愛惜無常之人的生命，而專心描繪人們要使生命燃燒、開花的一切努力。一言以蔽之，堀辰雄的文學，雖然以死爲背景和起點，但在其究竟，他的用意實在於站在生的一面，以肯定人生爲目的。

不過，死具有無限大的力量，生，對於辰雄無異是一連串的病痛，因此，自始他根本就不可能廣範地討論求生的欲望。他所企求的只是，使小小的生命，能儘量純粹而美麗地開花結果。是即與死亡和疾病作殊死搏鬥，不如跟它們「和平共處」。他在其成名的小說『聖家族』，頭一句道：「死宛如開了一個季節……」，說明了他的這種立場。

三

『風起』著手於一九三六年，完成於一九三八年三月。這是以其未婚妻矢野綾子的去世爲題材，期望它成爲安魂曲的作品。『風起』這個題目，是取自他在其作品開頭所引述，華勒利（譯註八）的詩句。堀辰雄對人生的看法，他的生活方式，其創作的意圖和方法等等，最顯現於它，算是他的代表作品。

『菜穗子』成於一九四一年，可以說是他成熟後的代表創作。這部作品的主題，從一九三四年其所寫『故事中的女人』（後來改寫成「楡樹家」第一部）已可看出其端倪。日後它逐漸膨脹，而終於以這種姿態出現。作者以前所推出的作品，大多是屬於自我坦白的敘情散文，但在這篇作品，他卻希望把它刻畫成西方式的客觀小說。主人公菜穗子的性格，由其性格而來的命運，諸如她母親——漂亮的寡婦，戀慕她之她童年的朋友都築明，跟她不能由衷共鳴的世俗丈夫的反目和鬥氣，和睦、斷念，他都把它描刻得非常生動。

『美麗的村莊』問世於一九三三年。這是作者所喜愛，且爲其與世長辭之地淺間山麓高原的風物詩和牧歌的作品；它擁有非凡的音樂架構。恐怕祇有堀辰雄，纔能寫出這種作品。（譯註九）

（譯註一）神西清（一九〇四——一九五七），香川縣人，文藝評論家。

（譯註二）屠格涅夫(I.S. Turgeniev, 1818–1883)，俄國小說家。霍卜特曼(G. Hauptmann, 1862–1946)，德國劇作家。舒尼茲勒(A. Schnitzler, 1862–1931)，奧地利作家。

（譯註三）室生犀星（一八八九——一九六二），本名照道，石川縣人，詩人、小說家。

（譯註四）萩原朔太郎（一八八六——一九四二），群馬縣人，詩人。

（譯註五）史坦達爾(M.H.B. Stendhal, 1783–1842)，法國小說家；梅里美(P. Merimee, 1803–1870)，法國小說家、劇作家、歷史學家。

（譯註六）柯克多(J. Cocteau, 1889–1963)，法國詩人、小說家、劇作家、導演、畫家；亞柏利聶爾(W.A.K. Apollinaire, 1880–1918)，法國詩人、小說家；拉地格(R. Radiguet, 1902–1923)，法國小說家、詩人。

（譯註七）中野重治（一九〇二——），別名日下部鐵，福井縣人，小說家、詩人、評論家。窪川鶴次郎（一九〇三——一九七四），靜岡市人，評論家。

（譯註八）華勒利(A.P.T.J. Valery, 1871–1945)，法國詩人、思想家、評論家。

（譯註九） 本文作者山室靜是文藝評論家；本文譯自偕成社出版，堀辰雄著『起風・菜穗子』一書的「解說」。

一九八三年三月廿一日　於東京
（曾刊登於『青年戰士報』）

堀辰雄　年譜

一九〇四年 十二月二十八日，出生於東京麴町平川町。父親是舊廣島藩士堀濱之助，母親爲西村志氣。生後即爲堀家的嗣子。兩歲時，因爲某種理由，與其母親離家出走。

一九〇八年 三歲。乃母與上條松吉再婚，居住東京向島須崎町。養父是彫金師。

一九一七年 十二歲。四月，進東京府立第三中學（今日的兩國高校）。

一九二一年 十六歲。四月，唸完中學四年（五年畢業）就考上第一高等學校（現在的東京大學教養學部）理科乙類。認識神西清。開始讀屠格涅夫、霍卜特曼、舒尼茲勒等法蘭西象徵派詩人的作品。

一九二三年 十八歲。五月，往訪室生犀星。九月，因爲關東大地震，乃母去世。十月，認識芥川龍之介，以後再三拜訪。初冬，因患肺病而休學。

一九二五年　二十歲。三月，畢業第一高等學校，進東京帝國大學（現今的東京大學）文學部國文（日本文）學科。訪問萩原朔太郎。從六月逗留輕井澤三個月，常與龍之介來往。在此地，閱讀史坦達爾、梅里美等人作品。

一九二六年　二十一歲。開始欣賞並翻譯柯克多、亞柏利聶爾、拉地格等人的作品。四月，與中野重治、窪川鶴次郎等創辦同人雜誌『驢馬』（一九二八年五月停刊）。

一九二七年　二十二歲。二月，在『山繭』發表「盧賓斯的假畫」（初稿）。七月，芥川龍之介的自殺，曾予他以很大衝擊。九月，編輯『芥川龍之介全集』。十二月，因患重肋膜炎，而休學療養到翌年四月。

一九二九年　二十四歲。一月，撰寫畢業論文「芥川龍之介論」。三月，由東京帝國大學畢業。十月跟川端康成、橫光利一、永井龍男、深田久彌等，由第一書房創刊同人雜誌『文學』。

一九三〇年　二十五歲。五月，發表「盧賓斯的假畫」（定稿）於『作品』。七月，由改造社出版其第一本作品集『拙笨的天使』。十一月，在『改造』推出「聖家族」。

一九三二年　二十七歲。一月和九月，在『文藝春秋』和『日本公論』，發表「紅頰」和「麥稭草帽」。

一九三三年　二十八歲。五月，創辦季刊『四季』，但祇出兩期就停刊。六月，在『大阪每日新聞』刊出「山上通信」（後來改題「序曲」）。十月，發表「美麗的村莊．小逃跑曲」、「夏」和「暗路」於『改造』、『文藝春秋』與『週刊朝日』，以完成「美麗的村莊」的寫作。

一九三四年　二十九歲。四月，由野田書房發行『美麗的村莊』。此時，開始喜歡李爾卡、莫利亞克的作品。九月，與矢野綾子訂婚。跟三好達治、丸山薰等把『四季』復刊爲月刊。

一九三五年　三十歲。七月，陪未婚妻矢野綾子進長野縣富士見的療養院。十二月，矢野綾子病逝。

一九三六年　三十一歲。在『改造』發表「起風」（「序曲」、「起風」的二章）。

一九三七年　三十二歲。一月，發表「冬」於『文藝春秋』。三月，在『新女苑』和『新潮』，分別刊登「訂婚」（日後改題爲「春」）和「死背後的山谷」而完成『起風』的創作，並由新潮社出版其單行本。

一九三八年　三十三歲。四月，與加藤多惠子結婚。五月，遷居輕井澤。十二月，乃父去世。

一九四一年　三十六歲。三月，在『中央公論』刊載「菜穗子」。十一月，從創元社發行『菜穗子』（包括以後的「榆樹之家」第一、二部）。

一九四二年　三十七歲。因『菜穗子』而獲得第一屆中央公論獎。同時由青磁社出版『幼年時代』。

一九四四年　三十九歲。一月，在『文藝』發表「樹下」（「大和路．信濃路」的一篇）。三月，吐血數次，迨至五月，需保持絕對安靜。

一九五三年　四十八歲。五月二十八日，長逝於信濃追分的本宅。翌年，葬於東京多摩墓地。

大佛次郎及其作品

大佛次郎　1897–1967

小松伸六

一

大佛次郎於一八九七年十月九日，出生於橫濱。本名野尻清彥。父親乃和歌山縣人，當時在日本郵船公司工作。他的哥哥野尻抱影是英國文學家，同時以星星的研究馳名。而大佛的作品，則也如星星般地羅曼蒂克和純潔。

大佛之降生於新的港口，最早輸入外國文化的橫濱，跟他日後寫出富有歐洲氣氛的作品，實具有密不可分的關係。

在橫濱，大佛生活到六歲。爾後搬到東京，進現在的日比谷高等學校的前身東京府立第一中學。肄業中學時，對歷史發生興趣；一九一五年，入集天下之高材生的第一高等學校法文科。畢業的時候，他出了描寫宿舍生活（一高生全部要住進學校宿舍）的『一高的浪漫史』一書，因此他可以說是，時下流行的早熟的「學生作家」。

一九一八年，他進東京大學政治學科，但幾乎不到學校，而專看自己喜歡看的書，參加新劇運動，並親自上舞臺。一九一九年結婚，遷移鎌倉，翻譯法國羅曼．羅蘭的作品，並擔任鎌倉高等女學校(今日的鎌倉女學院高等學校)教員一年左右，教授日語與歷史課。旋即服務於外務省條約局，惟因太浪費和亂買書，致使沒錢可用，於是開始寫文章以貼補，結果變成職業作家。

大佛一直住鎌倉，被翻成英文之他的代表作品『歸鄉』的封面，對他這樣介紹著：「著者大佛住在離東京不遠而漂亮的文人城市鎌倉。他的經歷始自日本政府外務省官員。他寫過許多劇本、遊記和小說：其中很多是最暢銷的書。」

二

一提到大佛次郎這個名字，大家便會聯想到『鞍馬天狗』這部小說。如前面說過，爲了賺錢，他於關東大地震後的一九二四年，首次以大佛次郎這個筆名，在娛樂雜誌『口袋』發表大眾小說「隼的源次」。繼而在同一個刊物推出鞍馬天狗將「鬼臉的老太婆」上場。這本來是一期完結的作品，惟因受到非常的歡迎，被慫恿而連寫三年，從此以後三十載，他一直離開不了鞍馬天狗。

對於鞍馬天狗的創作，他曾經這樣說過：「作品有作者單獨寫的，和讀者寫的兩種。」一系列鞍馬天狗的創作，無疑地讀者也參與。因此時至今日，作者是隨便動不得鞍馬天狗的，更不能把他殺掉。因爲讀者深信：匿名的鞍馬天狗，永遠是堅強、純潔和溫柔。

關於鞍馬天狗的性格，作者曾說：「『鞍馬天狗』的可貴，乃在於他總是與權勢作對。他之始終爲浪人（沒有主子，到處流浪的武士之謂），不是偶然的。他雖可爲人的善意所動，但絕不相信人人具有善意；更不相信人人所捏造的權勢。」我認爲，這些話正可以形容作者這個人。又鞍馬天狗並非亂殺人的劍豪小說或殘酷小說裡職業兇手般的主人公，除非必要，他是不亂拔刀的。由此，我們可以看出大佛次郎之人道主義者的性格。

一九二七年，他在『東京日日新聞』（今日的『每日新聞』）連載『赤穗浪士』（亦名四十七士），爲大眾文學帶來清新的空氣。這是描寫以「忠臣藏」馳名的赤穗義士，爲報藩主淺野長矩的仇，襲擊吉良上野介的小說；由於它對於「義士」作了新的解釋，更令因爲其父的橫死而不相信武士道，進而陷於虛無和絕望因而幹間諜的浪人堀田隼人這種人物也上場，所以更爲人們所欣賞。

除『赤穗浪士』外，大佛還寫過類似它的歷史小說，諸如『由比正雪』（一九二九年）、『老鼠小和尚次郎吉』（一九三一年）、『鴉片戰爭』（一九四二年）以及根據史實的『源實朝』（一九四三年），和『乞丐大王』（一九四四年）等等。

與此同時，他也創作現代小說，是即以一九三一年在東京和大阪的『朝日新聞』連載『白姐』爲開端，他相繼連刊『法國洋娃』（一九三二年）、『霧笛』（一九三三年）等作品於報紙和雜誌。二次大戰結束三年後，他在『每日新聞』連載的『歸鄉』，於一九五〇年獲得第五屆藝術院獎。

『歸鄉』的情節雖然單純，但它卻是能訴諸戰後放蕩的人心，以重新認識日本傳統美的作品。主人公守屋恭吾是個貪污事件的犧牲者，亡命外國的海軍軍人，在異邦流浪二十年後，與戰敗的同時，悄悄地回到日本。他棲身荒廢的祖國，努力於欲重新評估日本的傳統美，但沒成功，而兩次前往外國。作者說：「我因爲對於戰後的某種憤怒而寫了這個作品。但我卻壓住憤怒，儘量保持了冷靜。」這意味著作者由於對於戰敗而清一色美國化的虛脫日本的憤怒，和欲矯正它的愛國心而創作了這部小說。除英文譯本外，『歸鄉』還有西班牙、義大利、挪威、芬蘭等語文的翻譯本。

撰寫『歸鄉』的翌（一九四九）年和一九五二年，作者曾在『朝日新聞』連載「宗方姐妹」和「旅途」，這兩篇的風評並不比前者差，可算是他的代表作品。「宗方姐妹」是以戰後由滿洲回來的一對姐妹爲主角，以京都爲舞臺的故事，它充滿了作者健全的道德觀，和對日本風土的熱愛。

「旅途」是他比較特別的作品，它描刻高利貸老人和大學老教授的心理，以托出東方式的醒悟和達觀的心境。另外，這部小說對於山峰有很美麗的描繪，在這種意義上，這是很出色的「山嶺文學」。

以上是大佛次郎的代表作，此外他還有根據外國歷史寫成的『多勒費斯事件』（一九三〇年）、

『詩人』（一九三三年）、『巴拿馬事件』（一九五九年）和『火燒巴黎』（一九六一年）等史傳作品。在日本，許多人認爲唯小說纔是文學，但在外國，史傳卻也是不折不扣的文學作品。我敢說，大佛次郎的這些史傳，也是非常有價值的文學作品。

三

『幽魂船』曾由一九五六年六月，至翌年五月，連載於『朝日新聞』，是很富於傳奇性的冒險小說。

它的背景是，起因於細川勝元和山名持豐的對立，而引起幕府政治內爭的應仁之亂（一四六七—一七七年）前後，荒廢的時代。由於十年的戰爭，爲政治、文化之中心的京都，其大半幾乎變成焦土，室町幕府本身自不必說，貴族、諸侯等的權力，也皆江河日下，從而遂進入戰國時代。

處在這種時代，農民的生活自然很窮苦，因之在京都和奈良一帶，年年發生要求一筆勾消欠款的德政作亂，和減少年貢的農民「起義」。如此這般，當時的日本乃陷於夜賊橫行於陸上，海盜跋扈於海上之充滿混亂與不安的無秩序狀態。「幽魂船」就是用這種時代作背景，上卷以陸地（京都），下卷則以海洋爲中心，展開其頗富驚奇和冒險的故事。

總之，『幽魂船』結果是皆大歡喜的作品，它既有令人緊張的場面，對於戰爭也有所批評；不但有趣，而且使讀者具有逼眞的印象。我認爲，這是一部老少皆能欣賞的很好作品。（譯註）

（譯註）作者小松伸六，執筆本文時是立教大學教授；本文譯自偕成社出版，大佛次郎著『幽魂船』（上）一書的「解說」。

（原載一九八三年三月七日『臺灣時報』）

大佛次郎 年譜

一八九七年 十月九日，出生於橫濱市英町，父親是野尻政助，母親銀（日語音譯），三男。本名清彥，有兩個哥哥，一個姐姐。

一九〇四年 七歲。四月，進橫濱市太田尋常小學。五月，舉家遷往東京市牛込區（今日的新宿區）東五軒町，因而轉學筑土小學。

一九〇九年 十二歲。搬到芝區（現今的港區）白金三光町，轉進白金小學。

一九一〇年 十三歲。畢業白金小學。四月，進東京府立第一中學（現在的日比谷高校）。對於東洋（中國）史、西洋史開始發生興趣。

一九一五年 十八歲。三月，由府立一中畢業。一月，進第一高等學校，住該校宿舍。投稿「一高的浪漫史」於『中學世界』雜誌。這是他的首次寫作。

一九一八年 二十一歲。三月，一高畢業。三月，進東京帝國大學法學部政治學科，但不大常去上課。

一九一九年　二十二歲。二月，與原田酉子結婚。

一九二一年　二十四歲。三月，大學畢業。在私立鎌倉高等女學校（目前的鎌倉女學院高等學校），教過大約一年的日語和歷史。這年，翻譯羅曼．羅蘭的『超越戰爭』，由叢文閣出版。

一九二三年　二十五歲。服務於外務省條約局。與菅忠雄等創辦同人雜誌『潛在』，但祇出三期。翻譯羅曼．羅蘭的『克列蘭坡』，交叢文閤發行。在博文館刊物『新趣味』，用幾個筆名翻譯並發表外國的傳奇小說。

一九二四年　二十七歲。在娛樂雜誌『口袋』，首次以大佛次郎這個筆名刊出「隼的源次」。五月，推出「鞍馬天狗」的頭篇作品「鬼臉的老太婆」。爾後，用過三十幾個筆名，多時一個月寫過十來篇時代小說。此年，翻譯羅曼．羅蘭的『比也爾與劉士』，由叢文閣出版；並離開外務省。

一九二六年　二十九歲。從八月到次年六月，在『大阪朝日新聞』連載「晴天陰天」。

一九二七年　三十歲。五月，在『東京日日新聞』開始連載『赤穗浪士』，翌年十一月結束。

一九二九年　三十二歲。六月，在『東京日日新聞』和『大阪每日新聞』，同時連載『由比正雪』，迨至翌年五月中斷。十一月，父親政助去世。

一九三〇年　三十三歲。四月至十月，在『改造』連載「多勒費斯事件」；同時在『讀賣新聞』連載「日蓮」，九月結束。

一九三一年　三十四歲。自一月至九月，連載「假面舞踏會」於『新青年』。三月至翌年五月，在

一九三三年　『朝日新聞』連載「白姐」。六月，在『文藝春秋．全讀物號』連載「慶安異變」（「由比正雪」編篇），翌年九月刊畢。

一九三四年　三十六歲。五月，在『改造』發表「詩人」。七月，在『朝日新聞』連載「霧笛」，九月刊完。

一九三五年　三十七歲。一月至十二月，在『婦人公論』連載「樹冰」。連載「京都夜話」於『日乃出』，三月結束。發表「本所小譜請組」於『富士』。在『朝日新聞』連載「水戶黃門」，十一月刊畢。

一九三六年　三十八歲。一月至十月，在『改造』連載「布蘭杰將軍的悲劇」。文藝春秋社創設芥川獎和直木獎，被聘爲直木獎的審查委員。二月至十二月，連載「異變黑手組」於『國王』。八月，在『東京日日新聞』和『大阪每日新聞』連載「大久保彥左衛門」，翌年五月刊畢。

一九三七年　三十九歲。八月至十二月，連載「雪崩」於『朝日新聞』。

一九三八年　四十歲。五月至十二月，在『朝日新聞』連載「逢魔的十字路口」。

一九三九年　四十一歲。一月至三月，在『全讀物』連載「白夜」。四月和八月，在『改造』和『日乃出』，分別發表「光輝的時代」和「御種德兵衛」。

一九四〇年　四十二歲。四月至七月，連載「鄉愁」於『讀賣新聞』。

一九四一年　四十三歲。以軍中記者身分，前往中國大陸。

一九四二年　四十四歲。四月至八月，在『滿洲新聞』連載「玫瑰少女」。十二月，母親銀長逝。

四十五歲。一月，在『每日新聞』開始連載「鴉片戰爭」，四月刊完。

一九四三年　四十六歲。一月，連載「源實朝」於『婦人公論』，十一月中斷。十月，以同盟通信社特約記者身分，前赴馬來亞、蘇門答臘和爪哇等地。

一九四四年　四十七歲。十月，在『朝日新聞』連載「乞丐大王」，翌年三月中斷。

一九四五年　四十八歲。一月至次年三月，在『新女苑』連載「源實朝」的續篇「唐船的故事」巨作，「源實朝」至此完成。八月，就任東久邇宮內閣參贊，以至日本戰敗。十二月，在『新太陽』連載「乞丐大王」（續篇），至翌年三月刊畢。至此，『乞丐大王』的巨篇大功告成。

一九四六年　四十九歲。一月，在『朝日評論』連載「詩人」的續篇「地靈」，九月結束。十一月，創設苦樂社，發行『苦樂』雜誌。

一九四七年　五十歲。九月，在『新大阪新聞』開始連載「幻燈」，翌年一月刊畢。

一九四八年　五十一歲。五月至十一月，連載「歸鄉」於『每日新聞』。

一九四九年　五十二歲。六月，在『朝日新聞』連載「宗方姐妹」，十二月中斷。

一九五〇年　五十三歲。因「歸鄉」的創作而獲得第五屆藝術院獎。八月，連載「朦朧的轎子」於『每日新聞』，次年二月刊完。

一九五一年　五十四歲。四月，在『讀賣新聞』連載「第四十八個男人」，十一月結束。

一九五二年　五十五歲。七月至次年二月，連載「旅途」於『朝日新聞』。

一九五三年　五十六歲。九月，在『週刊朝日』連載「滿月的客人」，翌年六月刊畢。十二月至次年六月，連載「那個人」於『朝日新聞』。

一九五五年　五十八歲。一月，連載「氣球」於『每日新聞』，九月連載完畢。

一九五六年　五十九歲。六月至翌年五月，在『朝日新聞』連載「幽魂船」。

一九五七年　六十歲。十月，連載「橋」於『每日新聞』，次年四月中斷。

一九五九年　六十二歲。三月，在『朝日雜誌』連載「巴拿馬事件」，九月刊完。六月，連載「櫻子」於『朝日新聞』。此年，推選爲日本藝術院會員。

一九六〇年　六十三歲。二月，在『東京新聞』連載「新樹」，十一月刊完。四月，由中央公論社出版『鞍馬天狗』十卷。六月，在『星期日每日』連載「開花的家」（第一部），十二月刊完。

一九六一年　六十四歲。一月至次年一月，連載「虹橋」於『婦人之友』。四月，與其夫人旅行歐洲，搜集「火燒巴黎」的資料，六月回國。七月至翌年七月，在『每日新聞』連載「火焰柱」。十月至下年九月，連載「火燒巴黎」於『朝日雜誌』。十一月，神奈川縣政府授與其神奈川文化獎。

一九六三年　六十六歲。在『婦人之友』發表「離合」。六月，在『讀賣新聞』連載「月人」，翌年四月刊畢。

一九六四年　六十七歲。三月至次年一月，在『世界』連載「焦土」（「土燒巴黎」的續篇）。十一月，榮獲文化勳章。這年，就任鎌倉市風致保存會理事。

一九六五年　六十八歲。一月，以『火燒巴黎』及其他作品而獲得朝日文化獎。在『河北新娘』連載「鞍馬天狗——地獄太平記」，七月刊完。

一九六六年　六十九歲。八月，在『日本經濟新聞』連載「丑角」，次年一月刊畢。

一九六七年　七十歲。一月，在『朝日新聞』開始連載「天皇的世紀」，迨至一五五五回而中斷。

一九七三年　七十五歲。四月三十一日，與世長辭。

石森延男及其作品

村松定孝

石森延男　1897–1987

一

石森延男於一八九七年六月十六日，降生於北海道札幌市；乃父和男是宮城縣登米郡石森村的出身，畢業於東京帝國大學的古典講習科，當時擔任札幌師範學校教授。和男跟明治時代歌壇的重鎮落合直文（譯註一）是最好的朋友，這時和男也以歌人知名。因此，延男後來成為教育家和童話作家，實與他的家庭背景具有不可分割的關係。

延男在他父親所服務札幌師範學校的附屬小學，從尋常小學一年級上到高等小學三年級。尋常小學與現在的小學同樣是六年，當時，欲進上級學校者，都由尋常小學進中學（跟今日日本的高等學校大同小異）。高等小學跟當前的中學同為三年，是不準備進上級學校者所要上的學校。而延男之所以上高等小學，是因為他班上有蝦夷人的小孩，他們都沒進中學，而進高等小學所致。另外一個原因是，他特別喜歡這所小學，不想離開它。

亦即延男小時候坐筏子玩，筏子幾乎要沉下去時，被蝦夷人小孩救過。由於這種原因，他跟蝦夷人小孩便格外親密，天天跟他們混在一起，所以也就不欲離開高等小學。這種與蝦夷人的友情，似是他日後寫作「蝦夷部落的口哨」的動機。而延男的父母之所以沒有反對他上高等小學，實來自由於他的家庭沒有把蝦夷人當作異民族。

延男在高等小學的級任老師是名字很特別的茶碗屋德治。因此學生們遂把他叫做茶碗或者托克里（德治與托克里的發音很相近，托克里在日語意味著小酒瓶——譯者）。托克里老師把島崎藤村（譯註二）的詩寫在黑板上，讓學生朗誦，所以延男受這個老師的感化，而讀詩和作詩。

與此同時，他在上下課途中，口袋裡經常裝著德富蘆花（譯註三）的『自然與人生』，每天讀它。

因此他作文，便有蘆花文章的氣息和味道。所以，托克里老師說延男是他班上的蘆花，以鼓勵他。

不幸的是，他十五歲的冬天，在下雪的晚上，他母親辰子，竟留下五個兒女而與世長辭。但那天延男的悲傷，和充滿溫暖的母親愛，卻永留延男心田，從而成為他創作童謠和童話的泉源。

二

從十七歲到二十歲，延男肄業於札幌師範學校。在師範學校時，他曾投稿詩作於『文章世界』，日漸發揮其文學才華。畢業師範學校以後，他擔任過兩年的小學圖畫老師。一九一九年，他到東京，進東京高等師範學校（日後的東京教育大學，今日的筑波大學）文科國語漢文科。

在高師時代，與日後的日本文學家池田龜鑑和歌人五味保義等，在宿舍同起居，跟後來的童謠作者葛原茂（茂是音譯），一起參加研究口述童話的大塚講話會。

延男於一九二三年唸完高師，隨即，為執教愛知縣的成章中學，而前往渥美半島。一年半以後，他轉任香川師範學校教師，在這裡也服務一年有半。而在這期間，他由培風館出版了『可眷戀的人們』一書。這可以說是延男的處女作，即他以很美麗的文字，為少年和少女刻畫了留下日本古典和名作之人們的形象。

一九二六年，出版了這本書的他，受到他母校老師，以大漢和辭典的著者馳名的諸橋轍次博士(譯註四)之推薦，前往大連，出任教科書的編纂官。這個編纂局是偽滿關東廳和滿鐵的共同機關，無需說，偽滿是受日本統治的。換句話說，在這裡，他為由日本前來東北的日本小孩，和東北人的孩子們編寫教科書。

在東北期間，他曾出過個人雜誌『滿洲野』，並以東北爲舞臺，在『滿洲日日新聞』發表過『蒙古風』這部小說。這部小說後來改名爲『將開花的少年群』，由新潮社出版，並獲得新潮獎。那一天，他回到日本，擔任文部省圖書監修官，編纂國民學校（自一九四〇年至戰敗，日本小學叫做國民學校）的教科書。在這前後，他曾推出『來日本』、『松花江的早晨』等少年小說。

一九四五年，日本戰敗，文部省便受盟軍總部民間情報教育局的指揮。於是從前國民學校和中學所授的「修身」、「地理」、「歷史」、「武道」、「教練」等學科遂被廢止，因此文部省內部的一些人，甚至於耽心「國語」科也可能被取消。對於這種局勢，誰都沒有把握，編纂室的人，都無法安心工作。

因之，延男遂隻身前往盟軍總部，求見教育局長汪達里克上校，並對他主張說：「就是戰敗也不應該取消日本學校教學日語；我們想編寫適合於和平新時代之少年的好日語教科書」。汪達里克上校接受了延男的建議。戰後日本的國（日）語教科書，就是這樣編起來的。從現在看來，這好像沒什麼，但當時要這樣積極行動，的確需要好大的勇氣，而從這一點，我們也可以看出他對孩子們的熱情。

三

延男在文部省工作到一九四九年；從此以後，他便從事於指導民間教科書的發行，擔任昭和女子大學、藤女子大學、山梨女子短期大學（相當於我國的專科學校）教授，並出任過日本兒童文學者協會會長。

說到延男的代表作，當推『蝦夷部落的口哨』。這是他念念不忘少年少女能夠天眞爛漫地成長，而於一九五七年完成的巨篇；爲創作這部作品，他構思十年，寫作整整一年半。它所描刻的是，成長在靠近札幌之蝦夷部落（蝦夷話叫做哥丹）的姐弟故事。姐姐瑪沙（音譯）是中學三年級學生，弟弟余達加（音譯）肄業中學一年級，都是活潑而可愛的少女和少年。乃父伊昂（音譯）是窮苦的日工，母親爲日本人，但已經不在人間了。瑪沙和余達加抱著亡母的幻影，與其父親過日子，但每每因爲是蝦夷人的孩子，而受到欺侮和迫害，此時，常出來主持正義的是中西老師。

『蝦夷部落的口哨』於一九五八年，獲得第一屆未明文學獎，同一年更贏得產經兒童出版文化獎，並在廣播電臺和電視連續廣播和放映，由兒童劇團演出，更拍成電影，很受人們愛戴。

發表『蝦夷部落的口哨』以後，延男又創作了『巴特勒與盧米那』（一九五九年）、『班的禮品故事』（一九六二年），和『奇怪的狂歡』（一九六三年）等三部長篇少年小說。

在『巴特勒與盧米那』，他描寫這樣名子的少年和少女，與樹林裡的動物，共同尋求和平，希冀能過快樂生活的心願，而這也是作者的信念；對於人類，虔誠的愛與感恩纔是最可寶貴的意思表示。

『班的禮品故事』是，作者取材於歐洲旅行，以主人公班的見聞記爲中心，採取班在幻想的世界，與異邦的風物對話等等，非常富於變化的筆法。這個作品，獲得了第一屆的野間兒童文藝獎。

『奇怪的狂歡』，描繪一個由日本東北地區前來東京肄業中學一年時間的生活，其題目，實取自畢業典禮前一天，在運動場舉行歡送畢業生大會。

六十歲時纔推出『蝦夷部落的口哨』的延男，對於童話的創作還是滿腔熱情，童話作家石森延男的寫作生命，如其名字，必將延續下去。（譯註五）

（譯註一）落合直文（一八六一——一九〇三），幼名為龜次郎，後來改為盛光。宮城縣人，歌人、日本文學家。

（譯註二）島崎藤村（一八七二——一九四三），本名春樹，長野縣人，小說家、詩人。

（譯註三）德富蘆花（一八六八——一九二七），本名健次郎，德富蘇峰的胞弟。熊本縣人，小說家。

（譯註四）諸橋轍次（一八八三——一九八二），新潟縣人，漢學家、文學博士。

（譯註五）本文作者村松定孝現任上智大學教授；本文譯自偕成社出版，石森延男著『蝦夷部落的口哨』一書的解說。

一九八三年三月九日東京

（曾刊登於『青年戰士報』）

石森延男 年譜

一八九七年　六月十六日，以父親石森和男、母親辰子的長子，降生於札幌市南六條西九丁目。

一九一一年　十四歲。一月，母親辰子去世。

一九一三年　十六歲。三月，唸完札幌師範學校附屬小學高等科三年，四月進札幌師範學校。

一九一六年　十九歲。九月，父親和男過世。
一九一七年　二十歲。三月，畢業札幌師範學校。四月，擔任札幌北九條小學教員。
一九一九年　二十二歲。四月，進東京高等師範學校(以後的東京教育大學，今日的筑波大學)文科第二部（國語漢文科）。
一九二二年　二十五歲。春天，與岡藤綠結婚。
一九二三年　二十六歲。三月，東京高師畢業，出任愛知縣成章中學教員。四月，長女野道（音譯）降世。
一九二六年　二十九歲。四月，轉職於大連的所謂南滿洲教科書編輯部。
一九三一年　三十四歲。自費出版童話集「鈍月」（音譯）。認識宮澤賢治。
一九三六年　三十九歲。調職大連彌生高等女學校。跟朋友們創辦少女雜誌『日本少女』。
一九三八年　四十一歲。四月，在『滿洲日日新聞』連載小說『蒙古風』，八月刊完。
一九三九年　四十二歲。三月，由大連回到東京，工作於文部省圖書局。由新潮社出版『將開花的少年群』（原題爲「蒙古風」），隨即獲得第三屆新潮獎。
一九四〇年　四十三歲。二月，次女七重誕生。由修文館推出『將開花的少年群』；並由三省堂出版『故里的畫』、『擴散的雲』和『燕子』分成三部的小說。
一九四二年　四十五歲。出版『雲與小鳥』、『松花江的早晨』和『紅色的樹果』。
一九四三年　四十六歲。八月，長女野道去世。
一九四六年　四十九歲。由築地出版社和愛育社，分別出版『繡眼鳥』和『兔子』。
一九四七年　五十歲。推出『格斯柏利』（音譯）、『你的話』和『火山島』。

一九四八年 五十一歲。由光文社出版『分道』；並推出『秋日』、『白手套』二書。

一九四九年 五十二歲。發行『一隻鸚鵡』和『相好』。離開文部省。

一九五〇年 五十三歲。由光村圖書出版會社出版『竹』（十二卷）。

一九五一年 五十四歲。四月，應昭和女子大學之邀請，講授兒童文學。

一九五七年 六十歲。由東都書房出版『蝦夷部落的口哨』（上、下兩卷）。因這部作品，而獲得第一屆未明文學獎和產經兒童出版文化獎。這年，參加在法蘭克福召開的第三十屆世界筆會後，旅行了歐洲各國。

一九六〇年 六十三歲。從光村圖書公司發行『歐洲遍路』。四月，出任札幌藤女子大學講師，教授兒童文學。

一九六一年 六十四歲。出版『聶布太郎』、『拉班特之花』、『母小牛』。

一九六二年 六十五歲。由東都書房推出『班的旅行見聞』。以這部創作而獲得第一屆野間兒童文藝獎。同時出版『奇怪的狂歡』。

一九六四年 六十七歲。七月，旅行蘇聯。由布雅拉（音譯）社出版『父親的歌』袖珍本。

一九六五年 六十八歲。由講談社出版『作大家的光輪』（六卷）。

一九六六年 六十九歲。三月，旅行東南亞。四月，應聘爲山梨縣立女子短大教授。八月，旅行歐洲。十一月，在香川縣屋島建立其教育文學碑。

一九六七年 七十歲。九月，其朋友、學生出版『我們對石森先生的回憶』。

一九六八年 七十一歲。由大阪教育圖書出版公司出版『桐花』；由羅漢柏書房發行『創作童話作法』。

一九六九年

七十二歲。由沙也拉（音譯）書房，和東都書房，分別出版『狗的足跡』和『千軒岳』。石森現任昭和女子大學名譽教授。

島崎藤村及其作品

山室靜

島崎藤村　1872–1943

一

島崎藤村原名春樹，一八七二年三月二十五日，出生於長野縣西筑摩郡神坂村字馬籠。其本家是諸侯居地的里正，算是地方的世家。乃父正樹，對於本居宣長、平田篤胤的國學非常有興趣，明治維新以後，曾開設私塾，教育後代。惟日後因爲失憶發瘋致死，藤村晚年的巨作「天亮前」，就是以其父親充滿煩悶之一生爲題材的作品。

藤村是四男三女的末子，自幼就好學心很強，因之乃父甚至想以他來作後嗣。九歲時，到東京求學，寄居親戚朋友家，讀過泰明小學、三田英學校和共立學校，一八九一年，畢業當時相當激進的明治學院。

藤村之向心文學，是快畢業明治學院的時候。當然這與同學戶川秋骨、馬場孤蝶之爲文學青年不無關係，而本書所收的『櫻果熟時』，便是描寫這個時代的作品。畢業後，他曾在其恩人吉村開於橫濱的雜貨店工作，但仍然念念不忘文學，因之請教於當時的明治女學校校長，同時出版「女學雜誌」的巖本善治有關他的志願。從此以後，他便在『女學雜誌』發表譯作，並擔任明治女學校（女子中學）的教員，而與星野天知、北村透谷等認識，更於一八九三年春秋，跟這些朋友創刊『文學界』雜誌。

藤村在『文學界』發表詩和詩劇，那時的日本，近代詩剛開始萌芽，所以藤村的作品還是在摸索狀態。這時他生活很苦，加以與其學生談戀愛的煩惱，使他捨去教職，入信基督教，從而流浪於關西（西日本）。

藤村之專心從事詩作，是一八九六年他出任東北學院教師以後的事。是即來到森林都市的他，心情愉快，因之陸續創作了許多美麗的詩集。次年夏天他所出版的處女詩『若菜集』，是宣告近代日本之黎明的詩集，同時使他走上詩壇的第一線。

他在仙臺，祇有一年左右；繼而推出『一葉集』、『夏草』兩本詩集；一八九九年出任信州（長野縣）小諸義塾的老師，經過兩年出版『落梅縣』以後，他便轉到小說的世界。爾後，他寫過『破戒』、『春』、『家』、『新生』、『暴風雨』、『天亮前』等清新而有份量的作品；並於一九四三年八月，正在撰寫『東方之門』時，與世長辭，享年七十一。

二

過去，『櫻果熟時』在藤村的小說中，比較沒受人們注目，這是有道理的。因為文藝評論家和文學史家，一直都以上述藤村的小說為對象。

『破戒』是取材於所謂新平民的頗具雄心的處女長篇；『春』以『文學界』時代為題材，是追溯作者青春的煩悶和徬徨，決定作者日後作為自傳作家之方向的作品。『家』是使以『春』和田山花袋的『棉被』等為出發點的日本自然主義，達到頂峰的富有里程碑性質的創作。『新生』乃作者遭遇中年的危機，而全盤自白以圖回生的問題之作。『暴風雨』是渡過這個難關，回顧其生涯，迎接其寧靜富裕的老年之開端的作品。『天亮前』是以他父親的一生為中心，全力刻畫近代日本之黎明期過程的畢生之大作。

這些作品，不但對於作者本身，而且對於日本文學史皆具有重大的意義，因此談到藤村的小說時，自然會以這些作品為主要的討論對象。所以，與這些作品比較的時候，『櫻果熟時』自有遜色。

但是，如果撇開這種文學史上的評估，而虛心閱讀『櫻果熟時』的話，將會有新的看法。我認爲，它是非常好的，特別是很值得年輕人去閱讀的作品。

作者說：「這是我的著作中，希望年輕人去讀的一篇」。

跟作者非常要好的柳田國男評論這個作品說：「它嘗試說明逐漸走進事體之本質的途徑」。

亦即作者從作者本身是主人公岸本捨吉十七、八歲，肄業於明治學院的時候寫起，而至畢業後邊在其恩人所開橫濱的店鋪工作，邊向心文學之道，繼而突然出任明治女學校教員，並與同好創辦『文學界』雜誌，其創刊號將要問世時，因爲苦於與其學生的悲戀，而放棄教職，二十二歲春天凜然出去流浪的時期。無需說，這是描繪青春的喜悅與煩惱的小說。這種刻畫青春前期的純眞生命的悲喜作品，好像很多，但在實際上並不多，在日本尤其很少。而單就這一點來說，它就很值得我們注目，更爲年輕人所必讀。

這個作品以岸本捨吉從品川車站高輪（地名）走去，在有許多樹蔭的坡路，與曾一時很有來往的年長女性（繁子）所乘的洋車碰頭的場面爲開端。這個女性是教會女校的教員，同時又是舍監；經由老師介紹後，主人公便以有如對其姐姐的心情，曾很親密地來往一年左右。

「教他舊日本習慣所沒有的，所謂青年男女之交際的是她，第一個寫信給他的女性也是她。這些好意，這些親切，緩和了少年的頑固的不關心。所以一到黃昏，他的雙腳也就常常往有若姐姐這個人的地方走去。」對於這個女性，他這樣寫著。由於跟她的來往，主人公的世界，遂很迅速地擴大，而由此，他認識其他的異性，也出入於有許多女學生的文學界。

「他覺得快樂和幸福到處等著他。他插足於青年男女交際的場所和集會，教會長老的家庭，尋求將使他心情歡欣的可愛對象。一切的一切，似輕而易舉地，會很順利。彷彿一跳可以登天。因爲認識高爵位的美麗寡婦，而很快地躍登政治舞臺之窮迪斯雷利的生涯，刺激了捨吉的空想。」

對於主人公來說，她爲他啓開了人生的大門，而踏進這個大門以後，他覺得他的前途似錦。

可是，主人公卻突然拋棄這個光明的大道。跟他在坡路躲著她迎頭而來的她車子一樣。捨吉離開華麗的交際社會，幾乎放棄學業，閉門孤獨專心於他所愛好的學藝。以往，一直往外發展的人生，在這裡屈折，而轉變到往內尋求人生深處之眞實的方向。不獨藤村，大凡詩人和作家的起步，都以這種生命的轉機（革命）爲基礎。以此爲界，一向以爲是眞實、善和美的，便失去其價值，出現新的，更深一層的人生的眞實、善和美。這時，人才能以再生者的眼光觀察人生，而其中的有些人，便會跟這個作品的主人公一樣，走上文學的道路。

藤村的這個作品，在描寫或意圖描寫這種人生的新的覺醒，亦即在描刻柳田國男所說「嘗試說明逐漸走進事體之本質的途徑」這一點，它實具有祇描寫青春的其他小說所沒有的特色。它近乎歐洲的所謂教養小說的作風。

當然，描寫這種微妙的心理變化和成長，是一件很不容易的事，而就這篇作品來說，也不能說是寫得非常成功。主人公深感他過去的生活不沉著，覺得他是「模倣孔雀的烏鴉」，其開始過著他同學都很驚訝的沉鬱生活，說是以朋友忠告他與繁子的關係爲轉機，但我覺得，他應該進一步細刻這一點。我以爲，主人公從小就寄食他人家而產生的反抗心和鬱屈感，應當是更複雜。因此我認爲，如果能更詳細地描繪這些，主人公日後不得不經過的歷程，將予讀者以更強烈和更深刻的印象。

但是，作者卻並沒有深入這一點，而有如水流著淺灘潺潺地寫著。這使讀者感覺有些美中不足，但這似乎是作者的用意。換句話說，作者以這種筆法，企圖寫出雖然鬱屈、煩惱、甚至時或激動，但總是充滿情感和希望，步伐輕輕，與高采烈地勇往邁進的青年形象，因此，作者的用意非常周到，諸如以學校的生活，工商業者居住地之過繼的家的氣氛，橫濱店中悲傷卻幽默的場面；老師與女學校女學生的關係，而至青木等創辦『文學界』爲止的交友爲點綴，從各種各樣的角度，一步一步地追蹤主人公的這種新的覺醒。他的筆法雖然很淡，但譬如有關同樣寄食於過繼的家之信仰基督教的一對夫妻的寫法，表面上雖然沒什麼，但在其深處卻藏著另一種涵義。

現在我們來看看主人公從學校畢業那一天，在校門撿了櫻果的場面。

「這是風搖著櫻樹樹枝的日子，一看門外路上，有些很可愛的櫻果。

『哦，這裡也有。』

捨吉走去撿了一兩顆。這時，他想起以前在鄉下山村，撿過樸樹果實，和樫鳥所掉下羽毛的事情。他不由得聞聞所撿的櫻果，以欣賞童話的情調。這是年輕時幸福的表徵。」

這個作品之題名『櫻果熟時』，可能取自這個場面，而把並不算美觀的櫻果，與在故里少年時代的回憶連結一起，以定義爲「年輕時幸福的表徵」，乃是這個作者的特色。

他這種寫法，或許會令人覺得有點裝模作樣；但在這個作者，許多時候，則細把小的現實（在這裡是櫻果）昇華到生命的象徵，以增加作品的深度。藤村是日本自然主義的代表作家之一，同時也是冷靜而正確的寫實主義的信奉者，但他卻知道就是再客觀地描寫對象，也不可能把握生命的眞實。由於他以詩人起家，因此能很清楚地分別人生過程中，有意義的和無意義的部分，並予前者以光線。當然，他的寫實主義並沒有平面地擴散，而猶若稀疏的樹蔭，使人生的幾個場面突出，其他的則令其沉於蔭子裡。它有如繪畫上的後期印象派，從而成爲象徵主義。

主人公以滿腔悲戀，放棄教職，脫離教會，出去流浪，踏著春雪說：「我剛踏出第一步」，走來走去的結局部分，描寫得最爲成功。

這個作品起初以「櫻果」這個標題，於一九一三年一月和二月，發表其前面部分，繼而作者因爲所謂新生事件，前往法國，致使未能繼續撰稿。翌年，在巴黎以現在的題目「櫻果熟時」，開始重寫，惟因爆發第一次世界大戰而中斷，所以回國之後他纔完成這篇作品。亦即一九一七年十一月，他發表其續稿；迨至一九一八年六月刊畢。這個作品雖然經過六年時間纔完成，但它並不令讀者稍有這種感覺；而且他到中年纔寫成這部作品，但他卻既棲身其取材的世界，又充滿嬌嫩的情感，他的耐心和誠實，的確令人驚嘆。

在自傳作家藤村的創作中，從題材來說，它是屬於繼撰寫少年時代的『成長記』以後的時期，隨後他所推出的就是『春』。

三

此書的另外一篇「萌芽」是藤村短篇小說中屈指的名作。它寫著作者結束在信州小諸的六年教員生活，帶著幾乎快完成的『破戒』稿子到東京，租屋居住那時還是東京郊外的大久保，完成『破戒』的習作，作另一個作家顯露頭角時，他的家庭卻過著非常悲慘的生活，因之他三個天眞爛漫的千金相繼死去的事實。尤其最後一個女孩御房發瘋而死的場面，眞是令人不忍讀下去。作者之敢面對現實，予以這種正面的描寫，似乎因其作家精神所使然。

藤村的作家精神，確有不近乎人情的一面。他從決定要到東京而興高采烈，蹦蹦跳跳的三個女孩的可愛情景起筆，而至描刻爾後一個一個地死去的情形，這是非常強烈的對照，在作爲作品的效果上，這是沒話說的。事體或許確是如此，但竟把這些寫成這樣的作品，這是一般的人情世界所作不到的。由於這種原因，這個作品一發表，便引起軒然大波。有人說，『破戒』誠然是名作，因為這部作品，藤村確立了他作為作家的地位，但文學眞的那麼值得忽視家庭生活，犧牲幼女生命去努力嗎？又有人說，「萌芽」雖然是很令人感動的作品，但能這樣冷靜刻畫自己小孩之死的作者，還算人嗎？更有人說，他應該用寫作的時間，好好去養活他的女兒才對。

這種「人生與文學」的問題，至今還是沒有獲得解決。但無需說，傑出的作品，不是祇寫人情世界的漂亮事所能產生的。家庭生活幸福，又能寫出好的作品，這是如意算盤。

在藤村立志要做作家的時代，文學的讀者既少，出版事業也不發達，所以文學家的生活非常困苦。而由這篇作品，我們當能窺悉文學家的痛苦，和克服這種痛苦之藤村的毅力。這是於一九〇九年十月，發表於『中央公論』的作品。（註）

（註）山室靜是文藝評論家。本文譯自偕生出版社，島崎藤村著『櫻果熟時』一書的「解說」。

（原載民國七十二年八月三、四日『自立晚報』）

島崎藤村 年譜

一八七二年　三月二十五日（舊曆二月十七日），降生於長野縣西筑摩郡神坂村字馬籠（今日的該郡山口村神坂小字馬籠），父親正樹，母親縫子。四男。本名叫做春樹。

一八七八年　六歲。進神坂村小學。從父親學漢文。

一八八一年　九歲。四月，從家長勸告，與三子友彌到東京，寄居京橋檜屋町（今日中央區銀座四丁目一帶）的高瀨薰（大姊夫）家，上泰明小學。

一八八三年　十一歲。搬到高瀨的同鄉吉村忠道家。

一八八四年　十二歲。跟海軍省官員石井其吉學英文。

一八八六年　十四歲。三月，泰明小學畢業。進三田英學校（現今的錦城學園）。十一月，父親發瘋死於故鄉。

一八八七年　十五歲。進神田的共立學校（今日的開成高等學校），就教於木村熊二牧師。九月，進宗教學校明治學院。

一八八八年　十六歲。六月，在高輪臺町的教會，由木村牧師領洗。

一八九一年　十九歲。六月，明治學院畢業。請求『女學雜誌』的負責人岩本善治，令其做該雜誌的客座，發表翻譯文章。

一八九二年　二十歲。十月，出任明治女學校教師，住牛込赤城元町。

一八九三年　二十一歲。一月，與北村透谷、星野天知等創辦『文學界』。旋即脫離教會，辭去教職，旅行關西。

一八九四年　二十二歲。二月，北村透谷自殺。十月，編『透谷集』，由文學界雜誌社出版。

一八九五年　二十三歲。六月，在『文學界』發表小說「二本榎」。九月，故鄉失火，老家燒掉。

一八九六年　二十四歲。九月，出任仙臺東北學院教師。十月，母親去世。

一八九七年　二十五歲。七月，辭去東北學院教職，回故鄉。八月，由春陽堂出版處女詩集『若菜集』。

一八九八年　二十六歲。十二月，從春陽堂出版詩集『夏草』。

一八九九年　二十七歲。四月，出任木村熊二所創設小諸義塾的教師，而搬到長野縣北佐久郡小諸町（今日的小諸市）。與秦冬子結婚。

一九〇〇年　二十八歲。五月，長女綠降世。此年，開始執筆『千曲川的寫生』。

一九〇一年　二十九歲。八月，從春陽堂出版詩文集『落梅集』。

一九〇二年　三十歲。次女孝子誕生。十一月，在『新小說』發表處女作「舊主人」，但遭到查禁。發表「草鞋」於『明星』。

一九〇四年　三十二歲。五月，三女縫子出世。九月，從春陽堂出版『藤村詩集』。開始撰寫『破戒』。

一九〇五年　三十三歲。四月，辭去小諸義塾教職，到東京，住西大久保。五月，三女縫子夭折。十月，長子楠雄出生。認識國木田獨步。

一九〇六年　三十四歲。一月，發表「早飯」於『藝苑』雜誌。三月，自費出版『破戒』。四月，次女孝子、六月長女綠去世。十月，遷到淺草新片町。

一九〇七年　三十五歲。九月，次子雞二出世。

一九〇八年　三十六歲。四月，在『東京朝日新聞』連載「春」，十月自費出版。十二月，三子蓊助降世。

一九〇九年　三十七歲。九月，從佐久良書房出版感想集『新片町』。同時發表「萌芽」等多篇小說。

一九一〇年　三十八歲。一月，在『讀賣新聞』連載「家」，凡一百十二回。八月，生四女柳子後，妻子冬子去世，三十二歲。

一九一一年　三十九歲。六月，在『中學世界』連載「千曲川的寫生」，翌年八月結束。十一月，自費出版『家』。

一九一二年　四十歲。五月，發表「生長記」於『婦人畫報』。十一月，整理父親稿『松樹枝』，自費出版。十二月，從佐久良書房出版『千曲川的寫生』。

一九一三年　四十一歲。四月，由神戶前往法國。在巴黎期間，連載「法國通訊」於『東京朝日新聞』。

一九一四年　四十二歲。邊連載「法國通訊」，從五月，在『文章世界』斷斷續續連載「櫻果熟時」，結束於一九一八年六月。八月，因爲第一次世界大戰，而避難於法國南部。

一九一五年　四十三歲。一月，從佐久良書房出版『和平的巴黎』。十二月，由新潮社出版『戰爭與巴黎』。

一九一六年　四十四歲。七月，從法國回來。九月，出任早稻田大學講師。

一九一七年　四十五歲。四月，從實業之日本社出版童話集『給幼年人』。

一九一八年　四十六歲。五月，在『東京朝日新聞』連載「新生」前篇，一百三十五回。七月，由

一九一九年　實業之日本社出版『到海』。一月，搬到麻布飯倉片町。
四十七歲。一月，從春陽堂出版『櫻果熟時』和『新生』第一卷。四月，在『東京朝日新聞』連載「新生」後篇，一百四十一回。十二月，從春陽堂出版『新生』第二卷。

一九二〇年　四十八歲。二月，由春陽堂推出童話『故鄉』。

一九二一年　四十九歲。七月和八月，在『新潮』及『中央文學』，分別發表「一個女人的生涯」及「飯倉書信」。

一九二二年　五十歲。九月，從春陽堂出版『異邦人』。藤村全集刊行會發行『藤村全集』，十二卷。

一九二三年　五十一歲。一月，因腦溢血倒下來，病臥五十天左右，靜養於小田原。

一九二四年　五十二歲。一月，從研究社出版童話集『幼年的故事』。五月，由弘文館推出『幸福』。九月，修改『和平的巴黎』及『戰爭與巴黎』，並以『法國通訊』(上、下卷)，由新潮社出版。

一九二五年　五十三歲。一月，發表「準備成長」於『新潮』；三月，從阿爾斯出版感想集『等著春天』。

一九二六年　五十四歲。九月，發表「暴風雨」於『改造』。

一九二七年　五十五歲。七月，在小諸城址，建立了藤村詩碑(千曲川旅情之歌)。

一九二八年　五十六歲。四月，春陽堂出版明治大正文學全集『島崎藤村』。十一月，與加藤靜子(『處女地』雜誌的同人)再婚。

一九二九年　五十七歲。四月，在『中央公論』連載「天亮前」第一，結束於一九三二年一月。

一九三一年　六十歲。四月，在『中央公論』第二部，連載到一九三五年七月。
一九三五年　六十三歲。十一月，出任日本筆會會長。
一九三六年　六十四歲。一月，獲得朝日文化獎。六月，從岩波書店出版感想集『桃子的點滴』。七月，爲著出席世界筆會，與有島生馬到阿根廷。
一九三七年　六十五歲。一月，經由美國、法國回日本。喬遷麴町下六番町的新居。五月，在『改造』連載「巡禮」。六月，被推選爲帝國藝術院會員，但謝絕了。
一九四〇年　六十八歲。由於再度應邀，而出任藝術院會員。十一月，由研究社出版童話集『大年糕』。十二月，由新潮社推出童話集『小冷子』。
一九四二年　七十歲。五月，旅行京都、奈良。從秋天左右，開始撰寫「東方之門」。
一九四三年　七十一歲。一月，在『中央公論』連載「東方之門」。八月二十一日，在神奈川縣大磯的臨時居所重發腦溢血，次日去世。遺體土葬於大磯的地福寺內。「東方之門」未完稿。

高村光太郎及其作品

北川太一

高村光太郎　1883–1956

一八八三年，可以說是明治維新的大變動已經平靜，人民和國家都充滿信心，準備去開拓其前途之日本青春的開幕時代。譬如在這一年，外賓接待所鹿鳴館落成，天天舉行著盛大舞會；翌年，森鷗外（譯註一）前往德國留學；再過一年，被公認爲日本近代文學的第一篇作品，坪內逍遙（譯註二）的「當世書生氣質」問世。

高村光太郎就是於一八八三年三月十三日，出生於東京下谷西町三番地，掛著「神佛人像彫刻師一東齋光雲」牌子的背胡同裡的大雜房。算虛歲，他小與謝野晶子（譯註三）五歲，永井荷風（譯註四）四歲，齊藤茂吉（譯註五）一歲；大北原白秋、木下杢太郎、武者小路實篤（譯註六）兩歲，石川啄木、荻原朔太郎（譯註七）三歲。

日後成爲木雕泰斗的高村光雲，那時雖爲維護木彫的衰微正在艱苦奮鬥，生活很苦，但繼兩千金之後，因得長子而非常高興。幾代在江戶（東京），尤其在工商業者居住地之典型的手藝人家庭的生活，特殊的道德觀念和審美意識，對於光太郎的生涯具有重大的影響。這種環境，就是於一八八九年，光雲因爲岡倉天心（譯註八）等人的推薦出任東京美術學校（今日的東京藝術大學）教授以後，基本上還是沒改變。

在這種家庭，通常長子要繼承家業。十四歲進東京美術學校預科的時候，光太郎已能用小刀。而且業經完成木彫修練，這只要看其所留下來的作品就可明白。此時，他很可能已經預感到他作爲彫刻家的宿命。他這種預感逐漸發展爲創造「美」的自覺，並成爲支持他心靈上歷盡滄桑的生涯的臺柱。

在這過程中，法國彫刻家羅丹（譯註九）的作品，曾予光太郎以決定性的影響。他何時知道羅丹，我們雖不得而知，但他在美術研究科時代的日記（一九〇四年）中，即已寫著因看羅丹彫刻照片的感動。羅丹之被介紹到日本，是一八九二年的事，因此跟光太郎發現羅丹，幾乎是同時。這個西歐近代的大彫刻家羅丹的存在，要變成光太郎的血肉，雖然還得經過一段長的時間，但很快就傾心羅丹之彫刻的光太郎的才華，實在很値得我們注目。一九〇五年，由丸善書店所購得莫克勒爾(譯註一〇)的著作『羅丹』，以及該書所刊載的許多彫刻照片，令光太郎廢寢而讀，並使其深感這是他所應該走向的道路。次年，他前往美國。

但除彫刻之外，文學也是促使光太郎成長的另一個因素。他的回憶告訴我們：他自幼就愛好文學，並背著乃父偷看各種各樣的書；是以具有非凡的才華，好學心特別強的他，不僅看書和欣賞，而且爲表達自己的慾望，而投稿「俳句」於報紙，創作短歌，更參加新短歌的結社新詩社。光太郎說他所以參加新詩社，是爲該社社長與謝野鐵幹(譯註一一)的男子漢氣概所吸引；而的確，一九〇〇年的新詩社，大大地擴大了光太郎的情操，因之使其寫出大量的短歌，歌人筸碎雨爲之聞名文壇。

了解短歌的變遷，雖然是個很有趣的問題，但在這裡我們只指出，與認識羅丹的同時，光太郎在文學上關心、留意人們的幸福和悲痛。日俄戰爭時，與謝野晶子對其在戰場的弟弟寫詩說：「你不要死」；而光太郎青年受到發展時期新詩社羅曼主義的薰陶，實別有其意義。直接觀察人的態度，與傾倒羅丹好像是兩件事，其實是一件事。

爲留學歐美，光太郎於一九〇六年二月，往美國出發，那一天，時或下著雨雪，在師友的期待，和父母的期望聲中，正要走向產生羅丹的歐洲文化的這個高材生，孝父母、念弟兄的彫刻青年的心，一定充滿了自負。他這種自負，我們可以從他由紐約寫給他弟弟、妹妹的信看得出來。

「你們都在好好讀書吧。從此以後，日本只會進步。你們要好好努力，不要靠爸爸和媽媽。我也要用功，相信有一天將一鳴驚人。你們瞧著吧」。

他初次所接觸到的美國文化，一切的一切都是非常新奇，年輕活潑的心身，天天經驗著「有生以來第一次」的事體，就在半工半讀的生活裡，世界上都是新鮮的。

日後，他曾就留美時代作如下的結論：

「我在美國所獲得的，似乎是由日本倫理觀的解放。在祖父、父母身邊，舊江戶倫理之延長的氣氛中長大的我，來到美國以後，非常吃驚於美國人與日本人在行動上的基本不同。在那裡，我發現完全不重視謙虛之德，不看重金錢的年輕人的氣概。」

但是，在美國美術學校是特等生，並獲得特別獎而前往英國的光太郎，還是繼續保持其自負。在倫敦一年，觸及盎格魯撒克遜的精神，目睹「有份量、可靠、悠然、不大驚小怪、不慌不忙者之生活的長處」的光太郎於一九〇八年六月，轉到羅丹的祖國法蘭西。由他於一九四七年所寫的回憶著作『暗愚小傳』一書裡的詩「巴黎」，我們不難想像他當日在巴黎的耽溺情形，但巴黎超出他的預料，把他壓得癟癟地。在極端差別人種的美國，和紳士國家的英國。他一直保持作爲一個日本人的自負，但自來到任何人種它都接受，具有人人能過人之生活傳統的巴黎，羅丹的祖國法蘭西以後，他的自負崩潰了。對於光太郎的命運，巴黎實佔有極其重要的地位。

曾由紐約寫信說：「這次，我來此地後纔知道祖國的可愛。每每思念母親和父親時，我總是不禁流下眼淚。我覺得什麼東西都不比父母可貴」的他，在巴黎卻這樣寫著：「父母與子女，在實際上要繼續無法妥協的戰鬥。父母如果強，將使其子女墮落爲所謂孝子（女）。子女如果強，則有如金琵琶，將吃掉其父母。……來日，我勢將走上金琵琶的道路。」

在這裡，光太郎發現了以自己的責任，自由自在生活在人群。他已看夠那麼醉心的羅丹作品，也經驗了推出和支持羅丹之獲得紓解的廣大民眾的生活。他在巴黎所謂蒲特雷和柏爾勒努（譯註一二）

的詩，告訴他以人全身全靈所創作出作詩態度的眞摯，並使他對詩大開眼界。但在彼國，他卻爲自卑感和不能理解的絕望感所困。因此他決心回國，回到一切都非常了解的日本去彫刻日本人。於是光太郎遂於一九〇九年六月底回到其祖國。

但光太郎不在的三年，變的是他，日本的東京舊態依然，既沒有人們生活的環境，也沒有培養藝術的土壤。日後他在『暗愚小傳』就回國後的心理狀態寫著：「我之成爲不孝，是不得已的，我要過人的生活，但在事事不許人去作的這個國家，這就變成叛逆。」

爲著人們的自由和尊嚴，爲著開墾日本的藝術土壤，光太郎開始了他英勇的孤軍奮鬥；回國後不久所寫的評論「綠色的太陽」，就是它的宣言。他說：「我出生爲日本人，我要求藝術界的絕對自由，我要把藝術家當做一個人看待」。此時的日本，正是國家權力無視人權，發覺那大逆事件（譯註一三）的前夜。

『路程』是一九一四年八月，由抒情詩社自費出版的頭一本詩集，嚴密按照年代順序配列的這本詩集的構成，就是與當時的白秋和露風（譯註一四）的詩集比較也很特別。它的題目和構成，一點也不矯飾：而由它，我們可以體會到緊貼著自己生命，不得不作詩，不能不作詩的生活者光太郎的堅強意志。

回國後，欲以「一個人」活下去的光太郎的心願，首先企求這個國家的新的覺醒，因之拚命介紹羅丹、高更、羅特勒克（譯註一五）等人的新藝術，和左拉、莫泊桑（譯註一六）、浦特雷等的新文學，撰寫因爲激烈而令人吃驚的美術展覽會會評，經營新美術的母胎，日本第一家畫廊，取名森鷗外的「即興詩人」的琅玕洞，結果祇有少數人共鳴，連他父親都不表示贊同。琅玕洞虧得一塌糊塗。他想製造黃油以支持藝術而遷往北海道，但也沒成功。爲生活摸索和苦惱，無法消散的精神。在這樣的生活狀況下產生的，即是「路程」前半，到「泥七寶」爲止的詩篇。於是他的精神，時或變成燃燒不已的情慾詩，時爲劇烈的憤怒（「墜子的國家」），混沌的生命的呻吟（「新綠的毒素」），或爲對未來世界的預感（「由頹廢者」）。

現在我們不能一一詳談這些詩，而祇提到「墜子的國家」。托詞江戶時代的小彫刻墜子，光太郎把日本人（包括他自己）的下流、反人性的屬性罵得體無完膚，全篇盡是咒罵的這首詩，據說被當時的詩壇污爲「不是詩」。但它卻是超越當時，今日仍能扣住心弦的非常誠實的詩。而全篇盡是罵話的這番詩之所以爲詩這個事實，實爲爾後的日本近代詩開拓了無限的可能性。

正在此時，出現於光太郎面前的，就是同樣有志於藝術，剛踏出作爲女畫家之第一步的長沼智惠子。光太郎發現智惠子是其能共同生活的一半，覺得跟她一起能夠創造生活的世界。從此以後，光太郎的世界遂迅速地走向爲跟智惠子兩個人的世界，並拿定了方向。而詩集「路程」之可以「泥七寶」爲界，截然分成前後兩個部分，就是由於這種原因。是即「路程」的後半，係以與智惠子的戀愛爲中心，紀錄「要檢討的，要內部生命積蓄的都是內部財寶」這種個人世界的充實和成熟，告訴堅定意志的開始，和響著高聲的韻律。「路程」後期的詩作風，出版詩集後仍然繼續，經過起伏，終於達到被譽爲日本近代詩最高成果之一的「風吹雨打的寺院」。

出版『路程』以後，很久沒有再推出詩集的光太郎，迨至接近爆發太平洋戰爭的一九四一年八月，纔出版第二本詩集『智惠子抄』。它包括自一九一二年七月所作「給人」（起初題名「給N女史」），以至一九四〇年六月所寫「荒涼的歸宅」，三十年來有關其亡妻智惠子的詩歌和散文。我認爲，在日本的詩集當中，『智惠子抄』是最受讀者歡迎，最爲人們愛惜的一本。

從戀愛到結婚，而至智惠子發瘋致死爲止，一直以恩愛和純情打動人心，未來亦將如此的這本詩集，其被譽為絕無僅有的愛情之書，理由在此。但『智惠子抄』不僅是描寫一對男女之愛憐的詩集，而且是一對異性全力以赴，嘗試尋求生存之最壯烈的紀錄。換句話說，『路程』的心，也就是『智惠子抄』的心。對於光太郎來講，生活，就是跟智惠子一起生活，創美，便是跟智惠子一道創造的意思。正因為如此，所以智惠子的詩歌，迨至智惠子去世，隔著戰爭時期，還是繼續不斷地創作。加在這裡的戰後的詩歌，給我們的是，他與智惠子同在的實感：「智惠子睡覺時我就犯錯，聽到智惠子的聲音，我就不會做錯。……元素智惠子現在還是在我的血肉裡對我微笑。」總之，讀『智惠子抄』者，自應留意支持這個愛情的，就是發瘋也要維護之這個人生的不許妥協的嚴厲和悲哀。

光太郎的詩，隨歷盡滄桑的時間而變遷。戀愛時代暴風般激烈的愛情的奔流；歌詠發瘋的智惠子，幾乎未用主觀語而非常哀切的「難得的智惠子」、「與千鳥玩的智惠子」、「山麓的兩個人」；介於此兩者之間，充滿他倆在生活上之安樂和歡迎的「樹下的兩個人」、「妳一日比一日漂亮」、「天眞爛漫的故事」。

介於一九二三年「樹下的兩個人」，和一九二八年「天眞爛漫的故事」之間，還有光太郎的最高作品『猛獸篇』前面的十篇。我們不能把『猛獸篇』這個詩群，當作『路程』、『智惠子抄』同樣的詩集。因為『路程』和『智惠子抄』是由光太郎親自設計、出版的詩集，但『猛獸篇』卻是生前幾次（起初以謄寫版、時或以豪華版）預告出版而終於未見天日。當時說是將為四十篇，但加上後來作的也衹剩下十六篇而已（這本詩集，於光太郎的七周忌時，最早的發行計畫者詩人草野心平（譯註一七），經過將近四十年，纔完全按照原來的計畫，親自執筆，以謄寫版印刷，印成獨立的詩集）。

但是這個詩集，在光太郎的詩歌裡，卻佔有非常重要的地位。是即『路程』後期以後的光太郎，整理了前期渾沌中的可能性，努力於充實自己，沈心於彫刻工作，但以一九二三年的東京大地震爲界，他卻重新關心曾一度疏遠的外面社會。當然這與光太郎本身的成熟，和爲自己生活既不得不疏遠外面社會，同時又不得不面對外面社會這兩者的激烈矛盾有不可分割的關係。

在這種氣氛之下，光太郎不屈的靈魂，藉著不馴順之猛獸的姿態，憤然，時則昂然咆哮。於大正末年昭和初期，孕育危機之一個屈曲點的這些『猛獸篇』頭十篇，其內容未必單純，但皆具有緊張的內在律，說明自己生命的覺悅，包含恢復人性的強烈抗議，是光太郎最昂揚的詩群。

以一九二八年的「龍」爲最後，曾一度滅跡的「猛獸篇」，自日本進入決定性戰爭之一九三七年的中日事變，中間挾有智惠子之死的一九三九年之間，突然再度出現「斗篷狒狒」、「象」、「森林的大猩猩」等六首詩；而這些詩也係由驅使光太郎插足戰爭的另一個曲屈點產生的。

換辭言之，於一九四一年十二月八日爆發的太平洋戰爭，一下子把光太郎推入戰爭漩渦。在光太郎心目中，這是被同列於狗的殖民地人民，被壓迫的亞洲人，爲爭取其人性的正義戰爭，是自然的大勢，所以他拼命寫作鼓舞民心士氣的詩歌，但他卻不知道，他這樣做實等於在反人性和殺人。

因此，日本戰敗時，光太郎便由疏散地岩手縣花卷，隻身遷到其郊外太田村山口的茅舍，冬天在暴風雪積到被褥旁的生活中，徹底檢討（反省）其犯錯的來歷，開始他的新生活。這時，他的身體病弱，如果運動，痰一定帶血；他這樣修正自己的生活，其摸索人應該走的道路的精神，實在令人欽佩。他這樣所寫成，一行也不能增減的，就是『暗愚小傳』的詩二十篇。

完成『暗愚小傳』之後，他仍然在茅舍繼續創作思索和生活有關的詩，這些詩於一九五〇年由中央公論社以『典型』的書名出版，這可以說是人類精神的一個極限紀錄。

一九五二年，他決定彫刻十和田國立公園功勞者表揚紀念碑——裸體婦像，回到七年未回來的東京，過著自炊的生活，完成最後的智惠子像以後，他的健康便江河日下。在幾乎一直在坐彫刻室椅子上的生活裡，他的精神雖然始終寫著詩歌和散文，但早已入侵光太郎體內的結核，終於一九五六年四月二日凌晨奪去了他的生命。前一天，東京下了一場不小春天少見的雪，家家戶戶的屋頂全是潔淨的白色。

七十多年來，日夜追問人生的意義，尋求這條路，因之可能犯過一些錯誤，但卻忠於自己生活，爲日本近代藝術界推開大門，予許多人以很大影響的光太郎，其身雖亡，但其畢生所創造的美和詩篇，將繼續告訴人們以生命的意義，予他（她）們以生活的勇氣。

高村光太郎的作品，其去世後，幾乎全部收在由筑摩書房出版『高村光太郎全集』十八卷，和彫刻相片集『高村光太郎』。（譯註一八）

（譯註一）森鷗外（一八六三——一九二二），本名林太郎，四國島根縣人，小說家、劇作家、翻譯家、評論家、軍醫。

（譯註二）坪內逍遙（一八五九——一九三五），原名勇藏，後名雄藏，岐阜縣人，小說家、評論家、劇評家、劇作家、英國文學家、翻譯家、教育家。

（譯註三）與謝野晶子（一八七八——一九四二），原名晶，大阪人、歌人、詩人。

（譯註四）永井荷風（一八七九——一九九五），本名壯吉，東京人，小說家、隨筆家。

（譯註五）齋藤茂吉（一八八二——一九五三），山形縣人，歌人。

（譯註六）北原白秋（一八八五——一九四二），本名隆吉，福岡縣人，詩人、歌人；木下杢太郎（一八八五——一九四五），本名太田正雄，靜岡縣人，詩人、劇作家、小說家；武者小路實篤（一八八五——一九七六），東京人，小說家、劇作家、詩人。

（譯註七）石川啄木（一八八六——一九一二），本名一，岩手縣人，詩人、歌人、評論家；萩原朔太郎（一八八六——一九四二），群馬縣人、詩人。

（譯註八）岡倉天心（一八六二——一九一三），本名覺三，橫濱人，評論家、美術史家。

（譯註九）羅丹(F.A.R. Rodin, 1840–1917)，法國雕刻家。

（譯註十）莫克勒爾(C. Mauclair, 1872–1945)，法國評論家。

（譯註一一）與謝野鉄幹（一八七三——一九三五），原名寬，京都人，歌人、詩人，是與謝野晶子的先生。

（譯註一二）蒲特雷(C. Baudelaire, 1821–1867)，法國詩人、批評家；柏爾勒努，也是法國詩人，但未能查出其外國名字。

（譯註一三）所謂大逆事件是，一九一〇年，說是幸德秋水等二十四個社會主義者企圖暗殺明治天皇，其中十二人於次年一月，被處死刑的事件。

（譯註一四）三木露風（一八八九——一九六四），本名操，兵庫縣人，詩人。

（譯註一五）高更(E.H.P. Gauguin, 1848–1903)，法國畫家；羅特勒克，未能查出其外文名字，可能也是法國畫家。

（譯註一六）左拉(E. Zola, 1840–1902)，法國小說家；莫泊桑(Guyde Maupassant, 1850–1893)，法國小說家。

（譯註一七）草野心平（一九〇三——一九七三），福島縣人，詩人。

（譯註一八）原作者北川太一，現任高村光太郎紀念會事務局長：本文譯自白揚社出版，高村光太郎著『智惠子抄．路程』一書的「解說」。

（原載一九八三年八月十六、十七、十八日『中華日報』）

高村光太郎 年譜

一八八三年　三月十三日，降生於東京下谷西町三番地。父親光雲，母親豐（豐是平假名音譯）。長子。

一八八七年　四歲。四月，進下谷練塀小學。父親給他一把彫刻刀。

一八八九年　六歲。三月，父親光雲，出任東京美術學校（今日的日本國立藝術大學）教授。

一八九〇年　七歲。搬到下谷谷中町三七番地。轉學到日暮里小學。十月，父親出任帝室技藝員。

一八九一年　八歲。進下谷小學高等小學。

一八九五年　十二歲。高等小學畢業。五月，進本鄉森川町的開成補習班，學中學課程。

一八九七年　十四歲。九月，進東京美術學校預科。

一八九八年　十五歲。九月，進本科彫刻科。

一九〇〇年　十七歲。以鷗村的筆名作俳句，參加與謝野寬的新詩社。十月，以篁碎雨的名字，初次在『明星』發表五首短歌。

一九〇二年　十九歲。七月，畢業東京美術學校。進研究科，隸彫塑同窗會，從事創作。

一九〇三年　二十歲。白井雨山回國，初次聽到羅丹這個名字。

一九〇四年　二十一歲。在『斯佻迪奧』雜誌上，首次看到羅丹的「思考的人」，非常驚愕。

一九〇五年　二十二歲。在丸善書店，購得莫克勒爾的書『奧立斯特．羅丹』英譯本，讀得滾瓜爛熟。

一九〇六年　二十三歲。二月，到紐約，白天做彫刻家柏格拉莫的助手，晚上到研究所。

一九〇八年　二十五歲。六月，前往巴黎，猛讀詩，感動於柏爾勒努和浦特雷的詩作態度。

一九〇九年　二十六歲。三月，旅行義大利，六月回國。九月，在『昴』雜誌介紹馬基斯的畫論。

一九一〇年　二十七歲。四月，在神田淡路町開設「琅玕洞」畫廊。

一九一一年　二十八歲。認識長沼智惠子。

一九一二年　二十九歲。六月，在駒込林町二五番地完成工作室。

一九一三年　三十歲。夏天住上高地，長沼智惠子也來。畫、詩都有轉機。

一九一四年　三十一歲。十月，從抒情詩社出版詩集『路程』。十二月，與長沼智惠子（二十九歲）結婚。

一九一五年　三十二歲。開始專心於彫刻。十二月，出版傑作歌選「高村光太郎、與謝野晶子」。

一九一六年　三十三歲。十月，編譯『羅丹故事』，由叢文閣出版。

一九二〇年　三十七歲。五月，編譯『續羅丹故事』，由叢文閣出版。

一九二一年　三十八歲。四月，譯『回想的哥胡』。九月，譯惠特曼的『自選日記』。由叢文閣出版。十月，從藝術社出版柏爾哈蘭的『光明時』。

一九二四年　四十一歲。五月，翻譯羅曼．羅蘭的『利流利』，由古今書院出版。

一九二五年　四十二歲。二月，譯柏爾哈蘭的詩集『天上的火焰』，由新村出版部出版。九月，母親去世，六十九歲。

一九二七年　四十四歲。四月，從阿爾斯（片假名音譯）出版評傳『羅丹』。

一九三一年　四十八歲。八月，旅行三陸地方。此時，智惠子的精神發生不正常。

一九三二年　四十九歲。七月，智惠子以阿達林自殺未遂。

一九三四年　五十一歲。五月，智惠子，搬到九十九里濱海邊。父親光雲去世，八十三歲。

一九三五年　五十二歲。二月，智惠子，進南品川詹姆士坂醫院。

一九三八年　五十五歲。十月，智惠子去世，享年五十三歲，留下一千數百件紙畫。

一九四〇年　五十七歲。十一月，從山雅房出版改訂本詩集『路程』。

一九四一年　五十八歲。八月，由道統社和龍星閣，分別出版隨筆集『談美』和詩集『智惠子抄』。爆發太平洋戰爭，詩作傾向於戰爭。

一九四二年　五十九歲。一月，由筑摩書房出版評論集「造型美論」。四月，以詩集『路程』獲得第一屆藝術院獎。同月，從道統社出版詩集『偉大的日子』。

一九四三年　六十歲。四月，由龍星閣出版隨筆集『某月某日』。十一月，從武藏書房出版詩集

「祖父的詩」。

一九四五年　六十二歲。四月，因爲戰禍，工作室被燒掉。五月，疏散到岩手縣花卷，故宮澤賢治的弟弟清六家。八月，宮澤家燒燬。十月，搬到岩手縣稗貫郡太田村字山口的茅舍，過著農耕自炊的生活。

一九四七年　六十四歲。七月，鎌倉書房出版草野心平編『高村光太郎詩集』。

一九五〇年　六十七歲。十月和十一月，從中央公論社和龍星閣，分別出版詩集「典型」和詩文集「智恵子抄及其後」。十一月，新潮社出版伊藤信吉編『高村光太郎詩集』。

一九五一年　六十八歲。五月，以詩集『典型』獲得讀賣文學獎。九月，創元社出版草野心平編「高村光太郎詩集」。

一九五二年　六十九歲。六月，從龍星閣出版隨筆集『獨居自伙』。十月，爲製作將立於十和田湖畔的裸婦像到東京。在故中西利雄的工作室，開始在東京的自炊生活。

一九五三年　七十歲。一月，完成『高村光太郎選集』。二月，中央公論社出版宮崎稔編書簡集『奧州的書信』。六月，完成裸婦像原型。同月，新潮社出版伊藤信平編『高村光太郎詩集』。

一九五五年　七十二歲。三月，奧平英雄編『高村光太郎詩集』，納入岩波文庫問世。四月，進赤坂見附的山王醫院療養。七月，出院。

一九五六年　七十三歲。健康一進一退，三月十九日以後，病情急速惡化，四月二日凌晨三時四十五分，去世於工作室。去世後，築摩書房出版了日本文學像片集『高村光太郎』、高村豐周編『彫刻寫眞集高村光太郎』和『智惠子紙畫』；中央公論社出版隨筆集『山的四季』；文藝春秋社出版『高村光太郎讀本』；新潮社發行隨筆『在工作室』、『智惠子抄』；龍星閣出版『赤城畫帳』。又，自一九五七年三月至五八年九月，築摩書房出版了『高村光太郎全集』，十八卷。

野上彌生子及其作品

瀨沼茂樹

野上彌生子　1885–1980

一

雖然已經超過八十歲，野上彌生子仍然是在第一線奮鬥的，在日本並不算多的長老作家。如果是普通的老太婆，應當是天天坐在電視機前面，看看她所喜歡的節目，以過日子的人。但是，野上卻過六十歲後，才完成其巨篇『迷路』和『秀吉與利休』，並於一九六六年一月，發表『鈴蘭』。這的確是令人驚奇的一件事。

在有些人年輕而心老的今日，野上年老而腦筋清楚，以藝術院會員（譯註一）身分，繼續不斷地推出高水準作品，這是什麼道理？作爲母親，她把三個兒子養成知名的學者，她是研究能樂的權威，已故野上豐一郎的賢妻；身爲第一流作家的她，爲什麼能夠有這種三重的非凡成就呢？

當然，野上在心身兩方面，都有其超人的地方，但我認爲，最主要的還是她個人的努力和奮鬥，現在我祇舉出一個例子。

即她求知慾強，所以她從小就愛看書、思索和鍛鍊腦筋。她把她自己訓練成日本女作家當中，最有學問，具有社會見地，洞悉人之爲何物的知性作家。「小指」這部小說是寫她本身的事情，其中有這樣的一段：「繼續維持學生時代的求知慾，爲了每天騰出多點時間來看書，以及因爲我的性格，自己一絲不苟，因此我將所有家事儘量單純化，使其有規則地運作……。」

換句話說，她從育兒和家事的忙碌生活中，想盡辦法騰出更多的時光，博覽群書，以增廣其知識，和鍛鍊她的頭腦。而且，從學生時代到今天，她一直這樣做。她跟隨已故田邊元博士（譯註二）研究布拉圖等哲學，以防止腦袋瓜的退化，她的研究，且達十年以上。我以爲，野上這種平時的努力，纔是她在文學上有這樣成就的原動力。

野上的求上進之心，我們可以由她的「小指」和「母親的通信」等作品窺悉。她對於下女和小孩，作冷靜的觀察，客觀分析她們的心理，並欲從她們有所學習。我覺得，我們應該特別留意這一點。而這也是野上之觀察的新的所由來。讀書和研究，會令人年輕；一天到晚祇愛看電視，不用腦的人，就是年紀輕，頭腦必衰老。

二

野上彌生子於一八八五年五月六日，出生於大分縣臼杵町，爲造酒人的長女。在其故里讀完小學的她，後來畢業於東京明治女學校（由嚴本善治等人所創辦，以基督教爲理想之首先從事女子教育的學校）。她從小學就喜歡日本的古典，在女學校學的是英國文學。她跟夏目漱石（譯註三）的門生，又是她同鄉的英國文學家野上豐一郎（譯註四）結婚。

野上由她先生認識漱石，因漱石的介紹而發表其處女作「緣」於『杜鵑』雜誌。這時她二十二歲。她被漱石所發現固是她的幸運；但她先生鼓勵她寫作，卻也是非常重要的因素。她二十五歲時生長子，二十八歲時生產次子，三十三歲時候得三男。邊做家庭主婦的她，邊開闢其獨自的世界。

「小指」發表於一九一五年四月號的『新潮』。它站在主婦曾代子立場描寫自十六歲起，在她家工作五年，照顧著她兩個男孩的下女琦彌（音譯）的事。這是心身已成熟，正潮進入青春之不安定時期的少女琦彌，因爲小指的缺陷而臨死的事件。作者透過曾代子，仔細觀察琦彌的性格和遺傳，剖析青春女性的心理和生理，以憐恤的心情，描刻死對她的誘惑；作者又刻畫琦彌出走時，拿出她本來就不多的錢，爲其主人的兩個小孩買馬的玩具，以爲紀念這種軟心腸。作者對少女的心理和生理，能有這樣深刻的洞察，無異是母親曾代子，對其兩個小孩和少女琦彌，同樣關心的緣故。

「小指」以從琦彌出走主人家的晚上，至翌日獲救回來，整整一天的變故爲內容。所以這篇作品非常整齊而一貫。至於作者的態度，如果讀其「母親的通信」(自一九一九年六月八日至二十九日，連載於『大阪每日新聞』)，則更是清楚。

「母親的通信」，並沒有把與下女的關係當作主僕的關係，將與少年的關係視爲母子的關係，而作爲普通一個人處理。作者在這篇小說追求「什麼是眞正的愛」，並認爲這是培養少年和少女美好的性質，使其天眞而活潑地成長的意思。作者在少年們心目中的鳥獸世界，發現互通生命，不是勉強的「自然的愛和連接善良的和諧」；亦即在與動物的玩耍中，發現尊重生命、愛情、正義與和平。兩個少年之發明「穴居生活」，他們的對話，觸及生命、死亡、財富的分配、國王和乞丐等，人生問題的根本。作者因爲愛小孩，而學到重要的根本問題。各位也一定明白：自然是偉大的導師。作者在這裡提出，什麼才是不受小學教育之慣例、規則束縛的眞正教育，而這是非常發人深思的問題。

三

由「母親的通信」裡頭希臘神話，唐詰訶德等古典教養和社會知識，我們能夠窺悉作者非凡的學識和見識。這是大正文學的很大收穫。從此，作者對於人的解釋便更加擴展和加深。

譬如「海神丸」(刊於一九二二年九月號『中央公論』)。這是作者根據由其故鄉漁民聽來而寫成的眞實故事。漁船失事，漂流海上時，八藏和五郎助因爲饑餓過度變成猛獸，因之殺死船長的侄子三吉欲吃其肉。但他倆究竟還是人，不敢吃人肉。所以他們坦白向船長認罪，並請船長予以寬恕。

這是一部描刻人到最後關頭可能變成禽獸殺人，但祇要他（她）還有一點良心，他（她）還是不敢出於不怕神之行爲的小說。它告訴我們：人或且可以爲魔鬼，但不能作魔鬼到底。因此，船長把三吉當作病死處理，抱神佛之心，原諒了他們兩個人。作者深信和深愛人。

「大石良雄」（發表於一九二六年九月號的『中央公論』）取材於著名的『忠臣藏』，並作了一種新的解釋。芥川龍之介（譯註五）於一九一七年，也寫過短篇小說「某日的大石內藏助」；但野上的跟他不同其風格。據說，大石良雄是一個性格薄弱、心腸善良的少爺，是一位自由主義者。作者討論了這樣的大石，爲什麼要復仇的問題，並提出新的見解。她的解釋是，赤穗浪士因爲在經濟上窮途末路，而纔不得不選擇死路。對於赤穗浪士，可以有各種各樣的解釋，但著眼於元祿時代（譯註六）浪人的經濟問題，以及大石的性格的解釋，乃是野上的獨創。

「隻腳的問題」（發表年份不詳），也是一篇頗耐人尋味的作品。洋鐵工匠的太太，來跟作者商量其殘廢的姪女前途問題。著名作家常常遇到這種事。善意的工匠夫婦的用意雖然很好，但他們卻把藝術看得太簡單了。這是刻畫社會心理的作品。

四

迨至昭和年代，野上開始撰寫有關社會問題的作品。她雖然關心和同情年輕人以純眞的正義感參加社會運動，但她卻並不支持他們的行動；因爲她知道激進的社會運動的缺點。長篇小說「眞知子」就是它的例子。這是與昭和初年宮本百合子（譯註七）所推出的「伸子」，爲這時代的里程碑。

「可憐的少年」（發表於一九四〇年十一月號的『中央公論』）是中學生隆中途逃出軍事訓練的故

事。以前，中學裡有軍事訓練，如果對它不認眞，可能被退學。作者從隆的成長過程來看他爲什麼逃軍訓。她把它求諸於人的心靈深處的衝動，同時以此抨擊軍國主義。這可以說是分析日常生活中所不能懂的無意識世界，並以理性之光照耀的作品。在這種意義上，我們應該多所思索人的心靈深處。

野上寫過許多作品。戰前有「年輕的兒子」等，戰後有「狐狸」等短篇小說。但他的代表作，除前述的「眞知子」外，當是戰後的「迷路」和「秀吉與利休」兩大長篇。（譯註八）

（譯註一）　藝術院會員是日本對文學藝術有過非凡貢獻的人士，給予的榮譽，其地位非常崇高。

（譯註二）　田邊元（一八八五——一九六二），東京人，哲學家。

（譯註三）　夏目漱石（一八六七——一九一六），本名金之助，東京人，小說家。

（譯註四）　野上豊一郎（一八八三——一九五〇），筆名野上臼川，大分縣人，英國文學家、能樂研究家。

（譯註五）　芥川龍之介（一八九二——一九二七），東京人，小說家。

（譯註六）　元祿時代（一六八八——一七〇三）是江戸幕府五代將軍，德川細吉治下，所謂文治政治的時期。

（譯註七）　宮本百合子（一八九九——一九五一），本名宮本百合（意譯），東京人，小說家。

（譯註八）　原作者瀨沼茂樹是文藝評論家；本文譯自偕成社出版，野上彌生子著『可憐的少年』一書的「解說」。

一九八三年二月二十七日於東京

（原載一九八三年三月『青年戰士報』）

野上彌生子 年譜

一八八五年 五月六日，出生於大分縣臼杵町，父親小手川角三郎，母親嫣沙（片假名音譯），長女。本名彌生（片假名）。代代務釀造業。

一八九一年 六歲。四月，進臼杵小學。

一八九五年 十歲。四月，進臼杵高等小學。從這時候，開始讀古典書。

一八九九年 十四歲。三月，高等小學畢業。

一九〇〇年 十五歲。到東京，進明治女學校普通科。

一九〇六年 二十一歲。三月，畢業明治女學校高等科。與同鄉的東京大學學生野上豐一郎結婚。

一九〇七年 二十二歲。二月，因爲夏目漱石的介紹，在『杜鵑』，以野上八重子（八重子與彌生子，在日語是同音——譯音）的筆名發表「緣」。七月，發表「佛座」於『中央公論』。

一九〇八年 二十三歲。一月，在『新小說』刊出「紫苑」。十月，以彌生子這個筆名發表「病人」於『杜鵑』。

一九一〇年 二十五歲。七月和十月，發表「看家狗」於『杜鵑』。十二月，刊載「娃娃」於『中央公論』。

一九一二年　二十七歲。一月，在『杜鵑』推出「秋季的一天」。

一九一四年　二十九歲。四月，在『青鞜』刊登「新生命」。七月，發表「五歲的孩子」於『中央公論』。

一九一五年　三十歲。二月，在『文章世界』推出「風聲」。四月和十月，發表「小指」與「多津子」於『新潮』。

一九一六年　三十一歲。一月，在『新潮』發表「周圍」。七月與九月，發表「命運」與「漩渦」於『文章世界』。

一九一九年　三十四歲。六月，在『大阪每日新聞』開始連載「母親的通信」，連載二十二次。

一九二〇年　三十五歲。一月，發表劇本「藤戶」於『改造』，在『中央公論』發表「生別」和「可怕的啓示」。

一九二二年　三十七歲。一月，在『改造』刊出劇本「綾鼓」。九月，發表「海神丸」於『中央公論』。

一九二四年　三十九歲。一月，在『中央公論』刊登「基督、祖父、母親」。四月，發表「夢」於『改造』。

一九二六年　四十一歲。一月與九月，分別發表「珍珠」和「大石良雄」於『中央公論』。

一九二七年　四十二歲。十月，出版巴爾芬千原作的『希臘羅馬神話』（岩波文庫）。

一九二八年　四十三歲。在『改造』發表「眞知子」。以後迨至一九三〇年十二月，把「眞知子」的續篇斷斷續續地分開發表於『改造』。

一九三五年　五十歲。十一月，發表「可憐的少女」於『中央公論』。秋天，旅行臺灣。

一九三七年　五十二歲。十一月，發表「迷路」於『中央公論』。十二月，出版『虹花』。

一九三八年　五十三歲。十月，與先生豐一郎旅行歐美各國，翌年十一月回國。

一九四三年　五十八歲。五月，由岩波書店出版遊記『歐美之旅』上卷，下卷於次年六月問世。

一九四五年　五十九歲。從秋天，在北輕井澤法政村的山莊，開始過疏散生活。

一九四六年　六十一歲。從生活社，出版日記『山莊記』及『續山莊記』。

一九四七年　六十二歲。三月，先生豐一郎出任法政大學校長。十二月，被推選爲日本藝術院會員。

一九四八年　六十三歲。九月，由山莊搬回到東京世田谷區成城町的家。十月與十二月，由岩波書店出版『迷路』第一部和第二部。

一九四九年　六十四歲。一月，發表相當於「迷路」第三部的「江島宗通」於『世界』。以後，迨至一九五六年十月，將「迷路」（全六部）斷斷續續地分刊於『世界』。十二月，由中央公論社出版『野上彌生子選集』（全七卷）。

一九五七年　七十二歲。二月，以「迷路」獲得第九屆讀賣文學獎。六月，旅行中國大陸。

一九六二年　七十七歲。一月，在『中央公論』開始連載「秀吉與利久」，結束於翌年九月。

一九六四年　七十九歲。四月，以『秀吉與利久』，獲得第三屆女流文學獎。

一九六七年　八十二歲。一月，發表「一隅記」於『新潮』。

一九七一年　八十六歲。十一月，獲得文化勳章。

一九八〇年　由岩波書店出版『野上彌子全集』，二十三卷，別卷三卷，於一九八二年出齊。

坪田讓治及其作品

水藤春夫

坪田讓治　1890–1982

一

坪田讓治於一八九〇年三月三日，出生於岡山縣御野郡石井村一二五番地（今日的岡山市島田本町）。父親平太郎三十五歲，母親幸三十歲，哥哥醇一，姐姐政野，次男。但戶籍上記載是降生於六月三日。

坪田家的祖先，本屬美濃（今日的歧阜縣）齋藤龍興的家臣，當豐臣秀吉進攻備中高松城時從軍。戰後回到姬路時，佯稱生病，離開軍隊，前往位於岡山西北的江崎務農。後來池田氏任岡山藩主，在島田得大約八甲田地，而定居島田。

除本家外，坪田家還有三個分家，叫做東新家、西新家和前新家。平太郎的家就是前新家。

父親平太郎吸收明治的新文化，爲地方的名士，具有進取的性格。他構想創造洋燈芯的織機，而由備中（今日岡山縣西部）請來技工，令其製造機器。經過大約一年，傾其知能與財產，雖然大致造成，但終於失敗了。機器是會動了，但織不成燈芯。不過他還是不死心，籌得旅費之後，他單身到大阪去，因爲他得知大阪南郊有一部德國製的織機。但對方提高警覺，不准他參觀。不得已，遂在窗下聽織機運作的聲音。他想用自己耳朵，聽出外國機器和自己所作機器聲音之不同。他以聲音，來推斷織機的形狀。經過幾天，他在機器的動作中，發現其秘密。

平太郎立刻趕回岡山，在綜溝上下了工夫。結果機器一動，便織出燈芯來。

一八八二年冬天，平太郎帶著不到四公斤的燈芯樣品，前往東京。在岡山郊外的三蟠上蒸氣船，到神戶轉火車。當時，岡山還沒有火車。

推銷商品，比製作機器還要困難。在舶來品萬能的東京，沒人理會鄉下的一介青年。有一次，平太郎在推銷燈芯時，突然談到書法和漢文書籍。此時對方頓時開始認眞起來，因爲佩服他的學識。於是生意談得非常順利，平太郎充滿信心，回到家鄉。少年平太郎之學作漢詩和漢文，幫助了他的事業。

從此以後，島田製織所一帆風順。旋即在大阪設立公司，銷路竟擴展到海外。

關於這些，「燈芯的故事」（收於隨筆集『斑馬鳴』），有很詳細的敘述，日後的小說『蟬與蓮花』也有所記述。

二

坪田讓治之降世，是島田製織所創立後，大約十年的事情。

一八九六年，坪田讓治進石井小學，翌年，父親去世，時僅四十二歲。因此由母親撫養。爲子女，母親備嘗艱辛，到六十歲時，母親才上小學，與孫子輩的孩子們一起讀書，學洋裁，一天也沒缺過席，並以優等成績畢業。母親於一九三〇年謝世，享年七十有二。

一九〇七年，讓治畢業於岡山縣金川小學，次年四月，進早稻田大學文科預科。寄居於牛込鶴卷町的基督教青年會（後來改名爲友愛學舍）宿舍。

坪田讓治之與基督教發生關係，乃受其哥哥醇一的影響。醇一肄業慶應義塾大學後，留學美國，成爲基督徒，進了神學院。坪田畢業中學那一天，醇一由美國回日本，爲坪田家帶來宗教的氣氛。因此到東京以後，坪田還是過著看聖經、禱告、唱聖詩的生活。一九一二年，他在三田四國町的統一教會曾經受洗，但始終似未做過眞正的信徒。其中一個理由是，似受了綱島梁川的影響所致。當時，坪田很嚮往於同樣岡山出身的宗教家梁川的主張，喜讀其著作『病舊錄』和『回光錄』，而梁川對神的看法，乃是一種汎神論。坪田雖然沒做眞正的基督徒，但基督教對他的文學卻有過很大的影響。

當日的文壇是自然主義的全盛時期。尤其是早稻田大學，可以說是自然主義文學的大本營。但坪田卻幾乎沒有受到這個文學思潮的影響。而其所以沒有走上原原本本地描寫現實，露骨地刻畫人的本能，以探求人生之奧秘的這種主義，我認爲可能是由於其宗教觀，亦即欲堅持其純潔的心靈所導致。

一九一五年，他畢業早稻田大學。畢業論文是「小泉八雲論」。通常，四年半能畢業的，他搞了七年。因爲在這期間，他三度中斷學業，第一次是暫時退學，第二次爲入伍，第三是養病。雖然這樣繞了一大彎，但對坪田文學還是有意義。

三

坪田讓治的文學生活，已經有五十多年了。他進早稻田大學預科那一年，因同班同學，生田蝶介的介紹，而往訪小川未明（譯註一）。小川大他八歲，出版過小說集『愁人』、『綠髮』等，是個反抗自然主義，提倡新浪漫主義的新進作家。日後成爲日本童話文學之泰斗的這兩個人的邂逅，實在有其特別的因緣。

大學畢業以後，坪田曾經主編雜誌，從事翻譯，並在大學圖書館工作過，更於一九一九年，與同鄉的朋友藤井眞澄創辦同人雜誌『黑煙』。這份雜誌是獲得以小川及其身邊人們所組織「青鳥會」

的援助出版的，坪田在這個園地發表了「森林裡」的小說。但沒多久，坪田回到家鄉，所以與『黑煙』的關係，只到第三期，旋即跟就學於東京大學德文科的相良守峰、龜尾英四郎（譯註二）等，創刊同人雜誌『地上子』，並發表「正太之馬」等作品。「正太之馬」，後來，即於一九二六年，刊登於春陽堂所發行的雜誌『新小說』。坪田繼而又在該刊物推出「正太樹周圍」、「樹枝上的金屬環」等，並於該年年底，由春陽堂出版第一本短篇集『正太之馬』（包括「正太之馬」等八篇。為春陽堂新人文學叢書第一冊）。

『正太之馬』描寫妻子去世後，撫養一個兒子的鰥夫的悲哀和憤怒，而為這個作品背後的是，坪田就自然而奇怪的命運，對神的一種祈禱。這部作品，很顯然地有他在中學時代喜讀的國木田獨步的影響。又，這個作品的文體，特別是其開頭：「遠遠地，在山腰好像把貝殼翻過來的小野家，為綠綠的竹林圍著……，烏鴉終日停在枯枝上」，決定了他的文體。總之，在各種意義上，這個作品是坪田文學的萌芽，具有其潛在的可能性。因此，人們之說它是坪田在文壇的處女作，實不無道理。

可是，「正太之馬」並未受到當年的文壇所肯定，所以於一九二九年，坪田遂把妻兒留在東京，隻身回其家鄉，再度工作於島田製織所。而且，在這期間，他置身於公司內親人的糾紛，更發生其哥哥自殺的悲劇（隨即他媽媽也去世）。由於在這環境待不下去，於是決心走文學的道路而又回東京。這是一九三三年七月的事情。從此以後，開始了他文學與生活最困苦的時代。

而從這苦海，把他拖救出來的是，「妖怪的世界」。這篇作品發表於一九三五年三月號的『改造』雜誌，據說是因為山本有三的介紹。出乎意料之外地，它大受文壇的歡迎，因此一般以為，這是坪田的成名之作。

在這以前的坪田的作品，幾乎以小孩的世界作題材。他不僅追求童心，而且企圖從小孩的生態中找出人性。小孩雖然單純和樸直，但小孩本身卻有其人生。他的許多小說描寫小孩的死，其目的在於擬從幼小短短的生命中，尋求人類的原型。所以，在「正太之馬」以來，他所刻畫的是小孩的素描，和作爲人類之小孩的追求。「正太之馬」自不必說，「歸土的小孩」、「遊玩的小孩」等皆屬於此。尤其是「善太的四季」（刊於一九三四年五月號『文學界』），更是它的結晶。

而「妖怪的世界」，比這些更前進了一步。它融合了大人的世界和小孩的世界，從而創造出一個新的境界。這是其他作家所望塵莫及的獨創。

發表「妖怪的世界」的翌年，亦即從一九三六年九月至十一月，坪田在『東京朝日新聞』連載『風裡的小孩』。一九三七年，連載「小孩的四季」於『都新聞』。這些是所謂三部作，由此坪田確立了作家的地位，更完成了坪田文學。

『風裡的小孩』，以前述洋燈芯工廠作舞臺的模特兒。關於這，他在其他的作品「晚春懷鄉」、「青山一族」等，也曾以私小說方式撰寫過，是在親人之間發生的嚴重事件一一在這冷冰冰的現實之中，善太和三平怎樣過他的日子，這部作品活生生地刻畫了它。

這些作品雖然完全地一元化了小孩和大人的世界，但並沒有因此而失去坪田文學的純粹性，而坪田文學之所以受到知識份子和大眾的稱讚，理由在此。

爾後幾年，社會日漸惡化。戰爭使一切化爲烏有，從而戰敗。

戰後七年，他發表「蟬與蓮花」於『新潮』。當時坪田是六十三歲。

「人都會死」，這樣起頭的這篇作品，以回顧的形式，冷靜而平淡地描刻了他吃盡艱辛的親人間的糾紛。這是唯有歷盡過滄桑的人，才能獲得的一種領悟。從它，我們深深地感覺到文學的極致和文學的沉潛是什麼。但這絕不是老人家的書。最後他說：「仔細一想，人生眞是多采多姿」。這與其處女作『正太之馬』是一脈相承的。

四

坪田文學的另外一個偉大的貢獻是，建立「童話的世界」。

坪田於出版短篇集『正太之馬』那一年（一九二七年）的六月，在推行著新兒童文學運動之鈴木三重吉（譯註三）主持的刊物『赤鳥』發表「河童的故事」。

坪田童話的特色是，完成所謂善太、三平故事的世界。這雖然位於小川童話的延長線上，但小川追求人類的純粹，以創造幻想童話的世界，及此，坪田在自己身邊的小孩中尋覓人類的原型，以創建愛情的文學，亦即新的童話世界。一般認爲，小川童話是浪漫主義，坪田童話爲寫實主義，而後者的代表作品是『魔術』、『笛』等等。

與此同時，坪田使用說話的構想與方法，很成功地創造了他自己的世界。「小偷」、「打狐狸」等是這方面的傑作，尤其「打狐狸」不僅是坪田童話的代表作，而且是近代童話文學的金字塔，實惟有「童話」的世界才能造極的文學。

因爲鈴木三重吉的去世，『赤鳥』於一九三六年八月號遂告停刊，在這期間，坪田曾在這份刊物發表了四十多篇童話。而這些是坪田童話的主要作品。

坪田的小說和童話以『坪田讓治全集』（八卷）問世，由此一九五五年獲得藝術院獎，八年後，更被推薦爲藝術院會員。一九六一年，坪田在東京都豐島區雜司谷的自宅創設兒童圖書館「枇杷果文庫」，開放給小孩。從一九六三年，發行童話雜誌『枇杷果學校』，致力於童話的發展和後進的培養。現在，他已經七十八歲，但仍然在撰寫童話小說。（譯註四）

（譯註一）小川未明（一八八二——一九六一），新瀉縣高田市人。原名健作，未明是筆名。小說家、童話作家。

（譯註二）龜尾英四郎（一八九八——一九四五），鳥取縣人。德國文學家。

（譯註三）鈴木三重吉（一八八二——一九三六），廣島市人。小說家、童話作家。

（譯註四）本文譯自柏楊社出版，坪田讓治著『風裡的小孩』一書的「解說」。作者水藤春夫是文藝評論家。

（原載民國七十六年五月十七日至六月十四日『國語日報』）

坪田讓治 年譜

一八九〇年 三月三日（戶籍上是六月三日），出生於岡山縣御野郡石井村（今日的岡山市島田本町），父親平太郎，母親幸，次子。

一八九六年　六歲。進石井尋常小學。
一九〇〇年　十歲。進御野高等小學。
一九〇二年　十二歲。進養忠學校。
一九〇七年　十七歲。三月，畢業金川中學（改名後的養忠學校）。八月，到東京，寄居於本鄉駒込片町的親戚家，上神田的正則學校補習班。
一九〇八年　十八歲。四月，進早稻田大學文科預科。住牛込鶴卷町的基督青年會宿舍。經同班同學生田蝶介之介紹，拜小川未明爲師。
一九一〇年　二十歲。六月，徵兵體檢合格。九月，進早稻田大學英文科一年級。十一月，爲入伍，暫時退學。以志願兵入伍。翌年十一月，退伍。
一九一二年　二十二歲。一月，到東京。再肄業早稻田大學英文科一年級。九月，因肺尖加答兒，住院神奈川縣茅崎南湖院。此年，在三田四國町的統一教會領洗。
一九一三年　二十三歲。八月，出院。復學英文科二年級。同班有青野季吉、直木三十五等。
一九一五年　二十五歲。六月，畢業早稻田大學。
一九一六年　二十六歲。二月，與前田浪子結婚。租屋於雜司谷墓地附近，從事雜誌的編輯和翻譯的工作。十二月，長子正男降世。
一九一九年　二十九歲。四月，回岡山，工作於其家業島田製織所。此年，與龜尾英四郎、相良守峰、菅藤高德等創辦同人雜誌『地上之子』，並在該雜誌發表「正太之馬」、「友情」等作品。
一九二〇年　三十歲。四月，爲著在大阪支店工作，搬到大阪府池田町（現在的池田市）」。

一九二三年　三十三歲。四月，乘合名會社（合股公司）島田製織所變成株式會社（股份有限公司）的機會，決定專心從事文學而到東京。八月，三子理基男出世。九月，東京大地震，此時，小川未明一家人避難其家。

一九二五年　三十五歲。九月，因龜尾英四郎的介紹，往訪山本有三。

一九二六年　三十六歲。七月，因細田源吉的介紹，在『新小說』相繼發表「正太之馬」、「正太樹周圍」、「樹枝上的金屬環」。

一九二七年　三十七歲。二月，從春陽堂出版新人文學叢書『正太之馬』。六月，在『赤鳥』發表其第一篇童話「河童的故事」。

一九二八年　三十八歲。從七月開始，在其故鄉的『山陽新聞』連載長篇小說「渡過激流」。

一九二九年　三十九歲。生活極端困苦。六月，將妻兒留在東京回岡山。再度工作於島田製織所，從五月，在『都新聞』連載「想兒子」。

一九三一年　四十一歲。就任島田製織所專務取締役。在『赤鳥』發表「黑貓之家」和「母親」。

一九三三年　四十三歲。七月，在島田製織所的股東大會董事選舉落選，故到東京。從此以後，過了三年極端窮困的生活。

一九三四年　四十四歲。六月在『文學界』和『文藝首都』，分別發表「善太的四季」與「向日葵」。九月，刊登「笛」於『兒童』。同時發表「小偷」於『赤鳥』。因爲生活困苦，向親屬朋友告貸。

一九三五年　四十五歲。三月，得山本有三之介紹，發表「妖怪的世界」於『改造』，頗得好評。在『赤鳥』推出「魔術」和「打狐狸」。

一九三六年　四十六歲。五月，因「妖怪的世界」獲得日本大學藝術科獎。八月，在『東京朝日新聞』開始連載中篇小說「風裡的小孩」，十一月結束。

一九三七年　四十七歲。六月，擔任日本大學講師，主講兒童文學。松竹影片公司把「風裡的小孩」拍成電影。

一九三八年　四十八歲。從元旦，在『都新聞』連載長篇小說「小孩的四季」，六月刊畢。五月，松竹把它拍成電影。六月，獲得北村透谷獎。

一九三九年　四十九歲。四月，以「小孩的四季」獲得新潮獎。五月，訪問中國大陸，七月回國。

一九四〇年　五十歲。一月，從童話春秋社出版童話集『善太與三平』。

一九四一年　五十一歲。三月與八月，中央公論社分別出版童話集『枇杷果』和『小川的葦』。九月，在『都新聞』連載「虎彥龍彥」，翌年一月連載完畢。

一九四二年　五十二歲。一月，與淺見淵旅行滿洲，三月回國。

一九四三年　五十三歲。七月，被徵召作海軍報導班員，從千葉縣木更津搭機到爪哇。七月，由新潮社出版『鶴的報恩』。

一九四四年　五十四歲。三月，由泗水搭機，經由爪哇回國。

一九四五年　五十五歲。四月，空襲頻仍，到野尻湖。八月戰爭結束。十二月，從湘南書房出版戰後第一部童話『峽谷的池塘』。

一九四六年　五十六歲。元月，全家福五個人，在野尻湖過雪白新年。

一九四七年　五十七歲。十一月，從新潮社出版傳說故事集『很會唱歌的龜』。

一九四八年　五十八歲。一月，由光文社出版童話集『澤右衛門釣鰻魚』。

一九四九年　五十九歲。從元旦起，因為心臟病開始禁煙。七月，從小學館出版『善太的魔術』。

一九五〇年　六十歲。十月，小川未明、佐藤春夫、井伏鱒二、外村繁、淺見淵、與田準一等，為他盛大慶祝六十大壽。

一九五一年　六十一歲。八月，從講談社出版傳說故事集『飯團』。

一九五二年　六十二歲。六月，陪佐藤春夫夫妻旅行野尻、赤倉、戶隱。

一九五三年　六十三歲。六月，患慢性胃炎。

一九五四年　六十四歲。六月至十二月，從新潮社出版『坪田讓治全集』，凡八卷。

一九五五年　六十五歲。三月，獲得藝術院獎。

一九五六年　六十六歲。九月，在北多摩郡久留米町栗原新田建築並搬進新的工作場所。

一九五七年　六十七歲。五月，由筑摩書房出版『蟬與蓮花』。九月，從新潮社推出『新百選日本傳說故事』。

一九五八年　六十八歲。五月，由柏楊社出版『新日本少年少女文學全集』中的『坪田讓治集』。

一九五九年　六十九歲。三月，因前立腺肥大症，進慈惠醫科大學醫院開刀。

一九六一年　七十一歲。三月，從新潮社出版『昨天的恥辱、今天的恥辱』。七月，在雜司谷自宅的一隅，設立開放其藏書的兒童圖書室「枇杷果文庫」。

一九六三年　七十三歲。八月，主持童話雜誌『枇杷果學校』。十一月，被推薦為藝術院會員。

一九六四年　七十四歲。一月，作藝術院會員。從六月，連載「枇杷樹學校」於『藝生新聞』，翌年五月刊畢。

一九六五年　七十五歲。四月，從實業之日本社出版『小孩聖經』。

倉田百三及其作品

吉田精一

倉田百三　1891-1943

一

倉田百三於一八九一年二月二十三日，出生於廣島縣三上郡庄原村一百零七番地，爲富裕的織品商倉田吳作的長子。他有四個姊姊和兩個妹妹；由於是獨生子，所以非常爲其父母所疼愛。

十三歲的春天，他進位於距離庄原大約二十公里之三次町的縣立三次中學。因爲不能從家裡通學，因此寄居姑母家裡。日後他所寫的『出家及其門徒』，便是獻給這位姑母。在三次中學時代，他跟同學們創辦傳閱雜誌，投稿雜感文、短歌於校刊，很熱衷於文學。

一九一〇年九月，十九歲的百三，反乃父之意，進東京第一高等學校文科。惟三年後，因爲患結核症而不得不退學。爾後之百三的半生，爲病魔所纏，一直過著療養的生活。

那末，一高時代及其後數年的青春時期，百三是怎麼過的呢？

在一高時代，他參加文藝部和辯論部，喜讀著名的哲學家西田幾太郎（譯註一）的著作『善之研究』，發表論文於一高校刊。退學之前，他曾經失戀過。退學後，幾乎絕望於與疾病搏鬥的孤獨生活，但卻逐漸以專心於宗教上的思索，嘗試克服這個苦難。

從二十二歲到二十七歲，給一高時代的同班同學久保正夫和久保謙的書信，後來以『青春的回憶』出版。此書告訴我們：他如何地純潔而認眞思索其充滿苦難而寶貴的青春時代。

譬如在從失戀清醒，意圖嚴肅地活下去的信裡，他這樣寫著：「我的身體一天比一天好，故請放心。最近，我過著痛感思慕永遠的日子。女人之爲沒有內容的幻影，我已經非常明白。……我決心以我趨赴女人的熱情過我靈魂深處的生活。我要保持以身體知悉一切的態度。……我不想馬馬虎虎地混過一輩子。」（一九一四年二月十二日，給久保謙之信）

除此而外，這個青春時代深沈的思索結果，又產生了『愛與認識的出發』這部論文集。這是主要的根據西田幾太郎的影響，和百三自己的戀愛和失戀的經驗而寫成的；它在宗教的層次上探求著男女的愛情問題。愛情問題是他終生的最大課題，尤其此書充滿青春時代所特有的嬌艷感性，因此一直很爲高中和大專學生所欣賞。

二

一九一三年年底，舊病重發，在過著孤獨與絕望的療養生活過程中，倉田百三逐漸埋頭於宗教。從這時候起，他常到基督教會，並深受其影響。但他卻不能相信耶穌是神的兒子，因而無法作一個眞正的基督教信徒。不久，他加入宗教運動的實踐家，西田天香（譯註二）的一燈園，從而信仰法然和親鸞（譯註三）的淨土眞宗。

以上述宗教上的經驗，於一九一七年，他寫就了『出家及其門徒』。這部作品一問世，便引起很大的反應，他一舉而成名。大正時代的宗教文學，由此大爲流行。更因爲這個作品，他跟武者小路實篤、志賀直哉（譯註四）等『白樺』派的人們成爲好朋友，變成白樺派的準同人。（其作品「俊寬」的第一幕則刊於『白樺』）。

現在，我們簡單來說說白樺派。

『白樺』是一九一〇年，以武者小路實篤和志賀直哉爲中心所創辦的同人雜誌。那時候的日本文學界，自然主義文學最盛行。自然主義文學雖然以事實求是地描寫人生爲目標，但卻漸漸地衹能描繪平凡、墮落和醜惡的人們。白樺派反對這種趨向，並重新主張和強調個人的偉大，道德和理想的可貴。迨至大正時代，與民主主義運動蒸蒸日上的同時，白樺派的主張也蔚爲日本文學界的主流。

在另一方面，從一九一四年至翌年爆發的第一次世界大戰，導致日本經濟一時的好景氣，惟因景氣過好的反動，經濟大恐慌似在眼前，於是米糧騷動等等社會不安，遂與日俱增。

至此，人們便尋求比白樺派的理想主義更強和更高的精神糧食。爲迎合這種人的需求，當時的基督教、佛教，以及各種各樣的新興宗教，遂開始其積極的活動。

而倉田百三的『出家及其門徒』，賀川豐彥（譯註五）的『超越死線』（一九二〇年），和西田天香（譯註六）之『懺悔的生活』（一九二一年）等宗教文學之所以爲人們所熱烈歡迎，其理由在此。

換句話說，宗教文學以歷史爲背景，出現於白樺派所走到地點的延長線上。

三

『出家及其門徒』於一九一七年，由岩波書店發行。

這部作品分成六幕，開頭有個「死者」的序曲。第一幕是親鸞與其門徒唯圓（譯註七）邂逅的緣由，第二幕爲親鸞與唯圓，以及親鸞與其門徒們有關信仰的會話，第三幕乃有關親鸞與善鸞（譯註八）斷絕師徒關係的經過，第四、五幕是不能兼得戀愛和信仰而煩惱之唯圓的情形，即作者以親鸞的淨土思想爲骨幹以刻畫以上五幕。在第六幕，則以對於坦白表示實在無法擺脫煩惱之兒子善鸞，親鸞嘟噥說：「那也沒關係，因爲大家都得救……」而死去這種感人場面結束整個故事。

從以上所述，我們當可知道，這個作品的主題是戀愛和苦惱。尤其是不能兼得信仰與戀愛而在苦惱的唯圓形象，就是倉田百三本身的影射。

當時，百三認識神田春（春爲平假名音譯），並開始其結婚生活，但他倆的結合，爲其雙親和親戚激烈反對，因此他非常苦惱。他既具有崇高的宗教希求，而從宗教的觀點來看，肉體的要求是有罪的，所以他爲這個矛盾，也極其苦悶。

不消說，這個作品乃取材於親鸞的淨土教世界，但在思想上則很受基督教的影響。評論家佐古純一郎（譯註九）就第五幕第二場親鸞對唯圓說明「禱告」這一點，說淨土眞宗否定「禱告」，所以這是基督教的想法，我完全同感。

如前面說過，『出家及其門徒』出版後非常轟動，及至被譯成英文，法國文豪羅曼羅蘭（譯註一〇）讀它很受感動，因而給倉田百三寫了一封讚美的書信。一九一九年，更由邦枝完二（譯註一一）的導演，在有樂座初次演出，迨至今日，常常公演。

四

『俊寬』是自一九一九年至一九二〇年所完成的劇本。它取材於『平家物語』的卷一及卷二『卒都婆流』、卷三『赦文』、『蝢足』、『有王』和『僧都死去』等等。

它描刻滅亡平家的陰謀發覺後，俊寬被流放至鬼界島的悲劇。

俊寬（譯註一二）、成經和康賴，在荒涼的鬼界島過著極其困苦的生活。兩年以後，由京都派來了帶著赦文的使者，但不知道爲什麼，獨俊寬沒有獲得特赦。可是曾經發誓除非一起回去，寧願餓死的成經和康賴，卻不顧俊寬就走了。瞪著載運成經和康賴之船遠離而去的俊寬的發呆樣子，可以說是這齣劇的最高潮。爾後，面對由京城仰慕其主人而來的有王，俊寬邊詛咒現世的一切而與世長辭。它是組織嚴密，具有魄力的戲劇，因而問世以後經常上演。

五

倉田百三經過長期的與疾病搏鬥的生活，達到唯有順從人生的苛酷命運才能獲得生命之自由的心境，而從滅亡得到自救。而描寫它的就是「絕對的生活」（一九三〇年）。

從大正末期到昭和初期（即一九三〇年前後—譯者）在日本，普羅文學運動很盛，但百三的「絕對的生活」，卻站在反對馬克思主義的立場。而這也是恢復健康以後晚年的倉田百三，所以採取肯定戰爭的立場，主張國粹的日本主義的主要原因。

拯救個人滅亡的思想，對於全體發生了相反的效果，這意味著什麼？對這個問題，我們應該繼續再加思索。我認爲，倉田百三的個人主義的宗教心之爲相對的，是個原因。

一九四三年二月十二月，倉田百三以五十二歲病歿。（譯註一三）

（譯註一）　西田幾太郎（一八七〇——一九四五），石川縣人，東京大學畢業，哲學家，曾任京都大學教授，文學博士。

（譯註二）　西田天香（一八七二——一九六八），滋賀縣人，本名市太郎，宗教家。

（譯註三）　親鸞（一一七三——一二六二），鎌倉時代初期之僧，真宗之開山祖。

（譯註四）　武者小路實篤（一八八五——一九七六），東京人，出身貴族，小說家、劇作家、詩人，曾獲文化動章。

志賀直哉（一八八三——一九七一），宮城縣人，小說家，曾獲文化動章。

（譯註五）賀川豊彦（一八八八——一九六〇），神户人，留學美國，傳道家、社會事業家。

（譯註六）西田天香（一八七二——一九六八），滋賀縣人，本名市太郎。宗教家。

（譯註七）唯圓（一二二二——八九），淨土真宗僧人。

（譯註八）善鸞（生歿年不詳），親鸞之子，為淨土真宗之僧侶。

（譯註九）佐古純一郎（一九一九——），德島縣人，日本大學畢業，曾任二松學舍大學教授，評論家。

（譯註一〇）羅曼羅蘭（Romain Rolland,1866-1944），法國作家和思想家。一九一五年獲得諾貝爾文學獎。

（譯註一一）邦枝完二（一八九二——一九五六），本名莞爾，東京人，慶應大學肄業，小説家。

（譯註一二）俊寬（一一四三——七九），平安後期真言宗僧侶。

（譯註一三）本文作者吉田精一，曾任東京大學教授，現任大妻女子大學教授，文學博士：本文譯自偕成社出版，倉田百三著「出家及其門徒」一書的「解說」。

一九八三年十二月二十九日於東京

（原載一九八四年三月六日『臺灣日報』）

倉田百三　年譜

一八九一年　二月二十三日，降生於廣島縣三上郡庄原村，是「吳服商」倉田吳作（又寫成吾作）的長子。

一八九七年　六歲。進庄原小學。

一九〇四年　十三歲。進廣島縣立三次中學。寄居叔母家；後來與阿羅羅木歌人中村憲吉成為親密朋友，撰寫詩歌和小說。

一九〇六年　十五歲。休學中學。寫作「該憎恨的星堇主義」。

一九一〇年　十九歲。九月，進東京第一高等學校。與久保正夫、久保謙成為好朋友（給他倆的信，收於『青春的回憶』）。

一九一二年　二十一歲。邂逅西田幾太郎，受到很大的啓示。與其妹妹艷子的同班同學戀愛。在一高校友會雜誌發表「對生命認識的努力」等。

一九一三年　二十二歲。為失戀而苦悶。因為肺病而退學，療養，絕望，一時想自殺。爾後的半生，幾度住院，過著與疾病搏鬥的生活。

一九一四年　二十三歲。過孤獨的療養生活。在這期間，讀聖經及宗教方面的書，也上教堂。九月，併發結核性痔瘻，住院。

一九一五年　二十四歲。一月，與護士神田春（名字平假名日音譯）認識。九月，參加西田天香的一燈園。

一九一六年　二十五歲。二月，與神田春同居。九月，與千家元麿、犬養健等發行同人雜誌『生命

一九一七年　之川』，發表劇本「出家及其門徒」等。

一九一八年　二十六歲。一月，發燒。三月，因關節炎、骨盤骨瘍而住院。六月，由岩波書店出版『出家及其門徒』，成爲最暢銷書。

一九一九年　二十七歲。病情變成骨瘍肋骨。參與武者小路實篤的「新村」運動。

一九二〇年　二十八歲。五月，京都兒蘭維他爾小劇場上演「出家及其門徒」。七月，東京有樂座也上演這部劇本。

一九二一年　二十九歲。三月，發表「俊寬」於『白樺』。六月，由岩波書店出版『歌唱的人』。

一九二二年　三十歲。三月，從岩波書店推出『愛與認識的出發』。四月，在『改造』刊登劇本「布施太子的入山」。十月，由曠野社出版這部劇本。

一九二三年　三十一歲。十一月，由春陽堂出版『處女之死』。

一九二三年　三十二歲。六月，住院。得島本赤彥的指導，發表作品於『阿羅羅木』。

一九二四年　三十三歲。一月，由改造社出版評論集『超克』(『克服』)。三月，與武者小路實篤等發行『不二』雜誌。十月，與伊吹山直子結婚。

一九二六年　三十五歲。五月以後，自費開始出版文學雜誌『生活者』。十月，住院。十一月，從岩波書店出版『紅色靈魂』。

一九三〇年　三十九歲。九月，由先進社出版評論集『絕對的生活』。

一九三一年　四十歲。八月，從先進社推出小說集『冬鶯』。

一九三五年　四十四歲。九月，由平凡社出版『祖國的姑娘』。

一九三六年　四十五歲。八月，由大東出版社出版『親鸞』。

一九三八年　四十七歲。二月與十二月，由理想社和大東出版社，分別出版評論集『對祖國的愛與認識』和書信集『青春的回憶』。

一九三九年　四十八歲。三月，從講談社發行『潔淨的虹』。十月至十二月，旅行韓國和東北。十一月，由人文書院出版『日本主義文化宣言』。

一九四〇年　四十九歲。二月，生病。十二月，由新世社出版自傳小說『互相發生的生命』。

一九四一年　五十歲。一月，開刀。八月，由潮文閣出版『倉田百三選集』。

一九四二年　五十一歲。二月，由人文書院出版劇本『東洋和平之戀』。在『婦人公論』刊載評論「關於人生的離合」等。

一九四三年　五十二歲。二月十二日，去世於東京大森自宅。

芹澤光治良及其作品

進藤純孝

芹澤光治良　1898-1993

在『死於巴黎』之序章的後半段，芹澤光治良這樣寫著：「我在這張照片，直覺地爲使女兒意外地發現其母親高興，特地安排的不是女人的依戀，而是強烈的母愛。」

在這裡，他把依戀當作柔弱來使用；但女主人公伸子爲其女兒萬里子留下手記，並貼上自己的照片，可以說是極其美麗的依戀。

所謂依戀，就是不能死心，念念不忘的意思；對於過去念著可以這樣，可以那樣等等的可能性。換句話說，對於就他（她）來講或許永遠不會實現的未來，想像各種各樣的可能性。

這種幻想可能的事，是唯有人類才具有的能力。由於這種能力，人時或會悔恨、痛苦或煩悶，時或更會想作動物。

不過，在許多可能性當中，只能選擇其中一個的我們，除此人生外，還能幻想各色各樣可能的世界，並能棲身於此，著實爲人類的生涯添加色彩。

而文學所企圖的，就是創造此種可能的想像世界，令只能過一種人生的人們，盡情欣賞呼吸著一切可能之世界的自由氣氛。

因此，如就作爲文學之一個形式的小說來講，小說所描繪的是虛幻的世界。由於它是在事實上不存在的可能的世界，所以當然是虛幻的。

不過它卻不像虛幻，而會令人覺得是眞實，這是因爲小說家所創造的不是不可能的胡說八道的世界。

是即小說所描刻之虛幻的價值，乃在於只有一個時代，一個地方尋找可能的生活，且受著種種條件限制而過活的人，也有其自由的領域。

在這種意義上，依戀可以說是文學的源泉。亦即從第一章到第五章，伸子一心一意想作賢妻良母而拼命寫下的手記，就是因爲她具有執拗的依戀，而才成爲能夠打動讀者心弦的文學。

欲在自己心田重新經驗其過去，並把它寫下來的這個手記，可能不是伸子所生活過來原封不動的現實。出自依戀的這個手記，描繪著她希望這樣，歡喜那樣的自我形象。因此這個手記的魅力，實在於伸子竭盡全力追求猶如禱告的意氣。

如果是僅僅報告自己人生的話，無論它如何具有變化和曲折，都打動不了人們的心弦。

換言之，除非因爲依戀，非虛構描繪可以這樣，也可以那樣這種可能性，以反抗僅有的此生，俾呼吸（享受）人間的自由，是打動不了人心的。

二

芹澤光治良的『死於巴黎』第四章前面，有伸子如下的感想：「法國人的想法，在基本上著重於現在，始終以母親爲中心；我們的想法則把重點放在未來和小孩。道理也有東西的區別。」

伸子認爲日本人的夫婦關係及夫婦之間是互相信賴；反而覺得法國人的夫婦關係遠比不上日本本人親密，因爲「每星期（他們）總要不遠千里掛一兩次電話談談，每個月得休息一天，越國境去探病，否則會感覺彼此的愛情將要發生問題。」

又，療養所的尼姑說：「法國的女性都爲其先生操心，但日本的婦女卻爲其子女而煩惱。後者好像很信賴她們先生的樣子。」

若是，在日本和法國，其想法和感覺，都很不同，正如伸子所說，「道理有東西方的兩套」。

但是，東西南北，如果有好幾套道理的話，世界上的人，很可能永遠無法彼此瞭解。否則，如果道理眞的有兩套以上，則欲互相理解的努力，將是多餘的。

果爾，我們對於這部小說的題詞：「邊歎除依這種創作聯歡以外，別無他途通心之世界的不幸」，應該作怎樣的解釋呢？

這部作品，係自一九四二年一月至十二月，連載於『婦人公論』，而如眾所周知，其前一年十二月八日，發生太平洋戰爭；其三年前的九月，更爆發了第二次世界大戰，此時，整個世界可以說是在最不幸的狀態。

可是，作者卻想透過創作，與其在海外的朋友愛斯多尼亞交心，這說明了作者堅信道理只有一個。

人們雖然開口閉口東方和西方，但東方卻有日本、中國、越國、緬甸、印度等國家，且有其不同的歷史、風俗、語言和生活，所以不能視爲它是一個個體。

而且，世上並沒有從什麼地方才算是東方和西方這種明確的境界；我們更不能一概地說東方是佛教，西方信仰基督教。而就是同樣的宗教，其發生和成長也都不一樣，因此，比較這些是沒有太大意義的。

我認爲，既然都是人，自不分東西南北，道理應爲一個。惟由於這個道理，因其時間和空間而以各種各樣的姿態出現，所以才有不同的現象，但無論如何，心實只有一顆。

有的人覺得「道理有東西方的兩表」，乃是因爲現象的不同太明顯所導致。但我們如果能從根本上著眼，我們自能發覺道理是一個。

正因爲道理是一個，所以縱令陷於戰爭狀態，作者還是拼命要尋求心靈的交往。從一九三一年的九一八事變，經由一九三七年的中日戰爭，而至一九四一年的太平洋戰爭，在日本軍國主義的鼎盛時期，作者竟能寫作刊著上述題詞的小說，眞令人不寒而慄。

三

作者鼓起其非凡的勇氣所寫作的這部小說，於一九五三年被譯成法文，由羅伯·拉馮社出版，於一九五五年，在比利時獲得「外國文學獎」；一九五七年，贏得法國學院「國際友好獎」，同時被瑞典學院推薦爲諾貝爾文學獎的候選作品之一。

女主人公伸子之欲作賢妻良母「眞誠」的手記，不但與「國之存亡」的心情相通，並且是一切人類之高貴而具有很高評價的心情。

日本的文學作品，在海外贏得文化獎者不多，而芹澤這個作品之所以得獎，並不是因爲它以巴黎爲舞臺，或者有法國人露面，而是這部小說爲道地的文學。

是即文學沒有所謂東西之分，不錯，各國有各色各樣的文學，但使其成爲文學的詩心實只有一個。

爲想做其丈夫所愛的鞠子那樣的女人，伸子鞭策任性、無志氣的自己，以努力於自我鍛鍊，伸子的女兒萬里子也說：「我也要作母親在其手簡中所憧憬不已之鞠子那樣的女性」。

我認爲，這部小說的詩心，乃結晶於鞠子。鞠子給宮村的書信裡頭，雖然充滿了精神、愛的精進、人的尊嚴等字眼，但鞠子本身卻確保了精神的世界。

一輩子過家常便飯般的卑俗生活，無異放棄做爲人的特種，而過著跟動物大同小異的生活。

我曾經說過，依戀是文學的泉源，而不能忘情，死心等等乃屬於精神的世界。人類的特權，在於能思索和思想。除隨眼前的事體反應過著動物般的生活外，人類竟有超越眼前之想像和創造的生活。所謂學問和藝術，就是精神世界運作的產物；人類的文明，不外乎是精神世界提升的結果。

在第五章，有宮村批評不使小孩感染病而希望在小孩身邊的伸子爲完成小我，並諄諄告誡她「應該把本能的母愛提高到高度的母愛」的一段。

所謂高度的母愛，就是精神的母愛。而由於精神的世界，乃是充滿可能性之非常自由的世界，所以與只要隨著習俗就行的物質世界不同，因此很不容易獲得「好」的評價。宮村對伸子所盼望的，就是希望她能把其母愛提升到在這樣非凡的世界也準用的母愛。」

而伸子所憧憬，萬里子也會向她看齊的鞠子，可以說是以能在精神世界適用者爲最高的準則，並最具備精神所確保之可能性的，不屈服於任何政治、經濟、社會條件，希望自由發展的女性。

在這種意義上，鞠子正是女性和人類的理想，而一心一意想向鞠子看齊的伸子，更是人人求之不得的形象。

因此，對於在精神界欲自由過活之伸子的努力，法國女性之群起共鳴，並予以聲援，不是偶然的。換句話說，以伸子爲女主人公的這部小說，在海外所以獲得很高的評價，實有其道理在。

因爲，鞠子的形象和伸子的生活，都扣住用於世界之唯一的詩心（心弦）。

四

在最後一章，有一封萬里子批評其母親伸子的信。它說：「傷心的是，母親有如纏住父親般愛我父親的那種態度。作爲同是女性，我覺得她太沒有自信，太沒有出息了。她的這種態度，似也使我父親覺得悲哀和不滿。我如此想像，作爲人家的兒女，雖然不應該，但我認爲，助自己同時助先生才是女性的正道。」

爲著丈夫和女兒的幸福，伸子曾經克制自己的歡喜和欲望，並不斷地自我鞭策以匡不逮。而關於鞠子，在第三章，也有愛基安夫人沈思的場面。她說：「我有一個疑問，就是她沒有走上以自己的愛使她和她周圍的人們幸福的方向，而以爲唯有克制自己才能使周圍的人們幸福這件事……」。

若是，使其女兒萬里子不耐煩的伸子，和令法國夫人無法理解之鞠子的克制自己的生活，如萬里子所說，眞的是超出女性的正道嗎？我以爲正道只有一條，鞠子和伸子都走了這條正道，只是其表達方式與法國夫人和現代女性不同而已。

在精神世界欲求精進的鞠子和伸子，在本質上應該沒什麼不可言才對。而這也是萬里子的丈夫築城爲什麼說「我希望妳能學學妳母親的這種努力」的主要原因。伸子在第四章的後面這段寫著：「我發現愛情不是自然發生的，而是要培養出來的」。

在精神的世界，不僅是愛情，一切都是由創造而來。所以欲往精神的世界生根，我們必須努力於創造。這部小說嚴正地告訴我們：唯有經過這種努力，我們才能獲得豐足的精神上的幸福。

五

作者芹澤光治良出生於一八九七年。在這前一年，宮澤賢治、牧野信一（譯註一）；同年，大佛次郎、嘉村礒太（譯註二）；晚一年，尾崎士郎、井伏鱒二、橫光利一（譯註三）等文學家相繼降世。

他的出生地是今日包括在沼津市的靜岡縣駿東郡楊原村我入道；其祖先代代爲捕魚老闆。

靜岡縣是個風光明媚，且寧靜的地方，在大臣和大將（將軍）被認爲偉大的時代，此地沒產生過這種人物，而覺得非常沒有面子。惟由於地方寧靜，所以應該很適合於精神細膩、感性豐富的文學家的誕生，譬如像芹澤這樣出色的文學家。

芹澤從舊制一高進東大經濟學部，肄業東大時就考取高等文官考試（行政科），一畢業便進農商務省服務，可見其如何地優秀。

不過，他只幹了三年就辭掉公務員，而前往法國留學，在留學期間，因爲生病而開始寫小說。他大概不欣賞作家，而喜歡探討人生的根本問題。

爾後三十多年，他凝視人生的根本「愛與死」，而寫了各種小說。『愛與死之書』、『死於巴黎』是他的代表作品；最近他更推出了一部十二卷的自傳長篇『人的命運』。我認爲，在今日日本，能創作可與西歐小說並駕齊驅的作家，並不多。（譯註四）

（譯註一）　愛斯多尼亞（E. Estaunie，一八六二——一九四二），法國小說家。

（譯註二）　宮澤賢治（一八九六——一九三三），岩手縣人，詩人、童話作家；牧野信（一八九六——一九三六），神奈川縣人，早稻田大學畢業，小說家。

（譯註三）　大佛次郎（一八九七——一九七三），原名野尻清彥，橫濱市人，東京大學畢業，小說家；嘉村磯多（一八九七——一九三三），山口縣人，小說家。

尾崎士郎（一八九八——一九六四），愛知縣人，早稻田大學肄業，小說家；井伏鱒二（一八九八——一九九三），原名滿壽二，廣島縣人，早稻田大學肄業，小說家。

（譯註四）本文作者進藤純孝是文藝評論家；本文譯自偕成社出版、芹澤光治良著『死於巴黎』一書的「解說」。

一九八三年五月三十日於東京

（原載一九八三年九月十四日『青年戰士報』）

芹澤光治良 年譜

一八九七年 五月四日，降生於靜岡縣駿東郡楊原村（今日的沼津市）我入道，父親常晴，母親春（平假名日音譯），次子。

一九〇〇年 三歲。乃父依天理教的信仰，將一切財產捐給神，離開故鄉，過一無所有的傳道生活，因而光治良與祖父母，依靠叔父三吉生活。

一九一〇年 十三歲。四月，進靜岡縣立沼津中學（現在的沼津高等學校）。在學中，一直是優等生。在這期間，祖父和叔母去世。叔父家也信天理教，過著窮苦的日子。

一九一五年 十八歲。三月，畢業沼津中學。四月，做沼津町立男子小學臨時教員。

一九一六年　十九歲。九月，進第一高等學校文丙科（法文科）。兼做翻譯和家庭教師。

一九一八年　二十一歲。出席有島武郎的「草會」，受了基督教人道主義的影響。接受兵役體檢，丙種。

一九一九年　二十二歲。三月，第一高等學校畢業。四月，進東京帝國大學經濟學部。邊做外務省的雇員。參加三田派的同人雜誌『自分達』（我們的意思——譯者），發表過一篇小說，但沒多久就脫離。

一九二一年　二十四歲。九月，考取高等文官考試。

一九二二年　二十五歲。三月，東大畢業。進農商務省工作。

一九二五年　二十八歲。三月，離開農商務省。五月，與名古屋鐵路社長藍川清成的長女金江結婚。五月，到法國，進巴黎大學。留法四年，與畫家佐伯祐三、作家愛斯特聶、格塞爾交往。

一九二七年　三十歲。十月，完成畢業論文，患結核，到瑞士的賴山去療養。

一九二九年　三十二歲。年底回國。

一九三〇年　三十三歲。三月，「資產階級」獲得改造社的懸賞小說第一名，並刊於『改造』。擔任中央大學講師，主講貨幣論。

一九三一年　三十四歲。四月，在『朝日新聞』開始連載「追明天」，六月結束。六月，發表「公寓的英雄」於『新潮』。八月，在『改造』刊出「黑」。

一九三二年　三十五歲。二月、三月和四月，分別發表「聖母像」、「泥濘」和「鴉片」於『新潮』、『文藝春秋』和『改造』。十二月，在『改造』刊出「找椅子」。此年辭去中央大學講師，開始過專業作家的生活。

一九三三年 三十六歲。四月，發表「橋前」於『改造』。八月，在『新潮』刊登「鎧甲」。此年，就任文藝家協會理事。

一九三五年 三十八歲。九月，就任日本筆會會計主任。

一九三六年 三十九歲。四月，發表「掉在懸崖的女人」於『文藝』。六月，母親去世。

一九三七年 四十歲。十月，在『都新聞』連載「愛情的日陰」，翌年五月結束。十二月，發表「菊花草」（「愛與死之書」第一章）於『改造』。

一九三八年 四十一歲。爲採訪「愛與死之書」，訪問中國大陸，旅行北平、內蒙古、青島、上海、南京等地，達四個月。八月，在『改造』推出「孤雁」（「愛與死之書」第二章）。此年，與川端康成、小林秀雄等爲『文學界』的同人。

一九三九年 四十二歲。四月，在『改造』發表「有靈的話」（「愛與死之書」第三章）。五月，發表「只要活一天」於『婦人公論』。七月，寫第四章，完成『愛與死之書』，由小山書店出版。

一九四〇年 四十三歲。五月，撰寫『有命的日子』，從新潮社出版。

一九四一年 四十四歲。十月、十一月，在『文學界』刊登「孤絕」。

一九四二年 四十五歲。一月，在『婦人公論』連載「死於巴黎」，十二月結束。六月，陸軍和海軍，要他做從軍作家，但以健康缺佳拒絕。

一九四五年 四十八歲。五月，遭遇到轟炸，疏散至輕井澤。

一九四六年 四十九歲。一月，從輕井澤搬回東京，住世田谷。二月，父親去世。在『婦人俱樂部』連載「祈禱」，翌年四月結束。十一、十二月，發表「命運」於『群像』。

一九四七年　五十歲。一月，在『婦人朝日』連載「感傷之森林」，六月結束。因爲描寫轟炸的慘狀，而被盟國刪改六次。四月，發表「自言自語」於『文學季刊』。八月和九月，在『新文學』刊出「祖國」

一九四九年　五十二歲。四月，發表「再生」於『文學界』。十二月，在『天理時報』連載「中山美喜傳」（美喜是平假名日音譯），連載到一九五七年。

一九五〇年　五十三歲。四月，在『文學界』和『改造文藝』，分別發表「西方淨土」和「罪業」。七月，在『風雪』刊出「天使羅茲」。

一九五二年　五十五歲。十月，在『婦人公論』連載「一個世界」，翌年十月結束。

一九五三年　五十六歲。二月，在『小說新潮』推出「雙重國籍者」。八月，發表「白露」於『新潮』。秋季，『死於巴黎』的法文版問世。

一九五六年　五十九歲。六月，在『世界』發表「死後」，十二月，分別發表「畢哥露」（音譯）和「女留學生」於『群像』和『小說新潮』。

一九五七年　六十歲。一月，在『婦人之友』連載「生爲女性」，十二月刊畢。七月，發表「女與男」於『群像』。遷至在東中野舊地址新建的房子。十二月，在『中部日本新聞』等三家報社同時連載「命運之河」，翌年十一月結束。此年，以『死於巴黎』和『一個世界』，獲得法國藝術院的友好大獎，並爲諾貝爾文學獎的候補。

一九六〇年　六十三歲。一月，在『全讀物』刊出「落葉之聲」。五月，發表「響夏理則的賓賓」於『群像』。撰寫『告別』，並由中央公論社出版。

一九六一年　六十四歲。十月一，撰寫『愛、知、悲傷』，由新潮社發行。

一九六二年　六十五歲。七月，由新潮社出版『人的命運』（第一部第一卷『父子』）。

一九六三年　六十六歲。二月，由新潮社出版『人的命運』（第一部第二卷『友情』）。三月，在沼津市我入道海濱，樹立了文學碑。七月和十一月，從新潮社分別發行『人的命運』（第一部第三卷『愛』）和『人的命運』（第一部第四卷『出發』）。

一九六四年　六十七歲。五月和九月，由新潮社出版『人的命運』（第一部第五卷『失去的人』）和『人的命運』（第一部第六卷『結婚』）。

一九六五年　六十八歲。五月，以『人的命運』（第一部）獲得藝術選獎文部大臣獎。六月和十一月，由新潮社發行『人的命運』（第二部第一卷『孤獨的道路』），和『人的命運』（第二部第二卷『暴風雨前夕』）。十月，就任日本筆會會長。

一九六六年　六十九歲。一月，從新潮社出版隨感集『心靈之窗』。五月和十月，由新潮社出版『人的命運』（第二部第三卷『愛與死』），和『人的命運』（第二部第四卷『夫婦關係』）。

一九六七年　七十歲。五月，從新潮社出版隨感集『關於人生和結婚』。五月和十一月，分別由新潮社出版『人的命運』（第二部第五卷『在戰場』），和『人的命運』（第二部第六卷『黑暗的日子』）。

一九六八年　七十一歲。五月和十一月，由新潮社分別出版『人的命運』（第三部第一卷『黎明』），和『人的命運』（第三部第二卷『再會』）。十一月，應邀爲瑞典藝術學院諾貝爾文學獎候補作品推薦委員。

一九六九年　七十二歲。四月，以『人的命運』整個作品，獲得藝術院獎。

尾崎一雄及其作品

淺見淵

尾崎一雄　1899–1983

一

『老么的故事』的作者尾崎一雄，於一八九九年，出生於三重縣宇治山田町（今日的伊勢市）。

他的本籍是神奈川縣足柄下郡下曾我村谷津（現在是小田原市曾我谷津），其祖先代代為這個村庄的七村總鎮守宗我神社的神官。迨至父親八束的時代，才辭去世襲的神官，畢業東京帝國大學日本歷史學科後，以至二次大戰結束，擔任專門訓練神官的神宮皇學館高等專門學校教授，而作者就是在父親任所地降世的。

但小學三年級時，他回到本籍的故鄉，轉入下曾我村小學，一九一二年畢業該小學後，進神奈川縣立第二中學（現今的小田原高等學校）。他上學，來往每天要走十六公里路，走了五年。

中學生時代，尾崎就很喜歡文學，因為讀了志賀直哉的小說『大津順吉』，而開始學文學，並決心要做一個清高的作家。事實上，他進早稻田高等學院以後，便前往京都去請教志賀氏。從此以後，他拜志賀為師，以迄於今，算是志賀的高徒之一位。

中學畢業之後，尾崎本想進早稻田大學文學部預科，惟因退休神宮皇學館教授，並住在家鄉的父親，絕不同意他這樣做。因此他進了其他的學校。可是兩年之後，整個世界流行了所謂西班牙感冒，他父親因患此病而去世。

這時早稻田大學廢止預科，新設高等學院，尾崎遂於一九二〇年進該校，為該學校的第一屆學生。一九二七年，畢業早稻田大學文學部日本文學科。

在這期間，他繼承了尾崎家，除照顧母親、弟妹外，與同學辦同人雜誌『主潮』，練習寫作小說。他在『主潮』創刊號，發表以其妹妹之死為題材的小說「二月的蜜蜂」，而在文壇受到注目。

他在學生時代，當時的一流文藝雜誌『新潮』，已經請他寫小說。

所以，尾崎一雄大學一畢業，便以為他會馬上過著作家的生活。可是，迨至一九三七年，他以其第一本短篇小說集『悠閒眼鏡』得到芥川獎以後，才以寫小說作職業。前後經過十年光陰，這說明了要做一個作家，談何容易。

尾崎踏出大學大門時，景氣很差，銀行倒閉，有很多失業者，到處罷工，左翼文學抬頭。尾崎家的存款銀行也破產，因此尾崎家突然變窮，因而尾崎本身定不下心寫作。旋即左翼文學失勢，且為著克服窮困，又努力於寫作，而終於獲得芥川獎。

如此這般，他雖然成為很受歡迎的小說家，但爆發太平洋戰爭後，他卻患了大病，而又不得不過窮苦的生活。於是他從東京搬回老家下曾我村，在這裡過了整整十年的養病生活。但在這種狀況之下，他還是繼續寫小說。

在這時期，他寫了以人的生死問題為題材，而被認為戰後傑作之一的『蟲的種種』等，很有分量的許多小說，從而確立了他牢不可破的作家地位。從此以後，直至今日，他不但恢復了健康，並於一九六二年，以「幻想記」獲得野間文藝獎，更於一九六四年，被選為日本藝術院會員。

二

尾崎一雄作品的特色是，快活和具有高尚的幽默。跟他師傅志賀直哉的作品，文字簡短一樣，尾崎的文章也簡潔而有力。志賀的任何作品，都充滿清高的神經，同樣地，尾崎的作品皆屬於正義派，富有男子氣概。

尾崎一雄作品與志賀作品的不同點是，志賀的作品乃是貴族的，而尾崎的作品則時或插繪貧窮的生活，雖然如此，卻一點也不暗淡。

在另一方面，志賀非常重視家庭，尋求家庭的和平；尾崎也同樣愛惜家庭，深信人的幸福源自和平的家庭生活，因此，他的許多作品遂以家庭生活爲題材。而『老么的故事』便是最好的例子。

現在，我們根據『老么的故事』，具體地來看看尾崎一雄作品的特色。

這部長篇小說是於一九六〇年，爲日本廣播協會所撰寫的廣播小說。它以「清晨的小說」，每天早晨來廣播。作爲清純而有趣的小說，大受聽眾的歡迎。

這部作品首次出單行本時，出版社的宣傳文字這樣寫著：「愛開玩笑，膽子大，不喜歡讀書，常使人提心吊膽，無憂無慮成長的一個老么少女故事。」

父親曾生大病，現在雖然恢復了健康，但當時卻非常擔心自己是否能看到老么的成人，因此很寵三個兄妹的老么女兒。

這個老么，在無意識地撒嬌中無牽無掛地成長，但卻變成很像頑皮的男孩子，力氣又大，父親覺得這個女兒，可愛得不得了，但女兒初中家長會副會長的母親，看女兒一點也不用功，而擔心她考不上高中。

旋即大學生的哥哥和姊姊，很同情母愛的擔憂，因而一起強制妹妹讀書；與此同時，妹妹也突然自動自發地開始用起功來，於是家裡的暗雲消逝。幸福而和平的家園團圓，一直繼續下去。

很顯然地，這是以作者尾崎一雄的家庭爲舞臺，而母親就是尾崎夫人。這三個姊弟現在已經都不要成人在社會上做事，但這個作品，卻很忠實地描繪了當時各人的眞面目。

尾崎目前所居住的故鄉，是有許多梅樹和橘子園的高地，是能夠看到箱根諸山和富士山，景色美麗的地方。春暖時節，高地下面開著油菜籽花，與紫雲英成爲黃色和紅色的一片地毯，而那邊就是藍色的太平洋。

以這樣漂亮的地方爲背景，以父子愛、夫妻愛和姊弟愛爲經，它幽默而快活地刻畫了天眞的老么女兒的淘氣。而且，這個老么千金還是很孝順父母呢！

讀這部長篇小說，我們可以知道，從家庭裡的芝麻綠豆小事，尋求人生的眞正意義，久而久之，成爲令人感動的作品。尾崎一雄作品的最大特色，便在於此。

這本作品集，除『老么的故事』外，還有幾篇小說。發表當時，都是極獲好評的佳作。惟因一部分與「老么的故事」有些重複。不過如果一併閱讀，可看出短篇小說改寫成長篇小說時，會產生何種的變化，因此也饒有趣的。

其中，以寫於一九四八年的「蟲的種種」爲最著名，它曾被翻譯刊登於幾種外國雜誌。又，成於一九四三年的「關於『母親節』等等」，以及撰於一九五〇年的「小鳥之聲」，也都是一時的名作，皆被轉載於各種日文教科書。（譯註）

（譯註）　作者淺見淵是文藝評論家；本文譯自偕生出版社，尾崎雄一著『老么的故事』一書的「解說」。

（原載一九八七年二月二十日『中華日報』）

尾崎一雄 年譜

一八九九年 十二月二十五日，出生於三重縣宇治山田町（今日的伊勢市），父親八束，母親泰（片假名音譯），長子。

一九一二年 十二歲。進神奈川縣立第二中學（現在的小田原高等學校）。

一九一六年 十六歲。此年，讀志賀直哉的『大津順吉』，很受感動，立志要做作家。

一九一七年 十七歲。畢業小田原中學。

一九二三年 二十三歲。七月，前往京都，拜訪志賀直哉。

一九二四年 二十四歲。進早稻田大學文學部日本文學科。

一九二五年 二十五歲。四月，與岡澤秀虎、村田春海等創辦同人雜誌『主潮』，並發表「二月的蜜蜂」、「白銅」、「小小的事件」等。

一九二六年 二十六歲。五月，『主潮』停刊。十月，刪改「二月的蜜蜂」，並以「早春的蜜蜂」的題目發表於『新潮』新人號。

一九二七年 二十七歲。畢業早稻田大學。

一九二九年 二十九歲。十二月，造訪志賀直哉於奈良，逗留到次年七月。

一九三一年 三十一歲。八月，與山原松枝結婚。

一九三二年 三十二歲。由春秋社出版與志賀直哉的合著『現代語西鶴全集』第四卷。十月，長女一枝降世。

一九三三年 三十三歲。八月與十一月，分別發表「貓」與「悠閒眼鏡」於『作家』和『人物評論』。

一九三四年　三十四歲。五月，在『行動』刊出「芳兵衛」；十一月，刊登「擬態」於『早稻田文學』。

一九三五年　三十五歲。一月，長子鮎雄誕生。六月，發表「祖先之地」於『早稻田文學』。

一九三七年　三十七歲。六月，在『早稻田文學』刊出「玄關澡堂」；七月，以短篇集「悠閒眼鏡」獲得第五屆芥川獎。

一九四一年　四十一歲。一月，以海軍省囑託，參加華南方面海軍部隊慰問視察團，旅行臺灣、華南等地，二月回日本。六月，次女圭子出生。

一九四四年　四十四歲。八月，因爲胃潰瘍出血而倒下去。十月，遷回其故鄉神奈川縣足下曾我村谷津（今日的小田原市曾我谷津）。

一九四六年　四十六歲。二月，在『早稻田文學』推出「一個復員兵的故事」；發表「蟋蟀」於『新潮』。

一九四八年　四十八歲。一月，在『新潮』發表「蟲的種種」。

一九五〇年　五十歲。四月，分別於『文學界』和『風雪』，表發「老虎的故事」與「小鳥之聲」。

一九五一年　五十一歲。五月，刊載「蜈蚣與老鼠」於『新潮』；九月，在『文學界』發表「製作木劍」；十一月，在『早稻田文學』刊出「蟷螂與蜘蛛」。

一九五三年至五四年　由池田書店出版『尾崎一雄作品集』十卷。

一九五六年　五十六歲。七月，分別發表「祖先」和「玉樟」於『群像』和『新潮』。十月，被選爲小田原市教育委員會委員。

一九五九年　五十九歲。十月，在『新潮』發表「波恩之死」。獲得神奈川文化獎。

一九六一年　六十一歲。二月，由中央公論社出版，從去年在日本廣播協會（公司），三個月多來晨早廣播的小說『老么的故事』。八月，發表「幻想記」於『群像』。在『產經新聞』開始連載「豈有此理」，連載到翌年一月。

一九六二年　六十二歲。十月，由講談社出版『幻想記』。十一月，以此書，獲得野間文藝獎。

一九六四年　六十四歲。一月，被選爲日本藝術院會員。八月，發表日本「請求退休」於『群像』。

一九六五年　六十五歲。八月，在『群像』刊登「蟲和樹葉」。

一九六七年　六十七歲。一月，發表「秋天的結束」於『新潮』。

一九六八年　六十八歲。一月和十一月，分別在『新潮』和『群像』，發表「樟樹箱子」和「除草」。

一九六九年　六十九歲。一月，在『新潮』發表「整頓」。

一九七五年　七十五歲。以自傳作品「那些日子這些日子」，再度獲得野間文藝獎。

一九八三年　八十三歲。三月三十一日，與世長辭。

獅子文六及其作品

瀨沼茂樹

獅子文六　1893–1969

一

嚴格來說，日本絕少有眞正的幽默小說。這似與連夏目漱石(譯註一)的徒弟們，都無法寫出像漱石的『少爺』、『我是貓』這種作品的情勢有關係；也可能與日本文壇之輕視以諷刺爲事的社會小說有不可分割的關係。在這種不毛狀態中，我認爲獅子文六是開闢作爲社會小說之諷刺小說，和獨特之幽默小說的第一個人。

獅子文六本名岩田豐雄。他以岩田豐雄，以法國戲劇的研究家、翻譯家知名於世，他並寫作劇本，更是文學座劇場的導演。在昭和初期（一九一〇年代），我就知道他與岸田國士(譯註二)是法國新劇和日本新劇的健將。一九三四年左右，他以獅子文六的筆名開始創作幽默小說，我得知獅子文六與岩田豐雄是同一個人物時，曾嚇了一跳。

岩田豐雄於爆發甲午戰爭前一年的一八九三年七月一日，出生爲橫濱貿易商的長子。由於他成長在橫濱外國人的特別居留地，所以很早就親近西方文化，具有自由主義的風度，和商人進取的氣質。不幸，滿九歲時喪父，惟因有家產，因此沒做生意，亦能進慶應義塾的幼稚園，以至慶應大學理財科的預科。

從十九歲左右，他開始對文學發生興趣，並跟朋友們出版傳閱雜誌；二十一歲時，轉學到文科。但沒多久就退學；二十八歲時，其母親去世，遂決心以文學謀生；並以其父親的遺產，留學巴黎。

他雖然是一個文學青年，但卻並沒有意思參加慶應大學的人們所發行的『三田文學』；從中學高年級，他就喜歡戲劇，雖然喜歡，但他卻沒去當戲劇青年。不過自欣賞久米正雄(譯註三)的戲劇以後，他便想去試寫劇本。他在巴黎讀書，看法國戲劇，並沒覺得新鮮的刺激；但觀看俄國的芭蕾舞以後，遂爲其所迷。爾後，隨欣賞莫斯科藝術座、哥倫比亞劇場的戲劇，他逐漸加深其對戲劇的研究，並增強了他的信心。他旅行和研究比利時、德國、義大利等國的戲劇，並以法國女郎瑪莉．蕭密爲妻，於留法第四年回到日本。

回國以後，他翻譯法國和義大利的腳本，進新劇協會擔任導演，因而在日本劇壇，遂漸露頭角。關於它，他在其回憶錄『新劇與我』寫得很詳細。總之，他跟岸田國士，爲昭和的新劇帶來了二十世紀法國的清新空氣。

不久，其妻生病，去世於法國；但他卻於一九三三年二月，創作頭篇劇本「東是東」，走上戲劇作家的道路。但就是在今天還是一樣，要以劇作家和導演，想在新劇的世界謀生是非常不容易的。這時，小山內薰（譯註四）等人所著手的近代劇運動，已開始逐漸上軌道，但九一八事變後的情況，卻日趨加深其軍國主義的色彩，而使該項運動無法生根。又，在這以前的所謂無產階級演劇運動，對於岩田豐雄也是毫無緣分的。

是即岩田豐雄之變成獅子文六，乃於此時。他以研究創作戲劇的精密結構，加上法國的合理主義，以寫作長篇小說。不過劇作家岩田豐雄還是繼續存在，因此我們可以說，另外誕生了一個獅子文六。

二

作爲小說家的他的處女作是『金色青春譜』（一九三四年），這是一篇幽默小說。從其題名，我們可以判斷它模倣了尾崎紅葉（譯註五）的『金色夜叉』，但他的內容，卻完全不同。其幽默，來自猶如漱石的諷刺社會，具備苦中有甘的味道。他繼而發表「浮生酒館」（一九三五年）和「樂天公子」（一九三六年）。這時他已再婚，年齡且過四十，所以知悉社會的表裡，人生的酸甜苦辣。他的法國機智，包藏著自由思想家的核心。

在這種狀況之下，他寫作了第一部新聞小說「阿悅」（從一九三六年七月到十二月，連載於『報知新聞』）。由於它的成功，獅子文六遂成為新聞小說界的泰斗，一直寫著各種各樣的作品。但是，其戰前的作品，則把諷刺社會的一面放在後面，結果是將滑稽小說的一面推出前頭，強調其為幽默小說，這是與其戰後的作品最不同的一點。

「樂天公子」的主人公是戶羽伯爵家的家長，他雖然出身貴族，但卻討厭貴族，悠然自得，並以各種各樣的姿態出現於獅子文學。「阿悅」的流行作詞家柳碌太郎就是這種人物。碌太郎雖然畢業大學經濟學部，但卻不務正業，而熱中於作詞，是個善良但毫無生活能力的怪人。阿悅是碌太郎在學生時代結婚時所生的女兒，阿悅的母親病死了。碌太郎與阿悅父女雖窮，但卻非常親密。十來歲之阿悅的純眞心靈和誠實的論理，成為對於碌太郎身邊人們的糾葛的批評，幽默十足。

碌太郎的姐姐夫婦是中小企業家，跟其他一些同行一樣，乃過著虛偽與利己主義生活的人物。他們雖然介紹繼室給他，但這並不是眞正為他，而是為了求取自己事業的融資對象。而且，後妻的候選人薰（音譯），由於上流階級往往常有的榮譽心和虛榮心，對碌太郎想為所欲為，因之以把阿悅送到學校宿舍為結婚的條件，薰性情冷酷。所以，薰遂移情別戀矯矜的冒牌作曲家細野夢月。

但純潔的阿悅所囑望於做其父親妻子，和自己母親的卻是百貨公司女售貨員池邊鏡子，阿悅的這種眼識是正確的。鏡子的父親是手藝人，為人頑固，但卻懂得義理人情。這個指久夫婦被譽為模範青年的米店次子所騙，準備把他們的女兒鏡子嫁給他，而引起很大的風波。總而言之，作者同情碌太郎父女和指久父女的群眾世界，並透過阿悅的眼光批評社會的罪惡和虛僞，批評得很幽默。

爾後，獅子文六寫了『達磨町七蕃地』（一九三七年）、『沙羅少女』（一九三八年）、『南風』（一九四一年）等許多新聞小說；也創作了『青春售品處日記』、『胡椒公子』（一九三七年）、『女軍』、『信子』（一九三八年）、『太陽先生』（一九四〇年）、『祖母』（一九四二年）等連載小說（家庭小說），發表於婦女雜誌。

在這些作品當中，我認爲以好漢宗像六郎太爲主人公，被自稱爲西鄉隆盛（譯註六）的庶子者所騙，而到南國去找遺產的『南風』和以「光明磊落，天眞直率的女性」，由九州到東京擔任女中體育教員爲主人公的『信子』，最爲出色。戰後，以林美智子爲主角，『信子』在電視上演過，它實有若夏目漱石之『少爺』的女性版。

三

二次大戰後，他曾在女性雜誌連載過『祖父』（一九四七年）等小說，其中最值得我們注目的是，『天翻地覆』（一九四八年）、『自由學校』（一九五〇年）和『一團糟』（一九五二年）等新聞小說。這些戰後的新聞小說，是一種社會小說，對於戰後日本的風俗，痛痛快快地予以諷刺和批評；這些作品，充分發揮了他作爲自由思想家的眞面目。作者在東京中野遭遇到戰禍，於一九四五年疏散到愛媛縣（四國），在這裡，似使他能冷眼看戰後的社會百態。

『天翻地覆』以平凡而膽小的尤犬順吉爲主人公，他離開戰後不久混亂的京濱地區，前往四國的南端尋求桃源鄉。但戰後的種種，沒多久也傳到擁有古老人情和風俗的四國，作者以悲痛的心情諷刺這種天翻地覆的戰後風俗。

『自由學校』以類似『南風』之宗像六郎太的大漢南村五百助為主人公，巧妙地諷刺所謂「由配給而獲得的自由」、「奇異的男女同權」等戰後混亂的社會風俗，而非常受讀者歡迎。其中一個原因可能是，大漢五百助與才女駒子這對夫婦的關係，與一般夫婦的關係完全相反，成為男女同權的漫畫，而予讀者以親密感。而且，這個大漢所追求的「自由」也蠻有意思，是即他被他太太趕出去，漂泊到御茶之水橋下撿破爛的人群裡，在那裡受到人們的尊敬，這眞是很大的諷刺。這種諷刺，可以說獅子文六寫得最早，而在此種意義上，於戰後日本的文壇，獅子文六是非常特別的存在。

『一團糟』以戰後的混血兒問題為題材，是一部獨特的諷刺社會小說。除此而外，以愛稱阿Q（音譯，赤羽丑之助）這個異常的人物，描寫股票市場之英雄的『大守衛』（一九五六——五八年），創造食慾巨人吳天童的『香蕉』（一九五九年），以電氣鐵路公司事件為背景，刻畫出生於對立家庭之男女戀愛的『箱根山』（一九六一年），以生為日本人與英國人的混血兒，而跟美國青年結婚的女性為主人公，描繪其對日本之愛情的『安德爾日記』（一九六二年），都是站在作者自己觀點，批評和諷刺戰後日本的作品。

獅子文六曾兩度喪妻，因而結婚三次。但終生在他心田的是，與法國太太生的長女。這個女兒，也於他三度結婚那一年成家。他撰寫半自傳性的小說『女兒與我』（一九五三——五六年），是為了紀念其女兒的成長。

作者以尖刻的諷刺家馳名於世，因此他給我們讀者帶來「笑」。這個「笑」，並不包含冷笑或嘲笑的冷酷因素；作者倒喜歡選擇好得不得了的好人和蠻不在乎的人作主人公，他更具有強烈的正義感。作者雖然憎恨僞善、虛榮和利己主義，但卻並不厭惡人類。我認為獅子文六之幽默的餘味的

長處在此。（譯註七）

（譯註一）夏目漱石（一八六七——一九一六），本名金之助，東京人，小說家。

（譯註二）岸田國士（一八九〇——一九五四），東京人，劇作家、小說家、翻譯家、評論家。

（譯註三）久米正雄（一八九一——一九五二），長野縣人，小說家、劇作家、俳人。

（譯註四）小山內薰（一八八一——一九二八），廣島市人，導演、劇作家、小說家。

（譯註五）尾崎紅葉（一八六七——一九〇三），本名德太郎，東京人，小說家、俳人。

（譯註六）西鄉隆盛（一八二七——一八七七），鹿兒島縣人，政治家、明治維新的領導者。

（譯註七）原作者瀨沼茂樹是文藝評論家；本文譯自偕成社出版，獅子文六著『阿悅』一書的「解說」。

一九八三年二月十日　於東京

（原載一九八三年四月二十五日『臺灣時報』）

獅子文六　年譜

一八九三年　七月一日，出生於橫濱市的貿易商家庭，父親是岩田茂穗，母親廝二，長子。其本名叫做豐雄。

一八九九年　六歲。四月，進老松小學。

一九〇三年　十歲。九月，轉學到慶應義塾大學幼稚舍五年級，住宿舍。

一九〇五年　十二歲。四月，進普通部（中學）。

一九一一年　十八歲。四月，進慶應義塾大學理財科預科。

一九一三年　二十歲。四月，轉到文科預科。十二月，因爲對上課不感興趣而退學。

一九二二年　二十九歲。三月，留學法國。住巴黎，專心於戲劇。

一九二五年　三十二歲。六月，帶在巴黎結婚的妻子瑪莉回國。八月，長女巴繪降世。

一九二八年　三十五歲。六月，與岸田國士等創立新劇研究所。在此年前後，翻譯朱爾·羅曼、路易吉·比蘭特爾羅的劇本出版。

一九三〇年　三十七歲。十一月，妻子瑪莉生病。爲著讓她養病，陪她回其在法國的老家。

一九三一年　三十八歲。五月，單身回國。

一九三二年　三十九歲。十二月，妻子瑪莉去世。

一九三三年　四十歲。二月，擔任明治大學文藝科講師。在『改造』發表處女劇本「東是東」。

一九三四年　四十一歲。四月，與富永靜子（靜是日語音譯）結婚。十月，以獅子文六的筆名，在『新青年』連載「金色青春譜」，開拓了幽默文學的新天地。

一九三六年　四十三歲。三月和七月，在『新青年』和『報知新聞』，分別連載「樂天公子」和「阿悅」。

一九三七年　四十四歲。九月，連載「胡椒公子」於『主婦之友』。與岸田國士等人創立文學座。

一九三八年　四十五歲。一月，在『婦人公論』連載「女軍」（「娘子軍」），以及連載「沙羅少女」和「信子」。

一九四〇年　四十七歲。一月和四月，在『日乃出』及『主婦之友』，分別連載「虹的工廠」和「太陽先生」。

一九四一年　四十八歲。六月，在『朝日新聞』連載「南風」。

一九四二年　四十九歲。二月和七月，在『主婦之友』及『朝日新聞』，開始連載「祖母」及「海軍」。

一九四三年　五十歲。以「海軍」獲得朝日獎。二月，出版『法國的戲劇』。

一九四五年　五十二歲。五月，因為戰禍，中野的家被燒掉。十二月，疏散到其妻子老家愛媛縣岩松町。

一九四七年　五十四歲。六月，在『主婦之友』連載「祖父」。十月，到東京，住主婦之友宿舍。

一九四八年　五十五歲。十一月，在『每日新聞』連載「天翻地覆」。出版『新的戲劇』。

一九五〇年　五十七歲。二月，妻子靜子去世。五月，在『朝日新聞』連載「自由學校」。

一九五一年　五十八歲。五月，與松方幸子結婚。

一九五二年　五十九歲。六月，從文藝春秋社出版『獅子文六作品集』，五卷。

一九五三年　六十歲。一月，在『主婦之友』連載「女兒與我」。十二月，長子敦夫出世。

一九五四年　六十一歲。四月，在『讀賣新聞』連載「青春怪談」。十二月，出版『觀覽席』。

一九五五年　六十二歲。五月，在『藝術新潮』連載「新劇」。七月，出版『青天的伙伴』。

一九五六年　六十三歲。二月，在『週刊朝日』連載「大番」。十二月，出版『新劇與我』。

一九五八年　六十五歲。五月，由角川書店出版『獅子文六作品集』，十二卷。

一九六〇年　六十七歲。一月和十月，在『週刊新潮』及『週刊朝日』，連載「七個半小時」及「到這個地方」。

一九六一年　六十八歲。三月，在『朝日新聞』連載「箱根山」。出版『喝、吃、走』。

一九六三年　七十歲。此年，從新潮社出版『岩田豐雄演劇評論集』及『岩田豐雄創作·戲曲集』。

一九六四年　七十一歲。一月，由雪華社出版『城市的小孩』。在『讀賣新聞』連載「愚者的樂園」。

一九六五年　七十二歲。一月，在『主婦之友』連載「父乳」。七月，發表「狂言鬼的始末」。

一九六九年　七十六歲。十一月，獲得文化勳章。十二月十三日，因腦出血去世。

石坂洋次郎及其作品

平松幹夫

石坂洋次郎　1900–1986

一

當代最受讀者歡迎的作家石坂洋次郎，於一九〇〇年七月二十五日，出生於青森縣弘前市田代町，父親忠次郎，母親多美（音譯），排行第二。他有相差四歲的哥哥和弟弟。據說，他家賣舊衣服和開當舖，惟因乃父性情溫順，態度消極，所以生意不興隆，因而完全依靠士族之么女的母親，以農村爲對象，以分期付款方式販賣布料，洋次郎纔得以完成高等教育。

七歲時，洋次郎進市立朝陽小學，十三歲的時候上縣立弘前中學。由於身體病弱，因此討厭武術和教練，「中學五年級時的成績是倒數第三名」；不過小學和中學初年級時，他卻經常是第二名或第三名，可見他腦筋不壞，而且又善於辭令。

他很早就愛好文學，小學五、六年級時便與朋友辦雜誌，並連載少年小說和冒險小說。他說：「從中學高年級時起，我就一天到晚看日本和外國的小說作品，更向地方報紙投稿詩歌和小說。除文學外，我也學過橫笛和提琴」。他對於音樂的興趣，一直繼續到大學時代。這種身體虛弱，愛好藝術之多感少年的跡象，我們可以由其『風俗』三部作品中的友一少年身上看得出。

一九一九年，洋次郎進慶應大學文學部。其父母本來希望他能進理財科，但前一年考理財科沒考上。當時的學制是中學和高等女學校五年，大學預科和高等學校是兩年或三年，大學本科是三年。在預科的兩年，洋次郎「幾乎沒去上課，而過著在圖書館和家裡廣讀文藝書刊的日子」。

低於他兩班的我，劇本作家的北村小松君等，石坂君的同班同學，我認識不少，但對於他，我卻一點記憶也沒有。他雖然不去上課，但卻看遍了圖書館所藏法國和俄國的所有翻譯文學書本。他對於學校的回憶，印象最深的還是圖書館，亦即從小學就喜愛小說；並一以貫之的他，使其日後成爲不負眾望的作家。

一九二一年，洋次郎進慶應大學本科的東洋文學專攻課程（日、漢文科）；十一月，與肄業於橫濱費理斯（音譯）女學院，其同鄉今井慶次郎的長女浦子（日語音譯）結婚。新郎二十一歲，新娘十七歲。這個結婚，對於作家石坂洋次郎的形成，是一個很重要的因素。因爲我們從其早期的「肯貝爾夫人訪問記」，爲其成名作的「年輕人」、「麥子不死」，以及其近作「用水寫成的故事」等等，很明顯地可以看出受上教會學校之夫人的基督教影響。

不特此，在實際生活上，作者從學生時代，就嚐過擁有妻與子女的生活苦味；加以作者大學畢業的一九二五年，很難找到工作，所以遂回到其家鄉去充當弘前高女的教員。從此以後，他轉職於秋田縣立高女、中學等，前後十四年，在日本東北過著教書匠的生活，而其作品中之所以有那麼多青年男女出現，以及其舞臺之大多似爲東北鄉間，理由在此。

在大學時代，他雖然也寫過幾篇東西，但有系統的作品是他大學畢業，回家鄉以前所寫『去看海』（一九二五年五月），這算是他的處女作。這個短篇交給了他『三田文學』的前輩作家南部修太郎，惟因雜誌停刊，所以迨至一九二七年二月號纔刊出。以爲這篇作品早已「石沉大海」的作者，獲得刊登的消息後，眞是喜出望外。

以水上瀧太郎（譯註一）爲首之我們當時的『三田文學』同仁，讀了這個作品後，都驚嘆「三田推出了非凡的作家」。那時候還沒有芥川獎之類的文學獎，因此祇是在三田派之間贏得好評而已；如果處身今日，加上繼而所發表的兩三篇短篇小說，洋次郎一定走上作爲職業作家的道路。

如前面所說，他邊擔任弘前高女、橫手高女、中學的教員，邊從事寫作，除『三田文學』外，商業雜誌和報紙也逐漸向他索稿，但他終以「年輕人」和「麥子不死」的兩篇作品贏取絕對的好評，從而確立了他作爲作家的地位；惟降至一九三八年，因爲「年輕人」這個作品，受到當時假借軍國主義餘威之右翼團體的控告，而「不得不依願辭去教職」。如此這般，在地方的生活，前後達十四年。在這期間，作者曾得一男三女，但其中兩個女兒都於四歲時相繼夭折，而飽嚐了作人家父親的悲痛。

作者在超過五十歲以後所寫的隨筆「我走我路」說：「我很早就成爲專業作家，但回顧過去，我從沒有吸過相當有害的文壇空氣，我覺得這樣也好」；對於長期的地方生活則認爲：「它對我非常有幫助」。要之，這種堅定的信念和經驗，使其奠定了他今日文壇的非凡地位。

至於前述「年輕人」的訴訟事件，右翼指責女學生們畢業旅行時，在皇宮面前傳言日皇使用金筷子吃飯，學生問嚮導小姐「天皇跟神誰大」應屬於不敬罪；參觀橫須賀海軍基地的場面，該算誣告軍人罪。從現在看來，這雖然不可思議，但在戰前（戰爭中更不必說），這是一點也不稀奇的。

因此，作者遂於一九三九年告別杏壇，舉家遷來東京開始過其作家的生活。他首先撰寫的作品是「拂曉的合唱」，繼而推出「何處去」、「美麗的日曆」等許多短篇，是即他作爲職業作家的起步，相當順利。但兩年後太平洋戰爭爆發，作者以陸軍報導班員身分，被派到菲律賓兩次，因而停止了兩年的創作。

日本戰敗當時，作者正在弘前準備作第二次疏散。他回顧彼時說：「……作爲軍國日本之國民的我，眞是萬感交集，不過那時能賣的也都賣光了，所以也覺得鬆了一口氣」。從戰敗第二年左右開始，報刊如雨後春筍般地捲土重來，而爲應這些報刊的需求，他幾乎每個月寫作短篇小說。由於祇是其眷屬回到東京，因此他往還於弘前和東京之間兩三年；而疏散地的生活，使他刻劃出『石中先生行狀記』、『青藍山脈』和『山那一邊』等名作。

一九四七年，『朝日新聞』邀他執筆連載小說。這是作者頭一部新聞小說。這個作品就是「青藍山脈」。「青藍山脈」立刻被拍成電影，並成爲流行歌曲，家喻戶曉，洋次郎變成新聞小說界的泰斗，各報競向他求稿。

『山那一邊』、『小山花盛開』、『有山川的城鎮』、『照太陽的坡路』、『繡球歌』、『在河畔』、『發光的海』、『颱風與石榴』等等，都是繼「青藍山脈」獲得好評的這個作家的新聞小說。

除此之外，他更發表了「我的愛情與生命的紀錄」、「白橋」、「那小子跟我」、「消逝於雨中」、「年輕女性」等等連載長篇和短篇小說。而且，這些作品都曾經被搬上銀幕和電視。

二

「青藍山脈」是日本戰敗後不久，物質缺乏，人們都以食爲第一要義的時刻，給予開朗而健康的歡笑，予廣大讀者所處此新時代應該如何過活之指針的作品。對於撰寫這個作品的意圖和動機，作者曾經這樣寫著：

『青藍山脈』是戰後從一九四七年六月到九月，連載於『朝日新聞』的作品。那時我是四十七歲。記得我一個人留在疏散地也是我故里弘前的租房寫了這部作品。總之，『青藍山脈』是我的第一部新聞小說。

「戰後，日本人都在求著新的生活理念，『青山脈』大概多少含有能應其需求的因素，所以在連載期間就獲得好評，從新潮社出版單行本後，銷路也非常好。由藤本眞澄和今井分別監製和導演的電影『青藍山脈』，更吸引了成千上萬的觀眾。

「這個作品並沒有典型人物，可能是從我第三個女兒所上的女子中學，畢業典禮以來，有人把傲慢的低班學生叫出來毆打，有若男子學校般野蠻的習慣，得到暗示的」。（石坂洋次郎文庫『著者通信』）

如上所述，這是以地方的女子中學爲舞臺，把在那裡所發生種種新舊思想的對立，編造成有趣而可笑的故事，在由擺脫舊習慣變成民主主義新國家的過程中，人應該怎樣過活的題材的作品。作者在這裡所提出的問題和解決，在戰後社會情勢已經大變的今日，仍然具有極其新鮮的感覺。

這部小說的女主人翁寺澤新子，是以因跟她在工業學校就讀的堂弟來往的理由，被開除鄉下的學校，而轉學來的高等女學校五年級學生，她是個有些男子氣概的活潑美麗少女。她的對象是六助及其朋友富永。他們都是舊制高等學校的學生。由於她的同班同學松山淺子給新子寫了卑俗的假書信，在學校竟鬧成風潮，這時，英語老師島崎雪子百分之百地支持了新子。校醫青年醫師沼田聲援島崎，與地頭蛇和代表舊思想之學校內外的人士搏鬥，最後新子等人獲得勝利，得知沼田與島崎訂婚，「新子有若一個人單獨不能支持其所面臨的衝擊，把手放在六助的肩膀上」，而皆大歡喜地結束這篇故事。

凡是喜愛石坂文學的人，都會發現寺澤新子與島崎先生的關係，跟「年輕人」的江波惠子與橋本先生的關係非常類似，而島崎先生的性格，則由六助與富永兩個人分別扮演這個事實，我覺得：這乃由於作者以這是他的頭一部新聞小說，爲了愼重起見，他把最熟悉的「年輕人」的架構，作爲這個作品的藍本所導致。但其最大的不同是，「年輕人」描寫即將消亡者的美麗，而「青藍山脈」則面對戰後的混亂局面，爲重建日本，作者提出應該先行革除陳舊的想法和惡習，從而在未來的理想，建立正當的常識世界的見解。

正如作者在「『發光的海』的目的」所說：「報紙擁有許多讀者。我經常留意這點，並努力於不要使讀者有不愉快的感受，……因此，我寫的全是正經而進取的人物。」

這固然是由於石坂用心的結果，但我認爲，石坂之年齡的成熟卻也是個很重要因素。是即以「拂曉的合唱」而獲得抓住大眾讀者自信的他，假其新的新聞連載這個舞臺，作者實現了想由戰後社會的混亂恢復其應有秩序的願望和理想。而分成敵方、友方的新子與淺子、沼田與井口、島崎與田中兩位先生，搏鬥的結果，好人得勝，壞人提議要和解，這種完全合乎健全的大眾心理的結局，當然是基於上述的理由。

「青藍山脈」形式上的主人翁是新子和六助，所以年輕讀者的關心也大多集中於此，但讀此書以後，副主人翁的田沼和島崎卻給讀者以更深刻的印象。這是因爲作者予新子與六助以適合新時代的理想形象；而沼子雖然純眞，但卻很世故，島崎雖很理智，處處憑理，但她卻慢慢懂得社會極端複雜，不是那麼簡單，這兩個人的複雜性格的緣故。

由此以觀，我們知道，這部作品的特色，乃在於打破「陰沉沉的，爲因習所束縛的封建性」，從而創造建設「明朗、合乎人性的民主社會」的倫理性。

作者在這個作品想告訴我們的是：一個人要先站穩腳跟，然後纔可以踏出其第一步。也就是說，每個人必須忠於他（她）自己。這個教訓，當然是過去、現在和未來永不變的常識（眞理）。「青藍山脈」之不僅爲戰後的風俗小說，而爲眾人所喜讀，理由在此。（譯註二）

（譯註一） 水上瀧太郎（一八八七——一九四〇），東京人，慶應大學畢業。小說家、評論家、創作家。

（譯註二）　作者平松幹夫是文藝評論家。本文譯自白楊社出版，石坂洋次郎著『青藍山脈』一書的「解說」。

一九八三年八月三日　於東京

（原載一九八五年十一月十日『青年日報』）

石坂洋次郎　年譜

一九〇〇年　一月二十五日，降生於青森縣弘前市田代町，父親忠次郎，母親多美（多美是假片名音譯），次子。兄、弟各一。

一九〇七年　七歲。四月，進弘前市立朝陽小學。五、六年級時，與朋友出版膠版謄寫版雜誌，連載過少年小說和冒險小說。

一九一三年　十三歲。四月，進縣立弘前中學（今日的弘前高校）。喜歡看小說，投稿地方報紙。

一九一七年　十七歲。四月，於「少年」懸賞故事千字文，以「山與湖」得獎。

一九一八年　十八歲。弘前中學畢業。因父母的希望應考慶應義塾大學理財科，沒考上，上一年神田正則補習班。

一九一九年　十九歲。四月，違反父母的意思，進慶應義塾大學文科預科。預科兩年，在圖書館大讀文學書，尤其是俄國和法國的翻譯小說。

一九二一年　二十一歲。三月，修完預科。四月，進慶應義塾大學文學部國文科。十一月，與同鄉的今井浦子（浦是平假名音譯）結婚。住大井町水神下。不大去上課，愛讀文藝書。

一九二三年　二十三歲。四月，長子信一降世。將家眷留在故鄉，單身住三田南寺町南臺寺，認識同宿的阿羅羅木派歌人大坪草二郎。六月，訪問同鄉葛西善藏於鎌倉，以後來往到葛西去世。

一九二五年　二十五歲。三月，慶應義塾大學畢業。六月，因在東京沒找到事，回到故鄉擔任縣立弘前高等女學校教師。以後教書教了十四年。長女廣子誕生。

一九二六年　二十六歲。九月，調到秋田縣立橫手高等女學校。

一九二七年　二十七歲。二月，在『三田文學』發表「去看海」。八月，次女朝子出生。

一九二八年　二十八歲。五月，發表「肯貝爾夫人訪問記」於『三田文學』。一直想在東京找事，沒成功。

一九二九年　二十九歲。四月，調往秋田縣立橫手中學。十月，三女路易子降生。十一月，因水上瀧太郎的推荐，發表「外交員」於『文藝春秋』。

一九三一年　三十一歲。七月，次女朝子，因脊髓骨傷去世。

一九三三年　三十三歲。五月，從故鄉把妻兒接到秋田縣。在『三田文學』發表「年輕人」，很得好評，以後五年，斷斷續續在該刊刊登其續篇。

一九三四年　三十四歲。一月，到東京。二月，從春秋社出版第一本創作集『石坂洋次郎短篇集』。四月，在『改造』發表「山」。

一九三五年 三十五歲。四月，在『三田文學』十周年文藝演講會演講「我的文學論」。八月，由號笛社出版『金魚』。

一九三六年 三十六歲。一月，以「年輕人」獲得第一屆三田文學獎。八月，在『文藝』推出「麥子不死」。此作與「年輕人」使他確立了做爲作家的地位。

一九三七年 三十七歲。二月，由改造社出版『年輕人』，十二月，出版『續年輕人』。成爲最暢銷書，據說由此復興了改造社的社運。

一九三八年 三十八歲。三月，全家搬到東京。六月，從中央公論社出版第一本隨筆集『雜草園』。七月，由新潮社推出短篇集『鬥犬圖』（昭和名作選集）。

一九四〇年 四十歲。二月，由改造社出版新日本文學全集『石坂洋次郎集』。十一月，從高山書院出版隨筆集『我的皮包』。十二月，從新潮社出版『拂曉的合唱』（上），翌年出下卷。

一九四一年 四十一歲。六月，在『改造』刊出「小小的獨裁者」。八月，擔任文藝家協會評議員。十月，從改造社出版短篇集『小小的獨裁者』。十二月，太平洋戰爭爆發，與尾崎士郎、今日出海等，以陸軍報導班員到菲律賓。

一九四六年 四十六歲。一月，在河北新報社發行的『東北文學』創刊號發表「墓地附近」。七月，從文生社出版『我的日子我的夢』。十月，從立共書房推出隨筆集『小說以前』。

一九四七年 四十七歲。六月，在『朝日新聞』連載「青藍山脈」，九月結束。八月，從和木書店出版短篇集『洗澡的女人』。十二月，由新潮社出版「青藍山脈」。「青藍山脈」被拍成電影，轟動一時。

一九四八年　四十八歲。一月，在『小說新潮』連載「石中先生行狀記」，因爲很受歡迎，一直到一九五四年，斷斷續續地連載。從文藝春秋社出版短篇集『馬車物語』。四月，由展文社推出『石坂洋次郎短篇集』。

一九四九年　四十九歲。四月，從新潮社出版『石中先生行狀記』（第一部）。六月，在『讀賣新聞』連載「山那一邊」，十二月結束。由文藝春秋社出版短篇集『風俗』。

一九五〇年　五十歲。一月至十二月，在『小說新潮』連載「續石中先生行狀記」。二月，實業之日本社出版『山那一邊』。四月，新潮社發行『石中先生行狀記』（第二部）；十二月出版第三部。

一九五一年　五十一歲。四月，在『婦人俱樂部』連載「母親的自畫像」（後改名爲「我的愛與生命的紀錄」），一九五三年十二月結束。六月，發表「女賊綺譚」於『新潮』。九月，從新潮社出版『石坂洋次郎作品集』（六卷，一九五二年二月出齊）。

一九五二年　五十二歲。一月，發表「冬枯」於『中央公論文藝特集』。在『朝日新聞』連載「小山花盛開」，七月刊畢。九月，從新潮社出版『小山花盛開』。

一九五三年　五十三歲。一月，連載「續石中先生行狀記」於『小說新潮』，翌年六月結束。九月，從角川書店出版昭和文學全集『石坂洋次郎集』，一九五五年四月，發行『續石坂洋次郎集』。

一九五四年　五十四歲。三月，由講談社出版『母親的自畫像』（上、下卷），從新潮社推出短篇集『接吻』。八月，由新潮社出版『石中先生行狀記』完結篇。

一九五五年　五十五歲。一月，在『婦人俱樂部』連載「白橋」，次年三月結束。五月，由三笠書房推出隨筆集『生活之歌』。七月，從角川書店出版短篇集『愛情』。十一月，由東方社發行『有人物的風景』。

一九五六年　五十六歲。三月，由講談社推出『白橋』。四月，從新潮社出版短篇集『霧中的少女』（小說文庫）。五月，新潮社出版短篇集『婦女鞋、嬰兒車』（小說文庫）。九月，角川書店和新潮社，分別出版短篇集『蘋果花開時』和『有山川的城鎮』。

一九五七年　五十七歲。六月，發表「舊友」於『小說新潮』。十一月，講談社出版『有陽光的坡路』。導演電影「有陽光的坡路」的田坂具隆獲得最高榮譽獎，男主角石原裕次郎由此而走紅。

一九五八年　五十八歲。一月，從中央公論社出版隨筆集『我的雜記本』。四月，由新潮社出版『石中先生行狀記』的定本。七月，從新潮社發行短篇集『離別之歌』。

一九五九年　五十九歲。三月，由講談社出版『有一天我』。八月，從講談社刊行『寒冷的早上』。十二月，從新潮社發行『繡球花之歌』。

一九六〇年　六十歲。一月，從青春出版社出版『生活與愛情』。三月，由中央公論社發行『製造的眞實』。六月，把『母親的自畫像』改名爲『我的愛與生命的紀錄』，由講談社出版。

竹山道雄及其作品

藤田圭雄

竹山道雄　1903–1984

『緬甸的豎琴』的誕生

戰後第二年，亦即一九四六年的九月底十月初，我在東京西銀座的實業之日本社，被燒過的大廈二樓殺風景的編輯室一角，坐在粗糙的椅子上，想著今年四月間創刊的兒童雜誌『紅蜻蜓』的頭一次新年號的計畫。

每一期的『紅蜻蜓』，我都請森田玉（玉是日語音譯）（譯註一）以「數歌」這個題目爲兒童撰寫隨筆，矢野健太郎（譯註二）談數學，佐藤八郎、野上彰（譯註三）的童謠，還有凱斯特那（譯註四）之「飛翔的教室」的連載。除此而外，爲新年號，我很想要一篇有份量、像樣的東西，而念著曾經請其執筆的渡邊一夫和中野好夫（譯註五）的臉孔。

正在這時，來了竹山道雄的稿子。跟渡邊、中野一樣，從『紅蜻蜓』的降世，我就請竹山撰稿。他用的是「第一高等學校原稿用紙」，使用淺灰色的墨水，寫得很溫雅。

我瀏覽這篇稿子，在不知不覺之中，爲它吸引住了。當我看完它的時候，眞是高興極了。我遂請猪熊弦一郎畫插圖，決定把它刊登在新年號。

那時，還是在美軍檢查非常嚴格的時代。所有的雜誌，封面自不必說，稿樣，連小小的插圖，都得全部貼上提出接受審查。就是爲美觀留下些空白，也要問這是作什麼用的。

提出申請一個星期以後，我到內幸町國稅廳大廈的辦事處，領取許可。可是在窗口所拿到的稿樣，卻令我不勝吃驚。因爲在這二十四頁的『緬甸的豎琴』稿樣上面，蓋著「禁止刊載」的黑印。

我垂頭喪氣地準備回去了。在戰爭期間我曾經有過幾次這種經驗。那時候，內務省警保局檢閱課的權力是絕對的。一旦決定要禁止，就不會再准許。我們的理由，他們是絕不會聽的。

走到出口時，我又翻閱了一遍稿樣。這樣好的作品，將永遠見不得天日，實在太可惜。於是我鼓起勇氣，又回去窗口，拜託他們能告訴我什麼地方不好，為什麼不好。

窗口的女事務員，沒有好臉色。由於我一再地求她，她遂叫我等一等，並往裡邊走去。結果我被請進去裡頭的二世軍官房間。

我對這個軍官說，這個故事纔應該讓日本的兒童閱讀。假若這篇作品不行，我將無法繼續編輯我的雜誌。他靜靜地聽著，爾後說，他還沒讀這篇東西，他現在要讀，請我稍等，並往另外一個房間去。

大約經過二十分鐘左右以後，他回來了。他說如我的說明，這篇東西不壞。不過事到這個地步，需要上一層的許可，所以這個月請我用其他的稿子代替。但這篇東西他一定給我許可。這使我高興得無法以言語形容。

如此這般，『緬甸的豎琴』第一部「歌唱部隊」，遂刊登於三月號的『紅蜻蜓』。剩下的部分，則特別以稿子的形式請他們審查，並自同一年的九月，連載到翌年的二月。

日後，中央公論社以「朋友文庫」的一冊印行，此外，包括新潮社、茜書房等十幾家書商也出版過單行本。與此同時，此書獲得每日出版文化獎、文部大臣獎等許多種獎；又被編成戲劇，拍成電影，在電臺廣播，上電視，用於教科書；更由石川欣一（譯註六）以(The Harp of Burma)題目譯成英文。

竹山道雄的著作與思想

竹山道雄於一九〇三年出生於大阪。因爲乃父的工作關係，搬了許多地方，但在四歲時遷到韓國的漢城以前，他與其家人一直住在濱松市。

一九一〇年四月，進漢城的日乃出小學，在該地待到十歲。在「腳音」、「回憶」、「砧有限公司」等文章，他敘述了其幼年期的生活。

十歲時，搬到東京牛込區南町，畢業於富士見小學。爾後進東京府立第四中學（今日的戶山高校）。一九二〇年，進第一高等學校文科乙班；一九二六年畢業於東京帝國大學文學部德國文學科。

東大畢業後即任一高講師；從一九二七年到一九三〇年，以文部省留學生身分留學歐洲。回國後升任一高教授，一直工作到一九五〇年。

在戰前，他翻譯過『哥德詩集』和尼采（譯註七）的『茲亞拉特斯多勒』，一九四二年，由新潮社出版了史懷哲（譯註八）的自傳『光與愛的天使』。

一九四三年遷移到鎌倉；一九四六年，發表「失去的青春」於『新潮』，並於翌年七月出版單行本。這是竹山的第一本評論集。

戰前，竹山道雄這個名字，以非凡的翻譯和「在希臘」等文章爲一部分人所熟悉，但以寫作而普遍其大名，可以說是推出「失去的青春」以後的事。

本多秋五（譯註九）在角川版昭和文學全集的解說寫道：「竹山氏是戰後才公開從事寫作的人。如果從一九四六年算起，竹山氏是一九〇三年出生，則他四十三歲才正式在社會上發言。這說明了他是位晚成的思想家。我認爲，這跟竹山氏的思想有本質上的關係。」

爾後，竹山道雄於一九四八年，在五月號的『新潮』刊出「火燒廢墟上的審問官」；一九四九年，由新潮社出版『著了迷的人們』；一九五〇年，同樣由新潮社刊行前一年來在『新潮』連載的『雜記本』；從一九四九年十月到一九五〇年六月，在『新女苑』連載「白磁的酒杯」；由一九四八年一月至同年十一月，連刊「古都遍歷——奈良」於『藝術新潮』。

一九五五年九月，竹山前往歐洲，次年十月回國。一九六二年六月，從新潮社出版『歐洲之旅』。一九六〇年再到歐洲，翌年一月回日本。一九六二年，因爲「海外遊記一般」的寫作，獲得讀賣文學獎。本多秋五曾經說竹山道雄是「晚成的思想家」。的確，竹山道雄似乎是把自己所思和所感，在心底裡醞釀很久的。

竹山道雄的學生時代，即從大正末年到昭和初期，馬克思主義搖撼了青年的思想，但竹山卻安分守己地過他的學生生活；下來是法西斯主義，但他還是個局外者。等到戰敗清算一切，能夠自由發言的時代，竹山道雄才把累積多年的思想，全盤托出。

「失去的青春」描寫戰爭期間一高的種種。一高集日本全國的才子於一堂。這個學校的畢業生，原則上都是進東京帝國大學，然後在社會上各界做其領導者。正因爲如此，所以還勉強可以抑制軍部的橫暴力量。

但學生們卻照樣被動員去作勞動服務，既缺乏糧食，又幾乎不能用功，因此學生們大多陷於神經衰弱。在這種情形之下，以這些學生爲對象，要從法西斯主義保衛學校是很不容易的。

況且，就是再討厭戰爭，愛好和平，面對戰爭這個現實，如果太頑強抵抗，則不僅勢非與頑固的軍人發生正面衝突不可，並且將受到清一色軍事氣氛的迫害。「失去的青春」刻畫著教師們怎樣說服不能說出自己信以爲眞的話，而在那裡焦躁的學生們的苦心。這個心境是『緬甸的豎琴』的基礎，而這與史懷哲的思想是相通的。

他在其第二本評論集『著了迷的人們』，敘述人的愚蠢和軟弱，以及描刻獨夫希特勒的法西斯主義思想。他同時說明法西斯主義崩潰以後，人類竟想依靠新的統治者。在這裡，他雖然沒有具體地提出它的名字，但它卻意味著對於史大林的獨裁，亦即共產主義的反感。

竹山在其第三本評論集『雜記本』，則更明顯地表明他的反共思想。當然，希特勒與史大林是不同的。但在爲全體的幸福，不顧個人的自由這一點，他倆的立場是一樣的。竹山道雄不遺餘力地抨擊只看表面，不求本質的思想家和評論家的態度。他的『歐洲之旅』告訴我們以柏林的現況，並闡明爲什麼有那麼多的人由東柏林逃亡西柏林。一言以蔽之，不管是法西斯主義，還是共產主義，竹山道雄反對不尊重個人自由的政治。

「緬甸的豎琴」的背景

在戰前幾乎沒有從事過寫作，更從來沒寫過此類故事的竹山，爲什麼要撰寫『緬甸的豎琴』這種給少年少女閱讀的故事呢？就此，竹山曾在「『緬甸的豎琴』的寫作過程」，作過詳細的說明。

在這個故事，作者想向大家說的，固然很多，但我認爲，他所最希望大家瞭解的，當是戰爭的本質。所謂戰爭，就是包括政治、經濟等各種複雜因素，國家與國家正面相拼的意思。一旦發生戰爭，對立的國家和國民，不管你喜歡與否，一定會被捲入戰爭的漩渦。這時，他們必須互相以槍劍，拼個你死我活。就個人來說，他要殺死更多彼此毫無怨仇的人，這就是戰爭。

戰爭破壞人類苦心建設的文化；人類爲向上、進步而努力成就的教養和技術，因爲一顆砲彈而將消聲匿跡。無論有怎樣堂皇的理由，戰爭本身是非常可怕和醜陋的現實。其性格再超群，如果拿槍走上戰場，他將成爲醜陋的殺人者。但縱然在殘酷的戰場，人到底還是人。戰爭一結束，他們便會變成具有各種性格的普通人，不會再有敵我之分了。彼此的語言雖然不通，但其心情是相通的。

從小時候就背得滾瓜爛熟的民謠曲調，因爲合唱，日本人以爲日本歌，但實際上是英國歌的「夏日最後的玫瑰」、「驪歌」、「可愛的家庭」，而使日本兵和英國兵的心腸趨於融洽這個構想，可以說是從非人性的戰爭，恢復既非日本兵，亦非英國兵之人性的極好手法。

戰爭還有更醜陋的層面；它幾乎是醜陋層面的連續。日本的軍隊，像本文所寫「歌唱部隊」那樣美好的，或許絕無僅有，至於英國兵，也不可能那樣寬大和理智。但這個故事的目的，不是要描敘戰爭的沉悶和殘酷。

「不知道何時要發生戰鬥。我也許會死，但衹要生存一天，我將好好地完成它，以銘記肺腑」。

竹山描刻著人們愛惜和培養不要說明天，連下一剎那都無法卜知之生命的眞義，與此同時，要以肯定的措辭和認眞的行動，告訴我們對於爲戰爭犧牲，而且原封不動地被棄於異邦的原野，沒人理睬的白骨，應該採取什麼態度。

水島上等兵在其書信的最後這樣寫著：「日本由於戰敗而陷於水深火熱之中。這是因爲日本人太貪，太驕傲，忘記人性，太淺薄所導致。緬甸的人既無氣力，又醉生夢死。這當然不好。但日本人應當有氣力而寡欲才是。否則，不僅是日本人，整個人類恐怕都沒有前途可言。」

文明是光輝燦爛的，人類的進步是可貴的，但這個燦爛可貴的，一失足，便會陷於戰爭這個可怕的深淵。在戰後不久混亂的社會裡，人們異口同聲咒罵他們所生活過來有如惡夢的時代，並作一百八十度轉變的時候，作者則默默地關注爲這場惡夢犧牲之無數的年輕人的靈魂。

對於『緬甸的豎琴』的思想，有人批評說是全國人民總懺悔，和佛教的逃避思想。但在舉國從事於戰爭的當兒，不管願意與否，被徵召到戰場；而這些年輕人的屍骨；既沒人埋葬，且丟撒於異國的原野，如果不先面對這個現實，怎麼能談國家的重建？

作者在『失去的青春』裡，引用著一高時代他的學生，在激戰的漩渦中，以「學徒動員」的名義被徵召，死在外地，連一塊骨頭，一根頭髮也沒回來的例子。

「最近已經沒有歡送會了，有的人在學寮門口木屐箱子旁邊聊一陣子後說：『我走了』而就去。每個人都有一天要輪到自己的心理上準備。悲歌『首都的天空』的合唱，天天響於塔上和校舍前面，這個歌聲，我回到家裡以後，在我耳底裡還是響個不停。」（「一九四四年的一高」）

站在人生起點的學生，一個一個地被徵召，送往戰地，一去不復還的悲痛回憶，使竹山道雄刻畫了這個故事。日後，他還寫了許多回想戰爭期間的作品。惟因他本身沒去過戰場，但他身邊的年輕人卻一去不還，這使他更是傷心萬分。

如果祇是羅列感傷的文字，我想任何人都能作。但像這樣豐富而有份量的故事『緬甸的豎琴』的完成，在闡明戰爭的悲慘與和平的可貴這一點，可以說是世界上稀有的豐功偉績。

竹山對於緬甸的現地毫無所知。（譯註一〇）因此如果要挑剔其作品的毛病，是輕而易舉的。由於他沒有從軍上過戰場，所以他描寫的部隊，不無太過理想之嫌。但我深信：作者在其故事，所欲告知少年少女的意圖，是充分達到了的。

『緬甸的豎琴』，在今日似已成為古典，它受人們的歡迎，一再地再版，為幾百萬幾千萬人重讀不是僅僅因為故事情節。正如作者自己所說，這個故事既有很難懂的部分，也有複雜的爭論。

但水島上等兵沒有跟大家回到日本，而留在緬甸，去當和尚，並決心處理被棄於異邦原野的同胞骨頭，表明了戰後整個日本人的心願。

今日，我又精讀了『緬甸的豎琴』一遍。我最小的弟弟於戰敗混亂中，在仰光受到召集，不知怎樣死和死於何時。因此，我非常感謝竹山先生爲我們寫了這個故事。（譯註一一）

（譯註一）森田玉（一八九四——一九七〇），北海道人。隨筆家。曾任參議院議員。我認識她。

（譯註二）矢野健太郎（一九一二），東京人。東京大學畢業。數學家。

（譯註三）佐藤八郎（一九〇三——一九七三），其名字平常逕是用片假名。東京人。詩人、歌謠作家、幽默作家；是小說家佐藤紅綠的長子，女作家佐藤愛子是他的妹妹。野上彰（一九〇八——一九六七），本名藤本登，德島市人，詩人。

（譯註四）凱斯特那（G. Kaistiner, 1719–1800），德國數學家、箴言詩作者，曾任來比錫大學教授。

（譯註五）渡邊一夫（一九〇一——一九七五），東京人。東京大學畢業。法國文學家；中野好夫（一九〇三——），兵庫縣人。東京大學畢業。評論家、英國文學家，曾任東京大學教授。

（譯註六）石川欣（一八九五——一九五九），東京人。普林斯頓大學畢業。美國文學家、評論家。

（譯註七）尼采(F.W. Nietzsche, 1844–1900)，德國哲學家，曾任巴塞爾大學教授。

（譯註八）史懷哲(A. Schweitzer, 1875–1965)，德國神學家、哲學家、音樂家、醫生，曾得諾貝爾和平獎。

（譯註九） 本多秋五（一九〇八），愛知縣人。別名高瀨太郎、北川靜雄。東京大學畢業，評論家。

（譯註一〇）竹山道雄在學生時代旅行過臺灣，頗有良好印象，「緬甸的豎琴」第一章大部分回憶臺灣風土寫成的。

（譯註一一）作者藤田圭雄是評論家；本文譯自柏楊社出版，竹山道雄著『緬甸的豎琴』的解說。我認識竹山道雄先生。

（原載民國七十五年五月二十五日『青年日報』）

竹山道雄 年譜

一九〇三年 七月十七日，出生於大阪市東區，父親純平，母親逸。次子。

一九一〇年 七歲。四月，進漢城日乃出小學。

一九一六年 十三歲。畢業於東京富士見小學。進東京府立第四中學（今日的戶山高校）。

一九二〇年 十七歲。三月，讀完第四中學四年級，考進第一高等學校（簡稱一高）乙科。（中學本為五年，故竹山跳了一年）

一九二三年 二十歲。畢業第一高等學校。進東京帝國大學文學部德國文學科。

一九二六年 二十三歲。東京大學德國文學科畢業。出任一高講師。

一九二七年　二十四歲。以文部省留學生身分，留學歐洲三年。
一九三〇年　二十七歲。由歐洲回日本，擔任一高教授。
一九三五年　三十一歲。參加新潮社『日本少國民文庫』（十六卷）的編輯和執筆。
一九三八年　三十四歲。翻譯尼采的『茲亞拉特斯多勒如是說』，由弘文堂出版。
一九三九年　三十五歲。翻譯史懷哲的自傳『我的生活與思想』，由白水社出版。
一九四二年　三十九歲。翻譯史懷哲的自傳『光與愛的天使』，由新潮社出版。
一九四三年　四十歲。遷居鎌倉。
一九四六年　四十三歲。發表「失去的青春」於『新潮』。
一九四七年　四十四歲。三月，在『紅蜻蜓』刊出『緬甸的豎琴』第一部「歌唱部隊」。第二部和第三部，從九月到翌年二月，連載於『紅蜻蜓』。六月，從白日書院出版『失去的青春』。
一九四八年　四十五歲。發表「火燒廢墟上的審問官」。十月，由中央公論社出版『緬甸的豎琴』最早的單行本。四月，由養德社推出『北方的心情』。因爲學制改革，由一高轉任東京大學教養學部教授。
一九四九年　四十六歲。三月，由新潮社出版『著了迷的人們』。八月，從早川書房出版『在希臘』。此年，因爲『緬甸的豎琴』，獲得每日出版文化獎。
一九五〇年　四十七歲。六月，由新潮社出版『手帳』。『緬甸的豎琴』，得到文部大臣獎。
一九五一年　四十八歲。一月和二月，由新潮社出版『樅樹與薔薇』。三月，辭去東京大學教養學部教授。

一九五三年　五十歲。從一月到十一月，在『藝術新潮』連載「古都遍歷—奈良」。四月，由創文社出版『所見所感所思』。七月，從岩波書店發行『海紀』(兩冊)」。

一九五四年　五十一歲。四月，由新潮社出版「古都遍歷—奈良」。自十月至翌年六月，在『新女苑』連載「白磁的酒杯」。

一九五五年　五十二歲。九月，旅行歐洲。同月和十二月，由實業之日本社出版『踏尋精神之足跡』與『白磁的酒杯』。

一九五六年　五十三歲。由新潮社出版『昭和的精神史』。十月，由歐洲回國。

一九五七年　五十四歲。六月，由新潮社推出『歐洲之旅』。

一九五九年　五十六歲。七月，從新潮社出版『續歐洲之旅』。

一九六〇年　五十七歲。六月，再度旅行歐洲。

一九六一年　五十八歲。一月，從歐洲回國。該年，以「海外紀行文一般」，獲得讀賣文學獎。

一九六二年　五十九歲。四月，由新潮社出版『幻想與現實』。

一九六三年　六十歲。二月，由文藝春秋社出版『刀劍與十字架』。到翌年，連載『京都的一級品』於『藝術新潮』。

一九六五年　六十二歲。六月，由新潮社出版『京都的一級品』。

一九八三年　由福武書店出版『竹山道雄著作集』八卷。

一九八四年　八十一歲。六月十五日，與世長辭。

太宰治及其作品

奧野健男

太宰治　1909–1949

一

我在二十歲前後的青春時代，接觸到太宰治的文學，並受其決定性的影響。無需說，從十代到二十代的前半，乃屬於所謂人格的形成期，是一個人的生涯中最重要的時期。我們在這個時期，經驗了太平洋戰爭、戰敗和戰後的混亂。因爲戰敗，從孩子時候學得的各種價值觀，全部崩潰了。過去以爲對的和好的事體，變成了錯的和不好的事體。戰敗當時，剛十九歲的我，對世上的一切都不敢相信，更迷失了方向。世上的領導者們，似乎忘記了昨日的戰爭，而開口說要建設文化國家，閉口喊民主主義等等，我們覺得這些話很空洞，不敢苟同。

這時，唯有文學家所寫的小說和論文，纔能吸引住我們的靈魂。他們是太宰治、坂口安吾、伊藤整、石川淳和高見順（譯註一）等等，當時被稱爲無賴派的文學家群，我們以爲，祇有這些人在說眞話。

我們尤其覺得，太宰治的東西是我們心靈的代言，它直接訴諸於我們創傷的心田。老實說，太宰治使我由戰敗的挫折重整旗鼓，東山再起，認識新的世界和生活方式，並勇敢地繼續活下去。

我第一次讀到太宰治的小說時，我非常驚訝連這種事是不是也可以寫成文章公開發表。他的文章裡，表達了我的不安、恐懼、懷疑和躊躇。在這以前，我一直以爲寫文章，一定要隱藏自己的種種迷惑和不檢點，而應該祇寫堂皇的覺悟和決心。譬如怕去打仗、畏死，但不能把這些寫出來，而祇能撰寫勇敢不後人的文章。我且以爲祇有我一個人這樣不知所措，膽小鬼，而覺得可恥。

但讀了太宰治的小說以後，我發現他很坦白地寫著跟我同樣的心境。我覺得太宰治跟我是同類。他跟我一樣煩惱和苦悶。並且，他把我心田的秘密刻劃得淋漓盡致，他爲我代言了我無法表達出來的話。從這個時候起，我對於能把人們的心田描繪得這樣細膩的小說，開始感覺到很大的魅力。

太宰治不但迷住了我，而且迷暈了當日的許多年輕人；他不僅吸引了愛好文學者，更感動了與文學沒關係的人們。當時的青年，幾乎皆受了太宰治很大的影響，他（她）們在某個時期，都變成了太宰治之魔力的俘虜。可是，他（她）們卻不願意公開說他（她）欣賞太宰治。因爲如果這樣一說，他（她）便會覺得他（她）的心田或已爲旁人所窺悉；如果有人談到太宰他（她）就會覺得人家在談論他（她）而難爲情。總之，我認爲，太宰治是把戰敗當時日本人的靈魂和青年人的心境，描刻得最成功的作家。

太宰治於一九四八年，三十九歲的時候自殺。但是，太宰的文學，他死後仍然受到年輕人的熱烈歡迎。不特此，他的年輕讀者，更與年俱增。這意味著太宰治的文學是永遠青春的文學。太宰治是一生擁有青年人氣概的文學家。太宰爲人很單純，富於正義感，洞察社會和自己心田而反省，努力把煩惱和不安的青年期心情，澈底深度化並表達於文學。他一直具有易受創傷、脆弱而美麗的青年心靈，不肯跟骯髒的現實妥協。正因爲如此，所以年輕人纔共鳴於太宰的文學，並深受其感動。

二

太宰治於一九〇九年，降生在青森縣北津輕郡的金木，本名叫做津島修治；津島家是縣下有數的大地主，乃父源右衛門，因爲繳納許多稅金而被任命爲貴族院（今日的參議院）議員。現今已經在人家手裡，命名「斜陽館」的這家旅館，原是太宰的老家，它是津輕平原中極其豪華的一座大公館；而太宰一家人，都坐著繪有鶴紋章的馬車過日子。太宰是津島家的六男，他是在很多家族和佣人之中長大的。

出生於津輕的名門這個事實，固然給太宰以自尊心，但其老家之建築在剝削農民的基礎上面這個現實，更使太宰難堪。他雖然是個少爺，但卻從小就很想爲其佣人和窮者效命。他的學生時代，馬克思主義正大大風行於日本。太宰以生爲大地主的兒子而具有罪惡意識，爲此他背叛其老家，而進東京大學以後，他更參加了革命運動。他袒護貧窮的工人和農民，並欲打倒自己賴以成長和生存的資產階級。他熱衷於革命運動。

可是，他卻逐漸發覺他不是政治家，無法從事於爲目的而不擇手段的政治運動。他認爲，他既然是大地主的兒子，自屬於將被消滅的一群，而陷於絕望。一九三〇年，他二十一歲時，與偶然認識的女性企圖自殺於鎌倉的旅館。他覺得，像他這種人，唯有死纔有助於社會，但小姐死了，他沒死。

從這個時候起，他開始寫遺書。他想把人們醜惡的心腸，且在此間努力於貢獻社會而失敗的他的心境，以小說的體裁紀錄下來。但在執筆的過程中，他漸漸知道世上還有縱令以政治也無能爲力的人們，而能鼓勵這些軟弱者應該是文學。他以爲，如果澈底地寫出他自己的軟弱、煩惱和醜惡，讀到這些文章的人，或許能夠認識正在煩惱者不只是他（她）一個人，而獲得安慰和鼓勵。因此，太宰決心直接訴諸於跟他同類，軟弱但卻具有純粹而好心腸之人們的靈魂。爲此目的，他願意充當丑角，以小丑的角色，儘量令人歡笑和心安理得。他的遺書有一大包紙袋，太宰把它題名爲「晚年」。寫完這些遺書後，太宰是準備死的。亦即於完成它的一九三五年，二十六歲的時候，他在鎌倉的山中曾經意圖自殺，但還是沒成功。當作遺書撰寫的『晚年』，後來出版了。

由「葉子」、「回憶」、「魚服記」、「小麻雀」等篇所構成的處女作品集『晚年』，以空前出色的新文學感動了許許多多的人。太宰治由之一躍而成爲新作家。

太宰對其文學『晩年』獲得好評覺得很意外，但還是想以文學擁護弱者，抵抗強有力的壞蛋，自己扮演反立法的角色，亦即爲增強耶穌的光芒，自告奮勇地要扮演猶達的角色。在他的小說，除主人公外，他自己也上場，而且時或採用相聲的形式，有時反傳統的寫實主義，在虛描中談眞實，故意省掉助詞以創造新的文體，俾表達他自己最難開口的心底的眞實，和誰都不願意說的秘密。這對於非常害羞的太宰，是件極其痛苦的事情。這可以說是與害羞搏鬥的羞怯的文學。邊害羞，邊寫見不得人的事，他這種小說緊緊地扣住跟他同樣煩惱的青年人心弦。

他撰寫『晩年』、『虛描的彷徨』、『創生記』、『二十世紀旗手』，以叛逆現有秩序，並欲消滅惡德之樣本的他自己。所以他所寫的，多陷於一種錯亂狀態。迨至一九三八年，他三十歲左右以後，纔臻於達觀和安定之境。因而他反省欲消滅他自己之強烈的倫理上和叛逆上的實踐，而想過著一般人的生活。他企求在這個前提，透過小說以貫澈其初衷。

從『女學生』、『富嶽百景』以還，他努力於其藝術的完成。在日本正邁向戰爭的當兒，他推出『跑罷美羅斯』、『逃難訴苦』、『新哈姆雷特』、『正義與微笑』、『右大臣實朝』、『惜別』、『新釋諸國故事』、『故事』等等，專談愛情和正義，以表達藝術的完成，人的眞實的悲哀和美麗。怎樣纔能眞正愛人；如何不迷失自己且能信賴別人？他由衷地尋求愛、眞與美的統一。

他最不齒自欺以妥協之心；更討厭以微笑行正義，『正義之徒』裝著有若受難之一本正經的臉孔。他喜歡讀聖經。他雖然以「有如愛自己般地愛鄰人」爲理想，惟因不能愛鄰人，因此也就不想自愛。以「故事」爲首，他在這個時期的作品，都是描寫人間永遠的悲痛和美好的傑作。當其他的作家，因爲戰爭而停止其寫作的時候，他在轟炸日子裡，仍然刻劃著純粹的藝術作品。在戰爭期間，他沒有像其他文學家一樣，迷失自己，變成幫助戰爭的御用文學家。但他在心底裡，卻憂慮著日本民族的命運，並決心爲它而死。

戰敗令太宰覺得非常可恥。太宰愛日本人，所以他把附和悲慘的戰爭和戰敗的日本人，當作自己的事而予以批評和追究。他更不遺餘力地抨擊乘戰敗而大事囂張的日本人。他在『冬天的火花』和『春季的枯葉』描繪無可救藥的日本人心情；於『斜陽』摸索日本敗亡中的美麗，以及其根本的人類革命和再生之道。他更在『維庸之妻』描刻虛無主義中輕浮的人。但他卻逐漸絕望於戰後的現實。他所絕望的是，戰敗還是沒改變過來日本人的自私和妥協的下賤。

此時，太宰以僞善打擊敵人，同時征討其心中賊。『人間失格』刻劃因欲忠於自己生活，而被社會埋葬，且被當作瘋子的主人公。在這部作品，太宰把他自己全盤托出。他全心全靈地抗議社會。他曝露一般人並不認爲罪惡的罪惡，他力圖恢復今日社會人的尊嚴。『人間失格』是很暗淡的作品，但我認爲，這是澈底剖析人們心靈的頭一部小說。因此我很希望，各位讀者將來亦能一讀這部名作。它很可能改變你的人生觀，或使你覺醒現實，否定不面對現實的生活方式，而認識世界上還有另外一個世界。太宰治寫完『人間失格』以後，於一九四八年自殺。

三

本書從太宰的許多作品裡頭，選收了五篇。

「女學生」是一九三九年，他三十歲時寫的作品。他在其開頭這樣寫著：「早晨，醒過來時候的心情是蠻好玩的」，盒子裡頭有盒子，再開這個盒子，裡頭還有一個盒子，這種表達之正確，無微不至的細膩神經，實唯有太宰纔能寫得出來。它告訴我們：青春期少女之孤獨的悲傷，和與社會的違和感。女性的讀者，一定會驚愕於作者對她的感覺、心理和生理知道得那麼清楚。這是現代的名文之一。

「畜犬談」也撰於一九三九年。對於這篇作品，他這樣說著：「這雖然有點像討厭皮膚病的小說，但在甲府，我的確爲野狗傷透了腦筋。起初，我是爲發洩積憤而著手的，但卻愈寫愈覺得滑稽。」他又說：「我對於狗很有自信。……有很可能被咬的自信。」他這種寫法，蠻有意思，讀者讀其前半段時，定會嚇一跳，但讀到最後時，必定會笑出來。它雖然有些誇張，但他卻把被其所討厭的狗糾纏的狼狽過程描寫得非常幽默，令人不禁啼笑。他把他過著極其平凡的小市民生活的可憐心情，投影於狗的卑屈、悽慘和悲哀。換句話說，他對於狗的厭惡，就是對於跟狗一樣具有類似氣質之他自己的厭惡。「藝術家本來就是弱者的伙伴」這個太宰文學的主題，在這裡也發揮無遺，而愛惜可憐的狗，有如愛惜他自己的結語，也很自然。

『跑罷美羅斯』成於一九四〇年。許多初中和高中的日語教科書皆有這篇文章，而且電臺也常常廣播，所以很多人知道它。這是根據希臘的古傳統「達孟與費加斯」，以及根據這個古傳說德國詩人席勒（譯註二）所寫的詩「擔保」而寫成的。它以簡潔而有力的文體描繪人們的信賴和友情的可貴，以及對於專制政治的反抗，是代表太宰治中期明朗而健康面的短篇。由於這不是單純的明朗和美麗，而是在不容許絕望的迷失中，克服痛苦而產生的健康和明朗，因此纔那麼動人。

比諸古傳說和席勃的詩，太宰的文章更富於細膩的心理描寫、羞恥和幽默，但它卻並不因此而減少其古典美和威力。作者就這個作品曾經這樣說過：「青春是友情的糾葛。在友情上努力於實踐純粹性，會互相痛苦，終陷於半狂亂的純粹比賽。」太宰在與檀一雄、山岸外史（譯註三）等人的交遊中，有過雖然被疑惑、出賣的誘惑，但還是欲犧牲自己，以成全信義和友情的經驗。

『乞丐學生』也是撰寫於一九四〇年的作品。作爲職業小說的太宰，與負責一家人生活的同時，也很想念其叛逆的、放縱的、純粹的青春時代。這個主人公在玉川上水（貯水地名）旁邊，遇到脫光衣服的學生，由之回憶青春的純粹而興奮。這篇作品，從其中途，現實與幻夢重疊，在夢想中復甦其青春的感動，但遂則變成一場幻夢，祇剩下艱苦而寂寞的現實。這是過了青春，作爲社會人之作者心象的敘述，更是戰前學生的生活狀態和心境的流露。

『斜陽』是戰後一九四七年的長篇。這是太宰治的最長篇小說，也是他投進生涯中各時代的主題、理想和方法的太宰文學的一大交響曲。由於『斜陽』與戰敗後沒落的日本人心境和當時的風俗很相稱，所以非常暢銷，因而更產生「斜陽族」這個流行名詞。這個作品的除非美麗的、值得回憶的統統消亡，新的時代不會到來這種中心思想，似乎得自柴霍甫（譯註四）的『櫻園』。

『斜陽』的文體是在「女學生」所使用女性的第一人稱形式，這是作者最拿手的文體。其中一部分，花了各種工夫，插進了直治的牽牛花日記、遺書和書信。它的四個主要人物，都是太宰的分身，亦即直治是前期的，上原爲後期的太宰；母親與和子（日語意譯）是中期作者之精神的表裡。

『斜陽』是這四個人四樣的滅亡之宴，以出生貴族爲恥，欲與民眾同在，但卻欠缺生命力，煩惱與人不同，因藥品中毒而自殺的直治，就是青春期的太宰治。以降生津輕（即青森）的名門爲榮，他把母親刻劃成精神的貴族，世上最後的貴婦人，而母親去世的場面，簡直是令人想像晚霞之莊嚴的鎮魂歌。

上原是戲化戰後成爲流行作家的太宰自己，強調他這個鄉下人的厚臉皮，描述作爲一個職業作家的悲哀。女主人公和子既是談故事者，又凝視她本身的醜惡面，而堅強地說：「人是爲戀愛和革命而生的」，她且懷孕愛人的小孩，要「像蛇那樣精明，如鴿子般地敏捷」，重新做人。這是太宰對其未來的希望，但滅亡的美麗，精神和肉體的疲勞，黃昏的景象，卻逐漸走近他，使他的影子顯得稀薄。

舉凡讀過這部小說的人，都將能體會和欣賞什麼是眞正的小說的樂趣，與此同時，對於人生和世界，他（她）必將更有新的發現。『斜陽』在歐美早已有人翻譯，並給西洋人很大的感動。

無需說，本書所選收的作品，祇是太宰文學的一小部分。各位讀者對這些作品如果有此共感，務請再讀他的其他作品。太宰治的作品雖然有「毒」，但「毒」裡頭更有眞和美，因此我深信他的作品定能使你的人生愈來愈豐富和有深度。（譯註五）

（譯註一）坂口安吾（一九〇六——一九五五），新潟縣人，本名炳五，東洋大學畢業，小說家；伊藤整（一九〇五——一九六九），北海道人，東京商科大學（今日的一橋大學）肄業，小說家、評論家、翻譯家；石川淳（一八九九——一九八七），東京人，東京外語大學畢業，小說家；高見順（一九〇七——一九六五），福井縣人，本名高間芳雄，東京大學畢業，小說家、詩人、評論家。

（譯註二）席勒(J.C.F. Von Schiller, 1759–1805)，德國的詩人、劇作家，與哥德齊名。

（譯註三）檀一雄（一九一二——一九七六），山梨縣人，東京大學畢業，小說家；山岸外史（一九〇四——一九七七），東京人，東京大學畢業，評論家。

（譯註四）柴霍甫(A.P. Chekhov, 1860–1904)，俄國的小說家、劇作家。

（譯註五）本文作者奧野健男是文藝評論家；本文譯自柏楊社出版，太宰治著『斜陽・跑罷美羅斯』一書的「解說」。

一九八三年十二月二十二日　於東京

（原載一九八四年四月一、二日『臺灣日報』）

太宰治　年譜

一九〇九年　六月十九日，出生於青森縣北津輕郡金木町大字金子字朝日山西四一四番地。父親津島源右衛門，六男，本名為津島修治。

一九一六年　七歲。四月，進金木町尋常小學。病弱常缺席，但成績最好。

一九二二年　十三歲。小學畢業。因身體缺佳，上在松樹林子裡的明治高等小學一年。

一九二三年　十四歲。三月，父親，貴族院議員（多額納稅）去世於東京。享年五十一。四月，上縣立青森中學。

一九二五年　十六歲。開始立志要做作家，在「校友會誌」及與同學辦的同人雜誌『星座』發表小說和劇本。

一九二七年　十八歲。四月，修畢中學四年就考進弘前高等學校文科甲類。醉心於泉鏡花、芥川龍

一九二八年 之介。七月，聞悉芥川龍之介自殺，受很大衝擊。

一九二八年 十九歲。五月，創辦同人雜誌『細胞文藝』，親自編輯、裝釘，使用津島眾二的筆名，得到井伏鱒二、船橋聖一等投稿。

一九三〇年 二十一歲。三月，畢業弘前高等學校。四月，進東京帝國大學法文科。住戶塚。與多年來敬愛的井伏鱒二見面，並拜其爲師。十一月，與酒吧女田部細美子（細美是片假名音譯）在江之島袖浦跳海自殺，祇女方死亡。

一九三一年 二十二歲。二月，與青森的藝妓小山初代同居於五反田。夏天搬到神田同朋町，秋天遷至神田和泉町。不讀書，專做共產黨同路人的非法活動。

一九三三年 二十四歲。二月，在『東奥日報』星期日附錄『星期日東奥』發表「列車」時，首次使用太宰治這個筆名。三月，參加古谷綱武、木山捷平等創辦的同人雜誌『海豹』，並在其創刊號發表「魚服記」。

一九三五年 二十六歲。三月，退學東京大學。八月，以「逆行」成爲芥川獎候補，即第二名。九月，發表「猿島」於『文學界』。十一月，刊登「盜賊」（「逆行」的一篇）於『帝大新聞』。

一九三六年 二十七歲。四月，發表「陰火」於『文藝雜誌』。六月，因檀一雄的盡力，由砂子屋書房出版其第一創作集『晚年』。十一月，抱病撰寫『二十世紀旗手』(Human Lost)。

一九三七年 二十八歲。一月，發表日本「二十世紀旗手」於『改造』。三月，與小山初代在水上溫泉企圖自殺，未遂，隨即與小山分手。七月，由版畫莊出版『二十世紀旗手』。

一九三八年 二十九歲。九月，到山梨縣御坂峠的天下茶屋，專心撰寫長篇小說『火鳥』。十一月，在井伏鱒二主持下，與石原美知子訂婚，住甲府西豎町壽館。

一九三九年 三十歲。一月，在井伏家舉行婚禮，住甲府市御崎町五十六番地。二、三月，發表「富嶽百景」於『文體』。五月，從竹村書房出版『關於愛與美』。九月，遷回東京府三鷹村下連雀一一三番地。秋天，單行本『女學生』獲得第四屆北村透谷獎。

一九四〇年 三十一歲。一月，發表日本「俗天使」於『新潮』。四月，與井伏鱒二、伊馬鵜平旅行四萬溫泉。從竹村書房出版『皮膚與心』。五月，在『新潮』發表「跑罷美羅斯」。六月，由人文書院和河出書房，分別出版『回憶』和『女人的決鬥』。

一九四一年 三十二歲。一月，發表「東京八景」於『文學界』。六月，從實業之日本社出單行本。六月，長女園子誕生。七月，從文藝春秋社出版『新哈姆雷特』。八月，由筑摩書房推出『千代女』。

一九四二年 三十三歲。二月，撰寫長篇「正義與微笑」。四月，從利根書房出版『風的消息』。六月，由錦城出版社發行『正義與微笑』。十一月，從昭南書房出版第一本隨筆集『文藻集信天翁』。十二月，母親去世。

一九四三年 三十四歲。一月，從新潮社出版昭和名作集『富嶽百景』。四月，發表「鐵面皮」於『文學界』。九月，由錦城出版社出版『右大臣實朝』。

一九四四年 三十五歲。八月，長子正樹出生。由肇書房出版『佳日』。十一月，從小山書店出版『津輕』。十二月，受情報局及文學報國會之托，爲撰寫『惜別』前往仙臺，採訪魯迅在仙臺當時的情形。

一九四五年 三十六歲。二月，完成『惜別』，並於九月，從朝日新聞社出版單行本。十月，由筑摩書房出版『童話小說』。

一九四六年
三十七歲。二月，發表「貨幣」於『婦人朝日』。六月，在『展望』發表第一篇劇本「冬天焰火」。由河北新聞社出版『潘都拉之匣子』。十二月，從新紀元社推出『薄明』。

一九四七年
三十八歲。一月，在『中央公論』發表「聖誕節快樂」。三月，次女里子降生。四月，繼續寫「斜陽」，六月完成「二月起筆」。七月，從中央公論社出版『冬天焰火』。八月，由筑摩書房發行「維庸之妻」。十一月，與太田靜子生下治子。十二月，由新潮社出版『斜陽』。

一九四八年
三十九歲。四月，從八雲書店出版『太宰治全集』，到翌年十二月，出十四卷。六月十三日，與山崎富榮自殺於玉川上水（儲水池）。七月，葬於三鷹町下連雀二九六番地的禪林寺。其遺稿，七月，『朝日評論』發表「再見」（十三回），筑摩書房出版『人間失格』。八月，『中央公論』刊出「家庭的幸福」。實業之日本社發行「櫻桃」。十一月，新潮社出版『如是我聞』。

一九四九年
四月，八雲書店出版其未發表作品『地主一代』。

※　※　※

『太宰治全集』，十六卷，創藝社（一九五〇年三月——一九五三年十一月）。『太宰治全集』，十二卷（別卷一卷），筑摩書房（一九五三年十月——一九五四年九月）。

普及版『太宰治全集』，十二卷（別卷一卷），筑摩書房（一九五五年十月——一九五六年九月）。

尾崎紅葉

Donald Keene

尾崎紅葉　1867–1903

談日本近代文學，我們不能忽視硯友社。但就正在撰寫日本文學史的我來說，沒有比這些人更想予以忽視的存在。「我樂多文庫」的胡鬧，以及硯友社那種鬱悶的輕薄，無論如何，實在不合乎我的口味。我邊想假若能夠忽視他們，邊心有所不甘地面對硯友社的文學。

說實在話，從前，關於硯友社的文學，祇看過尾崎的『金色夜叉』。我給它的評分是「天下的愚作」，但有評論家卻斷定其爲紅葉的「大傑作」，所以硯友社的二流作品，一定是不堪設想的。

可是，後來我發現了紅葉的眞正傑作。可惜這不是我一個人的發現。中村光夫曾就『多情多恨』這樣說過：「這不僅是紅葉的最大傑作，也是明治大正小說中第一流的名作」；但也有評論家批評它爲：「作者愈深入心理描寫，便變成『零碎的筆法』，這就寫實主義的立場來說，是膚淺的。」而一般讀者評價的反映是，現在，它既沒有任何文庫版，大部分的全集也沒有它容身之地。不過發現也好，再發現也罷，我非常爲『多情多恨』所感動是事實。

『多情多恨』，是描繪大學教授鷲見柳之助失去其嬌妻御類後半年的故事。朋友葉山和義母鷲見，很想安慰他，但毫無效果。傷心透了的他，一點也不想得到這種安慰。

鑑於撰寫『多情多浪』之前沒多久，紅葉看過『源氏物語』，人們認爲，他係以爲桐壺之死而傷心的天皇爲模特兒，以刻畫鷲見的哀痛，但如果受其影響，我想也不大。其中最滑稽的場面是，爲著緩和鷲見異常的戀慕，葉山把鷲見帶到藝妓茶館，並爲他找來與御類幾乎一模一樣的藝妓。這大概是學死去桐壺的天皇，得到跟桐壺很像的藤壺之安慰的例子，但鷲見不特沒得到安慰，而且始終叫著肚子餓，完全不懂得葉山問他「是否很像？」是什麼意思。他聽到說「跟御類很像」就笑。因爲世界上不可能有跟他所心愛之御類一模一樣的女人。

若是，御類是那麼十全十美的女性嗎？「御類幾幾乎什麼也不管，雖然坐在旁邊伺候吃飯，卻隨意摸東摸西，對於說『給我飯』，卻答說『你不是也有手嗎?』而理都不理」。御類之成爲十全十美的偶像，是死了以後的事，而其崇拜者驚見，則經常獻給她悲嘆的鮮花。『多情多恨』可以說是「人的羈絆」的明治版，但這種說法，對前者並不公平。

除『金色夜叉』以外，紅葉的其他作品，在今日仍然擁有令人興緻盎然的許多因素。他的成名作『色懺悔』，表現紅葉獨特的華麗文體。而『多情多恨』卻使用著生氣勃勃的口語文體：

「旅客比丘尼的凍手，迫不及待地邊解開草帽帶，邊走近椽子，脫掉草鞋，用老闆端來的溫水洗過腳後，被領到爐子附近坐下，作初次見面的寒喧。然後喝一杯苦茶。客人面對爲他加劈柴的火焰，老闆偶然往他看。其容貌之帥，假若年輕時候的老闆，一定會嫉妒。回首自己今日的處境，眞是不堪設想——地水火風空。穿起好衣服來，就會這樣帥。」

讀這文章，我很能了解紅葉爲什麼不希望捨棄華麗文體的理由。不願意面對言文一致之必然性的紅葉，以爲不風流之日常生活的語言，只適合於談生意，不宜爲文學的媒介，而不覺得有何魅力。由於他未能預料口語文體在二十世紀的發達，因此紅葉小看了語文的一致。但我們卻不能因爲這樣而說紅葉的見解是錯誤的。因爲完成了口語文體，可以說日本的作家由傳統脫了節。語彙減少，與過去的文學斷掉聯想的日語，與『色懺悔』的日語脫了節，所以除非特別的好事匠，是不會有人去看這部小說的。當然，今人以現代語能寫出好小說，是二十世紀作家的功勞，但這是跟用鋼筋混凝土，能建造高樓大廈同樣現象。

二十世紀的日本建築師，擁有世界性的聲譽，其建築物，雖然還有日本美，但跟以往的日本建築已經差得很遠了。從結果來判斷，爲日本近代文學的發展語文一致運動，曾經有過不少貢獻，但卻也有負的一面。莎士比亞劇本上人物所用的臺詞，如果限於當時日常用語的話，其許多詩劇便無從誕生。我認爲，日本新劇之所以遭遇到挫折，實與語言具有很大的關係。

不過我覺得，紅葉的文學並不純粹。以言文一致之文體所寫最初的作品『冷熱』，據說係來自薄伽邱，同時似乎也受到了左拉的影響。據傳，紅葉在病床上拼命看著丹囊稷奧、托爾斯泰、易卜生等人的作品；並曾對其門生小栗風葉說，他很想寫像屠格涅夫的散文詩。佐藤春夫說過，屠格涅夫是近代日本文學的白樂天，而欲固守日本文學傳統的紅葉之嚮往，屠格涅夫是不足爲奇的。不管硯友社這群人怎樣努力，遊戲文學的時代已經成爲過去，純日本式文學的時代也已告結束。如前面所說，有發覺『多情多恨』受過『源氏物語』影響的學者。我並不否定此種見解。我倒覺得，以爲紅葉最近的小說，受到平安朝（九世紀至十二世紀）文學的影響，小說可能會更有趣。而如果這種見解是正確的，它將成爲明治中期文明混亂時代的象徵。

（原載民國七十六年一月十九日『中華日報』）

幸田露伴

Donald Keene

幸田露伴　1867–1947

明治三十年代（一八九七——一九〇七），被喻爲「紅露的時代」，可見尾崎紅葉與幸田露伴之如何受到人們歡迎的一斑。對於「紅露」這句話，或許有人會覺得這兩個人有特別的關係，其實他倆是極其不同的作家。紅葉的寫實主義與露伴的理想主義成對照；紅葉之女性般的主觀性與露伴之男性般的客觀性，恰恰相反。紅葉的小說，在日本近代文學的發展上是主流，因此這個溪流不會回到紅葉的地方；而露伴的文學，雖然與主流沒有關係，但在江戶時代文學受到重新評估的今日，露伴的小說，特別是他後期的作品，也許會再度得到新的讀者。

可是，如果按照年代順序去看露伴的作品，讀者很可能馬上掃興。他的成名作『露團團』於一八八九年，連載於純文學雜誌『花都』，翌年出版單行本。當時二十二歲的露伴，具有成熟的小說家露伴所沒有的輕快筆調。『紐約府』的「芬塞」氏，在報紙上爲其千金刊出徵婚廣告，它就其千金的長相說是「現今美國第一」，並約定「結婚時將給予其千金一億九千萬日圓的財產。」對應徵者的資格非常寬大。「沒受過教育，無職業都無關宏旨。……至於相貌，祇要不是畸形者，再醜也沒關係」，但祇求一項，那就是「不會令人覺得不愉快，並能夠使人過著愉快的生活」。

從這裡開其端的小說，很是時髦。「將西落的太陽顏色漸濃，天帝戒指的紅寶石，和推幼兒車的褓母非常可觀，躺臥南方的浮雲奇妙地疊著，那是阿波羅方服的花邊，抱著希臘書的少年所說俏皮話又可笑的夏天黃昏。」從小說的情景、人物和文體來猜測，好像有人懷疑它是外國文學的改寫，但露伴卻否定了此種看法。他在「例言」這樣說著：「文章之好壞，暫且不談，所謂李頓、沙卡咧等等，都是虛構，是有秘密的魔術。具有慧眼的讀者，早該識破。」

一個「具有慧眼的讀者」，發現它係來自中國的「今古奇觀」，而由此，我們可以知道這部時髦而戲謔的小說，擁有東方的味道。露伴初期的小說，發表於部分日本人對西洋開始感到幻滅的時代。跟紅葉等當時的流行作家不同，由於露伴寫著追溯到東洋傳統的作品，所以受過儒家思想教育的知識份子，非常歡迎露伴的文學。初期作品的文學價值雖然不大，但語調高尚，而隨時間的消逝，露伴文學的這種特徵，日益顯著。

「太郎坊」（一九○○年）是沒什麼的短篇。一位中年先生喜用的永樂酒杯，「從他的手裡掉在走廊上」，「打破得不成樣子」。他很傷心，於是「平常絕少看見先生這樣依依不捨的太太便問道：『您怎麼了？今天眞不像男子漢』」。於是，先生便對太太說明與此酒杯有關的初戀經過。太太聽完先生的話之後，不但沒有吃醋，並且對於初戀未成功，而「非常同情」。此時先生說「談過去，費新辭，又有何用，哈哈哈，最好付之一笑」，而望著院子。小說結語說：「來了一陣風，使籠洋燈的火閃爍。夜間的涼爽，充滿了屋子」。

如果由自然主義文學家來撰寫同樣的主題，不知道將給讀者以何種不同的印象。中年的工資生活者，因爲一天各種各樣的折磨，疲勞不堪蹣跚回到家裡。但他的太太卻邊嘮叨以他那一點點薪水，不夠家用，邊端來他的飯菜。惟因太太沒小心放下飯菜盤子，把他的酒杯（他日常生活中唯一美麗的東西）打破了。他邊瞪著酒杯的碎片，邊回憶其初戀，而傷心今日淒涼的處境……。

在露伴的小說中，極普通平常生活的歡樂，夫婦間沈默的理解，並不成爲感傷，而以東方的平淡性，刻畫著爽快而富有男子氣概的回憶。雖然沒有愛情的強烈快樂和苦悶，但誘人而優雅的幸福感，卻洋溢於整個作品。自然主義小說，或許根據事實而寫，但「太郎坊」的世界也不能說是假的。它的人物雖然欠缺立體性，但卻具有顯現於東洋繪畫的清閒之美。

「太郎坊」似乎來自露伴本身的經驗，而就是虛構也無所謂。但露伴爾後的許多作品，則以森鷗外之史傳的類似方法，再現了過去的人物和事件。撰述歷史事物時，我不相信露伴跟歷史學家一樣查史料，或作訂正的工作。他的最高傑作『命運』（一九一九年），使用不大可靠的稗史，描刻了建文帝的一生。『命運』不是一部容易閱讀的歷史小說。有許多絕少見到的漢字，文體具有由漢文直譯的生硬。

譬如它列舉了明太祖二十五個子弟的全部名字，「第十子檀出生兩個月作魯王，十六歲就藩兗州府，封第十一子椿爲蜀王，居成都」，眞是不好記。但在『命運』開頭所說的主題：「吉凶禍福，皆有定數，飲啄笑哭，悉因天意」，便是整個小說的底流。方法雖然完全不同，這個中國式的小說，使我想起希臘悲劇的命運觀。但『命運』不是建文帝個人的悲劇，也沒人憤嘆無情的命運。一般認爲，東方文學沒有敘事時，如果有，我認爲『命運』應該算是敘事詩。露伴邊哀悼建文帝，邊寫悲歌，獻給逐漸消逝的文學傳統。在二十世紀，要固守這個傳統雖然很不容易，但祇要憧憬這個傳統的日本人不絕跡，露伴的文學將維持其獨特的生命。

（原載民國七十五年十二月二日『中華日報』）

森鷗外

Donald Keene

森鷗外　1862–1922

一

面對數十卷的森鷗外全集，欲試評他的作品，眞是不知道該從那裡著手。從前，我曾經請一位文藝評論家的朋友，給我推薦鷗外最重要的作品。他很冷淡地對說我：「都是重要」。如果相信這位朋友的意見，我便有讀完甲午戰爭的陣中日記和衛生學等論文的義務。假若有時間，把鷗外全集全部看完是件好事，它對我人格的修養必有所幫助，可惜我沒有那麼多時間。

因此，我又回到應該把研究鷗外的起點，放在何處這個難題。『舞姬』、『無常記』、『舞文』都是我喜歡的作品。我曾經用『舞姬』作教材好幾次，但鷗外文學的崇拜者，對他初期的短篇小說，好像不大感興趣的樣子。事實上，從文體和內容來說，這一連串的作品，確放著異彩，但卻沒有成熟了的鷗外文學的聲譽。

所以，我想從『即興詩人』評論他的作品。如所周知，這是丹麥名作家安徒生小說的翻譯，它被譽爲名譯作中的譯作。由於我從來沒讀過鷗外的翻譯，因此我以爲他像坪內逍遙翻譯莎士比亞那樣，不拘泥於原著的句子，取其美意譯述而成。我看不懂丹麥文，故我以英譯本和德譯本來對照鷗外的日譯本，結果出乎意外地，我發現鷗外的翻譯非常忠實。很難以自然的日語表達的（譬如宗教上的感想）部分，竟也成爲漂亮的雅文；在其文章裡，雖然常常出現看不懂的片假名的固有名詞，但卻完全沒有失調的文字。安家達最後的書信，用的是「候文」（文言信），但卻沒人覺得「外國人的候文信滑稽」。「受苦之日子，已剩不多。與以往所受快樂乃聖母之恩惠一樣，以往所受痛苦亦爲聖母之所賜。死已迫近我胸膛，血由我胸膛溢流。一旋轉後，漏刻之水，可謂傾盡」。我把鷗外的這部分翻譯，與一百幾十年前的英譯本作了比較，我覺得鷗外的翻譯比英譯本譯得更漂亮，更能表達原著的味道。

在歐洲文學，『即興詩人』並不佔有高等的地位。我從哥倫比亞大學圖書館借出來的英譯本，購於一八九二年，迄今祇有十二、三個人借過此書，而且大多是第一次世界大戰以前借的。如果大膽猜測，『即興詩人』在美國的欣賞者，恐怕不到日本的萬分之一。同一部小說，英譯本也譯得很不錯，但事實如此，所以安徒生的作品，早已失去吸引美國人的魅力。這等於說，因爲鷗外絕妙的日文翻譯，應是絕跡的小說，卻遠離其祖國，在日本保全了性命。

說實在話，『即興詩人』並不是部好小說。偶然的邂逅太多，就是把它當作十九世紀初期的小說來看，也不太逼眞。人物皆屬於同一類型，義大利風景的描寫，係根據異國情趣，所以對今日的讀者來說，已經不新鮮了。我讀英譯本時，不由得要跳頁看。可是，鷗外的翻譯不僅忠於原著，而且比原著更有分量。也許，『即興詩人』的翻譯是文豪森鷗外的大傑作吧。爲什麼呢？

我讀日文近代文學，碰到難以理解的現象時，便要參考正宗白鳥的評論。正宗這樣寫著：「鷗外的創作，雖然沒有熱情橫溢的作品，但他的翻譯小說，卻有不少富於熱情，並能訴諸於讀者熱情的作品。鷗外或許邊譯這些，邊享受著有若吐露其心境的快感也說不定。在這一點，『即興詩人』算是明治文學中無比的作品，受到明治時代教育的我們，對其文體和用語，大感魅力。我認爲，作爲西洋文學的介紹者和翻譯者，鷗外可以說是空前而絕後。」

其創作是否有熱情，姑暫不談，我覺得這是非常巧妙地告訴我們鷗外魅力的評論。無需說，鷗外有不少很出色的創作，而正如人們所云：「文體即是人物」，鷗外的偉大，乃在於其文體（完成於『即興詩人』的文體）。的確，在數十卷全集的作品當中，鷗外所最費心血的是，這部書的翻譯。從著手到完稿，整整十年，眞是不惜工夫。鷗外爲什麼這樣爲歐洲的三流小說所魅，如白鳥所說，可能是他「享受著吐露其心境的快感」吧。他寫作『澀江抽齋』時，也許具有同樣的動機，而在『澀江抽齋』，鷗外自己則道出他與小說主人公的相似點。至於他是否知道他跟『即興詩人』的主人公類似之處，那我就不清楚了。是以無論如何仔細玩味著軍裝之威風的鷗外照片，都沒有令人聯想『即興詩人』之安東尼的要素。但撰寫『舞姬』等年輕時候的鷗外，其本身應該還擁有一個斯多噶學派的鷗外，是跟他同在的。讀『即興詩人』的任何一頁，都洋溢著遠比原著強烈的浪漫熱情，並蠱惑置身幻滅時代的我們而有餘。

二

好像很多評論家，欣賞森鷗外的文學，但鷗外小說的聲譽，並不是頂好。在他長篇小說中，最像小說的是『雁』，但『雁』卻受到不少評論家的歧視，而未能獲得『澀江抽齋』、『伊澤蘭軒』等史傳那樣高的評價。『雁』和『山椒大夫』，因爲拍成很好的電影，反而令人懷疑它們的文學價值。因此，無論如何『澀江抽齋』似不可能拍成好電影。

的確，鷗外文學的吸引力是一種裝紳士。當然，有對『澀江抽齋』的考證性資料特別感興趣的好事家，但大部分的讀者，似乎不可能理解繁瑣事實的羅列。看過「此書列記了池田氏一族一百零八個男女，其墳墓部分有註，有的沒註。註明葬於嶺松寺或嶺寺者，只有初代瑞、仙其妻佐井氏、二代瑞仙、其次男洪之助、二代瑞仙之兄信一之五個人」的讀者，如果被問「二代瑞仙之次男是誰？」恐怕很少人能夠正確地回答。如所周知，『伊里亞德』和『聖經』，同樣有人名的羅列，除非對族譜興趣很濃，此種文章不是把它跳過去，就是馬上忘得一乾二淨；不過，人名的羅列也不是沒有效果。列舉許多人物的名字，不但能夠提高歷史的信賴性，例如『阿部一族』裡頭「請求殉死而獲得許可的十八個人」，其人名也有一種詩意。

由於我有玄學的一面，因此對於『澀江抽齋』所描寫的故事頗有興趣，但讀抽齋親戚的紀錄，卻沒有小說的樂趣。有的評論家說，有關抽齋師友的詳細說明，有助於使抽齋這個人物成爲立體，但我不贊成此種說法。我倒認爲，鷗外非常努力於要使抽齋不成爲立體的人物（即像夏目漱石和西方小說的人物）。跟立體的人物不同，抽齋沒有背面，似乎祇有向著讀者的一面。當然，抽齋不是木石，所以對妻與子女也有愛情，鷗外故意這樣寫著：「抽齋每次接到來自江戶的信皆哭，但不是爲妻哭，而是爲其父親哭」。他對歌舞伎和民謠也有興趣，但最喜歡的還是書誌學的研究。厭煩於「其實」這個奇怪頭銜人物的讀者，以近乎裝紳士的心情歡迎著有若抽齋的主人公，但這不是因爲他的立體性。

抽齋如果還有一個層次的話，那不是避人的黑暗面，而是作者鷗外的分身。我不相信考證學家鷗外故意歪曲了事實，而就是無意識，他使抽齋成爲一種自畫像。鷗外忠於抽齋傳記的出處，創造依資料的採用方法，與狹義的傳記作家可能寫的抽齋不同的人物，並吃驚於此人物與自己的相似之處。「抽齋是醫生，同時爲官吏。他既讀經書、諸子哲學方面的書，又看歷史、詩文集等文藝方面書籍。在這點跟我頗相類似。所不同的是，古今異時，只生不相及。否則，還有一個很大的差別。抽齋在哲學文藝上，達到考證學家的地位，而我則未能步出雜亂無章之文藝愛好的境界一步，對於抽齋，我眞是忸怩。」

文豪鷗外之對毫無名氣的考證學家說「眞是忸怩」，並把他以迄當時的各種成就叫做「雜亂無章的文藝愛好」，不是單純的謙虛。鷗外所最用心血的文學作品可能是史傳，但史傳這個體裁，卻與鷗外同時死了。許多讀者滿足於『澀江油齋』等，而因爲令人聯想「文藝愛好者」的一種客氣，抽齋和鷗外，一直跟我們離得遠遠地。

不只『澀江抽齋』。『伊達．色克斯亞里斯』可以說是絕少這樣率直的坦白書，但讀者如果欲窺探金井湛這個鷗外分身的背面，定會失望。而其被指定爲色情小說，並受到禁止發售的處分，實在是一種諷刺。

最近，鷗外作品的翻譯，陸續問世。像『半日』此種特殊的作品，滿有趣；對日本思想史有興趣的讀者，從『蛇』、『妄想』可以得到各種線索，但作爲小說，樂趣不多。會感動『祖父母』之翻譯的讀者，一定很少。石川淳這樣寫著：「作品的世界，似乎不會知道其崩潰的時候。這有如置身於自古至今日本人之生活的潮流上面，若欲觀測作品的好壞，我們就看不清楚自己的腳下。」讀原文時，除非感覺特別遲鈍的人，一定能感覺「自古至今日本人之生活的潮流」，但如果是翻譯，就感覺不出來。

有人說，文體就是人物。對於鷗外，更可以這樣說。鷗外文學的欣賞者，即使感動於寫作『舞姬』、『即興詩人』時候鷗外的文體之美，但在其究竟，他（她）們會在史傳上發現，鷗外的眞面目實在於堅定而不諂媚我們的武士之文體。鷗外的史傳，或許沒有普遍性，也許不是頂好的小說（在人物的描寫和結構的技術方面），但卻能令人感覺史傳的獨特樂趣。即重新發現「至今日本人之生活的潮流」。

（原載民國七十六年一月四日『青年日報』）

夏目漱石

Donald Keene

夏目漱石　1867–1916

一

幾年前，在日本，決定要出版把夏目漱石的文學介紹給外國人的論文集，我也應邀去商量。我對漱石的文學，既不是那麼有興趣，自知有關知識也有限，所以本想辭謝；惟又覺得，有一個外國讀者的代表參加也好，因而出席了。出席的先生們，都是漱石文學的權威，我幾乎是門外漢的存在，但他們時或令我發言，表示意見。我主張說，這個論文集，如果是以欲確立漱石在世界文學的地位爲目的，執筆陣營裡，應該有外國人（洋人）的漱石論。理由是，漱石是外國的文學家們最有研究的日本作家，他們所寫的漱石論，也許與日本專家論點不同，但它能夠提供對漱石文學新的看法，也將鞏固漱石在世界文壇的基礎，但贊成的人很少。繼而討論英譯漱石之代表作品的問題。我反對諸位先生所提的『少爺』，而建議『三四郎』。但這也沒獲得支持。結論是，出版日本專家之論文的英譯本，和『少爺』的第三次英譯本。

論文集大爲失敗。除江藤淳之很出色的論文以外，其翻譯都莫明其妙，讀來令人啼笑皆非。它不但無法把漱石文學介紹於世界，甚至於令人懷疑包括漱石之日本人的文學興趣。『少爺』的新英譯本，譯得很好，但在海外並沒有良好的反應；我所看到的書評，幾乎都是說，日本人把這種小孩子氣，並不太可笑的小說當作滑稽文學的最高峰，實在令人費解。

我嘗試分析其失敗的原因。第一，在漱石專家們的腦筋裡頭，似有非日本人不能欣賞漱石文學的成見。此種成見或許是正確的，若是，要把漱石文學介紹給外國人，根本就毫無意義。鑑於外國教科書刊登黃包車的照片，以「外國這樣誤解日本」而感覺優越感的日本人，可能會因漱石文學在外國沒有得到肯定而高興。對於這種天眞的快樂，當然我不必說什麼，但把此種眞正介紹的難得機會錯過，的確很可惜。也許，開始就不應該作這項工作。

第二，他們之所以選擇『少爺』也是基於類似的原因。不消說，漱石專家裡頭，也有幾位認爲『少爺』是漱石的最高傑作，但當天出席的先生們，似不屬於這一派。即他們大多認爲，以腦筋差的外國人也能理解的作品，而決定英譯『少爺』。建議『少爺』的一位專家說：『『少爺』，大人讀來也滿有趣的。」這句話，使我想起說是麥克阿瑟元帥講的，「日本人的智力爲十二歲」之臭名四方的狂妄話。我懷疑，日本的評論家，是不是把外國讀者看成日本初中生的程度。

第三是論文集的英譯問題。既然要說服外國人漱石文學爲上乘，爲什麼不把它譯成很漂亮的英文呢？這可能與此種介紹書的立意具有密切的關係。即在這些評論家的腦袋裡頭，還潛在著日本人以日本人的英文，向外國人說明日本大作家的種種這種先天的鎖國思想。

可是，這個論文集問世以還，甚至於漱石的小說陸續被譯成英文以後，在海外，漱石的名字仍然幾乎不爲人們所熟悉。「沒有讀者完全不知道漱石的。也沒有讀者從沒讀過有關漱石一行的」，這樣寫著的評論家，當然祇就日本的讀者而言。如果以托爾斯泰、普魯斯特或者海明威的名字替代漱石的名字於上述文章之中，則不必附帶「對於特定國家的讀者來講」這種條件。是即漱石在世界的聲譽實有其限度，而在谷崎潤一郎、川端康成、三島由紀夫、安部公房等，二十世紀日本作家的外國人愛讀者之間，對漱石有興趣者也不多。爲什麼呢？

要解開這個謎之前，得先斟酌漱石在日本國內的聲譽。一般來說，漱石是日本近代文學家當中，評價最高的一位。在日本，固然有討厭漱石文學的人，但他（她）們並不大聲地這樣說，而就是大聲叫，也絕不可能推翻漱石這個偶像。漱石文學無異是日本文學的古典。他的聲譽，就是經過幾個世界也不會變的。

但是，如果問：漱石的什麼地方好，其回答並不一致。有的評論家說：「『我是貓』是漱石的傑作」；有的評論家認爲，它是繼承江戶時代說書家傳統的試作。許多人以爲『明暗』是漱石的傑作；但斷言『我是貓』爲漱石之傑作的評論家，卻不贊成此種說法。而從沒寫過漱石之論文的朋友，給我更自由的答覆。有人說，最喜歡的作品是『夢十夜』、『坑夫』、『心』等；也有人說，那一篇作品都不喜歡。但無論怎樣不同其意見，沒有一個人否定漱石的偉大。

換句話說，對於日本人來講，漱石是最可寶貴的作家，是使近代日本文學成立的大恩人；漱石的全部，大於加漱石的一切部分。任選一篇谷崎的作品，以論證他是此世紀偉大作家之一，不是一件很困難的事；但除非讀完漱石主要的全部作品，則很難理解他的偉大。讀『心』等作品而會感動的外國人當然有，但多數的外國人讀漱石文學時，很難把小說中的人物視同自己，作爲故事的樂趣，亦不及谷崎潤一郎或芥川龍之介的小說。漱石文學雖然是日本的古典，但不管出版多少介紹書（英譯本），恐怕很難成爲世界的古典。

二

假如要我從夏目漱石的小說中只挑選一種，我一定會著迷，但最後可能選擇『草枕』。我既喜歡『三四郎』、『從此以後』、『門』這三部小說，『心』一直愛著，但如果要我再讀漱石的小說，我最想看『草枕』。

跟『我是貓』一樣，『草枕』也是一種試作。它們雖然缺乏成熟小說家漱石的深遠，但如果從表達的美麗，和讀後的快感來論，可以說是漱石的傑作。漱石就他自己的小說這樣寫著：

「我的『草枕』，與世上普通所謂的小說，完全相反其意義。我的目的是，只要能給讀者留下一種印象——美麗的印象就好。除此以外，沒有任何特別目的。因此，既無情節、結構，亦無事件的發展。……普通的小說，即令人玩味人生之眞相的小說固然很好，但我覺得，也應該有使人能忘記人生之苦楚，以慰藉人們的小說。我的『草枕』，當然屬於後者的一類。」

作家對自己作品所作的解說，讀者自不能忽視，但『草枕』，眞的只是一種「慰藉」的作品嗎？不錯，比諸漱石後期的小說，它比較少能令人感覺作者苦惱的場面，而『草枕』所描寫的風景，亦確具有能夠安慰讀者之美，但如果欲理解藝術家的漱石，『草枕』是最好的參考作品。漱石自稱它是「俳句的小說」，但我認爲說它是「漢詩的小說」比較適當。它固然有出現理髮師之土氣的俳句場面，但從整個格調來看，會給人聯想漢詩的高尚世界。

於『草枕』馳名的結局，畫工在那美的臉上看到「從沒見過的『風韻』」，而說：「我心中的畫面，在這霎間完成了」，即他以在溫泉的經驗，寫成漢詩了。「出門多所思，春風吹吾衣」，他說：「啊寫好了、寫好了」。的確，這則漢詩，作爲「超越人情之旅」的結果，算是滿堂皇，「乃是放棄俗念，縱令一時也能令人忘情塵界的詩」。這種離開人情的心境，對於漱石，一定極其珍貴。如所周知，漱石創作『明暗』的時候，下午擬以「風流」來矯正上午的「俗事」（寫小說），但正如吉川幸次郎所說，隨撰寫小說，詩就不再「風流」了。

我認爲，漱石之傾慕漢詩，似與對西洋文明的反抗具有很大的關係。『草枕』裡的「西洋」、「西洋人」等名詞，幾乎是諷刺的用法。他說：「可惜，今日作詩和讀詩的人，都崇洋」，並斷言說，「比浮士德、哈姆雷特」，他更欣賞王維和陶淵明的境界。

老實說，我第一次看『草枕』時，很生氣漱石有若反西洋的態度。我沒有意思替西洋文明（特別是二十世紀的西洋文明）辯護，我覺得西洋人罵西洋文明是應該的，但遇到東洋人的漱石說：「再有詩意，在地上忙，還忘不了算錢」，我就會反感。當然，我不必把漱石和『草枕』的說故事者視同一個人，但在倫敦度過很不愉快之留學生活的漱石，其具有相當強烈的反西洋感情，應無疑問。

可是，有如漱石的分身之為洋畫家，漱石本身卻以西洋的手法，撰寫漢詩般的小說。當然，漱石一定感覺其矛盾。他說：「獨坐幽篁裡，彈琴復長嘯，深林人不知，明月來相照。」僅僅這二十個字，就能建立別乾坤而有餘，並說；「再好奇，超越人情的事是不可能長久的。……王維也不會在竹林裡不吊蚊帳睡覺吧」，而以可能由英國小說所學的幽默，開自己所作別乾坤的玩笑。『草枕』以後，有如漢詩般的主題逐漸離開漱石文學，其幽默也消失了。

在『草枕』，漱石所欲描繪的世界，完全沒有立體性。其人物大多是無過去亦無未來，根本否定時間的經過。膩煩於西洋文學和美術中，「鼓舞世界人情」的作者認為，「如果詩適合於表達一種氣氛，這個氣氛受時間的限制，不必藉依次展開事件的助力，只要單純地滿足空間的繪畫上要件，就能以言語刻畫出來。」

這是『草枕』的意圖，而以前面所引述漢詩，漱石似乎達到了其目的。但不管他怎樣不喜歡他在倫敦所目睹的西洋文明，或者如何嫌惡崇洋的日本人，漱石到底是受過西洋文明洗禮的人，雖然比諸喧嚷的電車，他更喜歡「不是今世之馬」的風流馬，但還是乘電車。『草枕』固然美麗，但不是現實的世界。漱石在給鈴木三重吉的著名書信說：「不能像『草枕』那樣的主人公，那也可以；但如果希望在今日世界為所欲為，則非出於易卜生式不可」，從而達到「假如要以文學為生命，自不能只滿足於美。勢非具有明治維新當時勤王家所嚐苦楚的念頭不為功」的結論。

這看來確很堂皇，但我覺得非常可惜。如果只依恃『草枕』般的美，遲早漱石或將寫不出東西來，而有若志士拼命寫作，對漱石的文學不一定有幫助。『草枕』看幾次也不會令人膩厭，但敬遠後期「嚐苦楚」般的作品，恐怕不只是我一個人。

三

大約兩年前，我曾經就現在撰寫中的日本文學通史作過演講，並提到我討厭的傑作。不需說，我自認爲在儘量公平地撰寫，但我實在無法完全消除我的好惡之心。在近世文學中，我舉出『好色一代男子』、『春雨物語』、『良寬的和歌』，和『膝栗毛』等作爲我討厭的傑作的例子；在近代文學，我舉出了漱石的『閒逛』和『明暗』。演講完了之後，一個年輕人對我的話提出抗議：「我們日本人很感動於漱石晚年的小說，外國人不能理解，殊爲可惜。」

當然，我並無意對聽眾說，『好色一代男子』等作品沒有文學價值。我所要說的是，無論我怎樣想客觀地寫文學史，個人的偏好是免不了的，而也正因爲有偏好，才能算是我寫的文學史。但對於一些日本人，漱石的文學宛如一種聖地，並覺得有義務把以泥腳闖進這個聖地的人趕出去。

說實在話，就我來講，『閒逛』是部很不容易讀的小說，主人公的煩惱，縱能理解，卻一點也不能同情，對夏目漱石這個人特別關心的讀者，也許會覺得這是很難得的自傳性資料，但我認爲，作爲私小說，它實不及於島崎藤村和田山花袋的傑作。我看過『閒逛』兩次，但不想再看了。

至於『明暗』，雖然不那麼難讀，但對我來講是部極其無聊的小說。登場的人物，既沒有肉體上的分量，也不會離開作者的手，有所動作。小說的結構很機械，毫無彈性。而且，作爲日本的小說，很少這樣欠缺餘韻，著者到處作著毫無必要的說明。『明暗』是未完成的作品，這點使我最感

永井荷風

Donald Keene

永井荷風　1879–1959

一九五五年五月中旬，我完成了在京都兩年的留學，決定離開日本。出發之前，我買了一直想看的永井荷風之『隅田川』，把它放在旅行包裡。在香港、曼谷間的飛機上我看完了這部小說。我爲荷風的漂亮日語和他所刻畫過去東京的氣氛感動，時有掉下眼淚。我很想回去剛剛離開的日本。我有時候想，唸日文唸了十四、五年，是不是爲了能夠欣賞『隅田川』。不特此，我甚至於暗想，能夠欣賞荷風文章的我，已經不是從前的我了。

回到紐約以後，我在哥倫比亞大學找到工作，爲著上課的準備等等，我極其繁忙，但無論如何我很想英譯『隅田川』。當時的我，非常盼望能令完全不懂得日本的洋人也有機會欣賞荷風的小說，所以我翻譯的尺度比較寬。現在看這翻譯，雖然有些譯錯和省略了些原文，而覺得難爲情，但我相信，它還是保持了『隅田川』的原來格調。

若是，『隅田川』的什麼令我那麼感動？我想是日漸消逝的東京的面貌。俳句家松風庵蘿月這個人物，並沒有什麼特別的個性，其言行也完全是屬於瀟灑的俳句家的類型，可是他不但給我深刻的印象，而且勾起我一種懷念故鄉之情。蘿月的妹妹常盤津文字豐，一點也沒有魅力，而看她房屋的描寫，我也不會想去住那種房子：但對於連不熟悉往昔東京的我，看了荷風的小說，竟會令我產生在回憶些什麼似的錯覺。

「從常常老鼠以恐怖聲音跑著的天花板，朦朧燈罩裡六分燈芯的洋燈，黯淡地照著八張榻榻米房間的一切，用寶丹的廣告，都新聞新年附錄的美人畫，蓋上榻扇的破縫，變成米黃色的方櫥，因漏雨而陳舊的牆壁等等。在擁有老朽葦門的廊子外邊，其小院子似有似無；在這黑暗中，屋簷的風鈴淒涼地響著，諸蟲靜靜地叫著。」

大概由於過去日本的市井人大多生活於此種黯淡的氣氛之中，所以才必須有「玩」的場所。荷風並沒有把蘿月寫成不道德的人物，但也不隱藏他曾經沉淪於「年輕時盡情玩樂而身敗名裂」的事實。蘿月及其伙伴常去的「風化區」，仍有江戶的時代。荷風選擇這古老世界的人們爲他自己小說的人物，以維持江戶幕府末期遊戲文學的傳說。『隅田川』的長吉和御絲，都像『浮世繪』(風俗畫)的人物那麼漂亮，但不若現代小說的人物，既缺乏立體感，也沒有分量。可能因爲這種緣故，其美麗是十全的。

荷風很清楚往昔的日本，不是地上的樂園。其初期作品有自然主義的小說，又，昭和時代的荷風雖然很嚮往於明治時代，但明治時代的荷風，卻經常嘆息該時代的庸俗。荷風具有「往昔是好」的感想，但「往昔」的定義卻隨著時代而變。討厭和逃避現狀的荷風，確有美化過去的傾向。『墨東綺譚』的主人公，似爲荷風的分身，但卻收集著江戶幕府末期的衣服和帶插圖的書。他不大關心舊衣服的花樣的美，和風俗畫彩色木版畫的色彩等等。江戶幕府末期日本人的嗜好不是頂高尙，但就荷風來說，元祿（一六八八——一七〇三年）離他太遙遠了，因此他無限地憧憬德川幕府的末期。在文學上，比諸西鶴，他更嚮往於爲永春水，而「比力氣」可以說是「春色梅兒譽美」的現代版。荷風之撰寫有關春水的詳細傳記，表示他對春水具有親近感。

荷風對於江戶幕府末期的另外一位文人，也特別感到興趣。他在『下谷叢話』裡，很詳盡地刻畫著他，大沼枕山。枕山厭惡隨明治維新而來的各種變化，迨至明治十一年左右，他仍然把東京稱呼爲江戶，終身不剪頭髮，並留著髮髻。枕山的漢詩，以很激烈的諷刺，嘲笑新時代；荷風也挖苦說，舉世反抗模倣夷狄之風潮者，只有仍舊結著從前的頭髮，穿著以前的衣服，不追求時髦的有大力士和妓女。

如所周知，荷風的家庭，世世代代是漢學家，對漢學造詣極深，因此荷風之傾倒於枕山的漢詩，實不足爲奇。可是，荷風又以親法著名，他翻譯過蒲特雷、魏倫等人的不少作品。具有純粹日本嗜好的荷風，卻也有時髦的一面，但這並不互相矛盾。我倒認爲，雖對法國文學的熱中，他之愈高估完全沒受到西方影響的日本獨特的東西是理所當然的。喜歡凡爾賽宮的人，比模倣凡爾賽宮的赤坂離宮，一定更喜歡（純日本式的）桂離宮。

荷風的文學，雖然擁有各色各樣的因素，但它卻很意外地，給人們以相當統一的印象。描繪東京的小說，必定有都市裡四季變化之美，古老日本的近郊風景，「浮世繪」般的人物；而就美國和法國所寫的小說，至少在感覺上，與東京的小說是相通的。

荷風也許不是偉大的作家，但他的作品，一定擁有某種寶貴，無法替代，荷風獨特的地方，所以比其他的偉大作家更令人容易親近。

（原載民國七十六年三月二十七日『臺灣時報』）

谷崎潤一郎

Donald Keene

谷崎潤一郎　1886–1967

一

在日本近代文學，要決定誰是最高權威，恐怕不可能。因爲它既受決定者的性質和學識的影響，又與時尚具有不可分割的關係。雖然如此，但這裡卻有二、三位聲譽大同小異的小說家。如果我們從這裡頭，挑選一位說他是「最高權威」，一定會有許多人贊成。我們如果說，「森鷗外是最高權威」，我相信，日本所謂知識份子，大多會贊同。如果說是夏目漱石，我想不會有人表示反對。但我們如果說是谷崎潤一郎，有人可能會覺得有些輕佻。喜歡谷崎文學的評論家，很少把它與鷗外或者漱石「等量齊觀」。但說實在話，我固然尊敬鷗外和漱石的文學，但我更欣賞谷崎文學。因此如果有人問我，我將毫無疑慮地答說，日本近代文學的最高權威是谷崎潤一郎。

要說明谷崎文學的魅力是什麼，不是很困難。他的任何作品，每一行都生氣勃勃。就是他不是很成功的小說，也有很多讀者所預想不到的場面。譬如早期的短篇小說「秘密」（一九一一年）的主人公「因爲一時的高興」，住在工商業的古老寺院，逛其附近的舊道具店。他中意女性的夾衣服，而「突然很想穿它」。

如果有讀者讀到這裡，而不讀到最後，這個人的腦筋，一定是硬得不得了。我並不覺得這篇小說寫得很好，但它卻有使我不能忘懷的場面。女裝的「我」，爲著看電影，上了二樓的貴賓席，說：「有的男人很稀奇地看著我帶著舊式頭巾的樣子，有的似很想偷看我漂亮衣服的顏色」，並自我吹噓道：「在女性觀眾中，無論從特別的打扮，樣子的摩登和姿色容貌來看，好像沒有比我更吸引人。」可是過一會兒，一個名實相符的美人，坐在「她」的旁邊，於是「她」不得不承認：「無論如何我不是她的對手，我衹有猶如月亮面前的星星，乖乖地消聲匿跡。」這時，她發覺這個美女是跟她有過關係的女人，從而展開谷崎的喜劇。

欲談谷崎文學的長處，自應論述『吃蓼蟲』、『春琴抄』、『卍』、『割蘆』、『貓、庄造與兩個女人』等等，但我要故意選擇其極爲普通的作品，以指出谷崎文學之難以想像的趣味。我以爲谷崎比任何作家都具有豐富的想像力。前述的『秘密』，對其想像力，如能稍加約束，可能成爲更好的小說；如果將它跟與同一年問世的自然主義派文學作品（如正宗白鳥的『泥娃娃』、島崎藤村的『家』）比較，其迸出的想像力和生命力，實在令人驚奇。就是與同一年降世的鷗外的『雁』相比，也會令人佩服它的現代性。『雁』是很成功地刻畫明治末期之獨特氣氛的小說，所以對於當時的風俗不感興趣的讀者，會把它看成祇是過去時代的遺物。反此，谷崎當時的作品，雖然也是描刻時代的氣氛，但卻超越其時代。同樣於一九一一年發表的傑作『少年』，是不必附帶任何條件，也能欣賞的作品。

『少年』是很値得我們注目的小說。作爲故事，既很完美，作爲日後谷崎文學主要主題的預告作品，更具有特別的魅力。小說上可怕的孩子們，玩著各種各樣的「遊戲」。這是性的遊戲，但還不是青春時代的少年，自不知他們快樂的意味。第一項「遊戲」是世界各國小孩共同的「抓小偷」。扮演警員的有錢人兒子信一，對「小偷」仙吉，施以不大有共同性的嚴重處罰。可是，目睹「被打得臉的輪廓變成歪歪，拼命哭」的仙吉之痛苦的說話人，卻「得到從未有過的一種很奇特的快樂感覺」。

嚐過虐待狂之快樂的「我」，又參加「狼與旅客」這項遊戲，作爲旅客，他又嚐到被狼吃的受虐待狂的滋味。「旋即我的臉，從鬢角到右頰，被踩得一塌糊塗，在底下的鼻子和嘴唇，與草屐底的泥土摩擦，但我卻覺得很快樂，在不知不覺之間，我的心身完全享受著作信一的傀儡。」

下一個「遊戲」是「一個人與三條狗」。作狗的「我」，舐著信一的腳心，甚至「猛吸五支腳指與腳指之間」。它也有與谷崎最後的長篇小說『瘋癲老人日記』（一九六一年）很像的場面。老頭兒在浴室，跪著「把媳婦的腳抬高，含著大腳指和第二第三腳指」。這兩篇小說，前後相差剛剛五十年；而這部小說衰老的主人公，與未成熟的少年，耿耽於同樣「遊戲」，「感覺快樂」。於『少年』的最後頭，被以爲「遊戲」之犧牲者的信一的姐姐光子，在祇她一個人能自由出入的西式房屋，以仙吉和說話人爲她的奴隸，連信一也終於「高高興興地服從光子的命令」。「令其剪剛洗完澡的她的指甲，掏她的耳朵」。這個場面，不僅象徵少年們性的發育，也是在谷崎文學始終出現之殘酷女性的理想的具體化。『瘋癲老人日記』中的老頭兒，「更魅於性質惡劣的女人」，而谷崎文學中的男性，則幾乎具有同樣的意見。

五十年來，一直撰寫同樣主題的作家的作品，有的人或許會覺得太單調了，但其實不然。我認爲，谷崎文學，比任何小說都富於變化。由於他擁有千變萬化的才華，所以他的每一篇作品，都不會令讀者覺得無聊。若是，爲什麼近代文學的讀者，都不稱讚說谷崎是最高權威呢？也許，因爲谷崎文學沒有什麼思想的緣故吧。對於近代文學，有的評論家把作品定義爲，是傳達思想的工具；而由於它沒有能夠比得上漱石的『則天走私』，和出現於鷗外之歷史小說的武士道的東西，因此有人看貶谷崎的耽美主義和崇拜女性。也許因爲這樣，所以谷崎沒有門徒。但如果有不看（欣賞）谷崎文學的一天，日本將成爲祇有思想，沒有文章。

二

要從谷崎潤一郎那麼多的作品中，選出一篇說是他的最高傑作，恐怕辦不到。當然，說喜歡這一篇，不喜歡那一篇是屬於個人的自由，但感想不是價值判斷。就我個人來說，我不喜歡的作品很少，但也沒有最喜歡的。前些日子，有位朋友曾經把『少將滋幹的母親』裡頭最精彩的部分唸給我聽。當我聽到時平奪取對老頭兒國經來講，「比自己生命還重要，天地都替代不了它」的寶貝——妻子的場面時，我眞很想說這才是谷崎文學的最高峰，但想起『吃蓼蟲』、『卍』、『武州公秘話』、『割蘆』、『細雪』等作品，便覺得谷崎文學並非低丘陵裡頭一個、兩個的高峰，而是有若連山。

各不同其形狀的山，固然來自同樣的「造化」，但造化神卻絕少露出其眞面目。無需說，很據自己的經驗，谷崎寫了不少作品，晚年的『細雪』等則具有許多私小說的要素，但其與眞正寫私小說者不同的地方是，要欣賞谷崎所寫極其多面的小說，並不必關心著者本身。換句話說，對谷崎這個人再有預備知識，對其傑作的欣賞也沒有什麼幫助。在這一點，實與島崎藤村等成爲對比。在谷崎文學的世界，類似谷崎潤一郎的人，時會出入，但比諸描刻親戚的結婚問題或者自己生病，谷崎的本領出現的場面，多是無意識地反覆的主題。

凡是廣泛地看過谷崎文學的人，都會發覺他常用的主題。譬如再看西方的小說，也不會有女主人上廁所的場面，但在谷崎文學，卻有許多此種場面。我並不以爲谷崎故意使用這種主題，但它卻予他多采多姿的作品以某種統一性，更發揮了作者的個性。依廁所的描寫，以發揮個性，的確是很特別的方法，而其所以爲廁所所吸引，乃是作者的潛在意識；亦即作者並沒有賣弄對排泄物異常的關心，俾令讀者看到赤身的自己的意識。

谷崎文學雖然具有許多怪異而殘酷的因素，但我認爲，作者作家的態度是極其健全的。島崎藤村那馳名的「像我這樣的人，也很想活下去」這種自我厭惡的說詞，在谷崎文學裡頭完全沒有；更沒有「失去人格之人」的主人公，「我時或覺得，我有十個災禍的石塊，鄰人如果背著其中的一個，就很可能足夠奪取他的生命」，這種自我憐憫的說法。很顯然地，谷崎以自己的職業爲榮，並以爲能夠自由自在地搬動小說裡頭的人物，比任何「懺悔」都重要。委實，不管讀谷崎的那一篇小說，都沒有一貫於漱石之『閒逛』的暗淡，藤村『家』裡頭的忍受不了，或者太宰治「失去人格之人」的苦悶，但它卻把平安朝、戰國時代、江戶末期、明治以後各種各樣的世界，很巧妙地展現於讀者的眼前。『少將滋幹母親』裡頭，「肩佩帶色彩顯目的東西，響著衣服擦聲大搖大擺地出去」之時平的風采，給人難忘的印象，而往訪丟屍體場所去沉迷於不潔淨觀的國經，也刻畫得很成功。

雖然如此，假若要指出谷崎文學的缺點，那就是深度不夠。我初次看『細雪』時，覺得其人物沒有立體感，它的情節再有趣，把當時日本的風物寫得再好，其中心人物雪子，不知道在想什麼，或許什麼也沒想。但隨時間的消逝，我才領悟到雪子是完全已經完成的人物。它雖然不像「安娜．卡勒里娜」那麼有立體感，但戰前大阪上流社會的女性，與其說是類似安娜．卡勒里娜，不如說是近似雪子。對於雪子的描寫，谷崎並沒有作具體的說明，但在原則上，要描繪非現代的女性時，有什麼目的，看下面的一段話，就可明白。

「我最近的一個願望是，將封建時代日本女性的心理，不加現代的解釋，原封不動地予以重現，並把它描刻得能訴諸於現代人的感情和理解」。

從年輕時代就欣賞超現代的女性和風景的谷崎，到老年又回到這種趣味，並寫了『鑰匙』、『瘋癲老人日記』，而且長期地努力於重現過去的文學，把『源氏物語』譯成三種現代語文。這些作品裡頭的人物，雖然都有朝氣和個性，但卻缺少能期待於現代小說之人物的立體感。發表『春琴抄』之後，有人批評說，不知道小說中的人物在想什麼時，谷崎反駁說，需要描寫人物在想什麼嗎？看我寫的東西，不知道他們在想些什麼嗎？由於谷崎使用東方傳統的筆法，所以無所謂有沒有遠近法的問題。但，跟幾百年前的日本人不同，谷崎很通曉西方文學，因此十分具有能夠「訴諸於現代人的感情和理解」的技巧。其所以沒有私小說的主人公之深度，乃由於谷崎的美意識所導致，絕非其才華不足。

谷崎文學的世界是美的世界，在其美的觀念裡頭，包括『少將滋幹母親』之丟棄屍體的場所，和『瘋癲老人日記』之颯子淋浴的場面。谷崎不是思想家，也不是要把自己煩惱等擺在讀者面前以得救的作家。但，作爲完善的藝術家，在二十世紀文學，他是罕有的存在。

（原載七十六年三月十三日、十四日『臺灣新生報』）

有島武郎

Donald Keene

有島武郎　1878–1923

一

一般認爲，有島武郎是白樺派的作家。的確，自『白樺』創刊以後，有島就在他伙伴的機關雜誌發表他的作品，更是跟他們同樣爲學習院的出身；但根據白樺派文學的權威本田秋五氏的說法，「有島在『白樺』派人本主義中，係屬於旁流，幾幾近乎逆流的存在」。

白樺派的作家，大多受內村鑑三等人的影響，而成爲基督教的信徒，但後來卻有人，沒多久就離開基督教，甚至於批判基督教。就這些人來講，基督教是一種倫理體制，以爲他們祖先所信仰的儒教是封建的，因而捨棄它，同時認爲與儒教的倫理很相類似之基督教的禁忌合乎他們的理想。唯其信仰，大多不像性慾那麼強烈，因此不能忍受其禁忌時，有些作家就背離教會了。

同樣地，有島也離了基督教會。當那麼虔誠的札幌獨立教會會員的有島要求脫離時，其他的信徒一定是青天霹靂。有島的這種作爲，必須有非常大的勇氣。唯我認爲，與武者小路實篤和志賀直哉不同，有島深受基督教的影響，所以他雖然離開了教會，但卻沒有拋其信仰。不特此，他的信仰似不可磨滅，因此有島的文學，會令人覺得非日本的。

讀有島的日記『觀想錄』，可以明白他與白樺的其他作家如何不同。第一，該日記後半的大部分，是用英文寫的。有島爲何以英文寫日記，不得而知。或許是爲了不忘記在美國苦心學的英文這種單純的動機，也許因爲留學美國和在華盛頓國會圖書館用功的關係，他的英文比日文更容易表達他的精神和思想所導致。無需說，有島的英文不會比日文好，但不像由日文翻譯過來，他的文字擁有洋味。譬如一九〇八年六月二十三日的日記，比喻驟雨說：「有如媽媽接吻嬰兒的天庭，雨下在地上」（作者翻譯）。這也許是特別的例子，但我不認爲爲滿足未來讀者的希望，有島故意使用了洋氣十足的措詞。在這時期，他的內心，大多要求著此種表達方法。其英文雖然不是頂正確，但他似乎未能找到更合適的日文來表達。

有島的第一本小說，寫關於華盛頓的「除蹕工人」。其開頭這樣寫著：「多尼巴灣的水，因爲被八月的太陽照得熱沸沸，一切渾濁的複色色彩消聲匿跡，有若畫的強烈單色，鮮明而令人眼花地染著海、空、船和人，好像盛夏的光線包捆了其一切。」這部小說，後來刊登於『白樺』；而他的文章與武者小路和志賀的文章，完全成爲很好的對比。不僅是文章的問題。描寫烏克蘭之人物的這部小說，比當時日本的任何作品，都正確地把握了歐洲人的心理。雖然有人說它是模仿高爾基的小說，但高爾基並沒有這種小說。而且，正如安川定男所指出，這部小說的初稿係以橫濱港爲舞臺，人物皆爲日本人。若是，有島撰寫日本人的事情時，也有歐洲般的人物描寫。

有島的成名作『卡因的後裔』（一九一七年），是如其題目所示，乃由舊約聖經得其靈感而成的小說。舞臺是北海道，登場的人物是日本人，但其主人公仁右衛門卻是猶若外國人。若與田山花袋的小說『重右衛門的臨終』的主人公比較，其個性更是明顯。重右衛門之暴行的背景，實有遺傳與環境這種自然主義派文學的特徵。在某種程度上，我們固然能夠同情殘廢的重右衛門，但這個人還是面目可憎。同樣有暴行的仁右衛門，顯然地是有如著者的偶像。其背景，除說是卡因的後裔以外，什麼也沒交代。但如果相信「創世紀」，我們的大多數，將是殺死阿伯爾之卡因的子孫，因此與自然搏鬥到最後的主人公，不但是殺人者的後裔，而且也是人類的代理。從西方傳統的立場來看，這雖然是很容易瞭解的前提，但爲克服自己而用盡一切手段的人物，在這以前的日本文學，似很少出現。

留學生時代，有島在精神醫院工作過。他所直接看護的史格特博士，有島離開後就自殺了。

「我要遠離這家醫院時，他緊緊地握著我的手，聲淚俱下地說：『……做爲一個基督信徒，在這世上最可怕的是犯罪。我因爲知道你是基督信徒，故特別要提醒你。忘了也不能犯罪』」。

有島在日記裡寫著：「他給我偉大的教訓。他的死，使他的教訓更加偉大。」有的評論家說，「武郎不得不對令他自殺的社會加強其不信任感」，而晚年的有島幾乎也這樣說，但讀當時的日記，我不會有此種感覺。由於基督教對有島的影響根深蒂固，所以他雖然離開了教會，但卻沒忘記史格特的忠告。他也許犯過罪（道德上的罪），因此自己行爲是罪這種意識，始終使有島苦惱。有主張日本人沒有罪惡感的學者，如果這是事實，有島可以說不是日本人，而是國籍不明的世界人。總之，基督教也好，惠特曼的人道主義也好，克魯泡特金的無政府主義也罷，日本人裡頭，恐怕很少人像有島這樣深入者。

二

在明治、大正時代的日本小說中，最令人感動的是有島武郎的『某女性』。我知道『某女性』有它的缺點，同時我也很佩服有島的其他傑作，譬如『浮雲』、『家』、『心』等等，但這些卻沒有『某女性』般的動人力量。

看『某女性』，完全不必附帶說當時的讀者如何驚愕這種鑑賞條件。它那種奇怪的感人力量，超越了時代的變遷和個人的嗜好，既沒有祖先，也沒有子孫的獨特作品。其所以成功的主要原因，是因爲有島創造了以前的日本小說所沒有的立體主人公，而立體的主人公就是出現於以後的文學，也大多屬於與『某女性』不同的系統。

如所周知，『某女性』的主人公早月葉子有其模特兒。無疑地她是國木田獨步的太太佐佐城信子，但『某女性』不但是佐佐城信子的傳記。其初稿的題目是「瞥見某女性」，但有島不想寫類似『女人的一生』（莫巴桑）這種小說，亦即他有再現記憶猶新由瞥見所得印象的動機，而寫成這部作品。有島曾經洩漏過，小說的人物古藤這個極其認眞的青年是他自己，受在美國的好朋友森廣（小說裡是木村）的拜託，有島似乎把森廣的未婚妻信子送到橫濱碼頭。後來他說，他對信子感覺厭惡和蠱惑。爾後，有島到美國在芝加哥由森廣聽到有關信子的種種傳聞，但它可能是在橫濱「瞥見」的推演。

由於摸索有沒有模特兒之學者們的研究，我們知道『某女性』的背景有這樣的歷史事實，但看『某女性』時，古藤這個人物的行動，雖然是有島根據實際的經驗，但他跟這個人物並不大像。古藤是個質樸和很有骨氣的青年，他以不屈不撓而誠實的人格力量，使葉子和葉子的男朋友倉地畏怯。葉子說，跟「像處女」般害羞的岡一樣，我「出生於富裕的家庭，所以幾乎沒有所謂優雅的美德」，如果是這樣，岡比古藤更像著者的有島。根據我所知道，關於岡的模特兒，並沒有定論，而嚮往於美國和瑞士的少女之心，又對佐佐城信子般熱情女性的大感魅力的有島，似乎比較接近小說中所描寫之岡的性格，顯現有島的一面。葉子懷疑岡愛著她的妹妹愛子，但岡卻做了下面的奇特表白。

「妳不知道嗎，我是一個不能談戀愛的人。我雖然年紀不大，但心卻畏縮而老。祇有對於不想戀愛的女人，我的愛才會有所發動。如果有人愛我，我的心便立刻冷如冰。祇要到了我的手，再寶貴或重要的東西，都會變成不寶貴和不重要。」

這不僅是從前的日本文學沒有的筆法，而且也反映了非常愛他未婚妻，但一結婚就不再有愛情之有島本身的體驗。

但，小說裡有比岡更類似有島的分身。有如福羅貝爾所說，「波瓦利夫人是我」，我們可以說葉子就是有島。更正確地說，很淒慘地結束其一生的葉子，是著者的願望的結晶。有島不但沒有美化葉子，而且毫無保留地刻畫了醜惡的歇斯底里的一面，但與此同時，對葉子也有特別的共感。在「毫不留情地愛要奪取」這篇很有代表性的感想文章，就戀愛，有島發表了令人聯想羅倫斯般的戴奧尼索斯見解，而事實上，「毫不留情地愛要奪取」，可以爲這部小說的題目。

始終自稱嚮往於強者和原始者之弱者的有島，棲身於女性葉子的靈魂裡頭，很成功地傳達了她對強者的強烈願望。有島文學的某位權威曾經說，讀者不可能理解爲什麼葉子會那麼討厭木村，但我覺得沒有這回事。對於木村初次登場的場面有如下的描寫：

「木村的心，有很笨重的金鎖，雙手的四隻手指，亮著有寶石的戒指。葉子邊聽著木村講話，邊瞪著他的手指。」

葉子並不懷疑他的愛，但卻沒有把這個男人的愛情當作一回事。她嘲笑說：「（很巧妙地學著木村的調調）『我如果爲其他人而動心，在神之前我是罪人。』」木村之令葉子來美國，不特是爲了感情，也是因爲「葉子來了以後，在金錢上和精神上皆有所期待。」迨至確認她「一點也沒有錢」，才同意她回國。

葉子是不可能接受木村的愛的。但自從遇見倉地這個有如野獸的男人以後，她才有理想的戀愛對象，和感覺談戀愛的快樂。葉子之要求於倉地的，不是體貼、卓越或者深的理解，而是他有力氣的胳膊、廣闊的胸部，和「卡因的後裔」般的體臭。

「倉地已經熱情沸騰，但它卻與從前抱葉子時那種野獸般的熱情有些不同。它有很柔和地照拂女人之心的影子。葉子對它感覺高興，但卻也覺得不滿意。」

我認為，在小說的主要人物當中，祇有倉地寫得特別差。很顯然地不是有島之分身的這個人，只是葉子之願望的投影，而倉地應該大顯身手的後一半，卻比前一半寫得不夠精采（不過大部分的評論家，卻比較欣賞後一半）。

『某女性』之這樣出色，在於它充分反映了有島這個人之極其多面的性質。人物的立體性和感情的激烈，或許缺乏日本的味道，但獲得歐洲文學之眞髓的這部小說，在日本文學中佔有光榮的一頁。

（原載民國七十六年二月二十二日『青年日報』）

芥川龍之介

Donald Keene

芥川龍之介　1892–1927

一

芥川龍之介的文學，在海外，很早就有人介紹，所以其他日本文學家的名字都沒人知道時，芥川已經鑾馳名了。由於『羅生門』的電影很成功，因此芥川文學的翻譯隨之昌隆，甚至於有出版社以「羅生門著者」的頭銜，出舊譯的新版者。可是，隨川端康成、谷崎潤一郎、三島由紀夫、安部公房等人的作品之翻譯增多，享譽海外的芥川的名聲，遂相對江河日下；研究日本文學的學生，雖然還有人撰寫有關夏目漱石、森鷗外、谷崎潤一郎等人的論文，但卻絕少聽聞有人撰述有關芥川的論文。連日本人，像我二十年前的一個朋友，欲作「第二芥川」的人，恐怕也很少。當然，這並不意味著芥川文學已被遺忘。出文學全集時，芥川一定獨佔一冊，文庫版本，芥川的也很多。但對於芥川的熱中，的確冷淡多了。

就我個人來說，看原文而令我佩服的第一個作家是芥川。日文教科本上有他的「蜘蛛絲」，這比其他爲上課用所寫而無聊的作品好多了。爾後看了『羅生門』、「鼻子」、「芋粥」等等，我很感動於平安朝代末期令人恐怖的氣氛，和芥川獨特的詼諧性描寫；而『羅生門』電影在英國初次上映時，我竟作了我生平第一次也是最後一次的電影評論。二十年前，我編輯日本文學選集時，選用了芥川的「地獄變」和「袈裟與盛遠」，此時，一個作家選上兩篇作品者，祇有芥川和谷崎而已。

可是，二十年後再看芥川的文學，卻使我有些失望。不錯，他的文章寫得好，結構也很巧妙，但他的小說故作姿態太多。「鼻子」這種小品還好，但較具雄心的作品，譬如『偷盜』（一九二七年），爲著釀成適當氣氛，用盡手腕，採用挑逗情慾的連鎖形式，令人忘卻這部小說的缺點，可是也有令人噁心的地方。「偷盜」的開頭，有這樣的描寫：

「被車輪壓到的小蛇，傷口的肉是青青地，起初其尾巴還動著，不知不覺中肥胖的油膩肚子朝天，連鱗也不動了。在到處都是炎天塵埃的這個城市的十字街頭，如果有一滴濕，那就是從這條蛇的傷口，流出來的腥膻而臭的水。」

以在炎天下晒著太陽的蛇屍象徵成爲廢墟的城市，和住在那裡的腐敗人們的描寫，的確是芥川的非凡本領，但一再地描繪蛇的死屍，著實令人覺得千篇一律。爲象徵腐敗的社會，還出現罹病，躺在陋屋的女人。

「她的胸腹，腫得黃黃光滑地，如果用手指壓，好像會流出血膿水的樣子。尤其是，從草蓆裂縫，太陽光照進去的地方，可以看到腋下和脖子長著有如爛杏般的烏黑斑，從這裡，似發出無法形容的臭氣。」一會兒，三四個小孩發現了死蛇，其中最頑皮的一個，「遠遠彎腰，把死蛇往女人的臉丟去。青色油膩的肚子掉在她臉上，滿臭水的尾，往她下巴垂著。」

上面的描述裡頭，的確有會給讀者相當深刻印象的強烈因素，但如果太過，其印象反而會減弱。最後，讀者將因爲血味，臭屍上的蒼蠅，饑餓人肉的野狗群，而陷於不受任何刺激的感覺遲鈍的狀態。我覺得，最費力於此種描述的芥川，往往使其小說整個的發展有草率的傾向。譬如「偷盜」的情節便充滿了矛盾，完全不一貫，是部非常的才子不能寫的小說。

以芥川的失敗作來評論他的文學，當然不是很公正的作法。但「偷盜」可說是芥川唯一的長篇小說，其失敗，該算是芥川文學的侷限。「偷盜」的任何描寫，都很成功，是芥川獨特的描寫。人物也很具典型。對於毒婦沙金說：「世上沒有像她擁有醜惡靈魂和美麗身肉的人」，發表當時，對於芥川的登場人物，讀者一定曾經覺得新鮮而具魅力。當然，我不敢說今日的讀者不會有此種感覺，但我認爲，不必全讀芥川的代表作，而祇選讀他任何一篇作品就行。

如果有人要我從芥川的小說中只選一篇，我將挑選「地獄變」。以「羅生門」爲首，根據『今昔物語』所寫的短篇，都很不錯，現在讀來，仍然津津有味。但一旦得悉過去的日本如何映在現代的日本人芥川的心目中，其興趣可能大減。而且，如果參考『今昔物語』的原文來看，我們更能明白芥川如何地受到西方的影響。而最重要的是，這些作品沒有作家的存在，既是人工的，也沒有血。

可是，「地獄變」卻有芥川的存在。畫家良秀雖然「吝嗇，慳貪，不知恥，懶惰，而貪心」但卻自認爲是「本朝一畫師」。我沒有根據說，良秀就是芥川的自畫像，但能欣賞「醜惡的美麗」的良秀卻跟芥川很像，且在爲藝術寧肯犧牲一切的態度，這兩者也是相通的。閱讀「地獄變」，我們可以判斷芥川一定眞正看過地獄。他的實際體驗給予過去的故事以超越技巧的深度。「戲作三昧」的一個人物，曾對瀧澤馬琴的文學這樣寫著：

「第一，馬琴寫的，全靠他那支筆，肚子裡毫無東西……對當今的事，一點也不曉得。它的證據是，他寫的皆是往昔的事情。」

不消說，這可以爲對芥川文學的非難，但以例如『地獄變』這個作品，芥川正面答覆了此種非難。

二

堀辰雄曾經批評芥川的文學說，「他終於沒有他自己的傑作」。芥川本身也承認『羅生門』、『鼻子』等王朝作品，係取材自『今昔物語』和『宇治拾遺物語』；而正如小堀桂一郎所說，芥川「不是主題和動機，而是把舞臺和必需的工具求自於『今昔物語』而已」。若是，主題和動機，似乎是芥川的獨創，而小堀又說，『羅生門』的主題和動機，實借自森鷗外所譯，已經完全爲人們所遺忘的法國作家布爸的短篇小說。

「奉教人之死」這篇有關天主教的小說，在其最後，芥川雖然註明係根據「長崎耶穌會出版叫做『勒根達．奧列亞』這本書下卷第二章」，但長崎版「勒根達．奧列亞」是一本虛構的書。關於這本小說的出處，雖然有人說是白隱和尙的逸話，法朗士的「希爾維斯特爾．波那爾的罪」、拉瑪堤努的「鳩斯瀾」、森鷗外譯的「即興詩人」等等，所以就是那樣博學的芥川，要把這麼多的典故糅在一起，也不是那麼容易。惟根據三好行雄的硏究，編於歐洲十三世紀的「黃金傳說」才是主要的出處，而芥川是以其英文版作爲藍本的。

如果以小堀、三好兩氏同樣的耐心和努力去考究芥川的傑作，必能發現足資證實堀辰雄所說的出處，但芥川果眞完全沒有他自己的傑作嗎？

芥川的大部分短篇，可依時代分成王朝小說、基督教小說和開化小說。這些作品，幾乎都有其出處。芥川說，書房有如他的頭的象徵，因此，他必定非常仰賴書房。話雖如此，他也有沒有出處的現代小說。他有好幾篇以他擔任海軍機關學校教官時的經驗所撰成的所謂「保吉」作品。這是芥川根據其固有的體驗寫成的小說，但無論如何它不能算是傑作。此外，他還有從旁人聽來其他情節而撰寫的小說。譬如「手巾」是描寫大學教授長谷川謹造的一些經驗的短篇，其主人公的模特兒就是新渡部稻造。這或許是從共同的朋友聽來的，也許另有出處。往訪這位教授的婦女，「家常便飯般地談著」她兒子的去世，甚至於「有些微笑」，惟教授忽然目睹她膝蓋上拿著手巾之手的激烈動作，直覺「她臉上雖有笑容，但事實上她是渾身哭著」。

三島由紀夫認爲，所有芥川的作品當中，「手巾」是其「短篇小說的精華」，並評價其爲「芥川最完整的短篇小說」。三島由紀夫尤其佩服芥川所述的「型美」，以視她「老套的人生演技，為靜止的『型美』的作者，斷定「這個『型美』，放出猶若能樂一剎那型的光輝，而與短篇小說的小型式融洽在一起」。我絕不輕視三島由紀夫的文藝評論，但我卻不能苟同他的「手巾」是短篇小說的精華之說法。我不知道為什麼三島會這樣高估這篇作品，但當他稱芥川為「意志薄弱的奇才」時，三島對於弱者的厭惡，似乎比對「奇才」的讚美還要強。他或許在這部沒什麼的作品中，察覺芥川固有某些事物。

三島由紀夫又說：「重視坦白的作品，多給予晚年的作品以高的評價，乃是評傳作者的自由」，他此種說法，我也不能同意。我看過芥川的不少小說，對於他的技巧（特別是小說的結尾），逐漸感覺厭煩。尤其討厭「手巾」末尾斯特林柏格的引例。不過，對於他「齒輪」以後一連串的作品，我是非常欣賞的。這些作品雖然不是很有樂趣的讀物，但抑是一開始看就不能停止的小說。我不一定喜歡弱者，至於「齒輪」的作者是弱是強，我也不清楚。或許多年來壓抑的強烈感情，在從自殺的那一天起受到注目的這些晚年的作品中，初次爆發出現的也說不定。回到創作「羅生門」前後的心境時，芥川曾經這樣寫著：「我因為大約半年前，不如意的戀愛問題的影響，沒旁人時，便會消沉，因此喜歡寫些與現狀隔開而愉快的小說。」

「羅生門」如果是「愉快的小說」，我們當可窺測芥川當時的沉鬱心境。而且，沉鬱不僅因為當日的失戀，並且纏住了芥川的一生。為著排遣這種沉鬱，他不斷地改變文體，他雖然使用各種各樣的文體，但他的作品底層，總有芥川固有的黑暗。為了不讓讀者識破他的本質，芥川曾如何地煞費苦心，可想而知。安利．特．蒙特蘭這樣說過：「一個作家的生涯中，最可驚愕的部分，亦是他（她）們所過獨特而可能不會有的經驗，乃是必須而貴重的證言，如果把它發表，將增加社會的知識，但他（她）卻不會寫。縱令撰寫，不是把它撕掉，就是由讀它而震驚的遺族撕毀。」

好在芥川寫了「證言」之後，沒人把它撕掉。他的遺稿不僅在日本近代文學大放異彩，就是他初期和中期的技巧主義作品，也確切地證明了芥川固有的許多因素。

（原載民國七十五年十月十一、十二日『中央日報』）

川端康成

Donald Keene

川端康成　1899–1972

川端康成小說的最大特徵，可以說是日本獨特的美。諾貝爾獎委員會，在其頒授獎狀中，指出了其日本的性質。的確，無論讀川端文學的那一篇作品，都有歐洲文學所鮮有的味兒。但與其予人以完全不同印象的谷崎文學或者三島文學，很明顯地也具有日本特性，即使沒有日本文學傳統興趣的作家，惟因其使用日語這個特殊語言，便擁有他國文學所沒有的層面。

川端在其晚年，獲得諾貝爾文學獎以後，曾經就日本以及東洋文化的特徵作過演講。可能因為面對外國的聽眾，太過意識自己是日本人，而正如其「美麗日本的我」這個受獎典禮上演講的題目所示，表示他是身居日本傳統中的作家。他一定很想扮演說明日本之美的角色。他的演講非常富麗堂皇，也很有說服力，因此聽過他演講的人，和讀過他這篇演講稿的人，必很受感動。

相反地，世上也有很不喜歡代表自己國家或文化的作家。譬如阿根廷的小說家柯達沙爾，不管寫什麼小說，他都很耽心會被評估為典型的南美文學，所以在他傑作前面，特意引用法國詩人的警句；「沒有比代表自己國家義務更無聊的事。」就歐洲人或者北美洲人來講，需求南美的野性或者日本的美，或許是理所當然的；與此同時，有萬萬不希望應此種需求的作家，也是不足為奇的。譬如川端，他雖然不是為了應外國讀者的需求，但他卻並不討厭代表日本這個國家。

關於川端文學的日本特性是什麼的問題，我認為，它跟日本古典文學的類似之點並不多。不像撰寫『盲人物語』、『武洲公秘話』、『少將滋幹之母』等的谷崎，他沒有以王朝或者中世為舞臺的作品（在我所知道的範圍內），改編或者把古典文學譯成現代語者也很少（雖然有『竹取物語』的現代語譯，但這是青年時代的副業，與川端文學毫無關係）。有的藝評家把川端文學比喻為俳句和連歌。川端文學確有俳句般的簡潔，更因把『雪國』和『千羽鶴』長年地分別在各種雜誌發表，而令人聯想到連歌，但嚴格地說，與俳句和連歌相似的地方，太少太少了。

若是，問川端文學的日本特性在那裡？首先，我要指出它的餘韻。在『千羽鶴』詳細所描寫的茶道具，以普通的標準來衡量，也許不美。志野燒的茶碗，雖然不像宋代的青磁和德國邁生的磁器那麼漂亮，但卻有餘韻。「手拿粉紅色縐綢和白色千羽鶴包袱巾的小姐，美極了。」我覺得此種筆法，比詳細描寫小姐的面孔，更有助於其美的暗示。祇登場兩次，不是頂重要人物的包袱巾，作爲小說主人公所憧憬的美的象徵，實具有十足的說服力。

『千羽鶴』的會話，也有日本的神韻。譬如：

「『她大概很不痛苦跟他見面。』

『我父親，可能使小姐嘗盡苦頭。』

因爲太田夫人，跟我受到苦楚一樣，菊治想這樣說。」

（此種神韻，唯由原文，才能領會——譯者）

這種錯綜複雜的想法，在西洋文學幾乎沒有。菊治雖然不是以諷刺的心情，對太田夫人說他父親的事，但以爲對方能體會他眞正的意思，而故意說相反的話。日本人的這種社交上敏感，在這部小說裡隨時可以看到。又如：

「『都是我母親不對，我母親是個無用的人，請不要管她，不要再理她』……

菊治懂得她，請原諒她母親這句話。它包含著不要管她母親的意思。」

這種拐彎抹角的說法，西洋文學裡頭不是沒有，但大多採取女性直感的形式。川端小說中的男性人物，不能說是女性的，但其整個小說卻有女性的細膩。

川端在年輕時代，就喜讀『源氏物語』。他於戰爭中困苦時期，在既擁擠又暗淡的電車裡，閱讀著『源氏物語』。無論如何川端文學遠比把『源氏物語』三度譯成白話文的谷崎文學，更接近於

『源氏物語』的「婀娜女性」。有人說，『細雪』（谷崎作品——譯者）是『源氏物語』的翻版，但它卻完全不會令人有「婀娜女性」的感覺。在川端的小說之中，最令人聯想王朝文學的算是『千羽鶴』。三島由紀夫，把主人公菊治比作光源氏，而委實菊治父親的情婦，後來成爲菊治本身情婦的太田夫人，使人聯想起來（『源氏物語』）的藤壺，服毒自殺的行爲，又有若在王朝故事的世界。但事實上，菊治與其說是像光源氏，毋寧說是更類似薫大將。當然，不必考慮此種故事的要素，也可以讀『千羽鶴』，但如果要分析餘韻，即非得溯及過去的世界不可。

川端的小說皆各有其時代背景，但當回想小說的情節和人物時，便會忘記其時代背景。『山音』時有戰後不久的氣氛，但兒子和媳婦對信吾的感情是永遠的，我們對於一個老人忘記怎樣結領帶的場面，會感覺其絕對性。川端康成從日本的古典學了很多，其中最重要的收穫似乎是其永遠性。跟今日的讀者驚愕於『源氏物語』和平安朝日記的現代性一樣，未來的讀者，必將吃驚於川端文學的現代性。川端文學雖然刻畫著特定的人們，但隨時間的消逝，永遠性將取代特定的要素，而成爲欣賞的核心。是即它不僅是日本的文學，同時也是世界的文學。

（原載民國七十五年十二月二十八日『中央日報』）

井伏鱒二

Donald Keene

井伏鱒二　1898–1993

我從未見過討厭井伏鱒二文學的人。對於井伏文學的稱讚，因人而異；我比誰都喜歡井伏氏獨特的幽默，佩服其文體的簡潔，又吃驚於其豐富的想像力。我更傾倒於撰寫這個文學的人物。無需說，大作家，大多有其自己的風度，但欣賞文學，不必考慮作家的人物問題。譬如我所非常尊敬的谷崎潤一郎和川端康成，其日記和書信，我並不特別想去看；我欣賞作品，並不因爲作家的「風度」，而是根據其文學觀。讀井伏氏的作品時，我大多以面對森鷗外時的態度去讀。換句話說，特定作品的好壞，與其整個文學不可分割。

我試讀了井伏氏在戰時寫的作品。一九四一年十二月，井伏氏爲陸軍徵用，被送到新加坡。起初，他服務於『昭南（新加坡）時報』，後來轉到昭南日本學園。當時，好多作家被陸海軍的報導部徵用，在戰地或者佔領的東南亞城市，撰寫報導或小說，但戰後編輯的全集，收錄的並不多。可是井伏氏在戰爭時期所寫的，與戰前和戰後所寫的並沒有什麼兩樣，這證明井伏氏的清白。

「花街」是一九四二年八月在新加坡所寫的佳作，但它一點也沒有當時流行的國家主義思想，而且把阿諛日本佔領軍的當地人描繪得很不是味道。譬如曾經在日本公司做過事的馬來亞人烏森·卞·哈三，日本話講得蠻不錯。他對主人公的木山（好像是井伏氏的分身）說：「要學得日本精神，非懂得日語不可。我能自由自在地講日語，所以我已經學得日本精神」，木山聽他這樣說，不但沒有高興，並且答覆他說：「別胡說！」烏森嘲笑在新加坡的中國人掛汪精衛的照片等是屈從和無知，木山雖然「想揍他」，因怕連累到其他中國人的家庭，所以訓他說：「無聊是失言，以後不要再說這種話」。

以「反英主義的矮子」在歐亞混血兒之間知名的烏爾費亞，「搓著手，用肩膀作著打招呼的樣子」請木山去吃飯，但木山拒絕了。烏爾費亞把「秘密文件」交給木山，它說，自新加坡獲得「解放」以來，房子大了，又用兩個下女，因此現在的薪水不夠開支。
爲讀完它，木山邊翻辭典，花了兩個小時，他覺得有點厭煩，於是打電話給烏爾費亞。「我要告訴你我看過你報告書以後的感想。你應該讓下女回家，把房子恢復到以前的兩個房間。這樣，問題就可以解決」。

因此使這個親日派大失所望。

在井伏氏的作品當中，「花街」並不算特別出名，但描寫戰時之外國的這部小說，與「多甚古村」、「遙拜隊長」、「珍品堂主人」等這些極富日本味道的作品，有一脈相通之處，但著者卻是同一個人。而拒絕顯現於在新加坡所寫作的一切裝腔作勢和冷酷的態度，是井伏文學的特徵。

但如果把井伏文學衹當作具有溫情，加上有輕鬆詼諧的說話方式，那就錯了。溫情和詼諧固然是井伏文學所不可或缺的因素，但如果重讀他的每篇作品，你一定會感覺到它們皆擁有能夠感動讀者的力量。『黑雨』是現代日本文學中稀有的有力小說，但這在井伏文學中絕非異質的作品。當我讀完『黑雨』時，我一點也睡不著。在這以前，關於廣島被投擲原子彈事，我曾爲各種文獻毛骨悚然，參觀廣島原子彈資料館的陳列品，把我嚇得出神，但使我理解人類歷史上最可怕的一日，是因爲讀了『黑雨』。有人說，小說不及實錄文字，但我不能苟同這種說法。廣島的慘案使我有限的想像力麻痺，從而令我再看死亡的人數和被毀壞的房屋數目，也記不得。透過『黑雨』的主人公閑間重松的眼睛看廣島時，我才「明白」了。是否眞的理解了我沒把握，但我要向井伏氏表示敬意和謝意。

井伏氏以『黑雨』來描刻無以倫比的慘案，跟其他的小說所表現的一樣，乃基於人類愛。人類愛不是含混的人道主義，而是肯定每一個人的人生的可貴，並在這基礎上尊重每個人無限的個性。

我邊讀『黑雨』時，常常自問這是不是所謂好小說。我們雖然不可能懷疑這部小說的價值，但要以文學的標準，來評論『黑雨』的結構，人物的描寫，以及其所表達的思想等等是可能的。老實說，我對它有一些不滿，但我並不想去分析這個不滿，或令讀者去感覺這個不滿。這部小說似要拒絕我的批判。

像托爾斯泰把拿破崙戰爭刻畫得淋漓盡致一樣，五、六十年後，對於廣島原子彈慘案，或許有人會發揮更偉大的藝術力量，予人類絕不可能忘記的可怕的一日以永遠的形式，而縱令誕生這種小說，『黑雨』仍然有其存在的價值。整個井伏文學並無接縫，不著名的作品也好，著名的『黑雨』也罷，是著者之形象的一部分，一切都是偉大的。

（原載民國七十六年三月五日『中華日報』）

三島由紀夫

Donald Keene

三島由紀夫　1925–1970

一

看『三島由紀夫全集』的目錄，首先會吃驚其作品之多。他死於四十五歲，可是卻留下幾乎令人不敢相信之數目的小說、劇本和論文等等。其中當然有爲支持其奢華的生活而寫的，而縱令其人們之所謂中間小說（位於純文學與大眾文學之間的半通俗小說），也不是每個人都能寫的。無論怎樣輕鬆撰寫的小說，總有唯三島始能有的意境。「寫不出小說」這種小說家傳統的職業病，跟三島由紀夫毫無緣分，不管文學的體裁或者水準，三島的想像力，實有若『豐饒之海』。

話雖如此，三島或許太有才華了。在腦筋裡頭描繪小說的結構和人物的性質，然後在此架構上加以潤飾這種作業，就三島來講，似非常輕而易舉。爲著鍛鍊小說家所必須具備的一切技巧，他經常涉獵古今中外的文學，因此他擁有與生俱來的才華加上努力結果所得之非凡的工夫。其不愧爲早熟的作家，從年輕時代，他就推出各種名稱的作品。但在三島文學的崇拜者中，也有不少人惋惜三島太一帆風順。

三島一再地說，他以『豐饒之海』爲他自己文學的總決算，因而把它作爲小說家所修得的一切投入了這部小說。他對這部小說很有自信，但對於在『新潮』長時間連載它的期間，都沒人替他寫批評文章感覺不滿，所以改變原來擬四部同時出版的計畫，而先出版『春雪』和『奔馬』。這兩部小說寫得很好，因此以所連載的形式出版單行本當然是可以的，但我還是覺得，他仍然應該使作爲其文學之總決算而寫的四部作品完整。如果這樣，它一定成爲更好的作品。但天才三島以爲沒有這種必要，而致使該是完美的四部作品產生瑕疵。無需說，第三部、第四部的「瑕疵」與日益迫近的自殺有關係。

自從發生三島事件以後，無論我到什麼地方。作任何內容的演講，演講後一定有人問起三島自殺的事。質問的人，好像都是想知道其自殺的眞正原因，但我也不知道。不過，如果如三島所說，他把他的一切投入『豐饒之海』是事實的話，再寫幾十本小說，對他永遠的聲譽，也毫無幫助。對於我這樣的答覆，一定會有人反駁說：「但三島如果多活些時間，可能寫出更老練的傑作。」對此種意見，我不曉得應該作怎樣的回答。

我認爲，討論三島沒寫的小說，實在沒有太大的意義。舒伯特死是三十一歲，莫札特以三十六歲與世長辭，但卻有人說，他倆在短短的一生，各作了一切該作的曲子。由於沒有對它的反證，因此當然可以這樣隨便主張；同時也有人猶如數著自己已死兒子的年齡，而論說莫札特如果沒有夭折，可能有更輝煌的成就。但就三島來說，我以爲他已經寫了他一切該寫的作品。

老實說，三島自己並不希望於「老練之境」。「在我無可救藥的觀念中，老年永遠是醜的，青年永久是美的。老年的智慧永遠是迷濛（妄）的，青年的行動永久是透澈的。因此，活得愈長，會每況愈下，亦即人生是頭朝下的頹落」，這樣主張的作家，自然不會珍惜「老年的智慧」。

但三島文學卻絕不是青年文學。『假面具的坦白』姑暫不論，爾後的小說都向過去看，與其說是創新，毋寧說是致力於古典的復活和現代版。

在三島的小說和劇本，實驗的層面尤其顯著。阿貓阿狗所喜歡的『潮騷』，也是一種實驗，而其意外的成功，使三島厭膩。就三島而言，這部小說是他對希臘憧憬的結晶。在其「實驗」不僅與外國作家所作實驗毫無關係，而且遠離著日本現代文學的主流。三島的現代能樂固然是一種實驗，但如果與伯格特、尤聶斯科、屛達等人的實驗比較，似乎絲毫沒有共同的地方，也沒有給予日本的年輕劇作家任何影響。作爲輪迴轉生之小說的『豐饒之海』，在現代文學中是極其特別的作品，而與其說它是前衛的小說，不如說它是往昔傳統的甦生。此種「實驗」，並不證明作家的年輕，反而否定其力壯。隨時間的消逝，革新派的作家也會變成溫順，從而撰寫不愧爲老練作家的作品，但自始就嚮往古典世界的作家，到老練之境，卻很少寫革新的作品。『豐饒之海』果眞是三島文學的總決算，寫了它以後，當然只有沉默。

可是，三島卻有一部前衛小說。有一位文學評論家說，『鏡子之家』的失敗，對三島是個很大的打擊；但『美麗星星』之失敗，打擊更大。它屬於科學小說的範疇，是借著飛碟等話題，以發展他人生論的小說，在三島文學中，是非常獨特的創作。惟可能由於它沒有收到預期的成功，因此，以後他便陸續寫作『下午的曳航』等非前衛作品。在三島文學的總決算裡，完全沒有『美麗星星』的因素，確令人深思。

假若是位沒有三島般才華的作家，即使遭到挫折，他很可能繼續前進他所開拓的道路，但三島卻將其無限的才華，轉到別的方面去。他捨去作爲現代作家的地位，並追求永遠的聲譽，而其過程必然的結果是眾所周知的自殺。

二

有些評論家把三島由紀夫的劇本，比其小說評價得更高，但我不贊成。我之所以敢這樣斷言，是因爲尊重三島對他自己所擁有的形象。三島自幼年時代就很嚮往戲劇的世界，並且好像很想插足這個舞臺，但他究竟還是覺得作爲劇作家的活動是次要的工作，小說才是他的正業。自殺前一、二年，他放棄多年的習慣，停止劇本的寫作，其理由似乎要把他的「一切」投入小說，因而寧願犧牲劇本。

的確，劇作家三島由紀夫是幾幾令人刺目的光輝存在。不消說，日本現代劇的前驅有好幾位，他們在一切領域都有其貢獻，但我認爲，日本現代劇文學，實始於三島。由於三島達到舞臺的奧義，所以他毫不費力地能以美麗的臺詞，舞臺上的有趣動作，和情節的意外發展取悅觀眾，但他卻還不能以這種成功爲滿足，而始終追求文學的卓越。但對於不上演劇本毫無興趣的他，自不願意撰寫此種劇本。三島的理想是，創作任何觀眾都能夠欣賞而極其複雜的文學劇戲。他的『近代能樂集』、『沙特侯爵夫人』等小說，便名副其實地達到了這種困難的理想。

本來，三島劇本的文學性質，因其所依據而大異其趣。遵從能樂規則的『近代能樂集』，根據歌舞伎傳統的『地獄變』等，復活淨瑠璃的『椿說弓張月』等，當然跟輸入自西方的現代劇很不同。三島使用各種各樣的文體，且具有能把馬琴的文章淨瑠璃化的自信。如果要以英譯本上演法國劇作家拉辛的傑作，那注定會失敗的，但三島卻依靠他非凡的文體，把「布理達尼邱斯」的登場人物，活現於日本的舞臺上。

我認爲，三島的劇本，比他的小說富有國際性。他的小說雖然有時候也會出現外國人，但卻沒有以外國爲舞臺、盡是外國人的小說。『沙特侯爵夫人』和『我友希特勒』之人物的臺詞，無疑地是流利的日本話，但卻沒有任何會令人聯想日本的場面。『鰯賣戀曳網』與『我友希特勒』的懸殊之大，簡直叫人不敢相信這是同一個作家的創作。

我覺得，予三島的劇本以最大影響的是日本的古典劇和拉辛。歌劇伎激烈的動作，與拉辛沒有動靜的場面，好像沒有什麼共同性，但三島卻從這兩者借用了長久的「說詞」傳統。英美的劇作家善用獨白，但卻絕少由特定的人物來講事情的來由。能樂、歌舞伎、拉辛都重視舞臺上的限制，熊谷談其兒子的戰死，特拉梅努述伊坡利特之死。『沙特侯爵夫人』的聖·馮也講得很多。「現在，我要披露最正確而豐富的知識，亦即化費三個月，盡一切手段所得的知識」，以此爲開端而進入很長的「說詞」。蒙特路易夫人也是一樣，問了「我所派忠實的密探，於四年前的聖誕節，從拉．哥斯特城的窗子看到什麼？」以後，便開始不遜於聖．馮的活生生的故事。對於英美人來講，此種方法往往會變成戲劇的代用品，而使人留下貴婦人們的雄辯，比沙特侯爵夫人的殘酷更深刻的印象。但拉辛和三島都相信說話與行爲無殊，在很有禮貌的貴婦人身邊周圍，不斷地燃燒著黑焰。

我以爲，『沙特侯爵夫人』是三島劇本中的最高傑作。他在跋文，就這部劇本這樣分析著：「這是『女性心目中的沙特論』，所以必須以沙特夫人爲中心，以女性扮演一切角色。沙特夫人代表貞淑，夫人的母親蒙特路易象徵法、社會、道德，西密亞努爲神，聖．馮夫人是情慾，沙特夫人的妹妹意味著女人的天眞和欠缺節操，下女夏羅算是民眾，這些人必須有如行星的運行，交錯而旋轉著」。由於各人的角色過於明顯，而會令人聯想十六、七世紀歐洲的假面具劇，但三島是明知而故意根據傳統作實驗的。

只要想寫，三島比任何人都能寫出寫實而生動的臺詞，而在『沙特侯爵夫人』等傑作，三島則寫了誰也不可能寫的極其難懂的臺詞。看慣能樂和歌舞伎的日本人，爲說詞的修辭所迷而聽說，「磨著祖先世世代代因血而生銹的盔甲和刀劍，只是透過此留血銹的刀刃，欣賞裸體女人的風采……」，也不會問說「那是什麼意思？」

三島把舞臺上顯然的動作，抑制到最低限度，而以十八世紀華麗的衣服和假髮來滿足觀眾。但三年後（一九六八年）所寫的『我友希特勒』，就沒有此種樂趣。『沙特』是由五個女性所構成的世界，但「希特勒」只有四個男性。跟『沙特』一樣，這些人物代表著行動、同志愛、財界和勞工革命，但這部戲劇的速度卻比『沙特』快，因此舞臺上縱令沒有什麼動作，也會令人覺得演得很快。這部毫無女性味道的劇本，與『沙特』成爲很好的對比。

世上很少有像三島那樣尊重東西傳統的劇作家，但三島卻對同一時代的外國劇本似乎沒有太大興趣，所以對於三島的戲劇，我們很難期待像安部公房氏那種新穎。這或許是三島劇文學的缺陷，但我相信同時將保證其永遠的生命。是即東西兩大流派在三島劇文學合流，而名實相符地完成了過去與未來都可能不會出現的古典劇。

三

三島由紀夫具有談到森鷗外時，便合掌作拜拜模樣的習慣。這也許有開玩笑的一面，但他的確由衷崇拜著鷗外的文學。而隨受到鷗外的影響，三島的文學的確有了變化。

若是，鷗外對於三島文學從什麼時候開始其影響呢？我認爲至少可以溯至一九五〇年的短篇小說「星期日」。三島在其「巡迴的流浪」中說：「大學時代看了森鷗外的作品，成爲我的衛生學」，同時又說：「戰後一段時間，我一方面嚮往於鷗外，另一方面又不能從以往對感覺的耽溺中擺脫」。三島承認他的文體受到別人的影響，尤其是「星期日」，「很明顯地（！）係根據森鷗外」；「禁色」（一九五三年）的文體是，「斯坦達爾加上鷗外式的莊重」。「沈瀑布」（一九五五年）的文體爲，「斯坦達爾加鷗外」；『金閣寺』（一九五一年）是「鷗外加托馬斯·曼」。

三島從鷗外的文體，學了「大膽地省去主語，濫用現在式，儘量少用擬聲詞」等等。事實上，從「星期日」左右，這些鷗外文體的特徵，便顯現於三島的文學。他在『海與晚霞』（一九五〇年）的開頭這樣寫著：「這是文永九年晚夏的事。後面將再提到，文永九年是西曆一二七二年」。這正是合了鷗外衒學的一面和文體特徵的寫法。

不僅是文體，三島的假名（日本字母）用法、字體以及語彙，都受到鷗外的很大影響。三島文學裡頭有不少古老的用詞，這些可能大多學自鷗外的作品。常用「衣囊」、「廁」、「燐寸」（火柴——譯者）等字彙是三島的特徵，而似乎也是鷗外的模倣。

但除上述的語言以外，在作爲作家的態度上，鷗外給三島的影響更大。鷗外自稱其爲阿波羅式的，的確鷗外有此種人格，而三島卻非常有迪奧尼梭斯的味道。三島寫著：「在巴西一個月的逗留，和狂歡節，我沈醉於熱帶的光」，但我們不可能想像鷗外會醉於狂歡節。可是，三島卻故意地鷗外化他自己。三島又說：「鷗外一點兒也沒有感受性，或者是完全抑制了它。因此，我嚐試模仿鷗外的文體以改造自己的文章。」

近幾年來，出現了兩種英文的三島由紀夫傳。其寫法與對三島的態度雖然很不相同，但有一點是一致的。那就是把重點擺在三島人格的形成，如何地受到其祖母的影響上面。我們固然不必否定其祖母的影響，但三島本身卻討厭精神分析等，並相信人格是可以由自己意志塑造的。軟弱的三島少年變成敢切腹的三島之過程，不一定是其祖母的影響。我倒認爲這是由於他在鷗外文學發現一種理想所致。他寫了『花盛開的森林』、『中世』等，以至『假面具的坦白』結束了少年時代，自求解放於其祖母，並以鷗外爲榜樣，努力於寫作更乾淨而理智的文學。這對三島文學究竟是好是壞，我不敢說，但可斷言的是，這是三島意志的勝利。

在『我的遍歷時代』，三島很出乎意外地說：「在大體上，我算是銀行家型的作家」，並引述托馬斯．曼的話說：「小說家應該具有銀行家的風采。」對於三島來說，鷗外實「具有銀行家的風采」而「開朗」的小說家，跟耽溺於自我憫憐的知識份子迥然有異。「知識份子的臉，長得多麼醜！理智的人，顯得太醜惡了！」這樣寫著的三島，當然也是個十足的知識份子，並以鷗外這個非凡的知識份子爲榜樣，企圖以根絕他自己作爲知識份子的性格。他不但熱中於武道和馬術，同時跟鷗外一樣，吸著雪茄煙。

三島之所以倡導武士道，可能也是鷗外的影響。『妄想』的主人公很懂得西方，其思想也並不反西方，但他卻堅信他跟西方人不同。主人公說：「西方人認爲不怕死是野蠻人。我也許是西方人的所謂野蠻人。我這樣想的同時，又憶起小時候雙親常常訓我說，我出生於武士家庭，所以一定要能切腹才行。我又想起，當時以爲如果切腹，必定很痛，但我必須忍痛，於是愈覺得我可能是個野蠻人。但我卻不能贊同西方人的見解。」

三島很怕死。他以爲飛機常掉下來，因此非常不喜歡坐飛機。他在談話中，用「害怕」這兩個字用得很多，但結果他卻選擇了自絕生命的道路。

鷗外和三島都是稀世的博學之士，都很清楚日本和西洋的傳統；不但清楚，而且愛惜它們。但他倆卻隨年齡的增長，而認同日本的傳統。三島在其晚年的論文，經常提到王陽明，在小說方面，則以唯識的哲學統一『豐饒之海』。一九〇一年，鷗外從小倉給他母親的書信有這樣的一段：「在福岡買的書裡頭，有一本叫做傳習錄，……這是王陽明的徒弟，筆記乃師的話而成，很有趣，它一再地強調知行一致，……王陽明說，『行非出自智，欲行之心（意志）與行乃爲本』，這與最新德國馮特等心理學的主張相符，實在有趣。此外佛教的唯識論，與哈特曼之間也有很微妙的關係。」我不明白三島知道不知道這封信的存在，而縱令沒有受到它的影響，他倆皆嚮往於同一哲學，不能不說是奇怪而偶然的一致。

鷗外可能很自然地達到此種心境，但三島似乎是其意志（努力）所使然。三島如鷗外的短篇小說「如此這般」，配合陽明學與唯識論思想的結果，而不要他的生命。

（原載民國七十六年六月四日『青年日報』）

附錄一

戰前中國人所翻譯在大陸出版日本作家作品目錄

著者	書名	譯者	出版者	年月	備註
夏目漱石	草枕	崔萬秋	眞善美書店	民十八年	民十九年華麗書店出版郭沫若譯版本，但內容完全相同。
〃	文學論	張我軍	神州書局	民二十年	
〃	夏目漱石集	章克標	開明書店	民二十一年	
〃	我是貓	程伯軒 羅芷	東京鳳文書院	民國廿五年	
〃	三四郎	崔萬秋	中華書局	民十四年	現代文學叢刊本
〃	文學評論	哲人	廈門國際學術書社	民十七年	
森鷗外	舞姬	林雪清	文化生活出版社	民二十六年	現代日本文學叢刊本
〃	忘想	畫室	人間		
森鷗外及其他	現代日本小說	侍桁	春潮	民十八年	
芥川龍之介	芥川龍之介集	魯迅等	開明書店	民十六年	
〃	河童	黎烈文	商務印書館	民十七年	文學研究會叢書本

〃	芥川龍之介集	馮子韜等	中華書局	民二十三年	現代文學叢刊本
〃	河童	黎烈文等	文化生活出版社	民二十五年	現代日本文學叢刊本
〃	芥川龍之介小說集	湯鶴逸	文化		
〃及其他	敗北	沈端先	神州書局	民十九年	日本小說集
菊池寬	再和我接個吻	葛祖蘭	商務、開明（代銷）	民十七年	
〃	菊池寬集	章克標	開明書店	民十八年	
〃	藤十郎的戀	胡仲侍	現代	〃	
〃	結婚二重奏	浩然	長城	民二十二年	
〃	菊池寬戲曲集	黃九如	中華書局	民二十三年	現代戲曲選刊本
〃	戀愛病患者	劉大杰	北新書局		
〃	再和我接個吻吧	路鸞子			
〃	新珠	周白棣	大陸		
〃	戲劇之研究	沈辛白	良友圖書印刷有限公司		

志賀直哉	焚火	葉素	天馬書店	民二十四年	
〃	志賀直哉集	謝六逸	中華書局	〃	現代文學叢刊本
〃及其他	范某的犯罪	〃	現代	民十八年	日本小說集
武者小路實篤	一個青年的夢	魯迅	商務印書館	民十一年	
〃	武者小路實篤集	周作人等	〃	民十五年	
〃	新村	孫百剛	光華書局	民十六年	
〃	武者小路實篤戲曲集	崔萬秋 楊雲飛	中華書局	民十八年	現代戲劇選刊本
〃	孤獨之魂	崔萬秋	〃	〃	
〃	四人及其他	王古魯 徊祖正	南京書店	民二十年	
〃	人的生活	毛詠堂 李宗武	中華書局		新文化叢書本
〃	母與子	崔萬秋	眞善美書店		
〃	忠厚老實人	〃	〃		
〃	愛慾	章克標	金屋書店		

〃	妹妹	周白棣	中華書局	民二十一年	
〃	戲劇研究	沈章白	良友圖書印刷有限公司		
小泉八雲	日本與日本人	胡山源	商務印書館	民十九年	
〃	文藝譚	石民譯註	北新書局	〃	自修英文叢刊本，中英文對照
〃	文學講義	惟夫	北平聯華書局	民二十年	
〃	英國文學研究	孫席珍	現代	民二十一年	現代文學講座本
〃	心	楊維銓	中華書局	民二十四年	現代文學講座本
〃	文學入門	楊開渠	現代		
〃	文學十講	〃	〃	民二十年	
〃	西洋文藝論集	侍桁	北新書局		
〃	文學的畸人	〃	商務印書館	民二十三年	
林芙美子	放浪記	崔萬秋	大光	民二十六年	
〃	枯葉	張建華	文化生活出版社	〃	

山本有三及其他	日本現代劇三種	田漢	東南書局	
〃	日本現代劇選	〃	中華書局	
國木田獨步	國木田獨步集	夏丏尊	開明書店	民十六年
〃及其他	近代日本小說集	東方雜誌社	商務印書館	民十二年
〃 〃	現代日本小說集	周作人	〃	〃
佐藤春夫	都會的憂鬱	查士元	華通書局	民二十年
〃	佐藤春夫集	高明	現代	民二十二年
〃	田園之憂鬱	李漱泉	中華書局	民二十二年
〃	更生記	查士驥	中華書局	民二十四年
〃及其他	近代日本小品文選	謝六逸	大江書舖	民十八年
〃 〃	日本近代名家小說集	查士元	中華書局	第二輯、民十九年出版

附註：

一、文中有些出版機構正式名稱不詳，故照錄。

二、以上所列，係以本書所介紹作家的作品為限。

三、以上資料完全取自一九四五年一月，由日本財團法人國際文化振興會所發行『中譯日文書目錄』一書，而其實際工作者是曾任早稻田大學教授的實藤惠秀先生。

附錄二

戰後中國人所翻譯在臺灣出版日本作家作品目錄

著者	書名	譯者	出版者	年月
夏目漱石	三四郎	崔萬秋	臺南市開山書店	民五八年
〃	少爺	金仲達	純文學出版	民五九年
〃	我是貓	李永熾	遠景出版事業公司	民七〇年
〃	夏目漱石選集	張克明	臺南開山書店	民五六年
菊池寬	花文子小姐	謝藍萍	臺北正文出版社	民五七年
〃	再和我接個吻	潤璧	三重市明志出版社	民五一年
菊池寬及其他	日本短篇譯集	徐白	臺北晚蟬書店	民五八年
〃	投水自殺營救業	廖清秀	臺北蘭開書店	民五八年
下村湖人	論語平話	李君奭	彰化專心企業公司	民六五年
〃	論語故事	林耀南	北市協志工業叢書出版公司	民五六年
〃	論語故事	林進祥	北市國家書店	民六八年
川端康成	山之音	李永熾	遠景出版事業公司	民六九年

〃	千羽鶴	施翠峰	東方出版社	民五八年
〃	千隻鶴	趙長年	正文出版社	民五八年
〃	川端康成短篇小說選	余翼等	水晶出版社	民五八年
〃	川端康成諾貝爾文學獎全集	趙長年	三重市大立書店印行	民五八年
〃	日本的美與我	喬炳南	臺灣商務印書館	民五九年
〃	水月（川端康成短篇小說選）	鍾肇政等	高雄市文皇出版社	民六〇年
〃	古都	施翠峰	東方出版社	民五八年
〃	古都	趙長年	正文出版社	民五八年
〃	多色的虹	廖清秀	一文出版社	民五八年
〃	美麗與悲哀	金溟若	志文出版社	民五八年
〃	雪國	喬遷	三民書局	民五八年
〃	雪鄉	趙長年	正文出版社	民五八年
〃	〃		臺南市王家出版社	民五八年
〃	〃	施翠峰	東方出版社	民五八年
〃	雪鄉、古都、千羽鶴	金溟若 張秀英	星光出版社	民七〇年

〃	最難懂女人心	黃季媛	道聲出版社	民六三年
〃	睡美人	邱素臻	林白出版社、初版	民五八年
〃	〃	〃	〃 五版	民六六年
〃	伊豆的舞娘（現代日本小說選）	劉興堯	大西洋圖書公司	民五九年
〃	日本名家小說選	江上	高雄市大舞臺書苑出版社	民六五年
川端康成及其他	伊豆的舞娘	朱佩蘭	嘉義明山書局（再版）	民五八年
〃	諾貝爾獎小說選	青木毅	水晶出版社	民五八年
小泉八雲	莎士比亞的評論及年譜	虞爾昌	北市世界書局	民四六年
〃	小泉八雲文選	林炳錚	北市協志工業叢書出版公司	民五四年
吉川英治	水戶黃門	田三郎	德華出版社	民六八年
〃	宮本武藏	鍾進添（墨文）	創譯出版社	民五〇年
〃	〃	譚繼山	四季出版公司	民六九年

志賀直哉	暗夜行路	李永熾	遠景出版事業公司	民七〇年
〃	荒絹	黃錦堂	大明王氏出版社	民六一年
	志賀與他人合撰			
武者小路實篤	一休和尚	臺灣啓明書局	臺灣啓明書局	民四七年
〃	人生論	陳冠學	高雄市大舞臺書苑出版社	民六五年
〃	〃	梁祥美	志文出版社	民七一年
〃	友情	邱素臻	大林出版社	民六七年
〃	青春之歌	白川編	河洛圖書出版社	民六七年
〃	愛與死	藍婉秋	寶島月刊社	民三九年
〃	〃	藍祥雲	臺灣商務印書館	民六〇年
〃	維摩經	李君奭	專心企業公司出版社	民六八年
武者及其他	日本短篇小說選		臺南鳴宇出版社	民六一年
〃	〃	新興書局	新興書局	民四七年

芥川龍之介	地獄變	夏雲編	志文出版社	民五八年
〃	地獄變	葉笛	大林出版社	民六二年
〃	〃	〃（葉寄民）	仙人掌出版社	民五八年
〃	羅生門	葉笛（葉寄民）	〃	民五八年
〃	河童	〃	〃	民五八年
〃	芥川龍之介選集	金溟若	志文出版社	民五八年
〃	侏儒的語言	黃恆正	長橋出版社	民六七年
〃	復仇的故事	〃	〃	〃
〃	假面具	〃	〃	〃
〃	蜘蛛之絲	歐陽燕	永和市千華出版社	民六六年
芥川龍之介及其他	日本短篇小說集	高汝鴻	臺灣商務印書館	民五八年
井上靖	冰壁	鍾肇政	高雄市三信出版社	民六三年
〃	波斯的聖池	林良一同撰、呂石明等	環華出版事業公司	民七〇年

〃　樓蘭（現代日本小說集）劉興堯　大西洋圖書公司　民五九年

〃　漩渦　施翠峰　臺中市中央書局　民五六年

附註：

一、以上所列書目，僅限於本書所介紹作家之作品。

二、本書目，係由小女慧美在臺北中央圖書館查錄者。

附錄三

何謂「戰後」

林健太郎

日本的「戰後」(apres-guerre)

「戰後」這句話，究竟從什麼時候開始具有特別的意義呢？在這裡，自然而然地使我想起的是，幾年前曾經流行過的所謂「戰後完了嗎？」這個論爭。這個論爭究竟得到了怎樣的結果，不得而知，不過今日的日本人，似乎大多生活在「戰後已經完了」這種氣氛裡頭。我們這樣說或許更正確，則他們大多過著沒有意識所謂「戰後不戰後」的生活。當然，這跟戰後經過了二十年以上，幾乎或完全不記得戰爭當時情況的人口愈來愈多有關係，但是我認為，這幾年來日本經濟的復興和突飛猛進，以及由此而帶來的社會結構的變化，使一般日本人喪失意識現在和戰爭之關聯的習慣。

在這種文脈上的所謂「戰後」，乃意味著戰敗當時的經濟混亂，和精神的虛脫。可是，「戰後」這句話祇能用於這種意義嗎？我認為，「戰後」應該還有另一種意義。在法文，「戰後」寫成apres-guerre這句話，隨上述那種意義的「戰後」意識淡薄，在今日似乎已經不大流行了，而使用它時，則縮短為apres（阿普列），具有「放縱」、「不懂禮貌」等下貶價值的意義。但是，這是通俗的用法，決非apres-guerre本來的意義。

我覺得，apres-guerre這句話，在戰後的日本，膾炙人口的是，因為戰後不久所組成Apres-guerre-createur這個文學家的組織。據說，命名它的是，其會員的中村眞一郎氏（見中村眞一郎著『戰後文學的回想』）（譯註一），但在這裡，它並沒有通俗的貶下自己的意味。同時，apres-guerre這句話，並非中村氏的創作，而是在第一次大戰後的法國，對於戰後所出現新的藝術傾向所用的名稱。我從未研究過apres-guerre這句話的用法和歷史，所以不能論述它的正確內容，不過用常識來判斷，我們把它理解為指戰後在西歐所出現許多嶄新的藝術上各種流派，譬如表現主義，達達派(Dadaism)、超現實主義等等，似乎沒有錯。

這些藝術，的確有吸引人們的地方。它們之所以吸引人們，是因爲它們大膽地否定了前時代的價值和美的規範那種強烈的「斷絕」的意識，以及這種否定的精神向新的美的形式之創造表現了強烈的熱情。進一步來說，它們不僅吸引了人們，而且更吸住了人們的心坎，乃是因爲所出現新形式的藝術，不折不扣地表達了戰後歐洲的精神狀態，並且這些藝術，更能滿足人們活生生的要求。因此，apres-guerre不只是成爲跟時間上的apres-le-guerre不同的一個統一的表象，而且更獲得了作爲「時代精神」的地位。

若是，日本的apres-guerre是怎樣的呢？一般來說，日本在二次大戰後，經驗了歐洲人第一次大戰後同樣的經驗。人們多年來繼續不斷的努力所形成的社會秩序，以及支持它的文化價值體系突然崩潰了。這是正如西歐人在第一次大戰後所感覺，斷了過去一切經驗的斷絕的歷史狀況。這是面臨「無」的精神所特有的不安和希望並存的混沌狀態。人們把這種狀態叫做「虛脫」，而如果是自覺的個人，他們便會回到其生命的根源，並由此根源出發，更會有由一切的拘束解放出來，因而該有難以阻擋的自我衝動。日本的apres-guerre，實有其形成的充分理由。

不過，日本的apres-guerre並未產生第一次大戰後歐洲那種新的冒險的藝術，更沒有歐洲般的深度和寬度。惟在這裡，我們必須注意到，在國際上，這次的戰後是未產生藝術的新方式的時代，甚至於藝術本身所具有的社會功能比以前變化許多的時代。這種「世界的時代」和「日本的時代」的差距，乃是近代日本躍登世界舞臺以來一直所經驗的。關於這個問題，後面將另行詳述，在這裡，我想先談談日本 apres-guerre 的內容。

斷絕與古典的評價

關於這個日本的apres-guerre亦即文學上的「戰後派」的評價，據說最近在一部分文藝評論家之間在重新討論，惟不諳文學界內部的我，對於他們的討論，則一無所知。說實在話，在當時，我並沒有很詳細地閱讀過被目爲「戰後派」的作家們（以前述的中村眞一郎氏爲首，野間宏、福永武彥、埴谷雄高、椎名麟三、花田清輝和安部公房（譯註二）等人）的作品，而且現在又不十分記得當時所讀文章的內容。雖然如此，當時這些人在日本文學界、思想界遺留給我的印象非常深刻，今日回想起來，似更能夠深一層地瞭解其意義。

現在，我想從前述中村氏的著作引述兩段，它說：

「這些作品，不管是那一篇，在其性質上都跟戰前的日本小說不同。它們都是從不同於戰前的小說的傳統手法出發的，並且意圖呼應戰後混亂時期，改革時期的青年們所求於文學者。」

又說：「從像現代這樣保守的時代來看，會覺得這些作品是觀念的、不成熟的、舶來品的，和不現實的。但是，我認爲現在的這種感想也是相對的。的確，這部叢書（「戰後叢書」）有當時的文學的前衛。當時的青年，如果從某處發現全是灰塵的這部書，翻翻其印刷已經很淡的字裡行間，可能立即再度湧起當年那種又強烈又豐富的文學的活力。」

在這裡，中村氏以文學的活力隨時代的「保守化」而消失，又因各人不繼續創作，或者把自己文學變了質爲遺憾，我覺得這是很有道理的。可是，如果把這個責任只是歸諸「社會」的話，（中村氏並沒有這樣說）那是不公道的。是即日本「戰後派」的短命，我認爲是由於「戰後派」本身的性格所使然。

我寫這篇文章，不是要論文學，而是要論歷史。不過我既然提到了「戰後叢書」，我得再多談一點我對於文學上的感想。前面我說過命名「戰後派」這個名稱的是中村眞一郎氏，但中村氏跟他過去的同群野間宏氏和花田清輝氏之間卻有很明顯的差異。這種差異，就是外行人也可以看得出來。否，不只是野間氏和花田氏，就是常常跟中村氏被相提並論的加藤周一氏（譯註三）也跟中村氏斷然有異。

中村氏在「戰後」派中所佔的特殊地位是，在於他以新文學的創造乃是日本文學古典的繼承或者再生當作他自己的課題。這跟在這些「戰後」派同仁當中他是最洋化的一點也不矛盾。因為，就他來講，歐洲文學，對於許多日本人也是一樣，不僅意味著十九世紀後半以後的「近代文學」，而且更可溯及到「歐洲」這個文化把它本身定形為「古典」的十七世紀。是以對於文化的持續性，和在美的形成中傳統的規範力，他具有正確的意識。與此同時，他對於在歐洲文化中最富有歐洲味道的法國古典文學中發現了日本古典的共感性。這點我認為非常重要。不過對於後一個問題，我想應該另行討論。

兩個「戰後」

命名「戰後」的中村氏，在「戰後」中竟為異端的存在，或者被外邊的人視為異端這個事實，可以說是瞭解日本「戰後」的關鍵。不過在這以前，或許有人對於以「否定」和「斷絕」為特色的「戰後」跟古典的繼承這個課題連在一起會覺得奇怪。但是，這一點也不奇怪。

就一般來說，第二次大戰與第一次大戰對於既成的文化價值所有的關聯有很多的差異。因為篇幅關係，不能詳述，總而言之，第一次大戰的結束，對於歐洲人來講，是道道地地的「傳統的破產」。但是，對於他們，二次大戰並非如此。傳統的崩潰早已開始了，但不是第二次大戰的結束，而是導致這個戰爭的納粹主義本身的強烈破壞傳統的體現。因此就歐洲人來講，在「對於破壞的訣別」的意義上，戰爭的結束形成了盼望「復歸正統」的心理基礎。經過這次戰爭以後，歐洲精神界要求安定的心遠比尋求冒險的心切，所以他們的宗教——基督教便順「世俗化」的大勢而急速地復興起來。

在日本，這種關係更二重、三重地以屈折的形態出現。日本也經驗了兩次大戰，在第一次大戰的「戰後」，他們曾經有過敏感的反應。但這不過是知識份子之間的「觀念的颱風」而已。因為，無論如何，對於日本人，第一次大戰並非根本地動搖了其國民生活之根本的重大事件。在這種意義上，說日本在二次大戰纔經驗了歐洲的第一次大戰的經驗是正確的。

但是，歷史並非祇以「階段論」所能完全解釋的。這個「階段」，有其共通的「世界史的時代」重疊的部分，而歷史事件之所以複雜也在此。由於二次大戰的日本統治階級也在一九三〇年代生活過，所以在這一點，他們具有跟歐洲法西斯主義共通的時代標誌。戰前的日本國家體制叫做「法西斯主義」是否妥當，在政治學上實大有爭論的餘地。但是，作為社會的現象，我認為，支配戰前的日本者還是「法西斯主義」。

可是，日本的「法西斯主義」，並不如同德國的納粹主義是「反歷史的」。換句話說，納粹主義強調跟前一時代的斷絕，其掌握政權還是一種「國民革命」；可是日本法西斯主義卻不是經過這種革命，而是經過鎮壓「五·一五」、「二·二六」(譯註四)等革命意圖的過程，一步一步地建立了政權的。這裡並沒有一九三三年這種顯然的里程碑。日本人更重視繼續。日本「法西斯主義者」雖然口喊「革新」，也採取了斷絕的行動，但是，爲其行動的理念基礎者，乃是對傳統的尊重及其繼承。這等於說，日本「法西斯主義」雖然尊敬和模倣過希特勒和納粹德國，但在精神結構上，始終是不折不扣的「傳統主義者」。

這個事實，的確是使戰後的日本難於像戰後的歐洲那麼容易「復歸歷史」的一個理由；但是相反地，它卻在「戰後」中造成了激起嚮往尊重傳統的基礎。因爲，日本「法西斯主義者」，在主觀上儘管是傳統主義者，但他們並沒有正確理解傳受傳統的古典的內容。他們隨意地解釋古典，並用之以效勞淺薄的政治目的。因此，時代叫「歷史」和「傳統」叫得愈響亮，人們便更想透過正確地理解古典來捕捉傳統的眞面目。

在戰爭期間，我很想瞭解祇知其名不知其內容的日本古典，因而曾經有過毫無計畫地，隨便閱讀這些古典之習慣的一個時期。它雖然是沒有什麼收穫，也沒期待任何收穫的我個人的經驗；而根據中村氏的說法，在同一個時期，有許多比我稍微年輕一點的人們，對於日本文學特別感覺興趣。這種興趣，實來自「對於把古典當作『超國家主義』的宣傳工具這派學者的反感」。

因此我認爲，從在這種氣氛底下長成的人們之中，出現擔當「戰後」藝術活動的人材，是很自然的事。現在我所要說的是，站在這個浪潮最前鋒的中村氏，不僅在「戰後」派裡孤立，並且他寶貴的嘗試也沒有得到應有評價，所以也就沒有完全開花結果。同時，以出自同一根源的理由，「戰後」派本身也就短命地壽終正寢。關於這一點，我準備在下一節來論述。不過在這裡我想附帶加以補充說明的是，這個「繼承傳統的創造」，作爲「戰後」的運動雖然流產了，但是它並非完全徒勞而無功。是即此項課題，在這個「戰後」告一個結束以後，便由三島由紀夫氏（譯註五）等人所繼承，而在經過二十年的今日，可能將由更年輕的一代來發揚光大。

《文學與政治的交織》

以上，我指出了瞭解日本「戰後」的關鍵，仍在於中村氏之爲「戰後」派的異端這個事實，但這並不意味著中村氏是此派中唯一的「傳統主義者」。因爲思慕日本古典和傳統者不只是中村氏一個人。但爲什麼只是他一個人成爲異端呢？這是因爲他具有尊重古典的強烈文化意識，而也正因爲如此，所以他纔始終能夠超越「政治」。

反此，跟中村氏一起構成「戰後」派的許多人，卻或多或少地，把他們的「戰後」意識原封不動地帶到政治的世界去。或許我們可以顚倒它這樣說，他們錯覺了在戰爭期間作爲市民的經濟所得的政治意識跟他們的文學意識是同質的東西。如所周知，野間宏、花田清輝、安部公房這批各有相當才能的人，都很快地參加了共產黨。可是這些人，在其究竟，卻無法長久棲身基於強度權威主義的共產黨「鐵的規律」之中。當其與共產黨的關係破裂時，「組織與個人」這種老生常談的主題，纔再度成爲文學上的問題，並流行起來。不過這是以後的事。如果就「戰後」這件事來說的話，文學的「前鋒(avant-garde)」之滔滔地投身於政治的「前鋒」，纔是當時的一大特徵。

當然，我並不認爲文學家不應該關心政治和參加政治活動。政治既然是人的社會所不可避免的現實，而且藝術家也是一個市民，自會處身某種政治狀況，對於他所面臨的政治狀況，他必須有所反應甚至選擇。至於他是否要積極地以行動來表示他的反應，乃是屬於他個人的自由，因爲這是藝術家的一種權利。不過在這時候，在其反應中，我們如果不能發現其作爲藝術家的絲毫痕跡的話，我們必定遭遇到幻滅。對於在史大林身上發現「人類之教師」的政黨，跟自己的創作欲望之間不感覺失去平衡的人，我們是絕對不會感動的。

重要的是，並非這些人的感覺「遲鈍」。我認爲，他們的感覺倒遠比其他的人敏銳。他們的敏感，反而使他們錯把「政治的前鋒」當作「藝術的前鋒」了。這是個很重要的問題。

這種情形並不限於參加共產黨的作家。（日本文壇通稱其爲「入黨作家」——譯者）譬如加藤周一氏，這個人無論在個人間的關係上，就是在「對於傳統的態度上」，也跟中村氏有共通性，他是十分領會文化和政治之二元性的一個人。可是他卻似乎是特別的「政治人」，除文學運動之外，他尤其喜歡寫「政治處方箋」。如前面說過，我並不以此爲不然。惟加藤這個人所寫的處方箋，卻都是跟「共產主義」這個商標的內容幾乎是相同的。他似乎把「市民的良心性」錯認爲「藝術家的良心性」了。這是跟錯把「政治的前鋒」當作「藝術的前鋒」同樣的，但更任意的倒錯症。不過這種加藤的「戰後性」，在造成了包括日後的中野好夫氏和一個時期的桑原武夫氏（譯註六）之所謂「戰後期」結束後的文學的評論家這一點，有其歷史的意義。

「近代文學」的功能

在瞭解「戰後」的性格上，跟Apres-guerre-createur同爲重要的是「近代文學」。這不像Apres-guerre-createur之僅僅爲叢書的名稱，而是具有會員之同仁團體的機關雜誌的名字。這個「近代文學」，戰後沒多久，便以「戰後」派的人們爲同仁，但本來它是個跟這批人不同其性質的集團。如果我的記憶沒有錯的話，這批人乃是戰爭期間發行『現代文學』的人們。對於作詩毫無因緣的我，對於爲「戰後」之前身的「Matinee Poetique」，雖然一無所知，但在戰前，我卻知道『現代文學』這個名字。當時我所得知的人名是，戰後成爲有如『近代文學』之象徵的荒正人氏和小田切秀雄氏（譯註七）。當時，我是否也知道平野謙、本多秋五、佐佐木基一等人（譯註八）的名字，那就記不清楚了。

這些，可能跟我同年歲的人，跟我個人雖然沒有什麼來往，但我對於他們卻有很大的親切感。但這不是因爲我對於他們的「文學」有所感動。他們是評論家，不是作家，所以不可能由他們的作品發現什麼「文學性」，而且我個人也不是文學家，因此更沒有心去尋求那個時代的新「文學」。我所感覺的是，他們是戰爭期間之「良心的知識份子」的同志。而把我和他們冥冥中聯結在一起的，就是「馬克思主義」。我是於一九三〇年代隨左翼黃金時代形成了我個人的「思想」，而在日後的「反動時代」咬著牙根過日子，最低限度希望在自己所專學的學問領域裡，能夠固守我所曾學得的「眞理」之火的，不實踐的馬克思主義者，因此我在『現代文學』的同仁中發現了跟我同樣的精神。

這些人戰後以『近代文學』重新出發不久所發生的重大事件是，荒氏和平野氏跟中野重治氏（譯註九）之間的「政治與文學」的論爭。荒氏以近代的自我的確立，應該從凝視潛在自我內部的利己主義開始這種立場，對於迴避這種問題，擬把「人民」和「民主主義」當作文學之基礎的「舊普羅文學」思想予以抨擊。這對於曾經認爲馬克思主義，以及支持被認爲其正統的主角共產主義乃是戰爭時期之「良心的證據」的我們，的確是非常勇敢的行爲。並且我覺得荒氏的主張是有其道理的。因爲這是一種「起碼的常識」。因此共產黨如果不承認這種「起碼的常識」，那是不對的。樂觀主義者的我，以爲共產黨處在這個新時代，一定長成能夠把它當作應該的這種「大人」了（當時共產黨打出了「人人所愛的共產黨」的標語）。開始論爭的當初，荒氏很可能也跟我具有同樣的想法。

『近代文學』的同仁，在「政治與文學」的論爭中，斬釘截鐵地宣言了文學之由政治獨立是非常正確的。但這個爭論之沒有什麼結果，一方面固然由於荒氏等『近代文學』的同仁不是廣義的文學家所導致，但是，他們之非美學者纔是根本的原因。是以他們的文學，畢竟是社會事實的文學，不是活生生的基本範疇之美的自我表現的文學。所以，他們完全不能瞭解他們很寬容地迎接之「Matinee poetique」的人們，因此也就不得不形成同時以中野重治和中村眞一郎爲敵人的文學統一戰線。

『近代文學』之對於「普羅文學」的反抗，乃是從「寬容的馬克思主義」這個立場對於「馬克思主義的前鋒」的抗拒。故其所謂利己主義乃是將「社會性」的幅度擴大到「日常性」的程度，其所謂人本主義，並沒有超出歷史教科書所寫的範圍。在這一點，加藤氏之批評荒氏等的利己主義論爲私小說（譯註一〇）的小說觀之反映是正確的。但與此同時，加藤氏之擁護中野氏的立場，顯示了前面我所說加藤氏的性格。

有如「Apres-guerre-createau」的短命，『近代文學』也是日本戰後過渡現象。在某種意義上，它更能顯示出「戰後」的性格。將政治、社會、倫理混爲一體的生命之再出發的靈感。激烈的時論的性格，求「友情」的結合，因此而發生的互相抗拒，這些都是被錯認爲革命時代的混亂時期所最適合的性格。不過，跟這些人的文學天資，和由太固執於個人的直接經驗而來的視野的偏窄，以及急於事功的焦燥感，使這些在主觀上可能「很可貴」的活動未能獲得任何的成果。

「戰後」過去以後，荒氏便幾乎遠離了文學界，而跟平野氏和本多氏等，在其本來的批評和歷史的敘述這個領域工作。他的確很適合於這種工作，而且對於他的努力，我是很佩服的。惟因這種工作特別重要，所以對於他那種『近代文學』的想法的殘渣鑄造了其文學史的定型，並逐漸在大學日本文學研究室固定下來，我覺得有點可惜。譬如在他明治以來的日本文學史，他往往把自然主義和普羅文學放諸發展的正統地位，而他之所以這樣作，似乎來自自然主義以「家」，普羅文學以「階級」爲文學的問題所使然。但是，「家」和「階級」可以是社會學的題目，不能爲文學作品的價值標準。我倒認爲，追尋從明治時代以來繼續存在的「時髦的傳統主義者」（這種傳統主義者不僅在文學界，而且存在於各界）的宗譜，乃是解釋日本現代化的最有效和最好的方法。不過這是本文主題以外的話。

丸山眞男氏的意義

門外漢的我，對於文學似乎談得太多了。但這在思考日本「戰後」的意義上，非常重要。在日本，把「戰後」納入其意識最強烈者，當是文學家。他們的「戰後」意識，跟歐洲的「戰後」意識一樣，皆爲「斷絕」和「創造」的意識，而它卻以尋求「自由」的靈魂立於眞正自由的處境的意識爲基礎。若是，靈魂的絕對自由是什麼呢？追問自己存在的根源，對於一個人，的確需要非常強烈的緊張感。它不可能是單純的解放的放心。事實上，爲歐洲「戰後」的特徵者，乃是高度的悲觀主義。反此，日本的「戰後」，除少數者外，都充滿了樂觀主義。

當然，這並不等於說日本的「戰後」完全沒有不安和焦躁。相反地，他們之間的論爭顯示出他們也有他們的不安和焦躁。雖然如此，在他們的心底，雖有大小的差別，皆有不插手的方寸，這方寸便成爲他們「安心立命」的泉源。而佔據這方寸的，就是馬克思主義。因此，有的人便把自己的文學存在打賭於共產黨的組織，有的人則期待於共產主義的「人本主義化」，有的人更相信「不移的眞理」於學問和藝術之外。

我之所以專談文學家，乃認爲文學家最尊重靈魂的自由。當然，除他們以外，還有許多文學家，但這批人是在當時，最銳敏反應其時代，並最認眞追求生活的人們。在這種意義上，他們的確是「時代的前衛」，和「時代的精英」。可是，這些人卻那麼毫無躊躇地造成了「心田的聖域」，在這一點，他們也究竟無法免於時代的通俗風潮。

說到這個通俗風潮，當小泉信三氏（譯註一一）將介紹密澤斯和海耶克（譯註一二）的「社會主義批判」發表於當時由朝日新聞社發行的『朝日評論』月刊，和我看到「這是首次綜合性雜誌刊登反馬克思的論文」這種評論，我記得是在一九四八年的事情。在這裡的問題是，不是「反馬克思」好或者不好，而是出現「反馬克思」的論文這件事乃是一種怪事。

根據丸山眞男氏（譯註一三）的著作『日本的思想』，馬克思主義之具有一手代表日本的社會科學，實有其必然的理由。他說；「第一，日本的知識世界，因此纔學得不僅個別地，而且還把它們連貫起來綜合地來考察社會現實的方法，同時也學到了以追究在多采多姿的歷史事象背後，推動著它們的基本動力爲課題。」第二，「馬克思主義告訴我們：任何科學的研究都不可能完全沒有前提；不管你意識與否，科學家都站在一定的價值選擇上來思想和判斷。」

他又說：「從直接的處所與這個現實，把認識拉開，使其與前者立於很尖銳的緊張關係，然後再把世界重新很有條理地組織起來，理論纔會成爲推動現實的槓桿」；「馬克思主義又以社會的規模（譯註一四）告訴我們說：思想這個東西不單是書房的精神享受的對象，而且是人類的人格責任之打賭。」

關於第二點，丸山氏借用了不少康德主義者對於馬克思的解釋，但我個人並不認爲這就是馬克思的思想，而如果從作用於日本思想界之馬克思主義的功能這個觀點來觀察的話，要那樣說是可能的。因此，在這種意義上，對於丸山氏我並沒有什麼意見。至於對他認爲，把從大正末期以來，馬克思主義對於日本知識份子所具有的影響，祇歸因於日本人好奇和好新「的確是皮毛的見解」這種說法，我是完全贊同的。

丸山氏的這些話，乃是對於戰前的日本情況的說明，所以沒有什麼問題，可是如果以這種馬克思主義觀來說明戰後日本的情況的話，那就大有問題了。丸山氏這個人，是於一九四六年，在『世界』雜誌上發表「超國家主義的論理與心理」以後，才有如彗星般地出現於日本思想界的。（當然做爲一個學者，在這以前，他已經相當馳名了）我認爲，丸山氏可能是「戰後」期日本藝術家們政治意識最大的支柱。這是因爲丸山氏的思想，跟他們的思想一樣，以強烈的「絕斷」意識爲其特徵所致。

根據丸山氏的結論，過去日本的精神狀況的特徵是，「精神的雜居性」和「作爲思想的座標軸之傳統的欠缺。」（這是前述丸山氏所著『日本的思想』所說的。由於此書最能顯示他的思想的全貌，因而我纔引述他這本後期的著作）這兩者都是「負的價值」，因此在這種意味上，「日本」是完全否定的對象。所以，丸山氏便以痛擊這個「負的價值」，並一勞永逸地克服它們爲日本「革命」（但沒提出具體的方法）的任務。而這種態度，正是「戰後」派文學家的心跟丸山氏所最吻合者。

但是，如所周知，丸山氏既不是共產主義者，也不是馬克思主義者。若是，爲什麼也竟跟「戰後」文學家的崇拜馬克思主義，和許多文學家參加了共產黨有關係呢？這雖然是間接的，但仍有突破這個間接性的一個理由。

丸山氏是以其強烈的「拒絕」精神能夠感召他人的一個人，但他的「拒絕」，對於馬克思主義卻一次也沒有動用過。（同樣地，對於史大林主義也沒有動用過。他那馳名的「史大林批判的批判」，係出現於蘇俄的「史大林批判」以後。）可是，他的「拒絕」精神卻強有力地面對「馬克思的批判家」尤其是「反對共產主義者」發揮。是的，丸山氏也說些批判「馬克思主義」的話，但他的「馬克思主義批判」纔是最有力的「擁護馬克思主義」呢！

因爲他所批判的是「考茨基的馬克思主義」的「客觀主義」。他在這個論說中，發明了「主體性」這個新語，此語且曾流行一時。可是，這個「主體性」的強調，卻使人家覺得它跟「煩惱者先入黨以行動來克服它」這種共產黨的一致，同時又令人們以爲「倫理化」「政治」的道路已經開通了。

丸山氏的這種主張雖然令人覺得很新鮮，但我認爲它跟撰寫「歷史與階級意識」的盧卡吉（譯註一五）的主張幾乎沒有什麼兩樣。惟日本的思想界祇透過「勞農派」（譯註一六）和「第三國際」這兩個公式來瞭解馬克思主義，所以纔會覺得丸山氏的主張新鮮而已。

我以爲，「考茨基的馬克思主義」最能引發藝術家的靈感。日本「戰後」派文學家，絕不可能因爲山川均氏和大內兵衛氏（譯註一七），或者向坂逸郎氏（譯註一八）的學說而開始喜歡馬克思主義。但是如果聽丸山氏的論說的話，他們正會相信「比『馬克思主義』還要高明的馬克思主義」的存在的。

本文不是「丸山眞男論」，所以在這裡我無意批判丸山氏，而祇指出其思想的客觀性如何（程度）。不過我想藉這個機會，說些我對於丸山氏的感想：我佩服他作爲思想史家的本事，但仍覺得他的思想有兩個缺點。第一是，他的「思想分析」雖然很高明，但卻完全缺乏「文化論」。第二是，作爲思想史家的他，當然非討論馬克思主義不可，但是，他卻主要的祇注意馬克思主義的功能，而不論述其學說的內容，並且又不討論馬克思主義在世界思想史上所佔的地位。

「戰後」的終焉與繼承

如果不把「戰後」理解爲apres-la-guerre，而把它理解爲apres-guerre的話，它應該是戰後大約五年，亦即二次大戰結束後到韓戰發生的這一段期間。而爲其轉機者，當然是日本經濟的「復興」。有人在道德上責難日本經濟的復興賴韓戰的特需（美軍特別軍需品的製造——譯者），但這是沒有道理的。這種「理性的狡智」，歷史上俯拾皆是。由於她具有能夠復興的基礎，其經濟的復興纔有可能。這等於說，日本經濟的發展階段，在這以前早比其他亞洲國家高得多了。根據羅斯托(譯註一九)的定義，自從一九五〇年前後，日本便進入「高度大眾消費時代」，而爲其前一階段的「成熟時期」開始於一九四〇年前後。不管我們使用羅斯托的術語與否，以一九五〇年左右爲界，日本確已成爲「西歐先進工業國家」。這是一種常識的事實，因此無視這個常識的事實，不可能有學問上的「時代論」。

這個新時代，正由於它的新，而跟所謂「戰後」有很顯然的區別。而且，它不但比「戰後」新，而且對於「戰前」也是一個完全新的時代。這一點非常重要。在這個新時代，十九世紀最後的「大理論家」馬克思的理論體系應該扮演怎樣的角色，我想不必由我來多費筆墨（在這裡談這個問題已經落伍了），而祇指出清水幾太郎氏(譯註二〇)最新的著作『現代思想』一書作爲例子就夠了。

可是，認識新的事實，總是後於事實的發生。「觀念想把握實在的世界於實體，將其塑造成知識的王國」，現實的事體必須是成熟了的。而「智慧的貓頭鷹」的飛翔，迨至一九六〇年代纔成爲可能。

巨視地看，所謂「戰後」，可以說是日本的社會企求著回歸於本然的狀態，同時因其遭遇到戰爭與戰敗的病理現象，而引起「痙攣」的時代。因此，我認爲，企圖將在這時期出現的政治現象認爲是永遠的實在，並將人的存在的價値基準求諸於此的態度，只能評爲「虛妄」的信仰。因爲，不管日高六郎、山田宗睦等（譯註二一）氏如何謾罵，人總是不可能捨去把事實當作事實來看的習慣。

但是，這並不等於說「戰後」這個時期的存在是「虛妄」的。「戰後」時期的政治現象雖然是虛妄的，可是爲其根底的精神活動卻不是虛妄的，而且是實在的。不過我以爲，感覺最銳敏的藝術家們熱烈地渴求政治——虛妄的政治也有其意義。此時，就他們來講，「政治」乃是要求「恢復人性」的「短絡現象」。這個「短絡」雖然是件不幸的事情，但這種要求是正確的。這種正確性，很顯然地表現在「戰後」的藝術作品之中，包括隨聲附和共產主義的人們。它的特徵就是選擇了社會的題材，它還是具有高度的「內面性」。他們雖然個個隨各的性向，而有各種的不同作風，但卻皆共通地立足於「實在的人」這個基礎上面。而這正是「戰後」的狀況喚醒他們的，同時也是應該存在於「現代」的。悲劇不在於他們是「實在的」，而在於他們未能貫徹其「實在」。我逐漸失望於對於野間氏和椎名氏起初的期待，而終於失去了看小說的習慣。寫過難懂的觀念小說的埴谷雄高氏，後來成爲很有分量的政治評論家，但在當時，他已經不是一個作家了。

我曾經拿羅斯托的經濟階段論來作「戰後」的否定，但這以不把它當作像馬克思的發展階段論爲「價値的上昇」那種階段論爲前提。（羅斯托也是這樣想的）戰後世界的先進工業國家，創造了戰前的工業社會所不知道的新的「社會結構」，而它雖然克服了戰前的一部分經濟問題，但它卻沒有解決「人」的問題，它更不是進入更「高層次」的階段。

「戰後」藝術家因爲熱烈地要求人性反而走上政治的「短絡」可以說是一種悲劇。作爲藝術家的他們，在藝術上不能完成他們自己的課題，這不是悲劇嗎？而在這些人之中，我特別以中村氏的存在爲可貴，是因爲他最早論述和實踐在藝術創造中美的傳統這個正確的文化課題。不過，我祇看過中村氏初期的小說，所以我不能評論作爲小說家的中村氏的價值（而且我根本也沒有這種資格）。但是，知道對於「技術時代」恢復人的課題，文化傳統具有重要意義的我，對於中村氏在「戰後」期的貢獻就要表示欽佩。

前面我說過中村氏在「戰後」活動中斷然拒絕了「政治」的話。可是在同一時期，不知道是否可以視爲「戰後」派，福田恆存氏（譯註二二）寫了「一隻與九十九隻」，而宣言文學與政治的絕緣是值得我們注意的。對於近年來福田氏常常發表政治言論，或許有人會覺得矛盾，但我認爲這一點也不矛盾。因爲祇有很明確地自覺文學和政治的二元性，我們纔能在政治的層次上作正確的發言。在現代的社會，唯有與「浪漫」和「道學」分離，政治纔會成爲眞正的科學——「力量的可能性的技術」。在十九世紀，經濟學已被稱爲「憂鬱的科學」，而在今日，政治學也是這種「憂鬱的科學」。我們唯有此種認識，政治學纔能透過它的本分來奉獻社會。

如果支持「戰後」文學家的良心者是丸山氏的粉紅色的政治學，那麼今日之而起的當是高坂正堯氏和永井陽之助氏（譯註二三）之大膽的科學的政治學。「戰後」眞的結束了。（附註）

（譯註一）中村真一郎，靜岡縣人。一九一八年三月五日生。東京大學畢業。作家。

（譯註二）野間宏，兵庫縣人。一九一五年二月二十三日生。京都大學畢業。作家；福永武彥，福岡縣人。一九一八年三月十九日生。東京大學畢業。現任學習院大學教授，作家；埴谷雄高，福島縣人。一九一〇年一月一日生。日本大學肄業，作家；椎名麟三，本名大坪昇。兵庫縣人。一九〇五年十月一日生。從小就親左，由工人而成作家；花田清輝，福岡縣人。一九一〇年三月二十九日生。京都大學畢業。文藝評論家；安部公房，出生在中國東北（一九二四年三月七日），東京大學畢業，作家。

（譯註三）加藤周一，東京人。一九一九年九月十九日生。東京大學畢業。評論家，醫學博士。

（譯註四）「五．一五」是指一九三一年五月十五日所發生政變事件，當時的首相犬養毅被海軍軍官槍殺；「二．二六」乃指一九三六年二月二十六日，陸軍的叛亂事件，首相弟弟和三個部長皆被殺。

（譯註五）三島由紀夫，東京人。一九二五年一月十四日生。一九七〇年十一月二十五日歿，東京大學畢業。作家。

（譯註六）中野好夫，兵庫縣人。一九〇三年八月二日生。東京大學畢業。曾任東京大學教授，評論家；桑原武夫，福井縣人。一九〇五年五月十日生。京都大學畢業。曾任京都大學教授，現任該大學名譽教授。

（譯註七）荒正人，福島縣人。一九一三年一月一日生。東京大學畢業。現任法政大學教授，文藝評論家。小田切秀雄，東京人。一九一六年五月二十日生。法政大學畢業。現任法政大學教授，文藝評論家。

（譯註八）平野謙，京都人。一九〇七年十月三十日生。東京大學畢業。現任明治大學教授，文藝評論家。本多秋五，愛知縣人。一九〇八年九月二十二日生。東京大學畢業。文藝評論家。佐佐木基一，原名永井善次郎，廣島縣人。一九一四年十一月三十日生。東京大學畢業。現任中央大學教授，文藝評論家。

（譯註九）中野重治，福井縣人。一九〇二年一月二十五日生。東京大學畢業。作家。

（譯註一〇）所謂「私小說」，乃以作者個人的生活體驗為主來寫的小說，私小說是日本文壇一個很重要的特徵。

（譯註一一）小泉信三，東京人。一八八八年五月十日生。一九六六年去世。慶應大學畢業，留學英國和德國。曾任慶應大學校長、皇太子（現今之平成天皇）師傅。譯者曾譯『小泉信三評論集』一書，由臺北幼獅書店出版。

（譯註一二）密澤斯(Mi'ses)，一八八一年九月二十九日生於奧國，歸化美國的經濟學家；海耶克(F.A.Hay'ek)，一八九九年五月八日出生於奧國，歸化英國的經濟學家，曾任倫敦大學、芝加哥大學教授。

（譯註一三）丸山真男，長野縣人。一九一四年三月二十二日生。東京大學畢業，曾任東京大學教授。

（譯註一四）這是原文。

（譯註一五）盧卡吉(Lucacs)，匈牙利左派哲學家，曾任教育部長。

（譯註一六）勞農派，係指以『勞農』雜誌（創刊於一九二九年）為中心的左派社會民主主義的經濟學家和工運領袖的一群人，其代表人物有山川均、猪股津南雄、荒畑寒村、鈴木茂三郎、櫛田民藏、大內兵衛、向坂逸郎、有澤廣巳、宇野弘藏等。

（譯註一七）山川均，岡山縣人。一八八〇年十二月三十日生，卒於一九五八年三月二十三日。同志社大學肄業。日本共產黨創建者之一。大內兵衛，兵庫縣人。一八八九年八月二十九日生。東京大學畢業。曾任東京大學教授、法政大學校長，現任東京大學名譽教授、法學博士。

（譯註一八）向坂逸郎，福岡縣人。一八九六年二月六日生。東京大學畢業。曾任九州大學教授。現任日本社會黨顧問。

（譯註一九）羅斯托(W.W. Rostow)，美國麻省理工學院經濟學教授。

（譯註二〇）清水幾太郎，東京人。一九〇六年七月九日生。東京大學畢業。現任學習院大學教授。文學博士。關於清水這個人，請參閱拙稿「投機善變的『和平教祖』清水幾太郎」一文，收在拙譯著『戰後日本思想家的逆流』一書，由臺北正中書局出版。

（譯註二一）山田宗睦，山口縣人。一九二五年二月二十一日生。京都大學畢業。現任桃山學院短期大學副校長。日高六郎，長崎縣人。一九一七年一月十一日生。東京大學畢業。曾任東京大學教授。

（譯註二二）福田恆存，東京人，一九一二年八月二十五日生，東京大學畢業，現任現代演劇協會理事長，英國文學家，評論家。

（譯註二三）永井陽之助，東京人。一九二四年九月九日生。東京大學畢業。現任東京工業大學教授。

一九七五、三、二十五於舊金山旅次

（附註）林健太郎（一九一三—二〇〇四），東京人。曾任東京大學校長、參議院議員。譯者譯過他的『世界近代史』，由水牛出版社出版。林先生於二〇〇四年八月十日去世。我曾前往林公館靈前改祭。

附錄四

日本文壇點滴

陳鵬仁

日本最高所得作家松本清張去世

日本著名的作家松本清張於（一九九二年）八月四日下午十一時十四分，因肝癌與世長辭，享年八十二歲。松本於一九〇九年十二月二十一日出生九州福岡縣小倉市，小學畢業後就去當電氣公司的工友。爾後作過石版工人，在朝日新聞社西部本社廣告部擔任圖案設計工作，表現不錯。

工作之餘，他喜歡看芥川龍之介、菊池寬等人的作品，並勤於寫作。一九五〇年六月，他以「西鄉札」（札是鈔票的意思）這篇作品應徵『週刊朝日』所主辦「一百萬人之小說」入選；後來這篇處女作並獲選爲第二十六屆直木獎的候補，顯示出他的創作才華。

一九五二年，松本以「一個『小倉日記』傳」（發表於該年九月份的『三田文學』）獲得第二十八屆芥川獎，因而於一九五六年，辭去朝日新聞社的工作，專心寫作。

松本的這篇作品，本來被列爲直木獎的候補，惟評審委員永井龍男認爲，以其內容來看，它應該是芥川獎的候補作品（直木獎以大眾文學爲對象；芥川獎以純文學爲受獎對象），因此轉到芥川獎這邊。此時直木獎已經決定頒給立野信之的「叛亂」這個作品。所以松本的作品，如果留在直木獎部門，便要「名落孫山」。

在評審第二十八屆芥川獎（一九五二年下半年度）時，最後剩下松本清張的「一個『小倉日記』傳」和五味康祐的「喪神」這兩篇作品。那時有人提議評審會：閉著眼睛隨便取一篇作爲受獎對象，但瀧井孝作主張，乾脆兩篇都給獎，因爲上一屆沒人獲獎，以爲彌補，松本因而得獎。所以有人說，得獎與否，與運氣很有關係。松本清張也承認這一點。（關於芥川獎，請參閱拙譯，水牛出版社出版『芥川獎與芥川龍之介』一書）。

爾後，松本又以發表於『小說新潮』的「顏」(「臉」)，一九五六年)獲得第七屆日本偵探作家俱樂部獎，以「花冰」、「逃亡」等作品獲得吉川英治獎(一九六七年)，以一連串的「現代史發掘」作品贏得菊池寬獎(一九七〇年)。

松本清張的寫作範圍很廣。初期常寫短篇小說，後來其領域逐漸擴大，包括推理(偵探)小說、政治小說、社會小說、犯罪小說、歷史小說。其歷史小說自古代到現代，『現代史發掘』共十三卷，尤其評價很高。

可能因爲他只受過小學教育，作學徒、工友的時間長，生活困苦，故他的作品大多揭發政治、社會的黑暗面，因而讀者眾多，對國民意識的改變影響很大。他的書，出五十版一百版是家常便飯。

戰後，日本曾經流行這樣一句話：「戰前是大將，戰後是作家」。它的意思是說，戰前最神氣是陸軍大將，戰後最令人羨慕的是作家，因爲作家是「名利雙收」的一群。

事實上，從一九五九年度，松本清張躋身日本文壇最高所得第三名以後，到最近幾年，他一直是日本作家中所得最高的一位。譬如一九六〇、六一、六二年度爲第一名、六四年度爲第二名、六五年度爲第三名、六六、六七年度爲第一名、六八、六九年度爲第二名、七〇、七一、七三、七四、七五、七六年度皆爲第一名。(松浦總三編『稿費之研究』附表一)以後好長時間，我記得松本幾乎都是居第一位。因此，他對日本共產黨，也是捐款最多的一個人。

松本發表文章最多時，在四個到六個報社和週刊雜誌連載，所以他幾乎都是口述，由不同的速記者整理，爾後拿去發表，因而有「松本工廠」之稱。那時，他一個月大約發表三十萬字的文章，是個最多產的作家。

由於他的作品大多針對政治、社會問題，揭發其黑暗面，因此有好多作品在幾家電視播出，拍成電影，譬如「霧旗」和「越過天城」更兩度被拍成電影，廣受歡迎。

自一九七〇年至一九八四年，在日本最負盛名的文藝春秋社出版了『松本清張全集』，凡五十六卷。以其在日本文壇的成就和貢獻，有人主張他應該獲得日本最高榮譽的文化勳章，但可能因爲其爲日本共產黨的同路人，而未能享有這個「殊榮」。

（原載民國八十一年八月十七日『臺灣日報』）

森福都寫長安，獲松本清張獎

紀念日本著名的歷史小說家、推理小說家松本清張的第三屆松本清張獎，於五月十七日在東京大倉飯店，由阿力田高、井上希沙西（希沙西是平假名的中音譯）、佐野洋、高橋克彥、津本陽五位審查委員評定。

應徵作品八百六十一篇，入候補者六篇，最後由森福都女士的「長安牡丹花異聞」得獎。森福都山口縣人，現年三十三歲，廣島大學醫學院畢業，曾在公司服務，現今是專業的家庭主婦。曾以著作『薔薇的妙藥』獲得第二屆 White heart 大獎。

松本清張獎與芥川獎、直木獎一樣，除贈送紀念錶外，其獎金都是一百萬日圓。而松本清張獎與芥川獎、直木獎最大的不同是，前者公開徵文，其發表第三屆得獎作品與作者的同時，已經開始徵集第四屆的作品。故也有已相當馳名的作家應徵。

反此，芥川獎和直木獎的宗旨乃在於鼓勵新人，發掘新人；一年分春秋兩季，從日本各地的文學刊物找被認為夠水準的作品，分別給予芥川獎和直木獎。在原則上，芥川獎以純文學作品為對象，直木獎則以大眾小說為對象。

森福都得獎作品，係以長安作背景的小說，但她卻從未去過長安，可是卻把長安的地理、歷史、社會、風俗習慣弄得清清楚楚，可見她曾作過極其詳細的文學上調查和涉獵許多有關文獻，始能寫出這樣出色的小說。

松本清張於一九八一年八月四日去世，享年八十二歲，他只是小學畢業，作過公司工友，但他的推理小說和歷史小說都是第一流的，一九六〇、七〇年代，他每年幾乎都是日本作家所得排行榜的狀元。由此可知松本清張獎在日本文壇地位是如何崇高。

（原載民國八十五年八月八日『中央日報』）

「松本清張紀念館」揭幕

戰後日本文壇泰斗松本清張的「松本清張紀念館」，於八月四日在他的故鄉九州小倉降世。松本出生於一九〇九年，七年前的八月四日去世，紀念館是於他的七周年忌辰揭幕的。

松本清張只有小學畢業，當過電氣公司的工友、石版工人、廣告圖案的設計等等；工餘努力於寫作，範圍包括推理小說、政治小說、社會小說、犯罪小說和歷史小說。得過芥川獎、日本偵探作家俱樂部獎、吉川英治獎、和菊池寬獎。

一九五九年度，他名列日本文壇最高所得第三名以後，一連串地獨占日本作家中所得最高的一位。即一九六〇、六一、六二年度為第一名；六四年度為第二名；六五年度為第三名；六六、六七年度為第一名；六八、六九年度為第二名；七〇、七一、七三、七四、七五、七六年度皆為第一名。以上是我手上現有紀記。我記得以後好長時間，松本幾乎都是名居第一位。

小倉的松本清張紀念館，是地上兩層、地下一層的日式房屋，由小倉市花費大約二十五億日圓（大約六億二千萬臺幣）建蓋的。除他的三萬本藏書外，還展覽著不少他的手稿。門票為五百日圓，除年底外，全年開放。

（原載民國八十七年九月六日『中央日報』）

日本芥川獎、直木獎得主均為女性作家

日本最具權威的文學獎—芥川獎和直木獎的第一百一十五屆得獎作品於七月十七日評定。芥川獎的得主川上弘美小姐，作品為「踩蛇」，原發表於今年三月份的『文學界』雜誌。

直木獎的得主爲乃南阿瑟（阿瑟是片假名音譯）小姐。作品題名「冰冷的牙」，曾發表於在日本文壇與『文學界』齊名的『新潮』。

芥川獎和直木獎同時爲女性作家獲得，在日本文壇史上算是第一次，非常難得。八月二十二日，將在東京會館頒獎，獎金爲一百萬日圓。得到芥川獎或直木獎者，在日本文壇將正式獲得作家的地位。

川上弘美，東京人，現年三十八歲，御茶之水女子大學理學院畢業，曾擔任教員，曾以「神」這個作品得過巴斯卡爾短篇文學新人獎，其作品「婆」成爲第一百一十三屆芥川獎候補。

乃南阿瑟原名矢澤朝子，東京人，三十五歲，早稻田大學社會科學院肄業，曾在廣告公司工作；一九八八年，曾獲選爲第一屆日本推理小說大獎優秀作。

川上和乃南爲日本文壇後起之秀，她倆的分別獲得芥川獎和直木獎，或將爲日本文壇帶來新的活動和文學境界。

（原載民國八十五年七月二十五日『中央日報』）

芥川、直木獎出爐

日本最高榮譽的文學獎，第一百一十六屆芥川獎和直木獎，於一月十六日決定受獎人選，並於二月十八日在東京丸之內的東京會館頒獎。

榮獲芥川獎的是二世韓國人柳美里（二十八歲）的作品《家族電影》，是描寫離散之一家的長女，欲把家人的重聚拍成電影而去旅行的故事，目的在影射今日的家族問題。

柳美里是橫濱共立學園高中中途退學，喜愛寫作，一九九三年以《魚祭》得過岸田（國士）戲劇獎；曾以《豆芽菜》等作品兩度成爲芥川獎候補。

另一位芥川獎的得獎人是辻仁成（三十七歲），作品爲《海峽之光》，以函館的少年監獄爲舞臺，描刻從青森、函館聯絡船船員作刑務官的主人公，與小學時代同班同學之受刑者的糾葛。

辻仁成是東京人，成城大學經濟學部中途退學，一九八九年以《比阿尼西莫》獲得昴文學獎，並曾成爲芥川獎的候補。

直木獎的得主是坂東眞砂子（三十八歲），得獎作品爲《山妣》，以明治末期的越後（今日的新潟縣）爲舞臺，描繪地主一家人與具有兩性之演員的愛與恨。

坂東眞砂子是高知縣人，奈良女子大學住宅學科畢業，目前留學於義大利。喜歡寫童話，曾獲第七屆每日童話新人獎優秀獎；曾以小說《蛇鏡》和《桃色淨土》，兩度成爲直木獎候補作品。

芥川獎和直木獎的得獎人，將由此確立其在日本文壇作爲作家的地位；柳美里是獲得芥川獎的第二個韓國人；迄今，中國人還沒有得過這個獎。

（原載民國八十六年二月十六日『中華日報』）

日本文壇快訊

日本最具權威的文學獎——第一百二十屆芥川獎和直木獎，於一月十四日敲定。芥川獎由京都大學法學部學生平野啓一郎贏得；直木獎的得主是宮部彌由紀（彌由紀是平假名日音譯）。

平野啓一郎現年二十三歲，出生愛知縣。二次大戰以後，以學生身分獲得芥川獎的，有石原愼太郎、大江健三郎、村上龍、李良枝和平野五個人。平野的作品題名「日蝕」（日食），是以十五世紀法國爲舞臺，依鍊金術邂逅異端之神的奇跡的學僧手記。

宮部彌由紀，今年三十八歲，出世於東京。她高中畢業以後，在法律事務所工作。她是一位相當資深的作家，此次得獎的作品是「理由」，是一部在『朝日新聞』連載過，描寫發生於公寓殺死一家四口的長篇推理小說。

在此以前，宮部彌由紀還得過日本推理Suspense大獎、吉川英治文學新人獎、日本推理作家協會獎、山本周五郎獎和日本ＳＦ大獎。宮部過去曾五度成爲直木獎候選人，此次終於獲獎，實在難得。

（原載民國八十八年三月一日『中華日報』）

珍珠夫人

菊池寬在八十二年前所出版的第一部長篇小說《珍珠夫人》（原名爲《眞珠夫人》），因富士電視的連播而得到日本全國上下熱烈的迴響。這固然說明現代媒體電視的威力，同時也證明菊池寬作品的非凡和大眾性格。

菊池寬出生於一八八八年，一九四八年去世。因日本的出版法保護其版權只到作者去世五十年爲止，故他的作品自一九九八年以後，可以自由翻印和出版，當然可以隨意翻譯成外國文字。

據報導，新潮社和文藝春秋社，最近因電視的播出很受歡迎，乃翻印《珍珠夫人》，以袖珍本推出，新潮社版上下兩本賣出七萬一千套；文藝春秋文庫版賣了十一萬本。因此文春文庫及其姊妹社文春 UNESCO，決定將分別翻印《貞操問答》和《第二吻》。

菊池寬是日本著名刊物《文藝春秋》的創辦人，也是日本最著名最有權威的文學獎——芥川獎和直木獎的創設者，對日本文學的提倡和改善作家生活有極大的貢獻。

菊池寬不但寫小說，也撰寫戲劇。戲劇以獨幕劇「父歸」最出名。他的小說，最大的理念和特色是勸善懲惡，即褒揚善人，懲罰壞人，揚善嫉惡，主持和伸張社會正義。

我覺得今日臺灣的社會風氣日趨敗壞，如將菊池寬的小說翻譯或改寫，在臺灣發行和推廣，對社會風氣之矯正和道德的宏揚應該有幫助。

爲此，日前我去東京到過幾家舊書店找菊池寬的書，但一本也沒找到。從前，在日本的舊書店很容易找到他的書，這次情況卻完全兩樣。我問了舊書店老闆爲什麼，他說沒人肯賣菊池寬的舊書。他而且說，十年前，文藝春秋社出了一套二十五本的菊池寬全集，現今這套全集賣三十八萬日幣（大約十二萬臺幣）。人們之不肯脫手菊池寬的舊書，應該是由於他的作品重新風行所致。

《珍珠夫人》是漂亮的小姐瑠璃子，爲著父親的借款和名譽，嫁給暴發戶莊田做繼室，但瑠璃子千方百計，固守了她的清白，完成了替父報仇的故事，意在批判男性的自私和女性的自主和自立。

過去在大陸，翻譯日本作家的作品，菊池寬的作品最多。田漢翻譯過《父歸》、《屋上的狂人》、《海之勇者》、《溫泉場小景》；魯迅譯過《復讎的話》和《三浦右衛門的最後》。開明書店出版過《菊池寬集》。此外，中華書局所出版《日本現代名家小說集》（民國十九年），收有菊池寬的《無名作家的日記》，拙譯《日本的作家與作品》上冊（黎明文化事業公司，已絕版），收有《菊池寬及其作品》一文。我一直覺得，菊池寬的作品，在臺灣還是應有其市場。

（原載民國九十一年十月二十日『中華日報』）

關於大江健三郎

贏得一九九四年度諾貝爾文學獎的大江健三郎，在日本文壇開始活躍的第二年（一九五九年）我到日本留學。那時，他寫的多是與性有關的作品。

由於他的性描寫非常奇特、露骨而大膽，所以當時我把他當作黃色文學作家。加以他的文章用許多很特別的語彙，抽象而難懂，因此我絕少看他的作品。

大江本人很有文學細胞，二十三歲時就獲得日本文學最高權威的文學獎——芥川獎（關於芥川獎，請參看拙譯『芥川獎與芥川龍之介』一書，水牛出版社），初期作品多是黃色小說，但據與他有來往的文藝評論家奧野健男的說法，他卻是個態度非常嚴謹、生活認眞的人，從不談男女關係。

在日本，文壇是很特別的另外一個社會。譬如在東京，有幾家酒館是文人聚會的場所。在喝酒，他們無所不談，但與大江談起性時，他的臉馬上會紅起來。但寫起小說來，卻大膽得不得了。因此他這一點，被算是日本文壇的「七大奇事之一」。

他喝酒喝得不多，而即使稍微多喝一些，也絕不會露出他的感情。他有點口吃，講話蠻快的，但經常用敬語，恭恭敬敬，非常有禮貌。因此他給人家的印象，與小說家的他，完全南轅北轍。

一九六〇年，他出現於文壇不過兩年的時候，他的思想是左傾的，因此很反對美日安保條約。當年，他參加了日本文學家的中國大陸訪問團，在上海與毛澤東見面，很是得意，到北京之後，曾向日本廣播大力支持反對美日安保條約的運動。

大江健三郎的作品，從純文學的觀點來看，我認爲不如井伏鱒二、遠藤周作等人的作品。大江之所以獲得諾貝爾獎，我以爲他有關核子與人類的前途（例如「廣島雜記」）的作品得到歐美人的認同，以及應該輪到亞洲人得獎的時候有關。由於他的作品，從東方人來說，比較容易獲得歐美人的欣賞，因而這個「金牌」才落到身上。

不過許多日本的文藝評論家，還是很欣賞他的創作，包括平野謙、江藤淳、奧野健男、久保田正文等人。在今日日本，喜歡他作品的，當然是二次大戰以後出生的人。大致來說，學生群佔多數，這是由於他的作品富於想像力，有意想之外的天空。

大江在一個月以前，曾經表明過要停止創作，希望好好看幾年傳記之類的書。現在既然得到諾貝爾文學獎，自不能就此擱筆。故我猜想，他很可能寫些思想、人物傳記方面的著作。

最後我想提出很多人不知道的關於他的一件事，就是他曾經報考過防衛大學校（相當於陸軍大學），名落孫山。他當時爲什麼去考軍事學校，至今還是個謎。如果考上並把它唸完，今日就沒有諾貝爾文學獎得主大江健三郎。這不能不說是歷史的諷刺。

（原載民國八十三年十月十五日『臺灣日報』）

愛讀沙特的大江健三郎

一九九四年度的諾貝爾文學獎得主是今年五十九歲的日本作家大江健三郎，是戰後日本的學生作家中最受歡迎的作家之一。他跟目前擔任眾議院議員的石原愼太郎一樣，二十二歲時獲得日本最有權威的文學獎—芥川獎。

大江於一九五四年進東京大學法國文學科，受渡邊一夫的指導，愛讀沙特的作品。畢業論文是沙特的研究。爾後，有一段時間，也曾經喜歡看俄國作家托斯妥也夫斯基的著作。

他除創作外，也寫評論，早期他寫過許多與性有關的作品。他的性描寫很奇特、露骨而大膽，譬如『共同生活』（一九五九）、『十七歲』（一九六一）、『遲來的青年』（一九六一）、『叫喊聲』（一九六二）、『性的人間』（一九六三）、『日常生活的冒險』（一九六四）皆是。這裡的所謂「人間」，是人或人類的意思。

5

此外，大江健三郎也寫了許許多多耽憂人類前途的作品。這可能因爲小時候受過日本軍國主義的教育，稍大又受民主主義教育，眼看當時美蘇東西兩大集團的對立，在政治上他逐漸左傾，因而寫了不少批評戰爭的文章，『廣島雜記』就是他的代表作品。

此時他很反美。一九六〇年，日本和美國因修改美日安保條約時，日本左派勢力尤其是大學生，反對政府的遊行示威，其激烈情況，簡直令人感覺是「革命的前夕」。那時的大學生組織全學聯，由此成爲歐美語文的專用名詞，你可以在英美辭典查全學聯(Zengakuren)這個單字。

那時，大江參加了中國大陸第三次日本文學代表團，與開高健在上海與毛澤東見面，在北京向日本國內廣播支援反對美安保日條約的運動。不過他後來也受到左派的攻擊。因此他曾經成爲左右勢力夾攻的對象，在精神上和創作上陷於危機。

大江健三郎的獲得諾貝爾文學獎，可能由於他的作品比較容易獲得歐美讀者的認同，即合乎他們的口味，同時從時間上來說，也應該輪到亞洲的作家得獎了，所以他才有此殊榮。他的作品已被譯成外國語文者大約有六十篇，其中最早被譯成英文的是「個人的體驗」這部著作。

他的大公子大江光是殘障者，是位作曲家，已經出過兩張ＣＤ，滿受歡迎。因爲殘障關係，他特別愛惜這個兒子。大江健三郎雖然得獎，但從日本文學本身來說，我個人更欣賞井伏鱒二的作品。

最後我想指出一點，大江健三郎在進東京大學之前，曾經考過防衛大學校(大學校在日本是准大學，相當於陸軍大學)，但沒考上。如果考上防衛大學校，結果不知如何，中途退學，還是在幹陸軍職業軍人生涯。由此，我時或會想著一個人的命運。

(原載民國八十三年十月十七日『中央日報』)

博學多產的司馬遼太郎

在今日日本最受歡迎的作家司馬遼太郎，於二月十二日，因動脈硬化腹部大動脈瘤破裂而與世長辭，享年七十有二。

司馬遼太郎於一九二三年八月七日年出生於大阪，父親是藥劑師，他原名福田定一，司馬遼太郎這個筆名，因仰慕「史記」的作者司馬遷而取的。

司馬畢業於大阪外語大學蒙古語科，作家陳舜臣高他一班，他倆是最好的朋友，前幾年，司馬首次來臺灣訪問，就是由陳舜臣陪同而來的。

一九四三年，司馬臨時畢業大阪外語大，被徵召入伍，編入東北牡丹江的戰車聯隊，日本投降時，他在日本國內的栃木縣佐野。他的入伍經驗，曾予他的世界觀有過很大的影響。他經常批判日本爲何發動這樣愚蠢的戰爭。

戰後，他曾任產經新聞記者十三年，一九六一年三月，任出版局副局長時辭職，而開始過他作家的生活。在這以前，則於一九五七年，與寺內大吉等創辦同人雜誌『近代說話』，該雜誌社包括司馬本身，出了伊藤桂一、黑岩重吾、永井路子等直木獎作家，一時傳爲佳話。

司馬遼太郎以博學馳名。據說，在新聞記者時代，他每天早上上班時，要從百科全書撕下一頁，全部把它背下來。他是歷史小說的高手，但他寫歷史小說時，都要徹底把歷史事實弄清楚，親自前往現地採訪有關人士，不得而知的部分則以推理補充。在這一點，他的作法與陳舜臣的作法是相通的。難怪他們兩位那麼互相推崇和尊重；也難怪他倆的作品在日本那麼受歡迎和敬重。

最近的司馬遼太郎，專寫日本這個國家和日本人的歷史，他在『文藝春秋』（月刊）所連載的卷頭隨筆「這個國家的形態」，迄今年二月號，已經連載一百一十九次，非常精采，令人深思，很值得我們一讀再讀。

他的小說的立足點是人本主義，加上比較文明論和日本文化論。他以極其淺顯的文字描寫歷史演變的背景和刻畫歷史人物的遭遇，以及其時代的意義。他尤其強調「知恥」和講求「禮貌」。

司馬遼太郎的作品，應當有一百部以上，從一九七二年至一九七四年，他由中央公論社出版了『司馬遼太郎全集』，凡五十卷。他前後得過講談俱樂部獎、直木獎、吉川英治文學獎、讀賣文學獎、菊池寬獎、朝日獎、大佛次郎獎，更榮選爲文化功勞者和日本最高榮譽的文化勳章。

他從一九七一年，開始在『週刊朝日』連載的旅行記，迄至今年二月，竟連載了一千四百四十六次。二月二十四日，本預定與陳舜臣在NHK電視「談故宮」的，因突然逝世而泡湯，殊屬可惜。

（原載民國八十五年三月八日『中央日報』）

日本文藝界籌設司馬遼太郎紀念館

最近，日本的朝日新聞、每日新聞、讀賣新聞、產經新聞各報社，以及講談社、新潮社、中央公論社、文藝春秋社和NHK的出版社，決定支援司馬遼太郎的遺族，建立紀念司馬遼太郎的財團紀念館。

其構想爲，將改造司馬氏位於大阪府東大阪市的自宅（建築面積一千四百六十五平方公尺），公開其書房，展示他的原稿、採訪筆記、信件以及其所用文具等等。三萬多本的藏書，將可供閱讀，也可以聽他的演講卡帶和觀看錄影帶，成爲具有圖書館性質的紀念館。

與此同時，這個財團要設立司馬遼太郎獎，將頒給歷史小說和對日本文學之發展有貢獻的作家爲對象的文學獎。由於司馬氏是新聞記者出身的作家，所以司馬遼太郎獎將對於報導文學和在學術上的研究有特殊表現者獎勵。

這個紀念財團正由司馬氏遺孀福田美多莉（美多莉是片假名日音譯）、司馬氏友人及有關人士成立理事會，預定八月向文部省文化廳提出申請，希望明年開始頒獎，兩年之內紀念館能夠正式開館。

在日本，此類紀念館相當多，譬如有島武郎紀念館、野口雨情紀念館、宮澤賢治紀念館、小泉八雲紀念館等等，但也有叫做文庫的，例如：漱石文庫、內村鑑三紀念文庫、大宅壯一文庫等等。但日本的文學館，規模最大的還是日本近代文學館。其收藏資料達七十五萬件，其中十分之一是作家們的親筆稿，有七十四個文庫或收藏中心，另設有川端康成紀念室；更藏有日本最高文學獎—芥川獎和直木獎的作品。

我國工商業日益發達，經濟繁榮；對於建立文學紀念館，似是該推動的時候了。

（原載民國八十五年七月八日『中央日報』）

宇野千代病逝——日本明治作家時代結束

最資深的日本女作家宇野千代，於六月十日，因急性肺炎與世長辭，享年九十有八。

宇野千代於一八九七年十一月二十八日出生於山口縣玖珂郡岩國町（岩國現今以美軍基地馳名）。岩國高女畢業後，即擔任小學教員，惟因戀愛事件，次年辭職，這時她才十七歲。自此以後，八十多年來，她過著戀愛與寫作的生涯。

一九二〇年與表哥藤村忠結婚；翌年，隻身由北海道到東京，開始過作家的生活，與藤村離婚，並與作家尾崎士郎同居，一九二九年與尾崎分手。

不久與畫家東鄉青兒同居，前後達五年。因東鄉曾與幾個女性同居過，故將其異性生活經驗說給宇野聽，宇野由此完成長篇小說「色懺悔」，頗獲好評。

一九三七年，宇野與新進作家北原武夫結婚，並發行女性雜誌(Style)。一九六四年與北原離婚。前幾年，在電視上，對於問她這一生有過幾個男朋友，她回答說有五、六個。她對於男性，欣賞的是其心胸寬闊，內在美，不是長得帥不帥。

宇野的小說『阿沉』，曾獲得女流文學獎和野間文藝獎，並由市川崑導演拍成電影。因其創作業績，她更榮獲菊池寬獎，並成爲藝術院會員和文化功勞者。

宇野不僅以小說馳名，更是一個著名的服裝設計家。她自己愛漂亮，穿著很特別。她尤其喜歡櫻花，所以常用櫻花於她的小說、書的封面和和服的圖樣。

據說，她寫小說時，桌子上擺著一百支左右削得很整齊的鉛筆，一個字一個字認眞地寫，非常專心。她在八十多歲時寫的『要活下去的我』這部自傳性小說，目前仍是暢銷書。她雖然曾與幾個男性結婚，同居而告別，但從未說過這些男士的是非。她的『宇野千代全集』，十二卷，於一九七七至七八年，由東京中央公論社出版。宇野千代的去世，象徵著日本明治作家時代的結束。

（原載民國八十五年六月三十日『中央日報』）

關於向田邦子的作品

今年三月二十一日，我與政大國際關係研究中心林碧炤主任一行，前往東京參加了第二十屆中日中國大陸問題研討會。會議於三月二十四日圓滿結束，二十五日晚上，我到東京新宿紀伊國屋劇場觀看了向田邦子《父親的道歉信》的舞臺演出。

紀伊國屋是日本著名的書店，位於東京最熱鬧的新宿。其劇場並不大，座位恐怕只有四、五百個左右，其演出係由三月十日到二十六日，票價爲六千日幣，大約合臺幣一千三百元，坐無虛席。

由於我翻譯過向田邦子的這本作品，所以當我在《朝日新聞》看到其消息和介紹時，我便請在東京的朋友替我買好門票。其演出，中間休息十分鐘，前後達兩個小時半。它所演出的內容，著重於一九四〇年前後，日本侵略戰爭日熾時，向田邦子以其父親爲主角的她家生活的種種。

在向田邦子筆下，其父親是家庭中的「暴君」，但對於他公司同事的服務卻「無微不至」；對其上司更是「平身低頭」，自卑到極點。向田邦子的父親是個私生子，他父親不認識其父親是誰，因此對其母親至死不諒解。這種「家家都有一本難唸的經」，使觀眾眼淚流個不停，包括我自己在內。由於舞臺戲展現於眼前，故遠比電影容易勾起人們的共鳴和同情。

向田邦子擅長於撰寫劇本。她的作品，曾經風行於日本的電臺和電視，至今仍然廣受歡迎。她的作品首次拍成電視是於一九五八年，其作品爲『打一一〇號電話』，爲日本電視所播放。爾後，至一九八一年八月二十二日，訪問臺灣，搭乘遠東航空公司班機，罹難於三義，與世長辭爲止，她的作品，一直在日本所有電視，包括NHK連播。

我所翻譯《父親的道歉信》，是向田邦子的第一本文集。出版此書後，她的文名更是「滿天下」，而成爲日本出版界爭相邀稿的對象。《父親的道歉信》，除有錄音帶（新潮社發行）外，還有錄影帶，是她去世後，NHK於一九八六年所播放，並於一九九一年製成錄音帶的。

向田邦子的許多作品，皆有錄音帶和錄影帶出售，其作品《阿吽》更被拍成電影，主角爲日本最著名的男影星高倉健。演出她作品的電視演員，皆爲一時之選，包括森繁久彌、三國連太郎、堺正章、小林桂樹、坡本久、池部良、船越英二、澤田研二、小林亞星，女明星包括若尾文子、加藤治子、池內淳子、司葉子、佐久間良子、淺丘留理子、森光子、濱美枝、吉永小百合等等。

而《父親的道歉信》的男主角（在NHK和此次的舞臺演出）爲杉浦直樹，女主角是藤村志保。演向田邦子的是長谷川眞弓（改名中牟田史子），都是今日日本第一流的明星演員。

向田邦子的作品，其最大特徵是幽默、開朗而健康，充滿人生的機智和喜悅。讀她的作品，可以幫助我們了解戰前日本的社會和家庭生活的一方面。一九八二年二月，爲表揚她對日本廣播文化的非凡貢獻，追贈她以第三十三屆廣播文化獎（日本爲放送文化賞）；該年十月，創設向田邦子獎，以獎勵電視劇的優秀作品。

向田邦子的作品，代表日本文學的另外一個層面，我深信她的文學，在日本必將永垂不朽，更將為世界各國愛好文學者所喜愛和欣賞。

（原載民國八十二年六月八日『中華日報』）

石原愼太郎新作暢銷八十萬冊

去年四月十九日辭去眾議院議員的石原愼太郎，是日本著名的作家。他最近所撰寫有關他的弟弟，已故影壇紅星石原裕次郎的小說，半個月之內，便發行八十萬本，轟動今日日本文壇。

石原愼太郎在一橋大學唸社會科學，但對文學、藝術興趣極濃，一九五五年以「太陽的季節」獲得第一屆文學界新人獎。當時他二十三歲，為大學四年級的學生。

「太陽的季節」繼而於該年秋季獲得第三十四屆芥川獎，學生作家的誕生，曾傳誦一時。「太陽的季節」描寫日本戰敗後十年，社會漸趨和平，消費生活有所提高，但年輕人卻失去希望，而要求性意識的開放的作品。

對於這部作品，審查委員們最欣賞的是，中學生在畢業旅行時，男生們以自己性器撞紙門比賽的場面。他們認為，這個場面很奇特，有活力、有創意。

但最資深、最具權威的審查委員佐藤春夫，對這個場面卻一點也不欣賞，理由是他在中學畢業旅行時，就是此種比賽的冠軍，對他而言，這種事，既不新鮮，也不稀奇。

石原愼太郎也曾經熱中於政治。一九六八年，以自民黨候選人身分參加參議院議員全國區的選舉，獲得三百零一萬二千五百二十二票當選，創日本參議員選舉史上最高紀錄。

後來石原改爲競選眾議院議員，曾當選八次，曾任運輸大臣和環境廳長官（環保署長），因不滿現今日本政壇的種種，遂告別政壇，回到文壇。

石原愼太郎反共，對美國也有許多意見，尤其主張沒有南京大屠殺，說這是中國人所捏造的，這一點我們不能苟同。雖然如此，快滿六十四歲的石原，在今日日本文壇還是一個不容忽視的作家，精力充沛，創造力強，值得注目。

（原載民國八十五年九月一日『中央日報』）

日本掀起宮澤賢治文學旋風

今年八月二十七日是日本著名的詩人、兒童文學家宮澤賢治誕生一百周年的紀念日。日本文學界爲紀念這位非凡的文學家百年誕辰，掀起了「賢治文學旋風」。

自八月二十四日至二十七日的『朝日新聞』，連續四天，刊出上述舞臺劇，有關宮澤賢治本人，以及其他人研究和評論他的著作的全頁廣告，其手筆之大，眞是令人咋舌不已。

對於宮澤的研究，有草野心平的《宮澤賢治覺書》、古谷綱武的《宮澤賢治之文學》、《宮澤賢治研究》、森莊已池著《在野教師宮澤賢治》、和田利男著《宮澤賢治的兒童文學》、丹慶英五郎著《宮澤賢治》、大藤幹夫著《宮澤賢治童話的色彩語研究》等十幾種；而特別值得介紹的是，續橋達雄編《宮澤賢治的研究資料集成》這部書。

出生於岩手縣花的宮澤賢治，畢業於盛岡高等農業學校，曾任稗貫農學校教員和岩手縣國民高等學校講師。他的父親政次郎開當舖，經濟情況良好，本要賢治繼承其家業，但賢治毫無興趣。宮澤中學畢業後，讀《法華經》，被其吸引，經常讀誦，且加入日蓮宗的國柱會，致力於傳教。三十七歲與世長辭前，還吩咐其家族印刷日譯法華經，分贈親朋好友，可見法華經對他影響之深。

宮澤賢治以詩人之心腸和科學的眼光酷愛自然，撰寫美麗而感人的童話故事，關愛農業的世界。他具有與宇宙一般大的心胸，同時一輩子與人生的苦惱和憂悶搏鬥。他對教育和藝術充滿熱情和喜愛；而他的童話故事最大的特色是富於幽默和多彩多姿的幻想。

在為眼前利益不惜破壞自然環境，唯利是圖，勢利橫行，不尊重人的今日世界，以人本主義為根基的宮澤賢治的作品，在今日日本社會，重新獲得肯定，說明人們還有一點良知，還有藥救。

宮澤賢治《春與修羅》、《訂菜多的料理店》、《格斯哥布特利傳記》等代表作，希望國內的兒童文學家能把它譯成中文出版，讓我們的兒女有欣賞的機會。

日本筑摩書房出版有《校本宮澤賢治全集》十四卷，日本各地大小書店，目前都擺出宮澤賢治的專書，包括他的照像集。

（原載民國八十五年九月廿四日『中央日報』）

悼遠藤周作

以「狐狸庵先生」的愛稱而著名的日本作家遠藤周作，於九月二十九日，因肺炎與世長辭。享年七十三歲。

遠藤周作於一九二三年三月二十七日出生於東京，慶應大學法國文學系畢業；一九五〇年，以戰後日本第一個天主教留學生到法國留學，進里昂大學研究法國戰後日本天主教文學，為期兩年有半。

回國以後開始寫作，並以《白人》這個作品獲得一九五五年上半年第三十三屆芥川獎；此時透過安岡章太郎認識吉行淳之介、庄野潤三、近藤啓太郎、三浦朱門、進藤純孝、小島信夫、谷田昌平等人。

遠藤非常關心宗教與文學之關係的問題，尤其研究並比較日本文化風土與爲基督教之骨幹的歐洲精神風土，並尋求日本的泛神論與西歐一神論對立、矛盾及其意義。這不僅是比較文化的問題，同時也是作爲一個日本人與作爲一個天主教徒的他的意識的問題。由此，他撰寫了上述的《白人》、『黃色人』、『海與毒藥』，以及『留學』、『沈默』，劇本『黃金之國』、『死海的旁邊』、『湄南河的日本人』等作品。這些作品，在基本上可以說探求神與愛的問題。

此外，遠藤周作也寫輕鬆的小說，如『難得糊塗』、『綠絲瓜君』、『我丟棄的女人』等等，很受讀者們歡迎和喜愛。同時也撰寫芥川獎聖經中的女性直木獎、『耶穌的生涯』等有關聖經方面作品。日本人與基督教的關係，是遠藤文學的主題。

他的代表作品『海與毒藥』，係以九州大學之美軍俘虜的生體解剖事件爲題材，獲得每日出版文化獎；『沈默』描刻日本人的宗教觀與基督教精神的矛盾，得到谷崎潤一郎獎。

一九八一年，遠藤被推爲藝術院會員；一九八五年出任日本筆會會長；一九九三年，以追求信仰是什麼的長篇小說『深河』獲得每日藝術獎。一九九五年，因其在文學上的非凡成就，榮獲日本最高榮譽的文化勳章。一九七五年，東京新潮社曾經出版『遠藤周作文學全集』，一共十一卷。前幾年，他曾應邀在輔仁大學作過專題演講。

（原載民國八十五年十一月四日『中華日報』）

日本名作家藤澤周平逝世

以著作時代小說馳名的日本作家藤澤周平，於一月二十六日因肝不全症而與世長辭，享年六十有九。

藤澤周平原名小菅留治，一九二七年十二月二十六日出生於山形縣。山形師範學校（今日的山形大學教育學部）畢業，曾任產業界報紙總編輯，邊寫小說，因患肺病，療養相當長時間。

一九七一年，發表於「全讀物」雜誌的短篇小說「溟海」獲得全讀物新人獎，並成爲第六十五屆直木獎候補。一九七三年，以描寫被捲入政爭之武士父子的「暗殺之年輪」榮獲第六十九屆直木獎，而確立其做爲作家的地位。

其代表作有描繪下級武士之青春的『蟬時雨』、刻劃退休人員之生活的『三屋清左衛門殘日錄』等等；敘述江戶時代老百姓百態的『保錄日月抄』、『海嘯』等作品都很受讀者的歡迎。

藤澤也撰寫傳記小說，描刻歌人長塚節的『白瓶』獲得吉川英治文學獎；描寫歷盡滄桑之一生的新井白石的『市塵』得到藝術獎文部大臣（教育部長）獎；以『藤澤周平全集』等榮獲一九九三年度的朝日獎。

他的武士小說中的劍技、輸贏場面的描寫非常逼眞而有力；市井小說充滿幽默和人情味；所出現風景、食物會令讀者知道其季節，既溫馨又有趣。藤澤周平眞是難得的庶民作家。

（原載民國八十六年三月十四日『中華日報』）

一些回憶和感想——也談「皇民文學」

平常很少看副刊的我，偶然看到陳映眞的〈精神的荒廢〉（四月二－四日《聯副》），和張良澤輯譯的〈臺灣「皇民文學」作品拾遺〉（四月二日《聯副》）兩篇作品。此二文引起我一些回憶和感想。

張良澤對於早年編過「反共壁報」，參加過「皇民文學」，現在深覺後悔和悔恨。這是因爲他今日改變了他的政治立場。但站在中國人的立場，肯定侵略中國的「皇民文學」，無論如何是說不過去的。在這一點，我贊成陳映眞的看法和觀點。張良澤要去重新評估「皇民文學」，算是他的言論自由。

不過對張良澤上文所介紹吳濁流〈南京的明朗色——南京雜感之五〉，我要說明兩點。吳濁流往訪中國革命的資助者張永福時，文中提到張說於民前八年他捐了三十萬圓援助中國革命，這民前八年（一九〇四年），應爲民前六年（一九〇六年），因爲中國同盟會新加坡分會成立於此年，在這之前，張永福與中國革命尚未發生關係。

其次，是對張永福說他捐了三十萬圓，這恐怕是誇張，因爲一九〇七年五月第一次惠州七女湖革命，和六月第二次七女湖之役，新加坡分會提供了其全部經費，由富商陳楚楠和張永福主導，大家一共捐了港幣二萬或三萬元（鄭憲博士論文《同盟會：其領導、組織與財務》，頁一八二，近代中國出版社，陳孟堅譯）。所以張永福不可能個人捐了三十萬圓。

第二，張永福後來靠攏汪精衛，爲汪僞政權出力、說好話。其中提到「日華條約」（即所謂「日華基本條約」）完全接受了他的意見。但當時參與其事的高宗武和陶希聖卻認爲這是一種「賣身契」，良心發現遂告別汪集團，並將「條約」內容公開於香港的《大公報》。而據胡秋原先生告訴我，陶希聖曾面告胡氏：陶希聖之未簽是項密約，係因爲陶太太勸他千萬不能簽字，以免他倆及其子子孫孫作漢奸，遺臭萬年。這是歷史，不是文學。

陳映眞說，「日本戰犯岸信介、兒玉譽士夫、右派政客藤尾正雄等人，一貫是蔣介石的座上客」這句話，不甚正確。岸信介是，兒玉不是，藤尾見過蔣氏，但不是一貫的座上客。陳映眞所說的「藤尾正雄」，應該是藤尾正行，若是，他今天（四月七日）還特地由日本前來參加陳重光氏的出殯呢！

對皇民文學，我認爲我們還是應該持批評的態度，除非你不想做中國人，想作日本人，作肯定日本軍國主義者侵略中國的日本人。

（原載民國八十七年四月十九日『聯合報』）

日本名作家——江藤淳棄世

被譽爲戰後日本保守派的最後一位政論家、文藝評論家江藤淳，於七月二十一日自殺，享年六十六。

江藤淳，原名江頭淳夫，一九三三年（實際上是一九三二年）出生於東京。其父親是銀行員，與皇太子妃雅子有遠親關係。

江藤在肄業慶應大學時代（即一九五五年），因撰寫「夏目漱石論」而一舉成名，與大約同樣年齡獲得芥川獎的石原愼太郎和大江健三郎，被稱讚爲「氣銳的新人」，而受到日本文壇的重視（石原最近當選東京都知事，大江前幾年榮獲諾貝爾文學獎）。

慶應大學畢業後，江藤曾以洛克斐勒財團研究員身分，留學美國普林斯頓大學；回國以後，曾任東京工業大學、慶應大學、大正大學教授。

他的『小林秀雄』獲得新潮社文學獎；『漱石及其時代』贏得野間文學獎和菊池寬獎。此外，其著作『成熟與喪失』、『一族再會』、『占領史錄』、『自由與禁忌』等都是馳名之作。

一九七六年，江藤淳榮得藝術院獎；一九六七年，由東京講談社出版『江藤淳著作集』六卷；爾後又由同一家出版社出版『江藤淳著作集』續集五卷。

去年十一月，其妻慶子因患癌症病逝。其妻住院十個月期間，江藤全心投入照顧太太；其妻出殯後，他便撰寫『妻與我』出版專書。

江藤自殺時的遺書這樣寫著：「心身更不自由，不堪病苦。自上（六）月十日，腦梗塞發作以來的江藤淳，只是一具形骸。故決心自絕此形骸。請諸君能見諒。平成十一年七月二十一日江藤淳」。

我自己很喜歡和欣賞他的作品。他的作品涵蓋文學、政治、經濟和外交等等，對戰後日本的文壇、政壇和社會有過相當深遠的影響。

（原載民國八十八年八月三日『中央日報』）

國家圖書館出版品預行編目資料

近代中日關係研究 第二輯：近代日本的作家與作品 / 陳鵬仁譯著.
-- 初版. -- 臺北市：蘭臺出版社, 2022.11
冊； 公分-- (近近代中日關係研究第二輯；7)
ISBN 978-626-95091-9-5(全套：精裝)

1.CST: 中日關係 2.CST: 外交史

643.1 111011488

近代中日關係研究第二輯 7

近代日本的作家與作品

譯　　者：陳鵬仁
主　　編：張加君
編　　輯：沈彥伶
美　　編：凌玉琳、陳勁宏、塗宇樵
校　　對：楊容容、古佳雯
封面設計：陳勁宏
出　　版：蘭臺出版社
地　　址：臺北市中正區重慶南路1段121號8樓之14
電　　話：(02) 2331-1675 或 (02) 2331-1691
傳　　真：(02) 2382-6225
E - MAIL ：books5w@gmail.com或books5w@yahoo.com.tw
網路書店：http://5w.com.tw/
https://www.pcstore.com.tw/yesbooks/
https://shopee.tw/books5w
博客來網路書店、博客思網路書店
三民書局、金石堂書店
經　　銷：聯合發行股份有限公司
電　　話：(02) 2917-8022　傳真：(02) 2915-7212
劃撥戶名：蘭臺出版社　帳號：18995335
香港代理：香港聯合零售有限公司
電　　話：(852) 2150-2100　傳真：(852) 2356-0735
出版日期：2022年11月 初版
定　　價：新臺幣12000元整（精裝，套書不零售）
ISBN：978-626-95091-9-5